21世纪法学系列教材教学案例

房绍坤　郭明瑞 总主编

U0812149

国际经济法案例教程

(第二版)

主编：王海英

副主编：马立伟　刘爽

撰稿人（以姓氏笔画为序）

王萌　王赛赛　尹雪萍　刘伟军

衣淑玲　李晓明　张海燕

北京大学出版社
PEKING UNIVERSITY PRESS

图书在版编目(CIP)数据

国际经济法案例教程/王海英主编.—2版.—北京:北京大学出版社,2012.6

(21世纪法学系列教材教学案例)

ISBN 978-7-301-20719-2

Ⅰ. ①国… Ⅱ. ①王… Ⅲ. ①国际经济法-高等学校-教材 Ⅳ. ①D996

中国版本图书馆CIP数据核字(2012)第112630号

书　　名:国际经济法案例教程(第二版)

著作责任者:王海英　主编　马立伟　刘　爽　副主编

责任编辑:周　菲

标准书号:ISBN 978-7-301-20719-2/D·3121

出版发行:北京大学出版社

地　　址:北京市海淀区成府路205号　100871

网　　址:http://www.pup.cn

电　　话:邮购部62752015　发行部62750672　编辑部62752027

出版部62754962

电子邮箱:law@pup.pku.edu.cn

印　刷　者:三河市博文印刷厂

经　销　者:新华书店

730毫米×980毫米　16开本　26印张　449千字

2005年6月第1版

2012年6月第2版　2012年6月第1次印刷

定　　价:45.00元

例教材的经验不足,加之司法实践经验的缺乏,书中不妥之处在所难免。我们真诚希望广大读者批评指正,使本套案例教材能够更好地适用法学教学的需要。

房绍坤　郭明瑞

2010 年 3 月

总　　序

法学是一门实用性很强的社会科学,法学教育应当紧密联系立法与司法实践,以培养学生分析和解决实际问题的能力。为实现这一目标,传统的法学教学方法、教学内容必须进行改革。目前,各高等法律院校广泛采用的案例教学法,就是众多法学教育改革措施中最为重要的一项。案例教学法的实施,促进了法学教学水平的提高,增强了学生的实践能力,是值得推广和倡导的一种教学方法。为配合案例教学的开展,我们在北京大学出版社的大力支持下,主编了“21 世纪法学系列教材教学案例”,并于 2003 年陆续出版。本套教材具有如下特点:

第一,体系新颖。本套案例教材以法学的基本理论为线索,就每个具体理论问题设案情简介、思考方向、法律规定、学理分析、自测案例五个部分,这一体例可以充分地体现实践、法律、理论的有机结合。

第二,内容简洁。本套案例教材力求以简洁的语言阐述问题,解析实例,说明法理,使学生能够一目了然。

第三,紧密结合法律规定。为避免案例教材脱离法律规定的现象,本套案例教材特别强调现行法的规定,并通过实例的解析帮助学生理解法律的规定,以增强学生掌握和运用法律的能力。

第四,具有启发性。本套案例教材在每个具体问题的设计上都包括有思考方向及自测案例,其目的就是给学生以充分的思考空间,启发学生运用理论与法律分析和解决实践问题。

为了适应新形势下法学案例教学的需要,配合北京大学出版社“21 世纪法学系列教材”的应用,体现法学教学改革的研究成果,我们对“21 世纪法学系列教材教学案例”进行了全面修订,使教材和案例相辅相成。本套丛书的修订版仍由房绍坤教授、郭明瑞教授担任总主编,同时约请具有丰富教学经验和较高理论水平的学者担任各分册的主编。由于我们编写案

目　　录

第一章 绪　　论

本章主要介绍国际经济法的产生与发展、国际经济法的含义、国际经济法与相邻法律部门的交错等基础知识。基于此,本案例教程没设专门的案例分析。

第二章　国际经济法基本原则

国际经济法的基本原则，是指贯穿于调整国际经济关系的各类法律规范中具有全局性的主要精神和指导思想，主要包括经济主权原则、公平互利原则、全球合作原则和有约必守原则。

一、经济主权原则

（一）案情简介——东道国“国有化”措施案

1951 年 3 月 15 日，伊朗通过石油国有化法案并于 5 月 2 日开始实施。5 月 26 日，英国请求国际法院仲裁其与伊朗之间的石油国有化争端。随后伊朗政府照会英国和国际法院，不承认国际法院有裁决权。6 月 19 日英国政府向伊朗政府递交的照会宣称：“陛下的政府代表自己和该公司承认伊朗石油工业国有化的原则。”7 月 5 日，海牙国际法院依然作出不利于伊朗的裁决。9 月 12 日，伊朗政府向英国政府发出最后通牒，并于 27 日派军队占领阿巴丹城，英伊石油公司的英籍人员于 10 月全部撤离阿巴丹城。①

1956 年 7 月 26 日，埃及政府向世界宣布将苏伊士运河公司收归国有。8 月在伦敦举行的苏伊士运河会议上，德国、英国和美国政府发布联合声明：“对埃及政府作为一个主权国家而享有充分的主权权利，包括对外国人的资产实行国有化不持任何异议。”同年 10 月，英国和法国联手以色列对埃及发起军事进攻，企图用武力重新夺回苏伊士运河。

---

① 历史上的今天（1951 年 4 月 29 日），伊朗实行石油国有化运动。http://today.911cha.com/YXN3.html，2009 年 3 月 1 日访问。

（五）案例自测——从 CEPA 看中国经济主权①

自 2003 年 6 月下旬起，我国内地先后与港、澳地区签署了《内地与香港关于建立更紧密经贸关系的安排》(CEPA)、《内地与香港关于建立更紧密经贸关系的安排》的六个附件等内容，而与台湾地区的经贸关系安排也在不断的努力和探讨中。在国际法层面，内地与中国台湾地区、香港地区、澳门地区等四方同属一个中国，但在 WTO 中，又各自是 WTO 的一个成员方。在这几个地区的经贸关系中，如何处理它们之间发生的经济争端备受关注。有一类观点认为，若争端属于世贸组织多边贸易体制下的经济问题，可以但不必然诉诸 WTO 争端解决机制，而如果争端不属于多边贸易体制者，则可在协商基础上予以解决；有的则认为，上述地区更紧密经贸关系建立后出现的经贸争端将是一种新型贸易争端，既不能诉诸世贸组织争端解决机制，又不能单纯按照国内管辖事项处理，而应参照国际现行自由贸易区的做法——建立一个适合自由贸易区特点的争端解决机制；还有一类观点认为，应在上述地区间建立起相对独立、同时与 WTO 争端解决机制相接轨的争端解决机制，以取代四方各自司法管辖体制。此争端解决机构可以是常设的，专家小组由不含官方色彩的专业人士组成，甚至可以吸收外国专家参加，以确保机制的中立性。

问：① 我国在 CEPA 中如何体现和坚持国家经济主权原则？

② 在 CEPA 协议中，我们可以看到，争端解决机制欠缺和弱化，这是否在一定程度上体现了部分经济主权的让渡，这是否有悖于国家经济主权原则？

二、公平互利原则

（一）案情简介——1979 年授权条款

1979 年关贸总协定第七轮贸易回合谈判中缔约方全体通过了《给予发展中国家以差别及更优惠待遇、互惠和更全面参与的决定》(Decision

① 张晓君、张杨：《全球化背景下经济主权面临的挑战及其理论更新》，载《经济法论坛》，群众出版社 2004 年版，第 12 页。

有化之后是否应给予补偿、应给予何种补偿以及补偿依据何在，国际社会存在着全部赔偿[①]、不予补偿[②]、适当补偿[③]等原则。在国有化补偿的实践中，一般采取适当补偿原则，特别是通过“一揽子协议”给予部分补偿。如伊朗征用美资石油公司，是补偿原金额的10%，第二次世界大战后东欧国家国有化的补偿额都是部分补偿。我国在国有化的实践中也采取适当补偿的做法，如1979年中美政府达成的解决资产要求的协议中，我国同意支付8050万美元作为对新中国建立初期被国有化的美国资产的补偿，这只相当于被中国收归国有的美国总资产的41%。[④]

综合分析上述案例：

伊朗、埃及的国有化措施体现了国家的经济主权。就发展中国家而言，在经济全球化加速发展的大潮流中，机遇与风险并存。发展中国家要利用机遇，就必须牢牢掌握自己手中的经济主权，实现对各种内外经济因素必要的引导、组织和管理；同时也必须依仗牢牢在握的经济主权，采取各种切实有效的措施，预防和抵御并及时化解各种可能发生和已经发生的风险。尤其在国有化补偿方面，面临发达国家“全部补偿”原则的威胁时，不论从历史积淀还是当今国际规则所呼唤的公平理念来说，都不能将发达国家的标准绝对应用于发展中国家。

---

① 认为实行国有化的国家有义务以“充分、及时、有效”的方式对财产被国有化的外国投资者支付全部赔偿。这一原则是以私有财产不可侵犯为基础，以保护既得权益和反对不当得利为法律依据。

② 这一原则的主要根据是国家主权原则和国民待遇原则，既然国有化是东道国行使主权的行为，是一国主权范围内的事情，则东道国采取国有化措施之后，不存在对被征收财产的外国投资者进行补偿的国际法律义务。至于在一定情况下，基于外交政策的考虑或出于国际礼让而给予的一定补偿，并不是法律义务。

③ 这是发展中国家的学说和主张，比较符合实际。关于适当补偿原则主要受到发展中国家的青睐：其合理根据是公平互利原则和国家对其自然资源的永久主权原则。

④ 姚梅镇：《比较外资法》，武汉大学出版社1993年版，第803—804页。原文出处：刘恒：《跨国公司对外直接投资的国有化风险及其防范》，载《中山大学学报(社会科学版)》1996年第6期。

规章并依照其国家目标和优先次序，对在其国家管辖范围内的外国投资加以管理和行使权力。任何国家不得被迫对国外投资给予优惠待遇；(b) 管理和监督其国家管辖范围内的跨国公司的活动，并采取措施保证这些活动遵守其法律、规章和条例及符合其经济和社会政策。跨国公司不得干涉所在国的内政。每个国家在行使本项内所规定的权利时，应在充分顾到本国主权权利的前提下，与其他国家合作；……"

2. 关于东道国的国有化之限制

1962 年联大通过的《关于天然资源之永久主权宣言》中规定："四、收归国有、征收或征用应以公认为远较纯属本国或外国个人或私人利益为重要之公用事业、安全与国家利益等理由为根据。……"

联大 1974 年通过的《各国经济权利义务宪章》第二章第 2 条(c)款规定："将外国财产的所有权收归国有、征收或转移，在收归国有、征收或转移时，应由采取此种措施的国家给予适当的赔偿，要考虑到它的有关法律和规章以及该国认为有关的一切情况。因赔偿问题引起的任何争论均应由实行国有化国家的法院依照其国内法加以解决，除非有关各国自由和互相同意根据各国主权平等并依照自由选择方法的原则寻求其他和平解决办法。……"

（四）学理分析

该案所探讨的主要问题是在国家经济主权原则下如何评价国有化措施问题。

根据国家经济主权原则，一国对其本国涉外的一切经济事务享有完全、充分的独立自主的权利，不受任何外来干涉，对其境内的外国资产有权收归国有或征用。① 东道国对外资实行国有化措施，已得到了国际社会的普遍承认和支持。② 而对于发展中国家来说，采取国有化措施是民族独立和解放的一种重要手段，是行使其对自然资源永久主权的必然结果。

当然东道国的国有化往往会严重威胁到跨国公司对外直接投资的安全，因而成为对外直接投资政治风险中最主要的风险之一，国有化措施对投资安全和利益的影响还在于是否在国有化之后给予充分的补偿。然而，国

① 陈安：《国际经济法学》，北京大学出版社 2007 年版，第 68—72 页。

② 刘恒：《跨国公司对外直接投资的国有化风险及其防范》，载《中山大学学报（社会科学版）》1996 年第 6 期。

在埃及军民的英勇抗击下，英法军队以及以色列先后被迫撤出埃及。苏伊士运河收归国有后，埃及政府成立了苏伊士运河管理局对运河实行国有化管理。①

（二）思考方向

1. 对东道国而言，国有化风险关系到东道国家对自然资源的主权。自上世纪中叶起，拉美及中东国家纷纷对跨国公司的海外子公司实行国有化，这实际是国家经济主权的体现。

2. 尽管东道国实行国有化的权利在国际社会得到了普遍的承认，但东道国在实行国有化权利的同时是否应附加条件限制，这种限制是否是对东道国国家经济主权原则的挑战？

（三）法律规定

1. 关于东道国的国有化权利

联大1962年通过的《关于天然资源之永久主权宣言》规定："一、各民族及各国族行使其对天然财富与资源之永久主权，必须为其国家之发展着想，并以关系国人民之福利为依归……六、以谋求发展中国家经济发展为目的之国际合作，不论所采方式为公私投资、交换货物及劳务、技术协助或交换科学情报，均应以促进其国家独立发展为依归，并应以尊重其对天然财富与资源之主权为基础。七、侵犯各民族及各国族对其天然财富与资源之主权，即系违反联合国宪章之精神与原则，且妨碍国际合作之发展与和平之维持。八、主权国家或在主权国家间所自由缔结之外国投资协定应诚意遵守；各国及国际组织均应依照宪章及本决议案所载原则，严格审慎尊重各民族及各国族对其天然财富与资源之主权。……"

1974年《各国经济权利义务宪章》第2章第2条："1. 每个国家对其全部财富、自然资源和经济活动享有充分的永久主权，包括拥有权、使用权和处置权在内，并得自由行使此项主权。2. 每个国家有权：(a) 按照其法律和

① 《苏伊士运河：埃及的黄金水道》，http://news.xinhuanet.com/world/2006-08/25/content_5005882.htm，2008年11月9日访问。

on Differential and More Favorable Treatment, Reciprocity and Fuller Participation of Developing Countries, 简称 the Enabling Clause "授权条款")[①]。授权条款第1条规定,"尽管有关贸总协定第1条的规定,缔约方仍然可以给予发展中国家差别及更优惠的待遇,而不必给予其他缔约方此种待遇"。第2(a)段是授权条款的核心内容,该条明确授权"发达缔约方根据普惠制向来自发展中国家的产品"提供差别及更优惠的待遇。授权条款第2(a)段的脚注3规定,"正如缔约方1971年6月25日决议中描述的,与建立'有利于发展中国家的普遍的、非互惠的、非歧视的优惠'有关。"这表明脚注3对《1971年豁免决议》的引用将授权条款与联合国贸易与发展会议上建立的普惠制联系起来。授权条款第3(c)段规定发达缔约方根据授权条款提供的差别和更优惠的任何待遇"应该被设计为并且,如果需要,应予以修改,以积极地应对发展中国家的发展、财政和贸易需要"。[②] 这其实是规定了根据授权条款所采取任何措施必须满足的条件。

(二)思考方向

"授权条款"固然为发达国家向发展中国家提供普惠制奠定了永久性法律基础,但是,该条款仅是授予发达国家向发展中国家提供优惠待遇的权利,却没有将"向发展中国家提供优惠待遇"规定为发达缔约方的一项义务。[③] 因此,给予哪些发展中国家以优惠待遇以及就哪些产品给予优惠待遇是否成为发达国家借以"要挟"发展中国家的工具从而引发新的不公平?

公平互利原则作为国际经济法的一项基本原则,不仅适用于发达国家之间的经济关系,也适用于发达国家和发展中国家之间以及不同社会、经济

① Decision of 28 Nov. 1979, L/4903 of 3 Dec. 1979, GATT, Basic Instrument and Selected Documents (BISD) 26S. 203(1980).

② 任丽娜:《WTO体制下普惠制条件的合法性研究》,对外经贸大学2007年硕士学位论文。

③ 朱榄叶:《国际经济法学》,北京大学出版社、上海人民出版社2006年版,第30—31页。

和法律制度国家之间的经济关系。但是“授权条款”所体现的发达国家对发展中国家实行的“非互惠的普惠待遇”是否真正实现了发达国家与发展中国家之间的公平性?

(三) 法律规定

目前 WTO 框架下的协定中关于给予发展中成员方特殊与差别待遇的条款合计共有一百四十余项,分别载于不同的多边货物贸易协定、《服务贸易总协定》、《与贸易有关的知识产权协定》、《关于争端解决规则与程序的谅解》以及部长级会议决议书。根据 WTO 秘书处的分类,WTO 中关于对发展中国家特殊与差别待遇的条款主要有六种类型:(1) 旨在增加发展中成员贸易机会的规定;(2) 要求所有 WTO 成员保障发展中成员利益的规定;(3) 承诺、行动的灵活性及政策工具的应用;(4) 过渡期;(5) 技术援助;(6) 有关最不发达成员的规定。①

(四) 学理分析

上述案例涉及授权条款在公平互利原则上的意义问题。

国际经济法上的“公平”有两个基本价值支撑:一要历史地看待公平之含义,坚持历史连贯性,这就要求发达国家与发展中国家在经济交往和经济决策中充分考虑差异的存在,同时发达国家应通过给予发展中国家相应财政援助、技术支持、贸易倾斜来偿还其在历史上对发展中国家造成的损害,使其在经济上真正独立起来;二应从全球经济一体化角度看待公平之价值,这就要求发达国家在国际经济交往中不能一味自私追求其单极目标,而应积极帮助发展中国家在国际经济发展战略和秩序重建等方面取得应有的发言权和决策权,并与其共同发展,逐渐走向共同繁荣。

第二次世界大战结束后,推行了几十年的《关税及贸易总协定》中关于互惠原则、最惠国待遇原则、无差别原则等原有原则,对于经济发展水平大体相当的国家之间来说基本上是公平、可行的,但对于经济发展水平悬殊的发展中国家与发达国家间贸易往来则显失公平。例如总协定第 1 条第 1 款

---

① See WTO: Committee on Trade and Development: Implementation of Special and Differential Treatment Provisions in WTO Agreements and Decisions. WT/COMTD/W/77. 25 OCT. 2000. 原文出处:朱榄叶:《国际经济法学》,北京大学出版社、上海人民出版社 2006 年版,第 31 页。

规定的最惠国待遇原则给 WTO 成员施加了一项义务，即不论产品原产地对同类产品同等对待的义务。① 实际上，发达国家和发展中国家历史上存在掠夺性经济关系，现实中经济和社会发展地位又存在巨大差异，二者经济实力悬殊，形式上的平等往往忽略了各 WTO 成员在政治经济实力上可能存在的巨大差别，势必导致发达国家单方得益而发展中国家单方受损的结果，从而造成实质上的不公平、不平等。

综合分析上述案例：

当今国际经济关系中的国家间经济交往，不仅要做到形式上平等，更应追求实质平等。只有建立在实质平等基础上，才能做到互利；只有真正做到互利，才算实现了实质平等。“授权条款”为日后的“普惠制”奠定了合法性基础。这一新体制同时也给发达国家带来许多现实利益和对等实惠，特别是从全局和长远视角看，给惠国（发达国家）实际上可以从受惠国（发展中国家）不断取得重大的回报和实惠。例如通过《洛美协定》，欧共体国家在给予非、加、太地区国家以普惠待遇的同时，也相应确保了许多重要原料来源和扩大了商品的销售市场。②

（五）案例自测——“蓝色壁垒”双刃剑③

“蓝色壁垒”是一种以劳动者劳动环境和生存权利为借口采取的贸易保护措施，它最初由社会条款而来，是国际公约中有关社会保障、劳动者待遇、劳工权利、劳动标准等方面规定的总称。其核心是 SA8000 标准，它包括核心劳工标准（涉及童工、强迫性劳动、自由权、歧视、惩戒性措施等内容）、工时与工资、健康与安全、管理系统等方面。

---

① With respect to customs duties and charges of any kind imposed on or in connection with importation or exportation or imposed on the international transfer of payments for imports or exports, and with respect to the method of levying such duties and charges, and with respect to all rules and formalities in connection with importation and exportation, and with respect to all matters referred to in paragraphs 2 and 4 of Article III, any advantage, favor, privilege or immunity granted by any contracting party to any product originating in or destined for any other country shall be accorded immediately and unconditionally to the like product originating in or destined for the territories of all other contracting parties. 原文来源：http://www.ciesin.org/TG/PI/TRADE/gatttxt.html，2009 年 7 月 22 日访问。

② 肖伟、蔡庆辉：《国际经济法学案例教程》，知识产权出版社 2003 年版，第 8 页。

③ 郭鑫：《蓝色壁垒对我国的影响及对策研究》，载《科技信息》2009 年第 6 期。

1993年,在新德里召开的第13届世界职业安全卫生大会上,欧盟国家代表德国外长金克尔明确提出要把人权、环境保护和劳动条件纳入国际贸易范畴,将劳工权益和经济问题挂钩。这就是当时颇为轰动的"社会条款"事件。① 1996年12月在新加坡召开的WTO首届部长级会议上通过了《新加坡部长宣言》,"核心劳工标准"议题被明确列入宣言的23个内容中。② 2001年11月在多哈第四届WTO部长级会议上,劳工标准最终得到了确认:"全球化过程中的社会标准问题应该由国际劳工组织负责。"③

在这一背景下,欧美等发达国家把社会责任标准同其对发展中国家实施的普遍优惠制度挂钩,提出只有采用同一职业安全卫生标准的国家和地区才能参与贸易区的国际贸易活动,以期对发展中国家特别是那些劳工状况较差而又不采取措施改进的国家、地区在国际贸易中进行制裁和谴责。同时,在这些国家,一种以社会责任标准为主要内容的、新的贸易壁垒即蓝色壁垒也开始逐渐建立起来。在与国际接轨以及参与国际贸易过程中我国等越来越多的发展中国家也不得不作出的一定让步而渐渐接受了这一"蓝色壁垒"。

一方面,目前绝大多数"蓝色贸易条款"皆基于发达国家的价值标准而制定,诸如SA8000等劳工标准的认证机构也主要为发达国家所垄断④,很大程度上增加了诸如我国等在该方面尚欠缺标准的发展中国家出口企业的成本⑤,降低了对外商的吸引力,从而引发更多贸易摩擦和出口风险;另一方面,我国企业实施SA8000标准,又一定程度上利于改变管理滞后、劳动力市场供求关系失衡等多方面原因导致的企业违反《劳动法》、侵害职工权益等现象,促使我国积极完善本国法规,从制度上根本解决企业承担社会责任过

---

① 唐昊:《社会条款:关注劳动者权利》,载《南风窗》2002年第1期。

② 高洁:《WTO环境下的贸易与劳工问题分析》,www. lunwennet. com/thesis/2006/12939. html,2012年5月21日访问。

③ 张文兵、葛永波:《社会责任认证(SA8000)对产业国际竞争力的影响》,载《管理科学》2003年第6期。

④ SAI的授权认证机构均来自发达国家。

⑤ 企业成本的影响大致包括两个方面:一是用于获得认证的管理费用,这可以称为"认证成本"。按照常规,SA8000标准认证一般需要1年时间,证书有效期为3年,每6个月复查一次。一个2000人的工厂需要的认证费用是9万元。与ISO系列相比费用略高。二是为了迎接认证必须完成应承担的社会责任,在提高员工福利、加强环保设施和节省能源等方面的必要支出,如果这些措施在认证之前是空白或承担较少的话,一次投入的成本是非常高昂的。

程中的种种问题，更大程度上改善我国劳资关系。对于我国企业而言，进行良好的社会责任管理，不仅可以通过它减少长期以来、潜在效益补偿造成的损失，并为企业创造多方面社会价值。

问：① 蓝色壁垒是否有违国际经济法的公平互利原则？

② 在公平互利原则框架下，我国应如何应对蓝色壁垒等国际新标准？

三、全球合作原则

（一）案情简介——《洛美协定》与南北合作①

《洛美协定》是《欧洲经济共同体与非洲、加勒比和太平洋（国家）洛美协定》的简称。1975 年 2 月 28 日，非洲、加勒比海和太平洋地区 46 个发展中国家（简称非加太地区国家）和欧洲经济共同体 9 国在多哥首都洛美开会，签订了首个《洛美协定》，1976 年 4 月起生效，有效期 5 年。该协定在约定欧共体给予非洲、加勒比和太平洋地区国家贸易优惠安排的同时，还规定欧共体在 5 年内向非洲、加勒比和太平洋地区国家提供 33.6 亿欧洲货币单位（约合 42 亿美元）的财政援助；此后《洛美协定》一再续签，分别是 1979 年 10 月、1984 年 12 月、1989 年 12 月的 3 次修订续签。

2000 年 6 月，欧盟与非洲、加勒比和太平洋地区国家签署了第 5 个《洛美协定》——《科托努协定》。协定有效期为 20 年。2002 年，《科托努协定》正式生效，指导欧盟与非洲、加勒比和太平洋地区国家的贸易和援助关系长达 25 年的《洛美协定》亦随即终止。截至 2002 底，参加《洛美协定》的国家共 92 个，其中，欧盟 15 国，非洲、加勒比和太平洋地区 77 国（包括非洲地区 48 国、加勒比地区 15 国、太平洋地区 14 国）。

---

① 详细内容参见《〈洛美协定〉加速南北合作》，载中国贸易救济信息网 http://www.cacs.gov.cn/cacs/lilun/lilunshow.aspx? str1 = 2&articleId = 36291，2009 年 2 月 3 日访问。

《洛美协定》是发达国家和发展中国家之间签署的最早、持续时间最长、最为全面的一项经济贸易协定。虽历经修改,但其“援助——贸易”的基本目标始终未变。

（二）思考方向

《洛美协定》的发展进程彰显出发展中国家与发达国家间互利合作的强大迫切性和生命力,但在此过程中又始终充满了两类国家间的不公平、不等价交易。如何看待《洛美协定》中所体现的南北合作以及改变南北不平等之任务艰巨性是非常重要的。

（三）法律规定①

第一个《洛美协定》基本内容为:(1) 非加太国家的全部工业品和99.2%的农产品进入欧洲共同体时,享有免税、不限量的优惠,而共同体不要求给予反向优惠;(2) 欧共体设立稳定出口收入基金,在非加太国家12种重要产品出口价格下跌而造成损失时给予补偿;(3) 共同体在5年内向非加太国家提供33.9亿欧洲货币单位的援助。

第二个《洛美协定》于1979年10月31日签订。其优惠条件进一步放宽,主要有:(1) 接受稳定出口收入基金补贴的初级产品增加到44种;(2) 稳定出口收入的范围扩大到矿产品;(3) 提供的财政援助总额提高到56亿欧洲货币单位。

第三个《洛美协定》于1984年12月8日签订。协定有效期5年。协定又增加了新内容,主要有:(1) 确认了参加缔约的南北两类国家间平等伙伴的相互依存关系。(2) 扩大了合作领域。(3) 同意将非加太国家享受稳定出口收入优惠待遇的产品由原44种扩大到50种。(4) 增加财政援助,总额达85亿欧洲货币单位。

第四个《洛美协定》于1989年12月在多哥洛美续签,有效期10年。主要内容如下:(1) 进一步扩大非加太地区国家农产品和工业品进入欧共体市

---

① 原文出处:http://www.qsjm.gov.cn/UploadFile/200632015346942.doc,2009年3月2日访问。

场。(2) 允许非加太国家不再偿还欧共体提供的用以稳定非加太地区国家农矿产品出口收入的贷款补贴。(3) 欧共体在5年内应向非加太地区国家提供财政援助120亿欧洲货币单位。

《科托努协定》于2000年6月23日签署，有效期20年。取代原先的《洛美协定》。《科托努协定》规定了新的发展目标、新的伙伴合作关系及新的实施途径和运作方式。

(四) 学理分析

上述案例涉及南北合作的形式问题。

《洛美协定》三十多年的发展，为南北经济合作创立了一种新模式，奠定了南北互利合作成为全球合作原则核心内容的地位，对南北关系发展具有重要意义并充分证实了南北合作的强大生命力①:

(1) 缔约国总数不断增加，从55国逐步递增至92国;

(2) 合作内容和范围不断扩大——欧共体(发展为当今的欧盟)向非洲、加勒比和太平洋地区国家给予单向特别优惠的关税待遇，而不要求非洲、加勒比和太平洋地区国家给予同等待遇，促进和加快了非、加、太地区国家经济、文化和社会发展，确保缔约双方实现实质上的平等互利;

(3) 协定议题更趋向合理——每次续订谈判，虽历经艰难，但最后总能达成对发展中国家更为有利、促进南北合作关系发展的新协议，更利于双方在各领域共谋合作发展，建立更稳定、更合理的国际经济关系。

综合分析上述案例:

首先，《洛美协定》在实现南北合作、改变南北不平等关系方面，做出了重大贡献。

其次，从另一方面讲，其离建立国际经济新秩序之目标尚远，《洛美协定》式的"南北合作"远未能从根本上改变南北双方之间不平等、不公正的经济关系，具体而言体现在如下几个方面:

(1) 经济发展水平差异巨大，两类国家(地区)之间仍存在必然的不等价交换;

(2) 用以稳定非洲、加勒比和太平洋地区国家出口收入的补贴和财政援助，相对该地区国家的发展经济现实需要来说，杯水车薪;

---

① 《〈洛美协定〉加速南北合作》，载中国政府采购网，http://www.ccgp.gov.cn/cgzn/llsj/9154.shtml，2009年3月27日访问。

（3）随着全球贸易自由化趋势的加强，现有贸易优惠的实际程度在不断下降；

（4）欧盟给予的关税上普惠待遇，往往伴随着种种非关税壁垒的限制；而其东扩的贸易转移效果使得非洲、加勒比和太平洋地区成为欧盟对外援助受益者的国家数量日趋减少。

因此南北世界仍需寻求更宽更广的深入合作新途径。

（五）案例自测——南南合作中的中埃关系

中埃两国50年来长期友好的关系堪称“南南合作”的典范。①早在两国建交前，埃及工商部长和中国外贸部长就进行了互访。1955年8月，两国签订了政府间第一个贸易协定。1956年10月，两国签订了支付协定，规定两国贸易通过记账清算。至1985年的近三十年间，两国一直做记账贸易，其间两国政府每年轮流派代表团互访，签订年度贸易议定书，附进出口货单，通过双方国营公司执行。1985年8月，两国签订了新的贸易协定，规定从1985年1月1日起改为现汇贸易。1995年3月，双方签署了新的经济、贸易协定。两国政府分别于1994年和1997年签署了投资保护协定和避免双重征税协定。1992年6月，中埃第一届经贸混委会在北京召开，埃及经贸部长穆斯塔法同李岚清部长共同主持，之后混委会又召开了四次会议，为推动双方的经贸合作做出了重大贡献。

近年来，两国经贸关系发展顺利，特别是进入20世纪90年代后，双边经贸合作规模和领域不断扩大。贸易往来连续大幅上涨，此外，中埃两国在电信、铁路、地铁、电力设施、石油开采等领域的合作呈现出良好势头，截止到2003年3月底，我国公司在埃签署的劳务合同已达151项。

问：① 南南合作得以良好发展的必要性有哪些？

② 南南合作与南北合作在政治基础、经济基础、内在实质以及实践效应等方面存在哪些差异？

---

① 《中埃关系：南南合作典范》。载中国网 http://www.china.com.cn/chinese/2004/Jan/487897.htm，2008年12月30日访问。

四、有约必守原则

（一）案情简介——“祖父条款”对有约必守的背驰

“祖父条款”①是一种法律适用规则，即立法变化以后，旧法适用于既成事实，新法适用于未来情形。这一规则最初是为减少法律制定和执行过程中的政治阻碍而形成的一种务实的折衷手段。最早的祖父条款出现在美国的“杰姆克劳法”②。而GATT中的祖父条款则出现在《关贸总协定临时适用议定书》的第1条b款③，规定缔约方适用关贸总协

---

① Grandfather Clause，它的作用在于协调缔约各国国内立法与关贸总协定第二部分的条约义务的效力冲突，使各缔约国在现行国内立法允许的最大限度内履行总协定规定的义务。参见王毅：《关税及贸易总协定的“祖父条款”问题》，载《国际贸易问题》1986年第6期。

② Jim Crow laws，Jim Crow是对黑人的蔑称，这些法律出现在1890至1910年间，适用于美国南部各州，旨在禁止黑人、土著美洲人和部分白人的选举权。原因是，1870年以前各州实施的限制选举权法律被第15条宪法修正案废除，为了应对宪法的变化，南部各州重新制定法律，规定只有满足人头税（Poll tax）和/或文化测试（Literacy Test）的要求，人们才能获得投票权。但这些法律规定了一个例外：所有在美国南北战争前获得投票权的人及其子孙后代，继续拥有投票权。换言之，这些子孙后代的投票权是继承“祖父”得来的。这条例外规定就成为“祖父条款”。同时“杰姆克劳法”形成了臭名昭著的种族隔离制度，直到1965年美国宪法第24条修正案（《1965投票权法案》）的通过，才被正式废止。参见西线观察·祖父条款（Grandfather Clause）和《关贸总协定》（GATT），http://blog.sina.com.cn/s/blog_5e0d343f0100n3nu.html，2009年1月2日访问。

③ *Protocol of Provisional Application of the General Agreement on Tariffs and Trade*

1. The Governments of the Commonwealth of Australia, the Kingdom of Belgium (in respect of its metropolitan territory), Canada, the French Republic (in respect of its metropolitan territory), the Grand-duchy of Luxemburg, the Kingdom of the Netherlands (in respect of its metropolitan territory), the United Kingdom of Great Britain and Northern Ireland (in respect of its metropolitan territory), and the United States of America, undertake, provided that this Protocol shall have been signed on behalf of all the foregoing Governments not later than 15 November 1947, to apply provisionally on and after 1 January 1948:

(a) Parts I and III of the General Agreement on Tariffs and Trade, and (b) Part II of that Agreement to the fullest extent not inconsistent with existing legislation....

定第二部分时，不必与现行的国内法律相抵触。该祖父条款的背景是，第二次世界大战后美国国会的保守势力强盛，联合国筹建的国际贸易组织(ITO，GATT前身)因其反对而夭折，各国担心再次遭受美国国会否定，因此在达成的GATT临时适用议定书中增加祖父条款，以减轻执行国际条约时带来的政治压力。

以1990年美国与泰国香烟进口案为例。GATT规定通常情况下，各国须取消许可制度，而泰国早期的国内立法授权行政机关可以使用烟草进口许可证，但没有实施。泰国政府根据《1966年烟草法案》禁止进口香烟及其他烟草配制品，但却给予国内香烟的销售授权，而且香烟还适用消费税、营业税和地方税。加入GATT以后，如果泰国维持以前做法，不用许可证，这符合GATT规则；如果泰国改变了现行做法，对烟草贸易实施许可证管理，这符合其加入GATT前制定的国内立法，但违反现行的GATT规则。在美、泰香烟进口贸易争端中，美国主要以上述进口限制与GATT第11条不符为由诉诸GATT。① 泰国的这种做法是否能被“祖父条款”豁免？最后GATT专家组裁决泰国败诉，因为泰国的许可证立法属于授权性质(discretionary)，不是强制性立法(Mandatory Legislation)，行政部门可以采取不违背GATT义务的方式执行该立法。

乌拉圭回合后，WTO总体取消了“祖父条款”，但在区域贸易安排、出口信贷基准利率、知识产权保护等领域仍然存在着它的效力，通常表现为明确的例外或国际条约之间的互相援引。这是否仍然算作“祖父条款”，仍有待进一步探讨。

(二) 思考方向

就国家间的条约而言，“有约必守”指的是当事国一旦签订了双边经济条约或多边经济条约，就应在享受该项条约赋予的国际经济权利同时，也受该条约和国际法的约束，必须信守条约的规定，实践自己作为缔约国的诺言，履行自己的国际经济义务。若不履行条约所课予己方的国际义务，就意

---

① 刘惠荣、潘晓明：《GATT/WTO下的环境——贸易争端评析》，载《现代法学》2003年第6期。

味着侵害了他方缔约国的国际权利，构成国际侵权行为或国际不法行为，要承担由此引起的国家责任。“祖父条款”则在一定程度上为一些国家在国际条约或者统一贸易规则中的保留或例外甚至规避提供可能性。

（三）法律规定

1969 年 5 月开放供各国签署并于 1980 年 1 月开始正式生效的《维也纳条约法公约》，在序言中，开宗明义地强调“条约必须遵守原则乃举世所公认”。该公约第 26 条规定：“凡有效之条约对其各当事国有拘束力，必须由各该国善意履行。”第 27 条又进一步指出国际条约与缔约国国内法之间的关系，明文规定：“一当事国不得援引其国内法规定为理由而不履行条约。”①

在 1974 年 12 月联合国大会第 29 届会议通过的《各国经济权利和义务宪章》这份当代国际经济法的基本文献中，列举了用以调整国际经济关系的 15 条基本准则，其中之一，就是要求各国都“真诚地履行各种国际义务”。这显然是重申和再次强调“有约必守”的精神，因为各种国际义务首先和主要来自各种国际条约。履行国际义务，主要就是履行有关国际条约的具体表现。②

附件：

1.《维也纳条约法公约》第 26、27 条原文③：

Vienna Convention on the Law of Treaties

Noting that the principles of free consent and of good faith and the pacta sunt servanda rule are universally recognized...

Article 26 Pacta sunt servanda

Every treaty in force is binding upon the parties to it and must be performed by them in good faith.

Article 27 Internal law and observance of treaties

A party may not invoke the provisions of its internal law as justification for

---

① Vienna Convention on the Law of Treaties. 参见厦门大学《国际经济法》课题组，条文出处：http://course.cug.edu.cn/21cn/%E5%9B%BD%E9%99%85%E7%BB%8F%E6%B5%8E%E6%B3%95/ownpages/wyntyfgye.htm，2009 年 7 月 22 日访问。

② 同上注。

③ 同上注。

its failure to perform a treaty. This rule is without prejudice to article 46.

2.《各国经济权利和义务宪章》第一章(j)款原文摘录①:

Charter of Economic Rights and Duties of States

CHAPTER 1 FUNDAMENTALS OF INTERNATIONAL

(j) Fulfillment in good faith of international obligations;

(四) 学理分析

上述案例涉及国际经济关系中有约必守原则的效力问题。

"有约必守"本是一条古老的民商法基本原则。其原意是指民商事关系当事人之间一旦依法订立了合同(又称契约),对于约定的条款,必须认真遵守和履行。后来,这条原则被援引并运用于国家间的政治、经济、外交等方面关系,成为国际法上一条基本原则。由于它主要是通过国际条约这一形式来体现,通常又称"条约必须遵守"或"条约必须信守"。

从理论上讲,现代国际社会共同利益的存在决定了条约必须信守。"在当今国际社会中,各国相互联系、相互影响,一国不能脱离国际社会而单独存在了。"②伴随着世界交通、通讯等科技水平的迅速提升和日趋便捷,国际贸易和国际经济发展日益呼唤一种统一的国际经济法律规范及法治秩序,使各国真正享有国际经济法所保护的贸易自由,维护国际经济共同体的正常运行与安全。这样一来,快速的经济全球化进程使得这种"法律义务必须让位于国家利益"的国家本位理念不得不让位于"国际社会本位理念"③。

就国家层面而言,有约必守原则与国际公法上的"条约必须信守原则"一脉相承。它是指一个合法缔结的条约,在其有效期间,当事国有依照条约善意履行的义务,这是条约法中一个最重要的基本原则。④ 一旦国家或类似共同体之间发生接触并订立协定,这些协定的履行就成为关键的

---

① Vienna Convention on the Law of Treaties. 参见厦门大学《国际经济法》课题组,条文出处:http://course.cug.edu.cn/21cn/%E5%9B%BD%E9%99%85%E7%BB%8F%E6%B5%8E%E6%B3%95/ownpages/wyntyfgye.htm,2009 年 7 月 22 日访问。

② PHILIP A. The Myopia of the Handmaidens: International Lawyers and Globalization [J]. *European Journal of International Law*, 1997(3):435.

③ 李双元、李赞:《构建国际和谐社会的法学新视野:全球化进程中的国际社会本位理念评析》,载《法制与社会发展》2005 年第 5 期,第 79—95 页。

④ 李浩培:《条约法概论》,法律出版社 1987 年版,第 329 页。

问题。

综合分析上述案例：

随着“祖父条款”的逐渐消弭，有约必守原则的应用实际体现了“绝对国家主权”不断弱化和有限让渡的过程。在历史必然的全球化浪潮面前，各国都逐渐认识到了“我们生活在一个相互依赖的时代”①，摒弃“祖父条款”，逐步实现主权的有限让渡日趋成为国际经济法发展过程中的显著特点，另一方面也使得国际法一改往常“软法”的虚弱形象，效力不断加强。

（五）案例自测——“比利时国会号”案②

“比利时国会号”是一艘比利时邮船，根据1876年英比两国《邮政通讯条约》享受外国军用公船的待遇。该船除运送邮件外，还兼营客运业务。1879年，该船在航行中与英国拖船“戴玲号”相撞，后者受损。“戴玲号”向英国海事法院起诉，要求损害赔偿。“比利时国会号”声称它是比利时国王的财产，不受英国法院管辖。海事法院受理该案后，比利时拒绝出庭，英国总检察长也对法院的管辖权提出异议。但海事法院最终还是向“比利时国会号”发出扣押令，于是总检察长将案件提交英国上诉法院。

总检察长认为，“比利时国会号”是比利时国王的财产，在碰撞发生时，该船为比利时国王所控制和雇用，是英王陛下和比利时国王所订条约中的公用军船。作为外国的军船，“比利时国会号”不受英国法院的管辖。海事法院认为，“比利时国会号”不仅运送邮件，还兼营客运，从事大量商业行为。这样的船舶根据国际法不能享受军用公船的特权，以至于能够豁免一切受损害的私人对它提出的索赔要求。而且，两国所订立的“条约”未经任何立法确认。英王有权不经议会授权就可以用条约使“比利时国会号”享有军船的一切特权，这是没有先例的，原则上与英国法律和宪法相抵触。英王无权使不是真实军船的外国船舶享有豁免权。因此，扣押令是应该发出的。

上诉法院于1880年作出判决，肯定了英国法院对此案没有管辖权并撤销了海事法院的扣押令。法院认为，主权者有时可以为他拥有的船舶要求

---

① 〔美〕罗伯特·基欧汉、〔美〕约瑟夫·奈：《权力与相互依赖》，门洪华译，北京大学出版社2002年版，第20—21页。

② 参见中国人民大学精品课程教学案例。“比利时国会号”案，http://lesson.rucil.com.cn/article/default.asp?id=40，2009年6月2日访问。

豁免,即使此船舶完全或实际上用于商业目的。对于实际为公共目的服务的船舶,不能被提起对物诉讼。因此,对“比利时国会号”的扣押令必须撤销,因为对该船进行任何调查即等同于对它行使司法管辖。

问:① 该条约“未被英国立法确认”能否成为不履行其国际义务的依据?

② 英国国内法与其条约的关系是什么?本案如何体现有约必守原则?

第三章　国际货物贸易法

一、国际货物买卖合同

国际货物买卖，总是以签订国际货物买卖合同的方式来进行。根据《联合国国际货物销售合同公约》（以下简称《公约》）第1条的规定，国际货物买卖合同，是在不同国家（或地区）之间的有形货物买卖的合同，其双方当事人的营业地一定在不同国家，至于当事人的国籍是否不同，无须考虑。由于国际货物买卖合同具有国际因素，自合同的成立至合同的履行，形成了一系列特有的法律问题。

（一）国际货物买卖合同的订立

1. 案情简介

中国A公司同美国B公司是从事了5年贸易往来的老客户。2000年10月1日，美国公司传真中国公司，请速准备圣诞蜡烛一批于10月底前发运。中国公司马上准备货源，准备于10月中旬发运美国。当中国公司已经基本上将货物备齐准备发运时，美国公司于10月10日发来传真，要求撤销10月1日的传真。由于货物已基本备齐，如果取消合同，中方将会面临一定的损失。针对这种情况，中国公司认为，双方常年做法是在美国公司发价之后就进行备货，从未出现过发价被撤销的问题。对于此次圣诞蜡烛的发价，要货时间比以往更急，中国公司本着以往习惯做法认为发价是不可撤销的，并且本着对发价的信赖行事进行了备货，对方公司不能撤销发价，美国公司应当接收货物。①

---

① 摘自王海英主编：《国际经济法案例教程》，北京大学出版社2005年版，第86页。

问：本案应如何处理？

2. 思考方向

《公约》对发价的有效成立以及发价的撤回和撤销都规定了严格的条件，并且还规定某些发价是不可撤销的发价，其目的就是针对不同情况能够公平保护当事人双方的利益。上述案例中的发价是否成立以及是否可以撤销，应当按照《公约》的有关规定进行分析。

3. 法律规定

《公约》第14条 (1) 向一个或一个以上特定的人提出的订立合同的建议，如果十分确定并且表明发价人在得到接受时承受约束的意旨，即构成发价。一个建议如果写明货物并且明示或暗示地规定数量和价格或规定如何确定数量和价格，即为十分确定。

第15条 (1) 发价于送达被发价人时生效。

(2) 一项发价，即使是不可撤销的，得予撤回，如果撤回通知于发价送达被发价人之前或同时，送达被发价人。

第16条 (1) 在未订立合同之前，发价得予撤销，如果撤销通知于被发价人发出接受通知之前送达被发价人。

(2) 但在下列情况下，发价不得撤销：

(a) 发价写明接受发价的期限或以其他方式表示发价是不可撤销的；或

(b) 被发价人有理由信赖该项发价是不可撤销的，而且被发价人已本着对该项发价的信赖行事。

第55条 如果合同已有效的订立，但没有明示或暗示地规定价格或规定如何确定价格，在没有任何相反表示的情况下，双方当事人应视为已默示地引用订立合同时此种货物在有关贸易的类似情况下销售的通常价格。

4. 学理分析

上述案例涉及发价的成立与撤销的问题。

《公约》对发价的规定为：(1) 发价必须是向一个或一个以上特定的人提出的订约的建议；(2) 发价人必须明示或默示地表明一旦发价得到接受即

承受发价约束的意旨;(3) 发价内容必须十分确定,通常应当包括货物、数量和价格三项交易条件。如果发价不符合以上三方面的规定,比如报纸杂志上的广告不是向特定的人发出,且往往广告发布人也没有承受约束的意思表示,就不能构成发价,而只是要约邀请。

发价于送达被发价人时生效。发价在送达被发价人之前可以被撤回。但是如果发价一旦到达被发价人,发价人即不能撤回发价。

发价可以撤销。但发价的撤销必须符合以下条件:(1) 必须是在合同订立前;(2) 撤销发价的通知必须于被发价人发出接受发价的通知之前。但是并非所有的发价都可以撤销,按照《公约》的规定,在下述两种情况下,发价人不能撤销其发价:(1) 发价已表明发价的有效期或以其他方式表明发价是不可撤销的;(2) 被发价人有理由信赖该项发价是不可撤销的,而且已本着对该项发价的信赖行事。

综合分析上述案例:

首先,本案中,发价已经到达中国公司,因此不能撤回。因为发价于送达被发价人时生效,发价在送达被发价人之前可以被撤回。如果发价一旦到达被发价人,发价人即不能撤回发价。但是,发价在被发价人发出接受通知前可以得以撤销从而阻止合同成立。如果美国公司要阻止合同成立,只能采取撤销发价的措施。

其次,根据《公约》的规定,本案中发价属于不可撤销发价。《公约》规定,如果"被发价人有理由信赖该项发价是不可撤销的"且"已本着对该项发价的信赖行事",发价不可撤销。本案中,被发价人中国公司信赖发价不可撤销,且已备货,美国公司不能撤销发价。美国公司的撤销通知应归于无效,双方之间合同成立,美国公司应履行买方接收货物的义务,否则将构成违约。

5. 自测案例

(1) 某美国公司传真其中国客户,可以在当月下旬供给中国公司 10 公吨优质化肥。

问:① 美国公司的传真是否构成一项发价?

② 发价中的价格是否必须确定?

③ 如果发价中没有明确的价格,是否可以双方知晓的当时市场价格作为成交价格?

(2) 5 月,某中国公司向新加坡公司发出传真,愿意在当年 11 月供应 10

吨特级苹果,新加坡公司没有作出回复。在临近苹果收获的季节,中国苹果产地遭遇冰雹袭击,造成苹果减产,中国公司无法备齐10吨特级苹果,因此于10月份向新加坡公司发出传真撤销5月发出的传真。

问:① 5月份中国公司的传真是否构成要约?是否必须撤销?

② 中国公司10月传真是否符合撤销发价的条件?如果不加以撤销,可能会出现什么样的情况?

(二)当事人的权利义务、合同的履行及违约责任

国际货物买卖合同一经订立,当事人间的合同关系便告形成,当事人之间的权利义务关系也即确定下来,当事人双方互负义务,互享权利。如果一方当事人不能按照合同规定履行义务,就会产生违约责任。

1. 案情简介

2001年10月24日,中国A公司(买方)与美国B公司(卖方)签订了一份国际货物买卖合同。合同规定:由卖方向买方出售5万公斤羊毛,货物单价为USD4.10/KG CIF NEWYORK,货物总值20.5万美元,分三批交货,即于2002年4月交1万公斤、5月交2万公斤、6月交2万公斤,付款条件为信用证支付方式。合同签订后,A公司便根据该合同的内容与国内的C公司签订了一份买卖合同,将5万公斤的羊毛转卖给C公司。

A公司于2002年3月6日和4月10日分别开出1万公斤和2万公斤羊毛的信用证。但由于合同签订后不久,国际市场上羊毛价格大涨,B公司始终没有交货。此间A公司曾多次通过传真和电话要求B公司交货,B公司则回称市场上没有货源,难以交货。同时又提出,如果按照原合同价格交货,公司没有足够的资金备货,希望能将货物单价提高到USD7/KG CIF NEWYORK,否则就无货可交。A公司回电表示,B公司按合同规定交付货物是其应履行的合同义务,因此,不同意变更合同的价格条款,并指出如果B公司不交货,则不再按期开出第三批货物的信用证。

与此同时,A公司与C公司之间签订的买卖合同的交货期限将至,但由于B公司不交货,A公司不得不同意C公司以USD6/KG CIF

NEWYORK,从其他客户手中买进5万公斤羊毛,其差价损失由A公司承担。据此,A公司转而向B公司追偿差价损失。但由于双方协商未果,A公司遂提起仲裁申请,要求B公司承担不履行合同交货义务的责任,赔偿差价及利息损失。B公司在答辩中则声称:造成损失的责任并非完全在己一方,理由是因为A公司只开出了第一批货物和第二批货物的信用证,使B公司无法履行第三批货物的交付义务。①

问:本案应如何处理?

2. 思考方向

在国际货物买卖中,交付货物是卖方的主要义务。卖方不履行交货义务或延迟交货,则构成违约。本案中,买方的赔偿请求是否成立取决于卖方是否违反了交货义务,构成违约。

3. 法律规定

《公约》第30条

卖方必须按照合同和本公约的规定,交付货物,移交一切与货物有关的单据并转移货物所有权。

第33条

卖方必须按以下规定的日期交付货物:

(a) 如果合同规定有日期,或从合同可以确定日期,应在该日期交货;

(b) 如果合同规定有一段时间,或从合同可以确定一段时间,除非情况表明应

由买方选定一个日期外,应在该段时间内任何时候交货;或者

(c) 在其他情况下,应在订立合同后一段合理时间内交货。

第45条

(1) 如果卖方不履行他在合同和本公约中的任何义务,买方可以:

(a) 行使第46条至第52条所规定的权利;

① 改自汤树梅主编:《国际经济法案例分析》(第2版),中国人民大学出版社2000年版,第12页。

(b) 按照第 74 条至第 77 条的规定,要求损害赔偿。

(2) 买方可能享有的要求损害赔偿的任何权利,不因他行使采取其他补救办法的权利而丧失。

第 71 条

(1) 如果订立合同后,另一方当事人由于下列原因显然将不履行其大部分重要义务,一方当事人可以中止履行义务:

(a) 他履行义务的能力或他的信用有严重缺陷;或

(b) 他在准备履行合同或履行合同中的行为。

第 74 条

一方当事人违反合同应负的损害赔偿额,应与另一方当事人因他违反合同而遭受的包括利润在内的损失额相等。这种损害赔偿不得超过违反合同一方在订立合同时,依照他当时已知道或理应知道的事实和情况,对违反合同预料到或理应预料到的可能损失。

4. 学理分析

上述案例涉及的是国际货物买卖合同中卖方所承担的交货义务的问题。

综合分析上述案例:

首先,美国和中国都是《公约》的缔约国,对于合同的约定和履行可以适用《公约》进行解释。

其次,对于买卖双方合同责任的确定,首先必须确定合同的有效性。从本案的情况看,买卖双方于 2001 年 10 月 24 日签订的合同完全符合《公约》中关于合同有效成立的规定,是合法有效的合同。在有效的国际货物买卖合同中,卖方负有的首要基本义务就是交付货物。而本案中,美国 B 公司未履行交货义务,显然是违约的。

再次,在国际货物买卖中,买卖双方一般都采用价格术语来表示交货地点,如本案中的 CIF NEWYORK,意指交货地点在装运港纽约。而关于交货的时间,如果合同中有明确规定的交货日期和交货期间,卖方应在该日期或该期间内的任何一天交货;如果合同对交货时间未作明确规定,则卖方应在合同生效后的合理时间内交货。在本案中,合同规定分三批交货,分别在 2002 年 4 月、5 月和 6 月,这意味着卖方必须在该 3 个月的月底之前将货物交付到装运港的船上。当然在信用证付款方式下,卖方交货的前提是由买方先开出每一批货物的信用证。本案中,买方中国 A 公司按时开证,而卖方却并没有按时交货,不交货的违约责任显然在卖方。

最后,本案还涉及买方是否有权停止开立第三批货物的信用证,或者说买方不开证的行为是否构成卖方在答辩中所称的违约。这里实际上涉及合同的先期违约和中止履行问题。所谓先期违约,是指在合同订立之后、履行期限到来之前,一方表示拒绝履行合同的意图。在一方当事人有先期违约的情况下,根据《公约》第 71 条的规定,另一方当事人可以中止履行合同。本案中,卖方 B 公司在买方 A 公司多次催请其履行合同的情况下,仍拒不履行合同,显然已构成先期违约,因此买方 A 公司有权中止履行合同,即停止付款,不再按期开出第三批货物的信用证。并有权要求违约方 B 公司承担由此造成的损失。

综上所述,本案中应由 B 公司承担不履行合同交货义务的责任,并赔偿由此造成的货物差价及利息损失。

5. 自测案例

(1) 中国 C 公司是刚刚成立的一家造纸厂,原定于 5 月份投入试生产。2 月份,C 公司同加拿大 V 公司签订了进口纸浆的合同。合同约定,买方开立信用证后卖方安排货物运输,合同价格条款采用 CIF 中国青岛。3 月 10 日,C 公司开立了受益人为 V 公司的不可撤销远期信用证并通过通知行告知 V 公司。直至 4 月 10 日,C 公司还未收到 V 公司的发货通知,因此传真进行询问。V 公司回复,合同规定发货时间在开立信用证之后,拟定于 5 月份发货。C 公司认为 5 月份发货会耽搁试生产,一再要求提前发货。但是 V 公司认为签订合同时,自己并不知道 C 公司要将这批纸浆用做 5 月份的生产,所以将纸浆的生产安排在 4 月份,无法提前交货。货物最终于 5 月 10 日从加拿大发出,使 C 公司的试生产不得不向后推迟了将近一个月。C 公司认为,尽管双方在合同中没有明确交付货物的日期,但是根据《公约》的规定,卖方应当在一段合理的时间内交付货物,而卖方于 5 月份交货,比信用证开立时间晚了 2 个月,不属于合理时间。买方要求卖方承担违约责任,赔偿延迟试生产而造成的损失以及额外负担的外国专家在华费用等。①

问:该案应如何处理?

(2) 中国某公司同荷兰一进口商签订了由中方向荷方出口 5 吨花生的

① 摘自王海英主编:《国际经济法案例教程》,北京大学出版社 2005 年版,第 101 页。

合同。合同中的装运条款规定:双方于11月中旬由中国上海通过集装箱运输将货物发往荷兰鹿特丹。中国公司于10月10日将货物备好,并通知荷兰买方将于10月20日发货。荷兰公司没有回复。中国公司即于10月20日将货物发出,结果货物比原定时间早了将近20天到达鹿特丹。由于买方荷兰公司的仓库还没有准备好,拒绝接货。卖方只好在当地临时租用了一个仓库存放花生而额外负担了租赁仓库的费用以及装卸花生的装卸搬运费等。

请分析一下,荷兰公司是否应当接受货物?作为卖方的中国公司从此案中应当吸取什么教训?①

(3)福建A公司同香港H公司签订了买卖蘑菇的《售货合同书》。合同规定:A公司向H公司出售蘑菇2万箱,每箱单价10美元,总金额为20万美元,价格术语EXW福建。买方预付5000美元定金,另预付2万港元用于印刷蘑菇罐头外包装。A公司委托C印刷厂印刷蘑菇罐头的包装纸,商标为"小白兔",并将印刷好的包装纸用于蘑菇罐头的外包装。由于"小白兔"是D公司的注册商标,因此所有的包装纸和已经贴上包装的1.5万箱蘑菇罐头遭到工商机关的查封,并被处以2万元罚款。这时距离双方约定的交货期只有一个星期。因此H公司向法院提起诉讼,要求宣告合同无效,并要求A公司返还印刷外包装的费用以及利息、双倍返还定金、并赔偿H公司为接收蘑菇而租赁的仓库的租赁费。②

问:该案应如何处理?

(三)风险转移

在国际货物买卖中,依据合同,货物要由卖方交付给买方,货物的所有权要由卖方转移给买方。货物的风险,原是卖方承担着的,在某个时候,改归买方承担,这就是国际货物买卖中的风险转移,它是国际货物买卖中的一个重要问题。

---

① 摘自王海英主编:《国际经济法案例教程》,北京大学出版社2005年版,第103页。

② 同上书,第119页。

1. 案情简介

2000年3月6日,原告青岛某公司作为买方与被告美国某公司以506.5美元/吨CFR青岛的贸易条件订立了一份进口5000吨智利鱼粉的合同。合同规定的质量要求:卖方所交鱼粉在装船港应不含有任何活昆虫、沙门氏菌和志贺氏菌。交货期限:2000年4月至5月3000吨,5月至6月2000吨。付款条件:买方应于3月15日以前由中国银行青岛分行开立以卖方为受益人的不可撤销的即期信用证。信用证有效期为提单日期后35天,卖方须于6月30日以前在香港交单。此外合同还规定由买方按伦敦协会条款投保一切险加战争、结块险。议付单据包括由SGS出具的全套装船检验单证,买方保留在目的港的复检权。

卖方于5月31日将3150吨鱼粉装"征服"轮,6月30日在香港提交了全套议付单据,因单据中有个字母打错遭拒付。7月22日船抵达青岛港卸货,7月31日买方电告卖方:"鱼粉发现大量拟白腹皮囊活虫";8月2日卸毕进仓;8月3日传真要求卖方提供假保险单,遭婉拒后以鱼粉生虫为由扣付20%货款,并向卖方索赔105万美元。①

问:原告买方的诉讼请求能否支持?为什么?

2. 思考方向

本案案情复杂,涉及诸多法律问题,其中最为主要的一个问题是货物风险何时转移,风险责任如何分担。

3. 法律规定

《公约》第66条　货物在风险移转到买方承担后遗失或损坏,买方支付价款的义务并不因此解除,除非这种遗失或损坏是由于卖方的行为或不行为所造成。

① 参见汤树梅主编:《国际经济法案例分析》(第2版),中国人民大学出版社2000年版,第27页。

第 67 条

(1) 如果销售合同涉及货物的运输,但卖方没有义务在某一特定地点交付货物,自货物按照销售合同交付给第一承运人以转交给买方时起,风险就移转到买方承担。如果卖方有义务在某一特定地点把货物交付给承运人,在货物于该地点交付给承运人以前,风险不移转到买方承担。卖方受权保留控制货物处置权的单据,并不影响风险的移转。

(2) 但是,在货物以货物上加标记、或以装运单据、或向买方发出通知或其他方式清楚地注明有关合同以前,风险不移转到买方承担。

4. 学理分析

国际货物买卖中货物风险转移问题的要害在转移的时间,即风险在什么时候由卖方转移给买方。对这个问题,各国法律的规定并不一致①。《公约》对货物风险转移的时间做了规定:如果卖方有义务在某一特定地点把货物交付给承运人,在货物于该地点交付给承运人以前,风险不移转到买方承担。卖方受权保留控制货物处置权的单据,并不影响风险的移转。因此,风险转移的关键是时间,双方选择适用不同的价格条件,风险转移的时间亦不相同。通常情况下,风险随所有权的转移而相应转移。在 EXW、FCA 合同中,风险在将货物送交买方代理人时转归买方。在 FAS 合同中,风险转移时间是,以指定装运港买方指定装货地点的指定船边作为界线。至于在 FOB、CFR、CIF 合同中,风险在货物越过装船港运载船舶的船舷时风险由卖方转归买方。

综合分析上述案例:

首先,CFR 贸易术语对买卖双方的权利义务的主要规定为:第一,买卖双方都没有强制性保险义务;第二,货物于装运港装至船舶之上后的风险应当由买方承担;第三,卖方必须给予买方说明货物交货的充分通知。在通常的国际贸易做法中,卖方的装船通知有时也被称为保险通知,即提醒买方货物风险已经转移。如果担心货物在运输途中或者越过船舷后出现任何风险,买方就应当马上为货物办理保险。

其次,根据 CFR 贸易术语中风险转移的规定,本案中鱼粉生虫属于风险责任而非品质责任,卖方在装运港将约定的货物装船、取得并提交全套航运单据,便已完成交货义务,即使装船后货物损坏、变质、灭失均与卖方无关。买方以鱼粉生虫为由扣付货款并向卖方索赔,必须证明装船时鱼粉便已生

① 详见陈安主编:《国际经济法学》(第 4 版),北京大学出版社 2007 年版,第 178 页。

虫,但实际上买方未能举出任何此种证据,因此,此项诉讼请求无法得到支持。

再次,如果买方按照合同约定投保了伦敦协会条款的一切险,则无论鱼粉由于外因还是其固有瑕疵生虫,其仍可向保险人索赔,由保险人处得到赔偿。

综上,国际货物买卖合同中的价格条款是合同中的最关键条款,而其中的贸易术语的选择往往决定着买卖双方的权利和义务,所以应慎重。

5. 自测案例

韩国K公司同马来西亚M公司签订了出口韩国叉车的合同,贸易术语采用了FOB釜山港。4月1日,货物在装运时,发生意外,其中一辆叉车在吊装过程中摔下,掉落在货船的甲板上,造成损坏。所有的货物于4月2日在装运港装船完毕,船长签发了已装船提单,提单注明:除了一辆叉车由于装船过程中出现损坏,其余货物表面良好。K公司也于当日向M公司发出了装船通知。货物于4月15日到达马来西亚。当M公司提货时,发现除了提单表明受到损失的叉车外,其他汽车的表面由于在货舱内发生互相碰撞而出现多处刮痕、变形、车灯碎裂等损坏。M公司遂向K公司提出索赔要求,理由是K公司交货不符。K公司认为,根据FOB合同,货物风险在装运港船舷转移,货物出现的损失都是在装运港越过船舷以后,M公司应当自己承担损失。

二、国际货物买卖公约

(一)公约的适用范围

《公约》是当今世界上大多数国家在进行国际贸易交往中适用的国际统一法。《公约》在其第一部分第一章从两个方面规定了它的适用范围。积极方面,它规定了怎样的货物买卖及其他有关事项属于它的适用范围;消极方面,它又规定了哪些货物买卖或其他事项不属于它的适用范围。

1. 案情简介

(1) 一位德国卖主和一位瑞士买主签订合同,卖方向买方出售一套家用空气清新设备。双方合同执行完毕后,另一位德国人对货物提出所有权争议,要求法院判定合同无效,因为德国卖主没有货物的所有权。①

(2) 一位荷兰人委托一家德国拍卖商拍卖一副梵高的油画,双方约定,将拍卖所得的80%作为油画的价格支付给卖方。油画被另外一家拍卖商买到,并且新买主准备在一次国际性的拍卖会上进行拍卖。当第二家拍卖商将油画拿到国际拍卖会进行专家鉴定时,发现油画不是梵高的作品。因此第2个拍卖商要求宣告他同第一个拍卖商之间的合同无效;而第一个拍卖商则要求荷兰卖方返还他支付给荷兰卖方的价款。法院在解决争议时,适用了《公约》的有关规定。试问法院对于此案例的解决适用《公约》是否正确。②

2. 思考方向

对于国际货物买卖的争议是否能够适用《公约》的条件主要是:(1) 当事人营业地是否位于不同缔约国国内或者国际私法导致适用《公约》;(2) 合同的标的是否不属于《公约》的排除管辖范围之内;(3) 合同争议是否属于《公约》排除管辖的范围之内。上述案例是否可以适用《公约》,应当按照《公约》的管辖范畴进行判断。

3. 法律规定

《公约》第1条 (1) 本《公约》适用于营业地在不同国家的当事人之间所订立的货物销售合同:

(a) 如果这些国家是缔约国;或

(b) 如果国际私法规则导致适用某一缔约国的法律。

---

① 转引自王海英主编:《国际经济法案例教程》,北京大学出版社2005年版,第77页。

② 同上注。

(2) 当事人营业地在不同国家的事实,如果从合同或从订立合同前任何时候或订立合同时,当事人之间的任何交易或当事人透露的情报均看不出,应不予考虑。

(3) 在确定本《公约》的适用时,当事人的国籍和当事人或合同的民事或商业性质,应不予考虑。

第2条 本《公约》不适用于以下的销售:

(a) 购供私人、家人或家庭使用的货物的销售,除非卖方在订立合同前任何时候或订立合同时不知道而且没有理由知道这些货物是购供任何这种使用;

(b) 经由拍卖的销售;

(c) 根据法律执行令状或其他令状的销售;

(d) 公债、股票、投资证券、流通票据或货币的销售;

(e) 船舶、船只、气垫船或飞机的销售;

(f) 电力的销售。

第3条 (1) 供应尚待制造或生产的货物的合同应视为销售合同,除非订购货物的当事人保证供应这种制造或生产所需的大部分重要材料。

(2) 本《公约》不适用于供应货物一方的绝大部分义务在于供应劳力或其他服务的合同。

第4条 本《公约》只适用于销售合同的订立和卖方和买方因此种合同而产生的权利和义务。特别是,本《公约》除非另有明文规定,与以下事项无关:

(a) 合同的效力,或其任何条款的效力,或任何惯例的效力;

(b) 合同对所售货物所有权可能产生的影响。

第5条 本《公约》不适用于卖方对于货物对任何人所造成的死亡或伤害的责任。

4. 学理分析

上述案例涉及《公约》的管辖权问题。

在管辖范畴方面,《公约》的规定主要涉及三个方面:(1) 当事人:当事人的营业地位于不同的缔约国之内,或者是当事人的营业地位于不同国家之内,而国际私法规则导致适用某一缔约国的法律;(2) 合同标的的范围:《公约》以列举的方式指出不适用《公约》的销售:如私人家庭用品、经由拍卖、令状的销售、票据的销售、船舶飞机的销售、电力、服务合同等;(3) 不适用《公约》的其他问题:如合同的效力、其他任何条款的效力、或任何惯例的效力;合同对所售货物所有权可能产生的影响;卖方对于货物对任何人所造成的死亡或伤害的责任。

综合分析上述案例:

案例(1):本案例不适用《公约》。

首先,《公约》不适用于同货物所有权有关的争议。《公约》第4条规定,不适用因销售合同而产生的买卖双方权利和义务,并且与"合同对所售货物的所有权可能产生的影响"无关。因此,法院认为,尽管《公约》适用于货物的销售活动,但是《公约》并不适用于同货物销售没有直接关系的其他事宜,比如债务债权的转让,第三方对于货物权利的要求等。

其次,《公约》不适用于购供私人使用的货物。本案中瑞士买主购买的空气清新设备的目的如果是个人使用,也不能适用《公约》。

因此,本案中德国第三人的请求只能适用德国国内法,而不能适用《公约》。

案例(2):本案可适用《公约》解决。

本案属于国际货物贸易争议。根据《公约》第2条(B)款的规定,如果卖方同买方的交易是直接通过拍卖进行的,不能适用《公约》的规定。本案表面看来涉及两次拍卖,但是合同本身并不是拍卖性质,卖方荷兰人并没有通过拍卖将货物转移给德国拍卖商。案例事实是一个国际货物买卖合同:即卖方荷兰人委托买方德国拍卖商通过拍卖油画,将80%拍卖所得作为合同价款支付给卖方荷兰人,合同的标的是一幅梵高作品,合同价格是买方将作品进行拍卖所得价格的80%,在荷兰卖方同德国第一个拍卖商之间是一个直接的货物买卖合同,通过拍卖支付价款只是买方—德国拍卖商支付合同价款的一种方式。《公约》不适用于拍卖合同,并非不适用通过拍卖支付价款的货物买卖,本案适用《公约》。

综上,并非所有涉及国际货物买卖案件的争议都一定可以适用《公约》,《公约》的适用必须严格按照其法律规定进行。

5. 自测案例

(1) 一家日本公司同中国某服装厂签订了销售合同,由中国厂商向日本公司供应西装1000套,但是西装的布料和衬里等材料均由日本公司提供。

请分析如果双方之间出现了合同履行纠纷,是否可以适用《公约》进行裁定?请从《公约》适用的当事人营业地是否缔约国及《公约》对货物标的规定相关条款进行考虑。①

（2）一法国公司向一家荷兰风车发动机公司供应发动机刀片。法国公司发货后要求荷兰公司付款。但是由于双方对货款的数目和付款方式没有达成一致，荷兰公司迟迟没有付款。在双方还在进行协商的同时，法国公司将未付的款项转让给了一家比利时银行，并要求荷兰公司向比利时银行支付货款。荷兰公司拒绝向比利时公司支付，并提请仲裁，要求判定法国公司的债权转让无效。②

问：仲裁庭是否可以适用《公约》对本案进行裁决？

（二）我国对公约的保留

中国在加入《公约》时作出了两项保留：(1) 关于国际货物买卖合同必须采用书面形式的保留。(2) 对于《公约》中关于管辖范畴中的如果当事人营业地位于不同国家内，而由于国际私法的规则导致适用某一缔约国的法律作出保留。但我国 1999 年 10 月 1 日起施行的《合同法》第 10 条规定："当事人订立合同，有书面形式、口头形式和其他形式。法律、行政法规规定采用书面形式的，应当采用书面形式。当事人约定采用书面形式的，应当采用书面形式"。因此，由于《合同法》的实施，订立国际货物买卖合同，已不必一定要用书面形式。③

1. 案情简介

中国 A 公司同日本 J 公司签订了一个销售木材的协议，价格条款 FOB 大连。在货物运达日本港口时，日本公司拒绝支付运费和提取货物。中国公司只好通过当地办事处支付了海运费，将货物提出，就地转售。根据双方在合同中订立的争议解决条款，A 公司向中国国际经济贸易仲裁委员会申请仲裁。仲裁适用了中国的《合同法》和日本有关法律规定。④

① 摘自王海英主编：《国际经济法案例教程》，北京大学出版社 2005 年版，第 79 页。

② 转引自王海英主编：《国际经济法案例教程》，北京大学出版社 2005 年版，第 79 页。

③ 详见陈安主编：《国际经济法学》，北京大学出版社 2007 年版，第 161 页。

④ 摘自王海英主编：《国际经济法案例教程》，北京大学出版社 2005 年版，第 80 页。

2. 思考方向

在国际买卖纠纷的解决中,《公约》主要适用于:(1) 如果当事人双方的营业地位于不同的缔约国内;(2) 或者双方当事人的营业地在不同国家内,由于国际私法规则导致适用某一缔约国的法律可以适用《公约》。本案中,仲裁庭没有适用《公约》应当有合理的法律依据。

3. 法律规定

《公约》第1条 (1) 本公约适用于营业地在不同国家的当事人之间所订立的货物销售合同:

(a) 如果这些国家是缔约国;或

(b) 如果国际私法规则导致适用某一缔约国的法律。

(2) 当事人营业地在不同国家的事实,如果从合同或从订立合同前任何时候或订立合同时,当事人之间的任何交易或当事人透露的情报均看不出,应不予考虑。

(3) 在确定本公约的适用时,当事人的国籍和当事人或合同的民事或商业性质,应不予考虑。

《公约》声明和保留内容:中国政府在认可《公约》时宣布,它不受第1条(1)款(b)项和第11条的约束,也不受《公约》内与第11条内容有关的规定的约束。

《中华人民共和国合同法》第126条 涉外合同的当事人可以选择处理合同争议所适用的法律,但法律另有规定的除外。涉外合同的当事人没有选择的,适用与合同有最密切联系的国家的法律。

在中华人民共和国境内履行的中外合资经营企业合同、中外合作经营企业合同、中外合作勘探开发自然资源合同,适用中华人民共和国法律。

4. 学理分析

本案涉及《公约》以及相关法律在国际货物买卖争议解决中的适用问题,仲裁委员会没有适用《公约》解决以上国际贸易争端,主要原因是由于中国对《公约》作出了以下保留:

我国对于《公约》中关于管辖范畴中的如果当事人营业地位于不同国家内,而由于国际私法的规则导致适用某一缔约国的法律作出保留。因此,如果双方当事人一方是中国公司,另一方的营业地所在的国家不是《公约》的缔约国,则不能根据国际私法规则导致适用某一缔约国(中国)签署的《公约》,而应当适用最密切联系原则,适用中国的法律,或者合同相对方国家的国内法。

综合分析上述案例:

首先,中国是《公约》的缔约国,如果日本也是《公约》的缔约国,则 A 公司与 J 公司之间的国际货物买卖合同争议应当适用《公约》,除非双方约定不适用《公约》。

其次,由于日本不是《公约》的缔约国,所以不能根据《公约》第 1 条(A)款适用《公约》。

再次,由于中国对于第 1 条(B)款作出了保留,也不能根据(B)款的规定导致适用合同履行地中国作为缔约国的《公约》。

综上,在本案中,根据法院地法即中国《合同法》第 126 条的规定,"涉外合同当事人没有选择的,适用与合同有最密切联系的国家的法律"。本案中,合同的履行地是中国和日本,适用同双方关系最密切的中国和日本的国内法的做法正确。

5. 自测案例

美国 A 公司同日本 H 公司签订一个传真机的买卖合同,双方约定,如果合同出现争议,提交日本法院解决,法律适用日本国内法和美国《统一商法典》。

问:(1) 双方为什么在合同中订立这一条款,这一条款的作用是什么?

(2) 假设双方当事人在合同中没有约定争议解决的法律适用,如果产生贸易纠纷,美国法院是否有管辖权?应当如何解决法律适用问题?①

三、国际货物买卖惯例

国际货物买卖惯例,是人们在从事国际贸易的长期实践中逐渐形成的。它来源于国际贸易实践而又服务于国际贸易实践,其中,2010 年《国际贸易

① 摘自王海英主编:《国际经济法案例教程》,北京大学出版社 2005 年版,第 81 页。

术语解释通则》是目前最具广泛影响，得到普遍采用的成文国际贸易惯例，国际贸易买卖合同价格条款中贸易术语的选择直接影响合同中买卖双方权利义务的规定。

（一）FOB 术语案例分析

1. 案情简介

1996年11月，我国F省粮油进出口公司与巴西某公司签订一份出口油籽的合同。合同采用FOB价格术语，买方需于1997年2月份派船到厦门港接货。合同还规定："如果在此期间内不能派船接货，卖方同意保留28天，但仓储、利息、保险等费用皆由买方承担。"

3月1日，卖方在货物备妥后电告买方应尽快派船接货。但是，一直到3月28日，买方仍未派船接货。于是卖方向买方提出警告，声称将撤销合同并保留索赔权。买方在没有与卖方进行任何联系的情况下，直到1997年5月5日才将船只派到厦门港。这时卖方拒绝交货并提出损失赔偿，买方则以未订到船只为由拒绝赔偿损失，双方争议不能和解，卖方起诉到法院。

法院经取证调查，认为买方确实未按合同规定的时间派船接货，因此法院判决：卖方有权拒绝交货，并提出赔偿请求。后经双方协商，卖方交货，但由买方赔偿仓储、利息、保险等费用。①

2. 思考方向

国际贸易合同中不同价格术语的采用，意味着买卖双方不同的责任和义务承担。本案涉及FOB价格术语下船货衔接的问题。买卖双方如何处理好各自在船货衔接过程中应承担的责任和义务直接影响到该案中责任的划分。

---

① 改编自 http://class.wtojob.com/class290_28952.shtml，2012年5月7日访问。

3. 法律规定

(1) 2010年《国际贸易术语解释通则》中的有关规定(节选)

FOB　船上交货(……指定装运港)

"船上交货(……指定装运港)"是指卖方在指定的装运港,将货物交至买方指定的船只上,或者指(中间销售商)设法获取这样交付的货物。一旦装船,买方将承担货物灭失或损坏造成的所有风险。

A　卖方义务

B　买方义务

A1　卖方的一般义务

卖方必须提供符合销售合同规定的货物和商业发票,以及合同可能要求的、证明货物符合合同规定的其他任何凭证。

根据双方合意或者交易习惯,任何A1至A10条提及的单据都可以作为同等效力的电子凭证或手续。

B1　买方的一般义务

买方必须按照销售合同规定支付价款。

根据双方合意或者交易习惯,任何B1至B10条提及的单据都可以作为同等效力的电子凭证或手续。

A3　运输合同和保险合同

a) 运输合同

卖方没有义务为买方订立运输合同。但如果是根据买方要求或交易习惯且买方没有及时提出相反要求,由买方承担风险和费用的情况下,卖方可以按一般条款为买方订立运输合同。在上述任一种情况下,卖方有权拒绝为买方订立运输合同,如果卖方订立运输合同,应及时通知买方。

b) 保险合同

卖方没有义务为买方提供保险合同。但是买方要求的时候,卖方必须向买方提供买方获得保险时所需要的信息,此时一切风险和费用(如果有的话)由买方承担。

B3　运输合同和保险合同

a) 运输合同

买方自己付费,必须签订从指定装运港运输货物的合同。除非卖方已经按照A3a)的规定制定了运输合同。

b）保险合同

买方没有义务向卖方提供保险合同。

A4 交货

卖方必须将货物运到买方所指定的船只上，若有的话，就送到买方的指定装运港或由中间商获取这样的货物。在这两种情况下，卖方必须按约定的日期或期限内按照该港习惯方式运输到港口。

B4 受领货物（接收货物）

买方必须在卖方按照A4规定交货时受领货物。

B5 风险转移

自货物按照A4规定交付之时起，买方要承担货物灭失或损失的一切风险。

若：

a）买方没有按照B7的规定通知船只的指定；或，

b）买方指定的船只没有按期到达，以致卖方无法履行A4规定；或（指定船只）没有接管货物；或者（指定船只）较按照B7通知的时间提早停止装货。

那么，自以下所述之日起买方承担货物灭失或损失的全部风险：

1）自协议规定的日期起；若没有协议约定的日期；

2）则自卖方按照A7规定的协议期限内的通知之日起；或者，若没有约定通知日期时；

3）则自任一约定的交付期限届满之日起；

但前提是，该货物已经被准确无疑地确定是合同规定之货物。

B6 费用划分

买方必须支付

a）自按照A4规定交货之时起与货物有关的一切费用，除了需要办理海关手续时，货物出口需要办理的海关手续费用及出口时应纳的一切关税、税款和在A6b）中提到的其他费用；及

b）以下两种情形之一将导致额外费用：

i）由于买方未能按照B7规定给予卖方相应的通知；

ii）买方指定的船只未能按时到达，或未接收上述货物，或较按照B7通知的时间提早停止装货除非该项货物已正式划归合同项下，及需要办理海关手续时，货物进口应交纳的一切关税、税款和其他费用，及货物进口时需要办理海关手续的费用，以及货物从他国过境的费用。

A7 通知买方

由买方承担风险和费用，卖方必须给予买方说明货物已经按照 A4 规定交货或者船只未能在约定的时间内接收上述货物的充分通知。

B7 通知卖方

买方必须给予卖方有关船名、装船点以及需要时在约定期限内所选择的交货时间的充分通知。

《公约》第 61 条

（1）如果买方不履行他在合同和本公约中的任何义务，卖方可以：

（a）行使第 62 条至第 65 条所规定的权利；

（b）按照第 74 条至第 77 条的规定，要求损害赔偿。

（2）卖方可能享有的要求损害赔偿的任何权利，不因他行使采取其他补救办法的权利而丧失。

（3）如果卖方对违反合同采取某种补救办法，法院或仲裁庭不得给予买方宽限期。

第 62 条

卖方可以要求买方支付价款、收取货物或履行他的其他义务，除非卖方已采取与此一要求相抵触的某种补救办法。

第 63 条

（1）卖方可以规定一段合理时限的额外时间，让买方履行义务。

（2）除非卖方收到买方的通知，声称他将不在所规定的时间内履行义务，卖方不得在这段时间内对违反合同采取任何补救办法。但是，卖方并不因此丧失他对迟延履行义务可能享有的要求损害赔偿的任何权利。

第 64 条

（1）卖方在以下情况下可以宣告合同无效：

（a）买方不履行其在合同或本公约中的任何义务，等于根本违反合同；或

（b）买方不在卖方按照第 63 条第（1）款规定的额外时间内履行支付价款的义务或收取货物，或买方声明他将不在所规定的时间内这样做。

4. 学理分析

上述案例涉及国际货物买卖合同价格条款中的 FOB 价格术语。

按照 FOB 术语，成交的合同属于装运合同，这类合同中卖方的一项基本义务是按照规定的时间和地点完成装运。然而，由于 FOB 条件下是由买方

负责安排租船订舱，所以，就存在一个船货衔接问题，处理不当，自然会影响到合同的顺利执行。根据有关法律和惯例.如果买方未能按时派船，卖方有权拒绝交货，而且由此产生的各种损失均由买方负担，因此，在 FOB 术语下成交的合同，对于装运期和装运港要慎重规定，订约之后，有关备货和派船事宜，双方要加强联系，密切配合，保证船货衔接。

综合分析上述案例：

首先，进口方与出口方订立的国际货物买卖合同中采用了 FOB 价格术语，由此决定由买方负责订立从指定的装运港运输货物的合同，并必须给予卖方有关船名、装船点和要求交货时间的充分通知，而本案中买方并未履行此项义务。我国出口方在装运期临近时，电告催促买方派船接货，但买方仍没有及时派船接货。根据《公约》的规定，出口方有解除合同之权利，有权拒绝交货，并要求买方赔偿损失。

其次，本案中我方公司据理力争，维护自身合法权益的做法是值得提倡的。后来从有利于交易的角度出发，我方公司未行使解除合同之权而继续履行合同义务也是适当的。如果行情发生了变化或其他原因使合同给我方带来损失时，我方当然可断然行使解除合同之权。

5. 自测案例

中国 C 公司同美国 F 公司签订了一份 FOB 出口合同，合同规定，由 C 公司向 F 公司提供 5000 公斤茉莉花茶，双方商定 5 月前通过买方指定的班轮由青岛发运美国洛杉矶。C 公司于 4 月 10 日将货物备好，存放于青岛港一仓库内。4 月 15 日，由于青岛遭受暴雨袭击，仓库漏水，造成所有货物被雨水浸泡，根本无法出售。在这种情况下，C 公司只好马上通知 F 公司延期装运。①

（二）CIF、CIP 术语案例分析

1. 案情简介

2000 年 5 月，美国某贸易公司（进口方）与我国某内陆进出口公司

① 摘自王海英主编：《国际经济法案例教程》，北京大学出版社 2005 年版，第 93 页。

(出口方)签订购买一批瓷具的合同,价格条件为 CIF Los Angeles,支付条件为不可撤销的跟单信用证。出口方需提供已装船提单等有效单证。出口方随后与宁波某运输公司(承运人)签订运输合同。8 月初,出口方将货物备妥,装上承运人派来的货车。途中,由于驾驶员的过失发生了车祸,耽误了时间,错过了信用证规定的装船日期。得知发生车祸后,出口方即刻与进口方洽商要求将信用证的有效期和装船期延展半个月,并本着诚信原则告知进口方两箱瓷具可能受损。美国进口方回电称同意延期,但要求货价降 5%。出口方回电据理力争,同意受震荡的两箱瓷具降价 1%,但认为其余货物并未损坏,不能降价。但进口方坚持要求全部降价。最终出口方还是做出让步,受震荡的两箱降价 2.5%,其余降价 1.5%,为此受到货价、利息等有关损失共计达 15 万美元。

事后,出口方作为托运人又向承运人就有关损失提出索赔。承运人同意承担有关仓储费用和两箱震荡货物的损失;利息损失只赔偿 50%,理由是自己只承担一部分责任,主要是由于出口方修改单证耽误时间;但对于货价损失不予理赔,认为这是由于出口方单方面与进口方协商所致,与己无关。出口方则认为货物降价及利息损失的根本原因都在于承运人的过失,坚持要求其全部赔偿。3 个月后经多方协商,承运人最终赔偿各方面损失共计 5.5 万美元,出口方实际损失 9.5 万美元。①

2. 思考方向

本案涉及的主要法律问题是内陆地区出口业务选择 CIF 价格术语有哪些不利之处,应该选择何种贸易术语为宜。

3. 法律规定

2010 年《国际贸易术语解释通则》中的有关规定(节选)

CIF 成本、保险费加运费(……指定目的港)

"成本、保险费加运费"是指在装运港当货物越过船舷时卖方即完成

① 参见汤树梅主编:《国际经济法案例分析》(第 2 版),中国人民大学出版社 2000 年版,第 29 页。

交货。

卖方必须支付将货物运至指定的目的港所需的运费和费用，但交货后货物灭失或损坏的风险及由于各种事件造成的任何额外费用即由卖方转移到买方。但是，在CIF条件下，卖方还必须办理买方货物在运输途中灭失或损坏风险的海运保险。

因此，由卖方订立保险合同并支付保险费。买方应注意到，CIF术语只要求卖方投保最低限度的保险险别。如买方需要更高的保险险别，则需要与卖方明确地达成协议，或者自行作出额外的保险安排。

该术语仅适用于海运和内河运输。若当事方无意越过船舷交货则应使用CIP术语。

A 卖方义务

B 买方义务

A1 提供符合合同规定的货物

卖方必须提供符合销售合同规定的货物和商业发票或有同等作用的电子信息，以及合同可能要求的、证明货物符合合同规定的其他任何凭证。

B1 支付价款

买方必须按照销售合同规定支付价款。

A3 运输合同和保险合同

a）运输合同

卖方必须自付费用，按照通常条件订立运输合同，经由惯常航线，将货物用通常可供运输合同所指货物类型的海轮（或依情况适合内河运输的船只）装运至指定的目的港。

b）保险合同

卖方必须按照合同规定，自付费用取得货物保险，并向买方提供保险单或其他保险证据，以使买方或任何其他对货物具有保险利益的人有权直接向保险人索赔。保险合同应与信誉良好的保险人或保险公司订立，在无相反明确协议时，应按照《协会货物保险条款》（伦敦保险人协会）或其他类似条款中的最低保险险别投保。保险期限应按照B5和B4规定。应买方要求，并由买方负担费用，卖方应加投战争、罢工、暴乱和民变险，如果能投保的话。最低保险金额应包括合同规定价款另加10%（即110%），并应采用合同货币。

B3　运输合同与保险合同

a）运输合同

无义务。

b）保险合同

无义务。

A4　交货

卖方必须在装运港，在约定的日期或期限内，将货物交至船上。

B4　受领货物

买方必须在卖方已按照A4规定交货时受领货物，并在指定的目的港从承运人处收受货物。

A5　风险转移

除B5规定者外，卖方必须承担货物灭失或损坏的一切风险，直至货物在装运港越过船舷为止。

B5　风险转移

买方必须承担货物在装运港越过船舷之后灭失或损坏的一切风险。

如买方未按照B7规定给予卖方通知，买方必须从约定的装运日期或装运期限届满之日起，承担货物灭失或损坏的一切风险，但以该项货物已正式划归合同项下，即清楚地划出或以其他方式确定为合同项下之货物为限。

A6　费用划分

除B6规定者外，卖方必须支付

与货物有关的一切费用，直至已经按照A4规定交货为止；及按照A3a）规定所发生的运费和其他一切费用，包括货物的装船费；及按照A3b）规定所发生的保险费用；及根据运输合同由卖方支付的、在约定卸货港的任何卸货费用；及在需要办理海关手续时，货物出口需要办理的海关手续费用及出口时应缴纳的一切关税、税款和其他费用，以及根据运输合同规定由卖方支付的货物从他国过境的费用。

B6　费用划分

除A3a）规定外，买方必须支付自按照A4规定交货时起的一切费用；及货物在运输途中直至到达目的港为止的一切费用，除非这些费用根据运输合同应由卖方支付；及包括驳运费和码头费在内的卸货费，除非这些费用根据运输合同应由卖方支付；及如买方未按照B7规定给予卖方通知，则自约定的装运日期或装运期限届满之日起，货物所发生的一切额外费用，但以该项货物已正式划归合同项下，即清楚地划出或以其他方式确定为合同项下之货物为限；及在需要办理海关手续时，货物进口应交纳的一切关税、税款和其他费用，及办理海关手续的费用，以及需要时从他国过境的费用，除非这些费用已包括在运输合同中。

CIP 运费和保险费付至(……指定目的地)

“运费和保险费付至(……指定目的地)”是指卖方向其指定的承运人交货，但卖方还必须支付将货物运至目的地的运费，亦即买方承担卖方交货之后的一切风险和额外费用。但是，按照 CIP 术语，卖方还必须办理买方货物在运输途中灭失或损坏风险的保险。

因此，由卖方订立保险合同并支付保险费。

“承运人”指任何人在运输合同中，承诺通过铁路、公路、空运、海运、内河运输或上述运输的联合方式履行运输或由他人履行运输。

如果还使用其他的承运人将货物运至约定目的地，则风险自货物交给第一承运人时转移。

该术语可适用于各种运输方式，包括多式联运。

A　卖方义务

B　买方义务

A3　运输合同和保险合同

a) 运输合同

卖方必须自付费用，按照通常条件订立运输合同，依通常路线及习惯方式，将货物运至指定的目的地的约定点。若未约定或按照惯例也不能确定具体交货点，则卖方可在指定的目的地选择最适合其目的的交货点。

b) 保险合同

卖方必须按照合同规定，自付费用取得货物保险，并向买方提供保险单或其他保险证据，以使买方或任何其他对货物具有保险利益的人有权直接向保险人索赔。保险合同应与信誉良好的保险人或保险公司订立，在无相反明示协议时，应按照《协会货物保险条款》(伦敦保险人协会)或其他类似条款中的最佳限度保险险别投保。保险期限应按照 B5 和 B4 规定。应买方要求，并由买方负担费用，卖方应加投战争、罢工、暴乱和民变险，如果能投保的话。最低保险金额应包括合同规定价款另加 10%(即 110%)，并应采用合同货币。

B3　运输合同和保险合同

a) 运输合同

无义务。

b）保险合同

无义务。

A4　交货

卖方必须在约定日期或期限内向按照A3规定订立合同的承运人交货，或如有接运的承运人时，向第一承运人交货，以使货物运至指定的目的地的约定点。

B4　受领货物

买方必须在卖方按照A4规定交货时受领货物，并在指定的目的地从承运人处收受货物。

A5　风险转移

除B5规定者外，卖方必须承担货物灭失或损坏的一切风险，直至已经按照A4规定交货为止。

B5　风险转移

买方必须承担按照A4规定交货后货物灭失或损坏的一切风险。买方如未按照B7规定通知卖方，则必须从约定的交货日期或交货期限届满之日起，承担货物灭失或损坏的一切风险，但以该项货物已正式划归合同项下，即清楚地划出或以其他方式确定为合同项下之货物为限。

A6　费用划分

除B6规定者外，卖方必须支付：

与货物有关的一切费用，直至已经按照A4规定交货为止，以及按照A3a）规定所发生的运费和其他一切费用，包括装船费和根据运输合同应由卖方支付的在目的地的卸货费；及按照A3b）发生的保险费用；及在需要办理海关手续时，货物出口需要办理的海关手续费用，以及货物出口时应交纳的一切关税、税款和其他费用，以及根据运输合同由卖方支付的货物从他国过境的费用。

B6　费用划分

除A3规定者外，买方必须支付：

自按照A4规定交货之时起与货物有关的一切费用；及货物在运输途中直至到达约定目的地为止的一切费用，除非这些费用根据运输合同应由卖方支付；及卸货费，除非这些费用根据运输合同应由卖方支付；及如买方未按照B7规定给予卖方通知，则自约定的装运日期或装运期限届满之日起，货物所发生的一切额外费用，但以该项货物已正式划归合同项下，即清楚地划出或以其他方式确定为合同项下之货物为限；及在需要办理海关手续时，货物进口应交纳的一切关税、税款和其他费用,及办理海关手续的费用,以及从他国过境的费用,除非这些费用已包括在运输合同中。

4. 学理分析

2010年《国际贸易术语解释通则》中C组术语中包括CIF、CIP、CFR、CPT。就CIF和CIP两个术语而言,两者有相似之处,主要表现在:运输合同、保险合同由卖方负责订立;交货地点在出口国的约定地点;风险转移因在约定地点完成交货而由卖方转移给买方。但两者也有显著不同,正如CIF术语引言中所建议的:该术语仅适用于海运和内河运输。若当事方无意越过船舷交货则应使用CIP术语。而CIP术语引言中也指明:该术语可适用于各种运输方式,包括多式联运。

综合分析上述案例:

首先,从风险转移的时间来看,CIF合同项下的交货义务的分离使风险转移严重滞后于货物实际控制权的转移。而CIP却基本上是风险伴随货物所有权同时转移。本案中,我国内陆出口方在与美国进口方签订合同时采用的是CIF术语,因而,出口方在备齐货物后,还要以托运人身份与承运人签订运输合同,当出口方将货物交给承运人之后,并不意味着他完成了买卖合同项下的交货义务,只有当承运人将货物运抵装运港,将货物装上买方安排的船舶上之后,才算真正完成了对买方的交货义务。在此之前,货物损失和损害的风险均由卖方负担。承运人在装船之前的运输途中,出口方已经丧失了货物的实际控制权,但却依然承担着货物灭失或损坏的风险,因此,由于车祸造成的损失只能由我国出口方承担。尽管可以通过诉讼、仲裁之类的途径请求承运人赔偿,但对于涉及的有关诉讼费用、责任分担及时间耗费,卖方可能得不偿失。但若采用CIP术语,则可适用于各种运输方式,在卖方将货物交给第一承运人之时,货物灭失或损坏的风险一并转移给买方,则因车祸造成的损失即可由进口方美国公司来承担了。

其次,从使用的运输单据来看,使用CIP术语更有利于内陆出口业务在当地交单结算。CIF条件下,出口方仅可使用可转让提单、海运单或内河运输单据来结汇,而CIP条件下涉及的运输单据范围不限于海运或内河运输,还包括空运货运单、铁路运单、公路运单或联运运单,卖方取得承运人签发的上述单据,即可去银行结汇,无须等到CIF项下所必需的海运提单或批注

"已装船"的联运提单，这样可以缩短结汇和退税时间，提高卖方的资金周转速度。

再次，一般而言，CIP 的价格要高于 CIF，尤其是在内陆地区出口货物时，因为其中包括了内陆运输的成本，而 CIF 只表明从装运港到目的港这一段的运费，至于装运港之前的运费并未涵盖其中。

综上，本案若采用 CIP 术语，更有利于保护我国出口方的利益。因此在订立国际货物买卖合同时，贸易术语的选择直接决定着当事人的利益得失，应从本行业、本地区的实际情况出发，慎重选择适当的贸易术语，不要限于"进口 FOB，出口 CIF"的定式，这样才能更好地维护贸易双方的利益。

5. 自测案例

1995 年 8 月 28 日，J 国 N 公司（卖方）与中国 G 省 B 市（买方）以传真方式签订了一份买卖合同。合同约定，N 公司向 B 公司出售汽油，价格条件为 CIF 中国 B 港。在交货过程中，卖方未与买方协商，即在没有办妥相应报关手续的情况下，通过其与另一家 E 公司双方之间的安排，在海上直接过驳汽油，从而导致汽油走私。后合同标的物汽油被 B 市公安局刑侦支队以走私嫌疑为由扣押，并最终由警方没收变卖。卖方实际交付的合同项下货物的货款 1029457.10 美元未能收回。

卖方因此提起仲裁，并向仲裁庭提出，双方签订的是 CIF 价格条件的合同，在 CIF 价格条件下，货物自装运港装上船舶之后，风险就转移给买方。合同项下的货物在航运途中及在目的港所发生的所有风险都应由买方承担。因此，卖方对货物在目的港被扣押并变卖一事不承担任何责任和风险。全部责任和损失均应由买方承担。卖方要求买方支付合同项下的汽油货款 1029457.10 美元。①

问：卖方是否已完成其在 CIF 价格条件下的合同义务？卖方所提出的要求买方支付合同项下款项的要求是否合理？

四、有关国际货物买卖的国内立法

在我国已制定的涉外经济法律中，与国际货物买卖关系密切的主要有

① 参见翁国民主编：《国际经济法案例》，中国人民大学出版社 2004 年版，第 74 页。

《中华人民共和国合同法》和《中华人民共和国对外贸易法》。

（一）关于《中华人民共和国合同法》

《中华人民共和国合同法》(以下简称《合同法》)既适用于国内合同关系,也适用于涉外合同关系,当然也调整国际货物买卖关系。它与《公约》的关系是国内法与国际法的关系。在具体案件中应遵循二者之间的关系来合理确定应当适用的法律。

1. 案情简介

日本A公司与中国B公司于2000年7月签订一份电站配件买卖合同。合同约定的争端解决条款规定:如有争议,向中国国际经济贸易仲裁委员会提请仲裁。合同签订后,日本A公司应中国B公司的要求于同年11月22日出具“证明”,补充约定了交货及付款程序,即A公司将合同货物交给香港C公司,再由C公司交给江门市D公司,D公司收货后一方面向香港C公司付款,由香港公司向日本A公司付款,另一方面应将货物交给B公司指定的E电厂收货,E电厂收货即为B公司收货,B公司再向江门D公司付款。并且,B公司与江门D公司又据此于2000年9月12日签订了一份合同,约定由D公司向B公司供应上述A、B公司签订的合同的全部配件,而B公司向D公司支付货款(高于A、B公司合同约定的货款,作为江门公司垫付货款的补偿)。此后,B公司依约向江门D公司支付了合同约定的全部货款,但D公司以资金紧张为由,迟迟不向日本A公司付款。后日本A公司向中国B公司提出付款请求,但B公司认为其付款义务已经转给了D公司,故拒绝付款。双方当事人未能通过协商解决争议,遂于2003年10月向中国国际经济贸易仲裁委员会提出仲裁申请。①

① 改编自翁国民主编:《国际经济法案例》,中国人民大学出版社2004年版,第50页。

2. 思考方向

本案争议的焦点在于A公司提供的“证明”是否能够确定本案合同的交货、付款的有关权利义务以及有关债权债务关系已经发生了转移——从B公司转移给D公司,从而已经解除了B公司向A公司支付买卖合同项下货款的义务.也即该证明是债务转移合同还是仅表明由第三人江门D公司代为履行B公司的债务。

3. 法律规定

(1)《中国国际经济贸易仲裁委员会仲裁规则》第5条 仲裁协议

(一)仲裁委员会根据当事人在争议发生之前或者在争议发生之后达成的将争议提交仲裁委员会仲裁的仲裁协议和一方当事人的书面申请,受理案件。

(2)《中华人民共和国合同法》

第65条 当事人约定由第三人向债权人履行债务的,第三人不履行债务或者履行债务不符合约定,债务人应当向债权人承担违约责任。

第88条 当事人一方经对方同意,可以将自己在合同中的权利和义务一并转让给第三人。

第84条 债务人将合同的义务全部或者部分转移给第三人的,应当经债权人同意。

第121条 当事人一方因第三人的原因造成违约的,应当向对方承担违约责任。当事人一方和第三人之间的纠纷,依照法律规定或者按照约定解决。

4. 学理分析

合同义务转移给第三人是债的变更,根据我国《合同法》的规定,债务人将合同的义务全部或部分转移给第三人的,应当经债权人同意。在债务转移之后,关于债务转移的协议是三方协议,债权人、债务转让人和债务受让人均为债务转移合同的当事人。债务转移是多方法律行为,必须合同各方当事人意思表示一致才能成立。这与第三人履行合同是有显著区别的。所谓第三人履行,是指非合同当事人成为合同履行的主体,承受合同当事人在合同中约定的权利与义务。第三人履行是单方法律行为,由于第三人不是合同的当事人,他是否愿意承担该项合同义务,仅需作出同意或不同意的意思表示即可。根据合同的相对性原则,当事人约定由第三人向债权人履行债务的,第三人不履行债务或者履行债务不符合约定,债务人应当向债权人承担违约责任。

综合分析上述案例:

首先,从法律适用上来说,我国是《公约》的缔约国,而日本则是非缔约国,我国在加入《公约》时,对于《公约》中关于管辖范畴中的如果当事人营业地位于不同国家内,而由于国际私法的规则导致适用某一缔约国的法律作出了保留。因此,如果双方当事人一方是中国公司,另一方的营业地所在的国家不是《公约》的缔约国,则不能根据国际私法规则导致适用某一缔约国(中国)签署的《公约》,而应当适用最密切联系原则,适用中国的法律,即适用《中华人民共和国合同法》。

其次,根据《中华人民共和国合同法》第 88 条的规定,当事人一方经对方同意,可以将自己在合同中的权利和义务一并转让给第三人。"同意"是合同权利与义务一并转移的前提条件。但在本案的审理过程中,仲裁庭没有发现证据可以表明 A 公司曾提出将其承担的合同义务转移给 D 公司,没有证据证明 A 公司曾经同意该债务的转移,也没有证据表明 D 公司曾经表示接受 B 公司的债务转让并成为 A、B 公司之间买卖合同的债务人,也即本案中并不存在债权债务转移所必需的三方协议。

再次,对于 B 公司与江门 D 公司签订的约定由 D 公司向 A 公司支付货款的合同,仲裁庭经审阅发现,该合同中不包含仲裁条款,因此不在仲裁庭的审理范围之内,因此对此合同不予审理。作为证据而言,该合同除了对货物名称、规格、数量的描述同本案的买卖合同相同之外,没有任何条款和文字可以表明与该买卖合同有关。并且,日本 A 公司声称其根本不知道有该合同的存在,B 公司也无法提出相反证据。故仲裁庭认为该合同与本案无关,更不能作为本案合同的债权债务已经发生转移的证据。

最后,本案属于国际货物贸易中常见的第三人代为履行合同义务的情形。合同当事人 A 公司委托 D 公司代为执行合同履行中的接受货物和付款等具体事务,双方之间只是委托代理关系,江门 D 公司是本案合同关系之外的代为履行合同义务的第三人,按照第三人履行的理论,D 公司拒不付款的行为,构成了 B 公司对 A 公司付款义务的违反,至于 B 公司是否已经向 D 公司付款与本案的处理没有关系。也即 A 公司提供的"证明"并不能解除 B 公司的付款义务。

综上,仲裁庭作出了支持A公司要求B公司支付拖欠货款及利息、驳回A公司的其他请求及B公司反请求的终局裁决。

(二)关于《中华人民共和国对外贸易法》

《中华人民共和国对外贸易法》(以下简称《对外贸易法》)1994年7月1日开始施行。为了履行我国加入世贸组织的有关承诺,适应外贸发展新形势的需要,2004年4月6日,第十届全国人大常委会第八次会议通过了修订后的《对外贸易法》,使得该部法律更加完善。

1. 案情简介

中国公民张某去韩国旅行时发现中国制造的纯棉休闲服在韩国市场非常畅销。同时他还发现,在韩国可以通过有关渠道收集、出售旧衣服,价格非常便宜。张某在中国有一家服装厂,是当地集体企业。他想如果能够生产纯棉休闲服出口韩国,然后进口韩国的旧服装,进行翻新加工在中国出售,一定会获得可观的利润。

问:张某的国际贸易计划能否顺利进行?

2. 思考方向

我国《对外贸易法》对于对外贸易合同的主体和国际货物买卖的标的都有相关的规定。张某的国际贸易计划是否可行,应当依照我国法律的规定进行分析。

3. 法律规定

第8条 本法所称对外贸易经营者,是指依法办理工商登记或者其他执业手续,依照本法和其他有关法律、行政法规的规定从事对外贸易经营活动的法人、其他组织或者个人。

第9条 从事货物进出口或者技术进出口的对外贸易经营者,应当向国务院对外贸易主管部门或者其委托的机构办理备案登记;但是,法律、行政法规和国务院对外贸易主管部门规定不需要备案登记的除外。备案登记的具体办法由国务院对外贸易主管部门规定。

对外贸易经营者未按照规定办理备案登记的，海关不予办理进出口货物的报关验放手续。

第14条 国家准许货物与技术的自由进出口。但是，法律、行政法规另有规定的除外。

第15条 国务院对外贸易主管部门基于监测进出口情况的需要，可以对部分自由进出口的货物实行进出口自动许可并公布其目录。

实行自动许可的进出口货物，收货人、发货人在办理海关报关手续前提出自动许可申请的，国务院对外贸易主管部门或者其委托的机构应当予以许可；未办理自动许可手续的，海关不予放行。

进出口属于自由进出口的技术，应当向国务院对外贸易主管部门或者其委托的机构办理合同备案登记。

第16条 国家基于下列原因，可以限制或者禁止有关货物、技术的进口或者出口：

（一）为维护国家安全、社会公共利益或者公共道德，需要限制或者禁止进口或者出口的；

（二）为保护人的健康或者安全，保护动物、植物的生命或者健康，保护环境，需要限制或者禁止进口或者出口的；

（三）为实施与黄金或者白银进出口有关的措施，需要限制或者禁止进口或者出口的；

（四）国内供应短缺或者为有效保护可能用竭的自然资源，需要限制或者禁止出口的；

（五）输往国家或者地区的市场容量有限，需要限制出口的；

（六）出口经营秩序出现严重混乱，需要限制出口的；

（七）为建立或者加快建立国内特定产业，需要限制进口的；

（八）对任何形式的农业、牧业、渔业产品有必要限制进口的；

（九）为保障国家国际金融地位和国际收支平衡，需要限制进口的；

（十）依照法律、行政法规的规定，其他需要限制或者禁止进口或者出口的；

（十一）根据我国缔结或者参加的国际条约、协定的规定，其他需要限制或者禁止进口或者出口的。

第17条 国家对与裂变、聚变物质或者衍生此类物质的物质有关的货物、技术进出口，以及与武器、弹药或者其他军用物资有关的进出口，可以采取任何必要的措施，维护国家安全。

在战时或者为维护国际和平与安全,国家在货物、技术进出口方面可以采取任何必要的措施。

第18条 国务院对外贸易主管部门会同国务院其他有关部门,依照本法第16条和第17条的规定,制定、调整并公布限制或者禁止进出口的货物、技术目录。

国务院对外贸易主管部门或者由其会同国务院其他有关部门,经国务院批准,可以在本法第16条和第17条规定的范围内,临时决定限制或者禁止前款规定目录以外的特定货物、技术的进口或者出口。

第19条 国家对限制进口或者出口的货物,实行配额、许可证等方式管理;对限制进口或者出口的技术,实行许可证管理。

实行配额、许可证管理的货物、技术,应当按照国务院规定经国务院对外贸易主管部门或者经其会同国务院其他有关部门许可,方可进口或者出口。

国家对部分进口货物可以实行关税配额管理。

第20条 进出口货物配额、关税配额,由国务院对外贸易主管部门或者国务院其他有关部门在各自的职责范围内,按照公开、公平、公正和效益的原则进行分配。具体办法由国务院规定。

4. 学理分析

本案涉及国际货物贸易的主体资格以及我国法律对国际货物买卖标的的规定。

调整上述两个问题的我国国内法为2004年修订后的《对外贸易法》,本法对于国际货物买卖的规定主要体现在两个方面:一是参与国际货物买卖关系主体的资格;二是对于国际货物买卖内容的有关限制。

(1) 参与国际货物买卖关系主体的资格

在我国,《对外贸易法》修订前,并不是公司都可以签订国际货物买卖合同,从事对外贸易的主体必须具备一定条件,并经国务院对外经济贸易主管部门许可。如:个人不能担当对外贸易经营者,没有对外贸易经营许可的组织也不能担当对外贸易经营者,如果他们需要同国外客户进行国际货物买卖活动,可以通过在国内委托对外贸易经营者在其经营范围内代办。而修订后的《对外贸易法》,将对外贸易经营者的范围扩大到了依法从事对外贸易经营活动的个人。

（2）对于国际货物买卖内容的有关限制

对于买卖货物内容的限制主要是出于宏观经济管理的需要和社会公共利益的考虑，我国《对外贸易法》对于国际货物买卖内容进行了限制进出口和禁止进出口的相关规定。对于限制进出口的货物，由国务院对外经济贸易主管部门或国务院有关部门采用配额、许可证进行管理。

综合分析上述案例：

首先，张某的服装厂是否具有进出口权是他能否成为国际货物买卖主体的前提条件。根据我国《对外贸易法》第 8 条的规定，依法办理工商登记或者其他执业手续，依照本法和其他有关法律、行政法规的规定从事对外贸易经营活动的法人、其他组织或者个人，均具有对外贸易经营者的资格，可以成为国际货物买卖的主体。

其次，张某拟进出口的货物是否属于国家允许进出口货物的范围之内。根据我国《对外贸易法》第 16 条，国家基于下列原因，可以限制或者禁止有关货物、技术的进口或者出口：第一，为维护国家安全、社会公共利益或者公共道德，需要限制或者禁止进口或者出口的；第二，为保护人的健康或者安全，保护动物、植物的生命或者健康，保护环境，需要限制或者禁止进口或者出口的。旧服装对人体健康会有不良影响，应当属于被禁止进出口的货物之列。

综上，本案中张某的服装厂属于地方民营企业，具有对外贸易经营者资格，可以直接进行进出口贸易，可以出口本服装厂生产的纯棉休闲服；而张某拟进口的旧服装属于国家禁止进口的商品，张某不能进口。

5. 自测案例

中国某市服装进出口公司，发现稀土出口的利润非常大，因此欲同韩国和日本的两家公司进行稀土买卖。

问：（1）这家进出口公司是否可以做成交易？

（2）如果能，服装进出口公司需要怎么做？为什么？如果不能，为什么？

五、国际货物买卖中的支付

（一）托收

托收（collection）是出口商为向国外的进口商收取货款，开具汇票委托出口地银行通过其在进口地的分行或代理行向进口商收取款项的支付方式。在托收中，由于资金的流转方向与支付工具的传递方向相反，所以，托收又称为逆汇法。

1. 案情简介

我国 L 公司与某国 M 商达成一项出口合同，出售一批货给 M 商。付款方式为 D/P 见票 45 天付款。我国出口公司在合同规定的装船期限内将货装船，取得清洁提单，随即出具汇票，连同提单和商业发票等委托托收行寄送到进口商所在地的代收行向 M 商收取货款。货抵目的港后，M 商用货心切，出具信托收据向代收行借得单据，先行提货转售。汇票到期日，M 商因经营不善，失去偿付能力。M 商便以缺少保险单为由，拒绝付款，致使我国 L 公司不能收回货款，也不能控制货物。

2. 思考方向

跟单托收是债权人（出口方）委托银行向债务人（进口方）收取货款的一种结算方式。其基本做法是出口方先行发货，然后备妥包括运输单据（通常是海运提单）在内的货运单据并开出汇票，把全套跟单汇票交出口地银行（托收行），委托其通过进口地的分行或代理行（代收行）向进口方收取货款。托收属商业信用，因此银行在不获付款时一般不负责任，但违反托收义务，则应负责任。本案关键在于代收行是否违反托收义务。

3. 法律规定

《跟单托收统一规则》第 7 款 商业单据的交单（承兑交单 D/A 和付款交单 D/P）

（1）附有商业单据必须在付款时交出的托收指示，不应包含远期付款的汇票。

（2）如果托收包含有远期付款的汇票，托收指示应列明商业单据是凭承兑不是凭付款交给付款人。如果未有说明，商业单据只能是付款交单，而代收行对由于交付单据的任何延误所产生的任何后果将不承担责任。

(3) 如果托收包含有远期付款的汇票而且托收指示列明应凭付款交出商业单据时，则单据只能凭该项付款才能交付，而代收行对由于交单的任何延误所产生的任何结果将不承担责任。

4. 学理分析

根据《跟单托收统一规则》的规定，托收方式的当事人有委托人、托收行、代收行和付款人。前述当事人中，委托人与托收行之间、托收行与代收行之间都是委托代理关系，付款人与代收行之间则不存在任何法律关系，付款人是根据买卖合同付款的。所以，委托人能否收到货款，完全视进口人的信誉好坏，代收行与托收行均不承担责任。在办理托收业务时，委托人要向托收行递交一份托收委托书，在该委托书中作出各种指示，托收行以至代收行均按照委托的指示向付款人代收货款。

托收方式依是否随附货运单据，分为跟单托收和光票托收。国际贸易中使用的多为跟单托收。跟单托收有两种交单方式—付款交单和承兑交单。付款交单(D/P)，出口方在委托银行收款时，指示银行只有在付款人(进口方)付清货款时，才能向其交出货运单据，即交单以付款为条件。按付款时间的不同，又可分为两种：(1) 即期付款交单(D/P Sight)；(2) 远期付款交单(D/P after Sight)。远期付款交单和即期付款交单的交单条件是相同的：买方不付款就不能取得代表货物所有权的单据，所以卖方承担的风险责任基本上没有变化。承兑交单则是在买方未付款之前，即可取得货运单据，凭以提取货物。一旦买方到期不付款，出口方便可能银货两空。因而，出口商对采用此种方式持严格控制的态度。

综合分析上述案例：

本案中出口方我国 L 公司依照与进口方某国 M 商的约定托收货款，代收行在本案中仅作为托收行的代理人，应按照委托人的指示向付款人代收货款。出口方委托托收行以 D/P 方式见票 45 天付款，没有授权代收行凭信托收据将单据借给进口方。作为托收行的代理人——代收行当然也没有得到前述授权，代收行出借提单的行为是依自己意志所为。因此，当付款人拒付时，代收行根据《跟单托收统一规则》应当承担责任，即代收行应承担偿还货款的责任。

5. 自测案例

(1) 某公司受国内用户委托,以本公司名义与国外一公司签订一项进口某种商品的合同,支付条件为"D/P at sight"。在履行合同时,卖方未经我外贸公司同意,就直接将货物连同单据都交给了国内用户,但该国内用户在收到货物后由于财务困难,无力支付货款。在这种情况下,国外卖方认为,我外贸公司作为合同的买方,根据买卖合同的支付条款,要求我公司支付货款。

问:外贸公司是否有义务支付货款?

(2) 我方一笔出口货款请银行按D/P即期托收。该托收货款被买方拒付,银行随即告知我方。时隔数周,我方向银行交待货物处理办法,此时货物已有部分被盗。我方认为银行没有保管好货物,并要求银行赔偿。银行断然拒绝。

问:银行这样做是否有道理?

(二) 信用证

信用证(Letter of Credit, L/C)是国际贸易中最重要的结算方式,按照UCP600第2条的规定,信用证是指一项不可撤销的安排,无论其名称或描述如何,该项安排构成开证行对相符交单予以承付的确定承诺,是开证行应进口方的请求向出口方开立的在一定条件下保证付款的凭证;付款的条件是出口方(受益人)向银行提交符合信用证要求的单据;在满足上述条件的情况下,由银行向出口方付款,或对出口方出具的汇票承兑并付款;付款人可以是开证行,也可以是开证行指定的银行。收款人可以是受益人,或者是其指定的银行。

1. 案情简介

我国A公司向国外B公司出口货物一批。B公司按时开来不可撤销即期议付信用证,该证由设在我国境内的外资M银行通知并加保兑。我公司在货物装运后,将全套合格单据送交M银行议付,收妥货款。但M银行在向开证行索偿时,得到消息,开证行因经营不善已宣布破产。

于是,M银行要求我国A公司将议付的货款退还,并建议我方可委托其向B公司直接索取货款。对此A公司应如何处理?为什么?

2. 思考方向

本案主要涉及银行在信用证交易中的地位和责任,保兑行在已向受益人议付货款后,开证行破产的情况下,是否有权请求受益人返还已支付的货款。

3. 法律规定

ICC跟单信用证统一惯例(UCP600)(节选)

第4条 信用证与合同

a. 就其性质而言,信用证与可能作为其开立基础的销售合同或其他合同是相互独立的交易,即使信用证中含有对此类合同的任何援引,银行也与该合同无关,且不受其约束。因此,银行关于承付、议付或履行信用证项下其他义务的承诺,不受申请人基于与开证行或与受益人之间的关系而产生的任何请求或抗辩的影响。

第8条 保兑行责任

a. 只要规定的单据提交给保兑行,或提交给其他任何指定银行,并且构成相符交单,保兑行必须:

i. 承付,如果信用证为以下情形之一:

a) 信用证规定由保兑行即期付款、延期付款或承兑;

b) 信用证规定由另一指定银行延期付款,但其未付款;

c) 信用证规定由另一指定银行延期付款,但其未承诺延期付款,或虽已承诺延期付款但未在到期日付款;

d) 信用证规定由另一指定银行承兑,但其未承兑以其为付款人的汇票,或虽已承兑汇票未在到期日付款;

e) 信用证规定由另一指定银行议付,但其未议付。

ii. 无追索权地议付,如果信用证规定由保兑行议付。

b. 保兑行自对信用证加具保兑之时起即不可撤销地承担承付或议付的责任。

c. 其他指定银行承付或议付相符交单并将单据转往保兑行之后，保兑行即承担偿付该指定银行的责任。对承兑或延期付款信用证下相符交单金额的偿付应在到期日办理，无论指定银行是否在到期日之前预付或购买了单据。保兑行偿付指定银行的责任独立于保兑行对受益人的责任。

d. 如果开证行授权或要求一银行对信用证加具保兑，而其并不准备照办，则其必须毫不延误地通知开证行，并可通知此信用证而不加保兑。

4. 学理分析

信用证属于银行信用，比商业信用更为可靠，因此，在国际贸易中最为常见。信用证交易中涉及的当事人很多，其中最基本的三方当事人是开证申请人、开证行和受益人。此外，信用证交易中还通常需要通知行、议付行、付款行、保兑行等参与人的配合与协作。在信用证交易中，负有第一位付款责任的是开证行，如果信用证经另一家银行保兑后，保兑银行与开证银行都对受益人负有独立的保证偿付责任。受益人在使用经过保兑的信用证时，既可向开证行也可向保兑行提示单据要求付款。保兑银行和受益人的关系，不是以开证银行的代理人身份而是以独立的本人身份对受益人负责。根据 UCP600 的规定，保兑行在信用证规定条件下有必须付款之责。而且这种付款是无追索权地付款，在已经付款或议付之后，不论开证银行无理拒付或破产倒闭、丧失偿付能力，保兑行均不得向受益人追索。

综合分析上述案例：

首先，信用证与作为其开立基础的国际货物买卖合同是相互独立的交易。本案中，我国 A 公司在将货物装船后，备齐整套单据向保兑行 M 银行提示付款的行为与出口货物的买卖合同行为是完全独立的。因而，从 M 银行处收妥货款是合法有效的。

其次，M 银行作为本案中信用证的保兑行，负有对我国 A 公司付款的独立责任，而且是无追索权的付款责任，因此，M 银行在开证行因经营不善已宣布破产的情况下，要求我国 A 公司将议付的货款退还，并建议我方委托其向 B 公司直接索取货款的要求是没有法律根据的。

综上，我国 A 公司完全可以拒绝 M 银行的追索货款的要求。

5. 自测案例

2004 年 1 月 10 日，美国 F 银行向 A 银行开立了一笔金额为 10 万美元的即期信用证。该证规定装船、交单期分别为 2 月 25 日和 3 月 8 日，受益人为中国B公司,货物名称为钢板。2月12日,A银行收到该信用证项下第一次修改,要求将装船交单期分别提前至2月15日和2月24日,并修改货物描述等内容。A银行立即与受益人联系,请求答复。受益人一直未予答复。3月3日受益人交单,A银行经审核发现,由于信用证已经修改,该单据迟装并超过有效期,以此拒付。经查,此笔单据的装船日为2月25日,交单日为3月3日,完全符合修改前信用证的要求。据此,B公司据理力争,声称其并未同意修改信用证,A银行应按原信用证条款的规定议付货款。

问:该案应如何处理?

六、对国际货物贸易的法律管制

各国对国际货物贸易的法律管制主要表现为两种方式:一是国内立法,如我国的《对外贸易法》、《海关法》、《反倾销条例》、《反补贴条例》等;二是国际条约,如GATT、WTO协定、《欧洲共同体条约》、《北美自由贸易协定》等。

1. 案情简介

1996年7月10日,美国商务部收到了美国某州大蒜生产协会的书面投诉,指控中华人民共和国生产和出口的新鲜大蒜在美国存在倾销,并损害了美国同类行业的生产和销售。对此,美国商务部于1996年8月23日正式对中国出口美国的新鲜大蒜发起了反倾销调查,其调查对象为自1995年7月1日至1996年6月30日期间内中国向美国出口的全部大蒜货量。在调查程序开始之后,美国商务部有关部门正式向已知的中国出口商和中国政府发出了调查表(调查问卷),以便获得相关产品的资料和数据。但是,中国出口商均未对此做出任何回应。一直等到1997年2月12日,美国商务部才收到中国对外贸易经济合作部通过中国驻美国大使馆转交的资料,其主要内容是对中国公司法的解释。但是,由于资料提供得太晚,同时由于所提供的资料内容太广泛,以至于美方有关机构不可能在终裁调查的法定最后期限以前进行全面分析，故美国商务部决定在以后调查阶段再对资料予以考虑。就这样，由于中国出口商未能按要求提供相关资料和数据，也没有主动提出对己有利的替代国建议，美国商务部根据诉方提供的资料将中国作为非市场经济国家，并选择墨西哥作为替代国。可是，尽管有几位墨西哥大蒜生产商最初同意配合调查，提供相关资料，但由于某种原因最终却未能提供。在此种情况下，美国商务部调查机构根据美国《反倾销法》的有关规定，适用了最佳资料原则，即决定以墨西哥国家商业信息服务机构公布的墨西哥市场上新鲜大蒜的销售价格作为计算中国新鲜大蒜的正常价值的标准。最后调查结构表明，在调查期间，有96%从中国进口的大蒜存在倾销，倾销幅度为91%。此时，一位中国大蒜出口商独自向美国商务部提出了价格承诺的建议。然而，美国商务部认为中方在价格承诺中所承诺的价格不能有效地消除倾销以及倾销所造成的损害，而且该价格承诺并未包括全部或绝大部分向美国出口的大蒜。因此，美国商务部通知这位中国出口商，美国商务部不能接受该项承诺，而是决定对从中国进口的新鲜大蒜征收反倾销税。①

2. 思考方向

上述案例是一个典型的反倾销诉讼案例，在中国对外出口贸易日益增长的情况下，研究国外的反倾销法律规定，面对国外的反倾销调查，我国国内进口商应采取什么样的态度和措施进行应对才更有利，是本案的主要问题。

3. 法律规定

（1）GATT 第 6 条 反倾销和反补贴税

“1. 各缔约国认为，用倾销的手段将一国产品以低于正常价值的方法进入另一国市场内，如因此对某一缔约国领土内已建立起来的某项工业造成

① 改编自汤树梅主编：《国际经济法案例分析》（第 2 版），中国人民大学出版社 2000 年版，第 76 页。

实质性损害或产生实质性威胁，或者对某一国内工业的新建产生实质性阻碍，这种倾销应该受到谴责。本条所称一产品以低于它的正常价值进入进口国的市场内，系指从一国向另一国出口的产品的价格：

(1) 低于相同产品在出口国用于国内消费时在正常情况下的可比价格；或

(2) 如果没有这种国内价格，则低于：

(A) 相同产品在正常贸易情况下向第三国出口的最高可比价格；或

(B) 产品在原产国的生产成本加合理的推销费用和利润。

但对每一具体事例的销售条件差异、赋税差异以及影响价格可比性的其他差异，必须予以适当考虑。

2. 缔约国为了抵销或防止倾销，可以对倾销的产品征收数量不超过这一产品的倾销差额的反倾销税。本条所称的倾销差额，系指按本条第一款的规定所确定的价格差额。”

(2) WTO 反倾销协议第 1 条 原则 反倾销措施仅应适用于 GATT 1994 第 6 条所规定的情况，并应根据符合本协定规定发起和进行的调查实施。GATT 1994 第 6 条的适用按下列规定执行，但仅限于根据反倾销立法或法规所采取的行动。

第 2 条 倾销的确定

2.1 就本协定而言，如一产品自一国出口至另一国的出口价格低于在正常贸易过程中出口国供消费的同类产品的可比价格，即以低于正常价值的价格进入另一国的商业，则该产品被视为倾销。

2.2 如在出口国国内市场的正常贸易过程中不存在该同类产品的销售，或由于出口国国内市场的特殊市场情况或销售量较低，不允许对此类销售进行适当比较，则倾销幅度应通过比较同类产品出口至一适当第三国的可比价格确定，只要该价格具有代表性，或通过比较原产国的生产成本加合理金额的管理、销售和一般费用及利润确定。

第 3 条 损害的确定

3.1 就 GATT 1994 第 6 条而言，对损害的确定应依据肯定性证据，并应包括对下述内容的客观审查：(a) 倾销进口产品的数量和倾销进口产品对国内市场同类产品价格的影响；及(b) 这些进口产品随之对此类产品国内生产者产生的影响。

3.2 关于倾销进口产品的数量，调查主管机关应考虑倾销进口产品的绝对数量或相对于进口成员中生产或消费的数量是否大幅增加。关于倾销产品进口对价格的影响，调查主管机关应考虑与进口成员同类产品的价格相比，倾销进口产品是否大幅削低价格，或此类进口产品的影响是否是大幅压低价格，或是否是在很大程度上抑制在其他情况下本应发生的价格增加。这些因素中的一个或多个均未必能够给予决定性的指导。”

（3）美国商务部《反倾销条例》

第二节　反倾销税的实施程序

第2条　起诉要求

1. 一般规定 本条例的第1节第2条第ll款第(3)项、第(4)项、第(5)项或第(6)项所指的任何利害关系方，都可以代表某一产业根据本条规定提出申诉，请求有关机关对某产品征收与其倾销差额相等的反倾销税，如果该人有理由认为：

(1) 该种产品正在或有可能将以低于公平价值的价格进行销售；且

(2) 该产业受到了严重损害，或严重损害之威胁、或其建立受到了该产品倾销的严重阻碍。

3. 同时提交委员会

起诉者必须在同一天将起诉书送交委员会和商务部部长，并且在提交给部长时说明此种同时提交的情况。

第3条　对起诉理由充分性的裁决

1. 对起诉理由是否充分的裁决

2. 在根据本条例第2节第2条之规定提交起诉书后20天内，部长应对以下事项作出裁决：起诉是否恰当地指出了可对其产品按关税法第731条征收反倾销税的根据；起诉书是否包括起诉人支持起诉可以合理地得到的资料，是否由利害关系方按本条例第1节第11款第(3)、(4)、(5)或(6)项的规定提交了起诉书。

3. 调查开始的通知

如果部长根据本条第1款之规定裁决起诉理由充分，那么他(她)就应当发动一项调查，且在“联邦纪事”上刊登关于“开始反倾销调查”的通知。通知应当包含本条例第2节第1条第1款第(2)项所指的内容。部长应在发动调查时将此种情况通知委员会，并且为委员会及其直接参与调查的所有成员提供那些关于部长据以发动调查以及委员会认为与损害调查有关的所有资料。

第5条 初步裁定

1. 一般规定

(1) 部长应在起诉提出之日或发动调查的通知公布之日起160天之内根据当时可以得到的关于是否有合理依据认为或怀疑该产品以低于价值销售的资料作出裁决。除非委员会已作出肯定性的初步裁决,否则他(她)不得作出初裁。

第10条 最终裁决

1. 一般规定

(1) 在作出初裁后75天内(包括第75天)部长应就该商品是否正在进行低于公平价值的销售一事作出最终裁决。

第12条 对反倾销令和中止调查的协议的行政复议

1. 行政复议的申请;撤回复议申请

(1) 在每一年的反倾销令的公布的周年纪念月(即反倾销令或调查结论公布之日的周年纪念月所在的年历月)中,本条例第1节第2条第11款第(2)、(3)、(4)、(5)项或第(6)项所指的任一利害关系方,如果说明了他希望部长对这些特别的生产者和转售者进行复议的理由,就均可用书面形式请求部长对命令所涉的特定生产者和转售商分别进行单独的行政复议。

第三节 资料和争辩意见

第6条 对资料的核实

1. "可以获得的最佳资料"的使用

无论何时,只要出现下述情况、部长均可采用"可以获得的最佳资料"。下述情况系指:(1) 部长没有收到其要求当事人提供的关于现实性资料的完整的、准确的以及按时递交的答复;或 (2) 在规定的时间内无法对所提供的事实性资料的完整性及准确性进行核实。

2. 何谓"可以获得的最佳资料"

"可以获得的最佳资料"包括支持起诉的事实性资料以及本条例第1节第2条第11款第(3)、(4)、(5)项或第(6)项所指的利害关系方随后递交的事实性资料。如果某一利害关系方拒绝提供部长要求其提供的事实性资料或阻碍诉讼的进行,部长就可在裁决中考虑运用可以得到的最佳资料。

第8条 书面意见和听证会

2. 请求召集听证会

在部长的初裁初步复议结论公布之日起10天内(包括第10天),除非部长改变了时限规定,否则任何利害关系方得请求部长对将提出的意见和辩驳意见举行公众听证会。请求举行听证会的当事方应尽可能确认在听证会上要提出的各种意见。在听证会上,某一利害关系方只能依据该方的关于案情陈述的辩论要点作出正面陈述、并且只能依据该方的辩驳要点提出反驳意见。

第12条 对于来自国家控制经济国的商品的外国市场价值的计算

2. 经济的可比性

为本条第1款的规定起见,应当依次优先择用下述经济水平的非国家控制经济国的价格或成本来确定受调查产品的外国市场价值:

(1) 部长认为其经济发展水平与原产地国的经济发展水平具有可比性的某一非国家控制经济国(美国除外),部长在考虑这一点时,是以公认的标准为基础的,这些标准包括国民生产人均总值、基础设施的发达程度(特别是指生产受调查产品或其相似产品的工业部门的基础设施水平)等;

(2) 其经济发展水平与原产地国没有可比性的非国家控制经济国(美国除外),在此种情形下,部长应对其业已知道的原材料和组装成本的差异作出调整,然后才能以该国的价格或成本计算受调查产品的外国市场价值。

4. 学理分析

倾销是指一国出口商以低于商品正常价值的价格,将商品出口到另一国市场的行为,属于不公平竞争行为。各国法律一般都规定了采取反倾销措施的基本条件,包括:(1) 构成倾销;(2) 对进口国同类产业造成实质性损害或实质性损害威胁,或实质性阻碍进口国同类产业的建立;(3) 倾销与损害之间存在因果关系。世界贸易组织《反倾销协议》,是当今国际法层面上反倾销的主要行为准则,也是各成员国制定或修改国内反倾销法律的依据。《反倾销协议》规定的反倾销过程为:(1) 调查与初裁;(2) 最终裁决;(3) 行政复审;(4) 提交WTO争端解决机制处理涉及倾销与反倾销的争议。

尽管各国对于反倾销的规定有所不同,但是对于反倾销调查的主体的规定基本一致,即只有进口国主管当局才能决定和发起一项反倾销调查。任何要求发起反倾销调查的申请的管辖权均在有关进口国主管当局。以美国为例,其负责反倾销诉讼的机构有两个:一是美国国际贸易委员会;二是美国商务部。国际贸易委员会负责调查和裁决外来的倾销商品是否对本国同类工业造成损害,商务部负责调查和裁决外来的进口商品是否低于公平价值在美国市场上销售,并计算出倾销幅度。

综合分析上述案例：

首先，面对国外的反倾销调查，国内的进口商应积极应诉，配合反倾销调查，避免“可以获得的最佳资料”的适用。反倾销调查表是外国反倾销机构对案件作出裁决的重要依据之一。许多国家的反倾销法和WTO反倾销规则都明确规定：如果被诉方不予以合作，不按要求填写调查表提供相关资料，调查机构就可以依据起诉方提供的资料和数据或根据官方统计的资料和数据进行裁决，即“可以获得的最佳资料”原则。但因为最佳资料有时同我国的出口产品根本不具有可比性，对判定我国出口价格、生产成本不利。在这种情况下，裁决通常会高于实际倾销的幅度，显然对被诉方是极为不利的。本案中，我国出口商没有对美方提供的调查表给予回应，虽然对外经济贸易合作部最后提交了一份资料，但由于时间太晚，内容又缺乏针对性，致使美国商务部最终在确定正常价值时适用了“可以获得的最佳资料”原则，决定以墨西哥国家商业信息服务机构公布的墨西哥市场上新鲜大蒜的销售价格作为计算中国新鲜大蒜的正常价值的标准，这显然对我国极为不利。

其次，替代国的选择非常关键。根据美国《反倾销条例》第4节第12条对经济的可比性的规定，在对中国出口产品提起的反倾销调查中，美国政府通常将中国作为非市场经济国家看待，而采用第三国的价格作为公平价格，而这种价格通常由于各国的劳动力、原材料成本的具体情况不同而具有许多不合理性。我国出口商如果认为美方的选择具有不合理性，应当据理力争，尽量使其采纳比较公平合理的替代国价格。本案中，由于我国出口商们不合作，美国商务部最终选择墨西哥作为替代国计算我国出口大蒜的成本，其结果无疑对中方是不利的。

最后，出口商联合一致，积极进行价格承诺也很重要。本案中，美国反倾销机构对价格承诺的接受与否，不仅要考虑该价格承诺是否能有效消除倾销及倾销所造成的损害，同时还要考虑该价格承诺是否包括所有或绝大部分倾销商品。在本案中的多个出口商中，仅有一位中国出口商提出了价格承诺的建议，美国商务部以该出口商的价格承诺不可能涵盖其他出口商倾销的大蒜为由予以拒绝。因此在反倾销案件中，各出口商之间的相互合作与配合在价格承诺问题上是十分重要的。

综上，随着WTO规则取消了关税壁垒等贸易保护措施，反倾销措施打着反对不公平竞争、保护进口国产业不受损害的目的，更容易有效、直接、隐蔽地达到保护国内产业的目的。因此，在遭遇反倾销案件时，当事人应积极应诉和相互合作,研究各国反倾销规定,积极寻求应对措施实属当务之急。

5. 自测案例

1997年8月,加拿大税务部收到加拿大唯一生产婴儿食品的HEING有限公司的书面投诉,指控位于美国密歇根州的BERGER公司向加拿大倾销罐装婴儿食品,严重损害了HEING公司婴儿食品的生产和市场销售。1997年10月3日,加拿大税务部部长宣布对美国出口加拿大的罐装婴儿食品开始反倾销调查,调查期间为1997年1月1日至1997年6月30日。调查程序开始之后,加拿大税务部向进口商和出口商均发出调查问卷,以获取确定正常价值和出口价格所必需的有关产品生产成本和销售的资料。由于美国是市场经济国家,本案中正常价值是指罐装婴儿食品在美国国内市场上的售价;出口价格为美国向加拿大出口产品的销售价格。在收到调查表之后,进口商和出口商均按要求填写了调查表。随后,加拿大税务部又分别到进口商和出口商处进行了实地核查,对双方提供的资料进行核实。在将涉案婴儿食品的正常价值与其出口价格相比较之后,结果表明,原产于美国并从美国进口的罐装婴儿食品以低于其正常价值的价格在加拿大进行倾销,同时有充分证据证明倾销对加拿大唯一生产婴儿食品的HEING公司的生产造成了损害和进一步损害的威胁。因此,加拿大税务部根据加拿大《特别进口措施法》的有关规定,裁定对自美国进口的罐装婴儿食品征收临时反倾销税。①

---

① 摘自汤树梅主编:《国际经济法案例分析》(第2版),中国人民大学出版社2000年版,第78页。

第四章　国际服务贸易法

国际服务贸易是乌拉圭回合的新增议题，随着 WTO 的诞生而同时生效的《服务贸易总协定》(General Agreement on Trade in Services, GATS)是涵盖服务贸易的第一个多边协定，也是乌拉圭回合多边贸易谈判的主要成果之一。

一、GATS 的法律体系和主要内容

1. 案情简介

安提瓜诉美国网络博彩服务案①

网络赌博服务贸易争端的背景：

安提瓜岛与巴布达岛(以下简称安提瓜)是位于加勒比海地区的一个岛国，国土面积 442 平方公里，人口 7.1 万人。安提瓜的经济支柱原为旅游业，由于旅游业会受到飓风等自然灾害的严重影响，近十年来，安提瓜着力发展多样型经济。

网络赌博是近十年来兴起的一种通过互联网在虚拟环境中进行赌博活动的“高科技”赌博方式。安提瓜通过发展基础设施、简化审批手续等方式吸引了一批提供网络赌博服务的公司在安提瓜注册经营。1999 年，有 119 个网络赌博公司在安提瓜经营，其就业人数达到 3000 人。同年，安提瓜政府收取的年度许可证费超过 740 万美元，相当于这个国家的国内生产总值的 10%。

然而，有关资料表明，网络赌博往往与洗钱犯罪、有组织犯罪等相关联，并对青少年成长构成严重威胁。因此，美国对网络赌博持坚决反

① 改编自 http://finance.ce.cn/macro/myal/200607/26/t20060726_7881826.shtml，2012 年 5 月 9 日访问。

对和打击的立场。然而,网络赌博是没有边界的,有些在美国因受到严格管制而经营困难的网络赌博公司,干脆在一些扶持网络赌博的国家重新开张。虽然美国在国内封杀了网络赌博,但不能阻止网络赌博公司在这些国家注册并架设服务器,源源不断地向美国网上赌民提供赌博服务。例如,一个名叫杰伊·科恩的人就在安提瓜创建了一家“世界体育交易公司”,向美国境内提供网络赌博服务,其注册用户上万,交易资金数量巨大。境外网络赌博渗入美国市场一方面抢走了美国传统赌博产业的相当一部分客源和收入,另一方面也增加了对防止和打击洗钱犯罪和有组织犯罪的难度。于是,近年来,美国政府一方面敦促有关国家强化对赌博产业的管理力度,另一方面加大了对境外网络赌博公司的打击力度。2000 年,美国一家法院经过审理,以违反 1961 年《有线通讯法》为由判处杰伊·科恩 21 个月的监禁。美国司法部认为,根据美国 1961 年的《有线通讯法》,通过国际因特网对体育比赛进行下注赌博属于非法商业行为。2003 年,美国众议院通过一项《禁止非法网络赌博交易法》,规定对网络赌博活动加以限制,特别是限制美国网民使用信用卡和通过银行账户向国外赌博网站支付赌金。

美国的上述举措使得安提瓜的赌博服务业受到了沉重打击。从 1999 年至今,多达 35 家银行被迫关闭。同 1999 年相比,2003 年安提瓜赌博产业的就业人数锐减,财政收入骤降。

2003 年 3 月 21 日,安提瓜正式向 WTO 争端解决机构提起磋商请求,认为美国联邦和地方政府采取的措施影响了对赌博和博彩服务的跨境交付。这些措施不仅违反了 GATS 关于服务贸易市场准入的规定,而且违反了美国服务贸易减让表中所做的承诺。

2003 年 3 月 13 日,安提瓜在 WTO 争端解决机制就美国实施的影响赌博服务的跨境提供的措施起诉美国(案号为 WT/DS285)。

专家组经过审理,2004 年 4 月 30 日,专家组最终报告作出,但直到 2004 年 11 月才公布。

安提瓜与美国均提起上诉,上诉报告于 2005 年 4 月作出,2005 年 4 月 20 日,DSB 通过了上诉机构报告和经修改的专家组报告。

2. 思考方向

本案是涉及服务贸易的一个典型案例,也是 WTO 争端解决机制审理的首例涉及通过互联网提供服务的争端。本案争议的核心法律问题有三个:首先,美国针对网络博彩服务是否有承诺,如果没有承诺,则安提瓜的诉请没有任何意义;其次,如果美国对网络博彩服务有承诺,则美国针对安提瓜的博彩服务所采取的措施是否违反了该承诺;最后,美国能否援引 GATS 条款中的例外条款来解释针对安提瓜网络博彩服务所采取的措施。

3. 法律规定

《服务贸易总协定》第 1 条 范围和定义

(1) 本协定适用于各成员影响服务贸易的措施;

(2) 为本协定之目的,服务贸易定义为:

(a) 从一成员境内向任何其他成员境内提供服务;

(b) 在一成员境内向任何其他成员的服务消费者提供服务;

(c) 一成员的服务提供者在任何其他成员境内以商业存在提供服务;

(d) 一成员的服务提供者在任何其他成员境内以自然人存在提供服务。

(3) 为本协定之目的

(a) "成员的措施"是指由以下机构采取的措施:

(i) 中央、地区或地方政府和当局;和

(ii) 由中央、地区或地方政府或当局授权行使权力的非政府机构为履行本协定下的义务和承诺,

各成员应采取所有可能的合理措施以确保其境内的地区和地方政府和当局及非政府机构遵守协定;

(b) "服务"包括任何部门的任何服务,但在行使政府权限时提供的服务除外;

(c) "在行使政府权限时提供的服务"指既不是在商业基础上提供,又不与任何一个或多个服务提供者相竞争的任何服务。

第 6 条 经济一体化

1. 本协定的规定不应阻碍其他任何成员方成为双边或多边服务贸易自由化协议的成员或接受该项协议。如果该协议:

(a) 包括众多重要的服务部门；

(b) 根据本协定第17条的规定，在两个或多个成员方之间对本款(a)点所述各部门及分部门实质性根除或取消所有的歧视，在该协议生效时或在一个合理的时间进程基础上通过：

(i) 取消现有的歧视性措施；

(ii) 禁止新的或更多的歧视性措施。除非根据本协定第11条、第12条及第14条规定允许采取的措施。

2. 在评价是否符合本条第1款(b)点所规定的条件时，应对更广泛的经济一体化进程或国际服务贸易自由化协议的关系予以考虑。

3. (a) 当发展中国家参与了第1款所述的协议，则应对其适当放宽第1款所设置的条件，特别是对于第(ii)点应根据这些国家整个服务业和某一部门或分部门的发展情况，采取灵活的政策。

(b) 当第1款所述的协议是完全由发展中国家参加的，则可以不按第6款的规定，给予由该协议成员的自然人所有或控制的法人企业以更优惠的待遇。

第11条　商业惯例

1. 成员方确认服务提供者的某些不属于本协定第8条界定范围内的习惯做法，也会抑制竞争从而限制服务贸易。

2. 在另一成员方的请求下，每一成员方应就取消本条第1款所述习惯做法与其进行磋商。被请求的成员方对这类请求的每一项都应给予充分和同情的考虑，并通过提供与此事件有关的、公开的、非机密性的资料予以合作。也应根据其国内法规和就关于保障其机密性与请求方达成满意的协议，向请求方提供其他可能的资料。

第14条　一般例外

在此类措施的实施不在情形类似的国家之间构成任意或不合理歧视的手段或构成对服务贸易的变相限制的前提下，本协定的任何规定不得解释为阻止任何成员采取或实施以下措施：

(a) 为保护公共道德或维护公共秩序所必需的措施；

(b) 为保护人类、动物或植物的生命或健康所必需的措施；

(c) 为使与本协定的规定不相抵触的法律或法规得到遵守所必需的措施，包括与下列内容有关的法律或法规：

(i) 防止欺骗和欺诈行为或处理服务合同违约而产生的影响；

(ii) 保护与个人信息处理和传播有关的个人隐私及保护个人记录和账

户的机密性；

(iii) 安全；

(d) 与第 17 条不一致的措施，只要待遇方面的差别国在保证对其他成员的服务或服务提供者公平或有效地课征或收取直接税；

(e) 与第 2 条不一致的措施，只要待遇方面的差别是约束该成员的避免双重征税的协定或任何其他国际协定或安排中关于避免双重征税的规定的结果。

第 14 条之二 安全例外

1. 本协定的任何规定不得解释为：

(a) 要求任何成员提供其认为如披露则会违背其根本安全利益的任何信息；或

(b) 阻止任何成员采取其认为对保护其根本安全利益所必需的任何行动：

(i) 与直接或间接为军事机关提供给养的服务有关的行动；

(ii) 与裂变和聚变物质或衍生此类物质的物质有关的行动，

(iii) 在战时或国际关系中的其他紧急情况下采取的行动；或

(c) 阻止任何成员为履行其在《联合国宪章》项下的维护国际和平与安全的义务而采取的任何行动。

2. 根据第 1 款(b)项和(C)项采取的措施及其终止，应尽可能充分地通知服务贸易理事会。

第 16 条 普遍例外

在情况相同的各成员方实施的措施，不构成武断的和不公正的歧视或不构成对国际服务贸易的变相限制的情况下，本协定的规定不得解释为阻止任何成员方采用或实施以下措施：

(a) 对公共道德或维持公共秩序进行必要的保护；

(b) 对人类、牲畜或植物的生命和健康进行必要的保护；

(c) 谋求与本协定不相抵触的法律或规定的需要，包括与下述有关的：

(i) 防止瞒骗和欺诈的习惯做法或处理不履行服务合同的结果；

(ii) 保护、处理个人资料中有关个人隐私的部分，保护个人记录和账户的秘密；

(iii) 安全问题。

(d) 只要是出于确保向不被认为是居住在成员方境内的其他成员方的服务提供者，在其有关征税措施下，公正而有效地征收所得税的目的而实施差别待遇,不违反本协定第17条。

(e) 只要采取差别待遇是由于成员方是一项有关避免双重征税国际协定的签字国,那么不违反本协定第2条。

第17条 附则 安全例外

1. 本协定不得解释为:

(a) 要求任何成员方提供其根据本国基本安全利益而认为不能公布的任何资料;

(b) 阻止任何成员方,为保护其基本安全利益,对有关下列事项采取其认为必须采取的行动:

(i) 有关直接或间接供军事机构使用而提供的服务;

(ii) 有关裂变材料或提炼裂变的原料;

(iii) 战时或国际关系中的其他紧急情况。

(c) 阻止任何成员方根据联合国宪章,为维护国际和平和安全而采取的行动。

2. 根据本条附则第1款(b)、(c)两点的规定采取的措施及其中止,应尽一切可能通知服务贸易理事会。

第19条 市场准入

1. 有关通过本协定第1条所确定的提供服务方式的市场准入,每一成员方给予其他成员方的服务和服务提供者的待遇应不低于根据其承诺计划安排中所同意和规定的期限、限制和条件。

2. 在作出市场准入承诺的服务部门或分部门,一成员方除了在其承诺细目表中规定的外,不应在其某一地区分部门或在整个国境内维持或采用下述限定的措施:

(a) 限制服务提供者的数量,不论是采用数量配额、垄断、专营服务提供者等方式或进行经济需要调查的要求;

(b) 采用数量配额方式或进行经济需要调查的要求限制服务交易的总金额或资金额;

(c) 采用数量配额方式或进行经济需要调查的要求限制业务的总量或用数量单位表示的服务提供的总产出量;

(d) 采用数量配额方式或进行经济需要调查的要求对特定的服务部门或服务提供者为提供特殊服务所必须雇佣的自然人的总数量进行限制;

(e) 对服务提供者通过特定法人实体或合营企业提供服务进行限制或要求的措施;

(f) 对外国资本的参加限定其最高股权额或个人的或总体的外国资本投资额进行限制的措施。

《维也纳条约法公约》

第31条 解释之通则

一、条约应依其用语按其上下文并参照条约之目的及宗旨所具有之通常意义,善意解释之。

二、就解释条约而言,上下文除指连同序言及附件在内之约文外,并应包括:

(甲) 全体当事国间因缔结条约所订与条约有关之任何协定;

(乙) 一个以上当事国因缔结条约所订并经其他当事国接受为条约有关文书之任何文书。

三、应与上下文一并考虑者尚有:

(甲) 当事国嗣后所订关于条约之解释或其规定之适用之任何协定;

(乙) 嗣后在条约适用方面确定各当事国对条约解释之协定之任何惯例;

(丙) 适用于当事国间关系之任何有关国际法规则。

四、倘经确定当事国有此原意,条约用语应使其具有特殊意义。

第32条 解释之补充资料

为证实由适用第31条所得之意义起见,或遇依第31条作解释而:

(甲) 意义仍属不明或难解;或

(乙) 所获结果显属荒谬或不合理时,为确定其意义起见,得使用解释之补充资料,包括条约之准备工作及缔约之情况在内。

美国具体承诺减让表中有关服务部门的规定①

部门或分部门	市场准入限制	国民待遇限制	额外承诺
10. 娱乐、文化及运动服务 D. 其他娱乐服务(不包括体育运动)	1) 没有 2) 没有 3) 有限制地向联邦、州及地区的商业机构提供特许 4) 除水平承诺外,不受约束	1) 没有 2) 没有 3) 没有 4) 没有	

① 参见 http://www.catis.org.cn/E_ReadNews.asp? NewsID =783,2012 年 5 月 12 日访问。

4. 学理分析

WTO 调整服务贸易的主要规则是《服务贸易总协定》(GATS)。根据 GATS,服务贸易包括四个模式:跨境提供;境外消费;商业存在;自然人流动。本案涉及第 1 种服务模式即从一成员境内向另一成员境内提供服务的跨境提供(cross-bordersupply)。GATS 的一个法律特征是将成员的义务分为一般义务和具体承诺。具体承诺是只有成员做出承诺后才承担的义务,它也只适用于成员承诺开放的服务部门,包括市场准入和国民待遇等。

在本案中,安提瓜的起诉目标直指美国的 1961 年《有线通讯法》等联邦立法及部分州立法,要求专家组裁定美国禁止跨境提供赌博服务以及限制有关赌博服务的国际货币转让和支付等措施,与美国根据 GATS 所作的具体承诺不一致,同时也违反了 GATS 的第 16 条第 1 款和第 2 款、第 17 条第 1 款至第 3 款、第 6 条第 1 款和第 3 款以及第 11 条第 1 款。美国则要求专家组驳回安提瓜的所有诉求。

(1) 专家组的分析和结论①

① 美国针对网络博彩服务是否有承诺

美国具体承诺减让表编号为 10. D 的部门栏标题为“其他娱乐服务”(不包括体育运动),美国在该栏下作了完整的市场准入承诺。安提瓜认为该减让表中所指的“体育”不包括网络博彩服务,美国则认为“体育”的通常含义包括博彩,由于美国在具体承诺减让表中排除了“体育”,因而也排除了对博彩作出承诺。专家组首先明确了对“体育”一词的解释方法,根据《维也纳条约法公约》第 31、32 条的规定,依条约措辞的通常含义结合上下文及条约宗旨善意解释。因此,综合分析,专家组认为美国具体承诺减让表中的体育运动不包含网络博彩服务,因而应认为美国在 10. D 部门栏中有对网络博彩的承诺。

② 美国是否违反了相关承诺

安提瓜认为,美国既然对网络博彩服务作了完全的市场准入承诺,就不应该采取措施完全禁止跨境提供此类服务,从而构成零配额,违反了 GATS 第 16 条第 2 款(a)、(c)两项以及第 16.1 条。专家组就美国针对安提瓜提供网络博彩服务所采取的措施进行了具体分析。指出:对博彩服务,美国在

---

① 具体分析参见朱榄叶编著:《世界贸易组织国际贸易纠纷案例评析》,法律出版社 2008 年版,第 525—534 页。

具体承诺减让表中的市场准入限制中写明了"无"模式限制,因此,服务的传输方式也涵盖网络传输,因此,对安提瓜跨境提供网络博彩所采取的措施,包括根据美国《有线通讯法》、《禁止非法网络赌博交易法》以及相关州的涉案措施,均构成对"无"限制的承诺的违背,因而违反了 GATS 第16.1条和第16.2条及相关承诺。

③ 关于一般例外的抗辩

美国提出其争议措施均具有根据 GATS 第14条一般例外所指的重要政策目的,强调其采取措施所依据的国内法律为 GATS 第14(a)条所述的保护公共道德/秩序所必需的,安提瓜则认为美国采取的措施不是必要的,因为美国国内有48个州都提供法律允许的赌博。专家组经过论证,参考欧共体香蕉案上诉机构指出的认定援引 GATS 第14条应符合的要求,首先认可美国采取的措施是为了维护公共道德/秩序,但考虑到成员在援用 GATS 第14条的规则例外前,有义务与安提瓜协商,以承担其"穷尽可行的符合 WTO 规则的替代措施"的义务,而美国未尽此义务,因此美国的联邦法律及相关州的法律不符合第14条的要求,因而,专家组也不接受美国关于一般例外的抗辩。

最终,2004年11月10日,WTO 散发了本案的专家组报告,在其报告中,专家组作出了如下裁决和结论①:

其一,关于美国服务贸易减让表中对赌博和博彩服务的承诺。

专家组运用《维也纳条约法公约》第31条和第32条的解释原则,对美国的减让表中是否涉及赌博和博彩服务的承诺以及作出了何种承诺进行了分析。公约第31条规定:"条约应依其用语按照其上下文并参照条约的目的和宗旨所具有的通常含义,善意解释之。"首先,对于美国减让表中第10.D项所具有的通常含义,专家组通过查字典、对比英文和法文、西班牙文,认定"体育"(Sporting)的通常含义并不包括"赌博"。其次,专家组认定解释 WTO 成员具体承诺表时援引的两个文件,即1993年承诺指南(1993 Scheduling Guidelines)和联合国核心产品分类系统(WTO 文件编号为 W/120,即 the UN Central Product Classification system,简称"CPC")应用来解释美国减让表的上下文。通过此两个文件可以看出,"体育服务"对应的 CPC 编号并不包括赌博服务,相反,赌博服务这一子类别却明确包含在"其他娱乐服务"之

---

① 参见 http://qkzz.net/magazine/1672-1160/2006/10/518792.htm,2012年5月12日访问。

中。基于上述理由，专家组认定美国 GATS 减让表（第 10. D 分部门）中含有对赌博和博彩服务的具体承诺。

其二，关于美国是否违反了 GATS 第 16 条的市场准入义务。

首先，根据技术中立原则，专家组认为对跨境交付做出承诺意味着任何其他 WTO 成员的服务提供者可通过所有的交付方式提供服务，包括但不限于通过电子邮件、电话以及因特网等交付方式，除非成员的具体承诺表中列明禁止采用某一特定提供方式。其次，就 GATS 第 16.2 款而言，专家组认为该款所列举的禁止措施是一种穷尽性的列举，即只有在具体实施了第 16.2 款所列措施的情况下，一 WTO 成员始能被认定为违反第 16 条的市场准入义务。再次，美国完全禁止赌博和博彩服务的跨境交付，实际上是将其他 WTO 成员的服务提供者在数量上限定为“零”，导致了“零配额”，因而美国的做法构成了第 16.2(a)意义上的“以数量配额的方式对服务提供者的数量进行限制”以及第 16.2(c)意义上的“以配额限制服务业务总数或服务产出总量”。

由此，专家组认定美国的有关联邦法律和一些州的法律与 GATS 第 16 条规定的市场准入义务不一致。

其三，关于美国是否可以援引“豁免条款”。

就第 14(a)款而言，专家组认定，尽管美国的相关联邦法律和州法律是为保护公共道德和公共秩序而实施的措施，但是美国没有能够证明这些措施是 GATS 第 14(a)款项下所称的“为保护公共道德和公共秩序”所必需的措施。同样地，对第 14(c)款，专家组认定美国没有能够证明其相关法律是该款所称的“使本协定的规定不相抵触的法律或法规得到遵守所必需的措施”。因而，专家组驳回了美国依据 GATS 一般例外条款豁免其市场准入义务的主张。

(2) 上诉机构的分析和结论①

上诉机构在审查本案的上诉请求时，首先指出，安提瓜针对美国各州法规的申诉，未满足初步举证的义务，因此，上诉机构推翻了专家组对四个州法规违反相关 GATS 条款的裁决，仅考察美国根据其联邦法律所采取的措施是否违反了 GSTS 的相关承诺。

① 美国针对网络博彩服务是否有承诺

美国针对专家组裁决“美国对博彩服务有相关承诺”提出上诉，认为专

① 具体分析参见朱榄叶编著：《世界贸易组织国际贸易纠纷案例评析》，法律出版社 2008 年版，第 534—538 页。

家组不应将美国具体承诺减让表中的“体育”按通常含义解释为不包括博彩。上诉机构首先认可减让表构成所有成员的共同协议，因此，可以适用《维也纳条约法公约》第31、32条的原则来解释“体育”的含义。但上诉机构经分析认为，专家组对此部分的分析思路是错误的。上诉机构自己根据《维也纳条约法公约》第31、32条的原则重新对“体育”与博彩的关系进行分析，得出的结论与专家组一致：美国的具体承诺减让表对博彩有承诺。因此，上诉机构不支持专家组的分析，但支持其结论。

② 美国是否违反了相关承诺

美国对专家组关于GATS第16.2条(a)、(c)两项法律标准的分析及对其在本案事实中的应用都提出了上诉，但上诉机构支持专家组在此部分的观点与结论。

③ 关于一般例外的抗辩

专家组认为美国依据本国法律所采取的针对安提瓜提供跨境网络博彩服务措施不符合GATS第14条关于一般例外的规定，因而不能援引该条作为豁免的裁决依据。上诉机构经过分析认为，专家组对该问题的分析违背以往实践，错误地加给美国在援引例外前与安提瓜谈判的义务，专家组应以权衡方式比较争议措施与可能的替代措施，在专家组可以明确提出某个替代措施前，美国无义务证明没有其他的可替代措施。因此，上诉机构撤销了专家组关于此部分的相关裁决，认为美国的联邦法律符合第14条关于一般例外的规定。

上诉机构经过对案件的审理，于2005年4月7日向WTO成员散发了上诉机构报告。在其报告中，上诉机构作出了如下裁决和结论[①]：

其一，关于美国服务贸易减让表中对赌博和博彩服务的承诺。

从结论角度看，上诉机构维持了专家组的认定，即美国GATS减让表(第10.D分部门)中含有对赌博和博彩服务的具体承诺。但是，上诉机构对专家组的推理过程进行了修正。

其二，关于美国是否违反了GATS第16条的市场准入义务。

上诉机构认定，相当于“零配额”的限制是一种数量限制，美国完全禁止赌博和博彩服务的跨境服务，属于GATS第16.2(a)条关于“以数量配额的方式对服务提供者数量进行限制”。此外，上诉机构还支持了专家组关于美

---

① 参见 http://qkzz.net/magazine/1672-1160/2006/10/518792_2.htm，2012年5月12日访问。

国的相关措施构成第16.2(c)条关于“以配额限制服务业务总数或服务产出总量”。因而,上诉机构认定,美国《有线通讯法》、《禁止非法网络赌博交易法》等三部联邦法律违反GATS第16.1条和第16.2(a)条、第16.2(c)条市场准入义务的认定。对于美国各州的法律而言,上诉机构认为安提瓜没有建立初步案件,从而推翻了专家组关于州法律违反GATS第16条的认定。

其三,关于美国是否可以援引“豁免条款”。

首先,关于美国可否援引第14条的一般例外条款。就GATS第14(a)条而言,上诉机构推翻了专家组关于“所必需”的苛刻解释,认为,美国已经确立了初步证据的案件,用以表明争议措施涉及“相当重要的社会利益”,系为了保护公共道德或维护公共秩序所必需的措施。同时,安提瓜并没有提出其他“合理并且是可利用的”并与WTO规则相符的替代措施。因此,上诉机构推翻了专家组关于美国相关联邦立法不是GATS第14(a)条项下所称的“为保护公共道德和公共秩序”所必需的措施的认定。就GATS第14(c)条而言,基于类似的理由,上诉机构同样推翻了专家组第14(c)条中“所必需”的解释。但是,基于司法经济原则(Judiciary Economy),上诉机构没有就美国的相关措施是否在事实上符合第14(c)款的要求进行分析。

其次,关于GATS第14条的序言。在美国,针对赛马下赌注赌博有一项专门的立法,名称为“跨州赛马法”。根据该法,如果赛马下赌注在一些州是合法的,其他同样允许赛马下赌注的州的赌者可以通过电话以及其他电子通讯手段下赌注。本案中,安提瓜主张,《跨州赛马法》允许提供跨州赌博服务,但是,对于此种服务的跨境交付却因为相关联邦法律而被禁止。美国的此做法与GATS第14条序言关于“不得在情形类似国家之间构成任意和不合理歧视的手段或构成对服务贸易的变相限制”的要求不符。专家组支持了安提瓜的此项诉请。在上诉中,上诉机构认定,由于“跨州赛马法”的存在,美国没有能够表明其《有线通讯法》等联邦法律完全禁止赌博和博彩服务的跨境交付符合GATS第14条前言的要求。因此,上诉机构得出结论认为,美国的相关立法违反其市场准入承诺,不能依据GATS第14条的一般例外条款获得豁免。

综合分析上述案例:

在本案中,美国败诉了,输给了一个与其实力相差悬殊的小国。在肯定上诉机构裁决的客观性和公正性的同时,我们也基于下列理由为美国鸣不平:

首先,专家组作出了有利于安提瓜的裁定,表面上看,这是安提瓜的胜诉,但安提瓜的起诉的真正动因是美国的有关措施损害了在安提瓜境内经营的网络赌博公司的利益，简言之，其起诉实际上受到网络赌博公司的支持。从这个意义上说，它更像是网络赌博公司的胜诉，而且是一个在国内诉讼中无法获得的却通过国际争端解决程序获得的胜诉。如果按照专家组的建议，解禁美国境外的网络赌博公司向美国境内提供服务，不仅将导致美国传统赌博产业的商业利益受损，更严重的是，将与美国政府着力保护的若干重大社会利益相冲突。

其次，专家组运用了《维也纳条约法公约》第 31 条和第 32 条所规定的条约解释方法，得出了美国具体承诺表中第 10. D 分部门中的“其他娱乐服务（除体育外）”包括赌博服务的具体承诺的结论，并强调条约解释应依据缔约国的“共同意图”。专家组的法律分析方法本无可非议，但是，专家组忽略了一个重要的事实：美国制定 GATS 具体承诺表是在乌拉圭回合期间，即 20 世纪 90 年代早期，而当时网络赌博服务正处于萌芽状态，美国政府当时无法预见到网络赌博在后来发展如此迅猛并进而会危害其社会安全的情况，因此，其谈判代表在具体承诺表有关条目中并没有明文将赌博或网络赌博服务从其承诺中排除。但是，这并不必然意味着美国同意开放网络赌博服务。专家组报告在强调“共同意图”的同时却忽视了美国本身的意图，导致其结论难以得到美国的信服。

尽管美国表明将履行上诉机构的建议，但由于该案涉及的法律甚至政治问题错综复杂，案件的执行也是一波三折，双方仍然存在诸多争议难以相互妥协。笔者认为，从另一方面考虑，美国也可以根据 GATS 第 21 条（对具体承诺表的修改）的规定与安提瓜以及其他成员进行修改美国具体承诺表的谈判，将网络赌博的跨境提供从美国的具体承诺表中明确排除。但美国要给予安提瓜以及其他成员相应补偿。当然，这也需要一个复杂漫长的谈判过程。

5. 自测案例

欧盟香蕉案①

起因：

对欧盟香蕉进口机制的争议由来已久。原因是 1975 年以来欧盟和传统的贸易合作伙伴非加太国家（ACP 国家）签订了几次洛美协定，其中有一个关于香蕉的协议（现行协议为 PROTOCAL5）。1988 年以来，美元区的香蕉生

---

① 参见 http://www.dgtbt.cn/new/shownew.jsp? news_id = 245，2009 年 1 月 15 日访问。

产国一直对此抗议，欧盟一再修订这一机制，但始终不能彻底解决这一问题。1993 年 2 月，欧盟通过了在香蕉领域的共同市场规则，这一机制允许 ACP 国家出口到欧盟的香蕉的数量保持与传统上一致的水平，而给美元区国家和非传统 ACP 国家设定了配额，配额内进口的香蕉按 100ECU/吨来征税，配额以外的，按 850ECU/吨征税。在此配额中，非传统生产国的香蕉可免税进口 9 万吨，但国家间的分配将由下一步的欧盟规则决定。而且，进口香蕉不论来源于何处，都要受各种进口程序的约束。1994 年和 1995 年，欧盟在抗议声中不得不将配额分别提到 10 万吨、20 万吨。

GATT 洛美豁免：

考虑到洛美协定的因素，1994 年 12 月，缔约国全体免除了欧盟在洛美协定到期日 2000 年 2 月 29 日前 GATT1947/1.1 下的义务，允许欧盟为从 ACP 国家进口的产品提供优惠关税待遇。此外，乌拉圭回合中，哥伦比亚、哥斯达黎加、尼加拉瓜、委内瑞拉作为香蕉框架协议（BFA）的缔约方亦享受优惠安排。

GATT 时期的争端解决：

1992 年 9 月，拉美五个香蕉生产国向 GATT 申诉，要求解决欧盟在香蕉进口上采取的歧视性措施。1992 年成立的专家组认为，欧盟的措施不是为了同时限制国内生产，也不是强制性法律规定，显然不符合 GATT 第 11 条第 1 款；洛美协定不是 GATT 第 24 条所指的自由贸易协定或关税同盟，因为欧盟对部分国家的优惠是单向的，虽然这一措施对发展中国家是有利的，但 GATT 第四部分的规定不能违背第一部分的原则。经过理事会多次讨论，直到 1994 年年底，专家组的报告仍未通过。

1993 年 2 月 13 日，拉美五国对欧盟新的香蕉进口法令再次向 GATT 申诉。拉美五国诉称欧盟的关税配额措施违背了 GATT 第 1、2、3、5、8、11、13、24 条和第四部分。欧盟辩解说，这一法令是为了履行 GATT 和洛美协定的双重义务。1993 年 6 月成立的专家组认为，欧共体的关税配额措施没有违反 GATT 第 11 条（它取消了数量限制）和第 8 条（在适用规定时没有歧视），但其征税的幅度违反了 GATT 第 2 条，即关税约束的义务；对洛美协定国家的优惠税率违反了 GATT 第 1 条的最惠国待遇原则。专家组建议欧盟修改其做法，使它符合 GATT 的规定。欧盟同意与各国继续磋商。

1993 年 5 月 19 日，GATT 专家组判定欧盟的限制性措施败诉（BANANA-Ⅰ），欧盟阻止专家组报告通过；同年 7 月 1 日，欧盟颁布“404 规则”，声称已与 GATT 义务相符；1994 年 1 月 18 日，GATT 专家组判定“404 规则”仍与

GATT 不符(BANANA-Ⅱ);同年 2 月 7 日,欧盟阻止专家组报告通过。

可以说,GATT 争端解决程序对这一争端无能为力。

WTO 程序解决概况:

1995 年 9 月 28 日,美国、危地马拉、洪都拉斯和墨西哥就上述同一争端提出磋商要求。厄瓜多尔加入 WTO 之后于 1996 年 2 月 5 日也提出了同样的请求。投诉方认为欧盟的香蕉进口、分销和销售机制违反了 GATT 第 1、2、3、10、11、13 条,还违反了 AA、LIPA、TRIMs 协议和 GATS 协议。1996 年 5 月 8 日,专家组设立。专家组认定欧盟的香蕉进口机制和包括在这一机制中的许可证程序是违背 GATT 的。专家组进一步认定洛美豁免规定可免除 GATT 第 13 条(非歧视性地实行数量限制)的义务,但是不能消除许可证程序中出现的与 GATT 的不符。1997 年 5 月 22 日,专家组报告(BANANA-Ⅲ)由各方传阅。1997 年 6 月 11 日,欧盟上诉。上诉机构赞同专家组报告的绝大部分,但是推翻了专家组认为根据洛美豁免条款可免除欧盟在 GATT 第 13 条中的义务。上诉机构报告由各方传阅。1997 年 9 月 25 日,经过上诉机构更正的专家组报告和上诉机构报告在 DSB 会议上被通过。

1997 年 11 月 17 日,投诉方根据《关于争端解决规则与程序的谅解》(DSU)第 21 条第 3 款,要求对 DSB 的建议和裁定实施的合理期限进行有约束力的仲裁。仲裁员裁定实施期为 1997 年 9 月 25 日至 1999 年 1 月 1 日。仲裁报告于 1998 年 1 月 7 日交由各方传阅。

1998 年 8 月 18 日,投诉方根据 DSU 第 21 条第 5 款赋予的权利要求与欧盟谈判。他们认为欧盟采取的新措施(1637/98 议会规则)仍然不符合 WTO 规则。1998 年 11 月 25 日 DSB 会议上,欧盟宣布已制定了第二套规章,于 1999 年 1 月 1 日全面实施。1998 年 12 月 15 日,欧盟根据 DSU 第 21 条第 5 款要求设立专家组,来确定欧盟的措施必须推定为符合 WTO 规则,除非提起 DSU 程序。

1998 年 12 月 18 日,厄瓜多尔要求重新召集原专家小组来考察欧盟实施的新措施是否符合 WTO 规则。1999 年 1 月 12 日,DSB 决定重新召集原专家小组来考察欧盟和厄瓜多尔的要求。牙买加、尼加拉瓜、哥伦比亚、哥斯达黎加、科特迪瓦、多米尼加共和国、毛里求斯表明在这两个要求中都有兴趣作为第三方。

1999 年 1 月 1 日,欧盟香蕉贸易新的配额制度[包括“1637”、“404”、“2362”规则以及包括 BFA(香蕉框架协议)条款在内的其他补充、修改的措施]生效。新制度将香蕉产地分为三类,即传统的 12 个非加太国家(ACP 国家)、其他非传统的 ACP 国家以及 ACP 国家以外的国家,分别规定不同的配额水平和关税税率。美国认为欧盟的新制度仍然违反 GATT1994、GATS、LIPA 的有关规定,要求重新审议。

在审议未果时,美国于 1999 年 3 月 3 日单方面宣布对来自于欧盟的价值5.2 亿美元的产品征收惩罚性关税。欧盟对美国的单方面行动提起投诉,要求 WTO 对美国的 301 条款的合法性进行审议。1999 年 1 月 14 日,美国根据 DSU 第 22 条第 2 款,要求 DSB 授权对欧盟中止减让幅度为 5.2 亿美元。1999 年 1 月 29 日的 DSB 会议上,欧盟根据 DSU 第 22 条第 6 款要求对美国提出的中止减让幅度进行仲裁。DSB 也把这个问题交由原专家小组解决。因此,美国要求 DSB 授权中止减让要推迟到经仲裁确定了中止减让的幅度后才能考虑。根据欧盟的要求设立的专家组表示不同意欧盟提出的"除非提起 DSU 程序,必须推定欧盟采取的新措施符合 WTO 规则"的观点,因为厄瓜多尔已经提出相反的意见。至于厄瓜多尔的要求,专家小组认为,欧盟的措施虽然符合 DSB 建议,但与其在 WTO 中的义务仍有差别。1999 年4 月8 日,DSB 裁定欧盟的新机制违反 WTO 规则。至于对美国提出的中止 5.2 亿美元的减让幅度进行的仲裁,作为仲裁者的专家组认定美国提出的这个幅度与美国由于欧盟实施新政策所遭受的利益丧失和损害的程度不相称,裁定为1.914 亿美元。仲裁报告和专家组报告于 1999 年 4 月 6 日分发给争端各方,并分别于 1999 年 4 月 9 日—12 日交由所有成员方传阅。1999 年 4 月 9 日,美国根据 DSU 第 22 条第 7 款要求 DSB 授权对欧盟中止减让,幅度为 1.914 亿美元。1999 年 4 月 19 日,DSB 授权美国对欧盟进行上述幅度的中止减让。

1999 年 1 月 20 日,拉美五国以欧盟每次在截止期前作出少许修改,致使案件总是不能以投诉方满意的结果终结为由再次向 WTO 申诉(DS 158/1),并说明其目的是为了澄清和讨论欧盟屡次作出修改的各个方面对市场的影响,与 WTO 义务仍不相符的地方,以及欧盟应该怎样修改才能达到彼此满意的结果。

厄瓜多尔根据 DSU 第 21 条第 5 款要求设立的专家组报告于 1999 年 5 月 6 日通过。1999 年 11 月 8 日,厄瓜多尔根据 DSU 第 22 条第 2 款要求DSB 授权对欧盟中止减让其他相关领域的义务,幅度为 4.5 亿美元。1999 年 11 月 19 日的 DSB 会议上,欧盟根据 DSU 第 22 条第 6 款,要求对厄瓜多尔提出的减让水平进行仲裁。DSB 决定由原来的专家组进行仲裁。同时,会上欧盟提出改革香蕉机制的方案,欧盟提议与各利益方继续讨论为关税配额体制分发进口许可证的可能性。如果找不到可行的方案,就取消过渡性的关税配额体制的建议。根据 GATT1994 第 28 条进行谈判，可望用单一的关税体制代替现在的机制。在 2000 年 2 月 24 日的 DSB 大会上，欧盟解释说，各有关方的意见不一，不能达成结论。

2000 年 3 月 24 日，仲裁报告发布。仲裁裁定，厄瓜多尔利益丧失或损害的水平是每年 2.016 亿美元，厄瓜多尔可以根据 GATT1994 要求 DSB 授权对欧盟进行此等水平的减让（不包括在生产加工业的投资物品或初级产品）；根据 GATS 在"批发服务（CPC622）方面的规定，可以在主要的分销服务方面中止减让义务"；如果中止 GATT1994 和 GATS 要求的减让水平之后，仍然不能达到补偿受损害的程度，可以在 TRIPs 以下领域中止减让：TRIPs 协议的版权和相关权利规定中的第一部分（对表演者、唱片或录音的制作者、广播组织的保护），第三部分（地理标志），第四部分（工业设计）。作为仲裁机构的原专家组还强调，根据 DSU 第 22 条第 3 款，厄瓜多尔应该首先在重新召集的专家组裁定违反义务的相同领域寻求报复，即 GATT1994 和 GATS 中的义务。

2000 年 5 月 8 日，厄瓜多尔根据 DSU 第 22 条第 7 款要求授权报复，减让幅度为每年 2.016 亿美元。DSB 于 2000 年 5 月 18 日授权厄瓜多尔报复。

专家组程序：

争议的具体内容：

(1)程序争议：欧盟认为洛美协定条款的解释权属于原缔约方，专家组的职责只是判定欧盟的做法是否符合洛美协定的要求而无权解释洛美协定的条款；欧盟还对美国在此争端中的地位提出了质疑。欧盟认为美国的香蕉生产量极少，又从不出口香蕉，在此争端中美国没有法律意义，也没有实际的或潜在的贸易利益，因而没有诉讼资格和发言权。

(2) 法律争议：投诉方认为，欧盟新香蕉进口机制与 GATT 第 1、2、3、10、11、13 条及 LIPA、AA、TRIMs、GATS 中的规定不符。厄瓜多尔加入 WTO 后于 1995 年 9 月就同一争议提出磋商请求，厄瓜多尔还提出欧盟违背了 GATS 的第 2、17 条以及原专家组报告和上诉机构报告的规则和建议，要求专家组向欧盟作出实施的详细建议。

(3) 核心争议：此案争议的核心是对洛美协定豁免的适当解释。具体而言，欧盟的新机制给予 12 个传统的 ACP 国家的香蕉进口配额，是以 1991 年 1 月 1 之前的平均进口量为标准。美国等投诉方认为这远远高于 WTO 给予洛美协定例外的水平。欧盟认为洛美协定的优惠待遇不仅仅指关税优惠，可扩展至其他利益。而 5 个投诉方认为欧盟免除义务的范围仅限于洛美协定中有约束力的强制性惯例，通过引述洛美协定的有关条款和欧洲法院的裁判，投诉方有效论证了欧盟只有义务使ACP国家在香蕉进口中保持原来的地位而不是给予更优惠的安排。至于洛美协定解释权问题，“如果承认欧盟的论调，则意味着这些缔约方可以单边地解释洛美协定的免除义务，这简直是荒谬的”。作为第三方的ACP国家对此也有不同的解释。它们认为，1975年以来，香蕉协议已成为洛美协定的一部分，从那时起，ACP国家就享有欧盟的市场准入的优惠待遇，所以制定关税配额的参照期应为1975—1991年。欧盟把ACP国家划分为传统的和非传统的，采取不同的税率，并且把参照期定为1988—1991年，显然违反了洛美协定。

(4) 农产品协议：为了进一步阐明BFA不受GATT第13条约束，欧盟提出农产品协议第4条第2款禁止GATT第11条第2款所允许的措施；农产品协议第5条允许可能与GATT第2条和第16条相反的措施；AA第22条第1款还规定了GATT和其他协议的适用要受农产品协议的约束。

(5) GATS：投诉方认为欧盟的进口许可程序违反了GATS的第2条和第7条（国民待遇标准和最惠国待遇标准）。欧盟新机制中的“经营者分类规则”（operator category rules）、“经营活动规则”（activity function rules）和“飓风特许”（hurricane）使得传统的ACP国家在市场准入上享有更优惠的待遇。欧盟辩解说，采取不同的进口程序是历史遗留的原因；并且，投诉方和ACP国家在提供服务的种类上是不同的，因而不会受到不同的进口程序的影响，所以不存在歧视性措施；给不同经营者规定不同的许可程序是考虑到不同的国内市场的统一和不同成员国香蕉商的不同情形，许可证的可转换性是为了调整市场结构，其影响就是给经营者自由的商业选择；“经营活动规则”是为了改变所有加工商的地位，无论什么国籍，其影响都取决于经营者的商业选择，并没有改变竞争条件；“飓风特许证”是为了给遭受热带风暴的国家以补偿的一种方式，并没有将ACP国家和非ACP国家区别对待。

专家组调查结果和结论：

专家组认为，因为争议涉及洛美协定，对洛美协定的解释是理解GATT豁免条款必不可缺的第一步。至于豁免义务的幅度，欧盟将关税配额给予特定的传统的ACP香蕉出口国，而这些国家的出口量已达到1991年以前最高的水平，远不在洛美协定的优惠幅度内，专家组遵循狭义解释豁免条款的传统方法作出了结论：欧盟对ACP国家优惠的幅度超过了洛美协定的范围，超过部分仍算违背了GATT第1条。在解释给BFA国家优惠的关税待遇时，欧盟以BFA是在乌拉圭回合中达成的为借口。专家组认为，虽然这是事实,但并不意味着BFA国家免除GATT义务可以免遭其他成员国的抗议。对美国在争端中的地位,专家组报告没有涉及。

专家组在农产品协议方面的结论成为投诉方胜诉的关键。专家组认为,农产品协议第22条并不意味着整个农产品协议可以优先适用,农产品协议中没有包括的农业上的关税限制与GATT其他的关税限制相比,没有优先权。农产品协议第5条不起什么作用,因为没有规定给予个别国家优惠的关税配额,第4条仅禁止某些非关税壁垒,可以优先适用于GATT第11条第2款(c),但不能优先于GATT第13条。

专家组发现,事实上,欧盟以外的国家和非ACP国家只能得到30%的B类经营许可证,实际上使得投诉方位于劣势;"经营活动规则"使绝大部分加工经营只能由欧盟的自然人和法人进行;给予飓风特许证的范围实际上只针对欧盟成员国和ACP国家,而现在绝大部分的服务贸易提供者是欧盟内部成员国。

专家组认为,GATS第2条和第17条最惠国待遇和国民待遇条款包括了禁止事实上和法律上的歧视。"我们注意到,目的是确保进口许可程序不会对货物贸易施加额外限制的进口许可证手续协议与GATS的非歧视性条款是不同的。GATS的第2条和第17条的目的是使成员国对外国服务提供者的竞争条件不次于给本国或其他成员国的优惠条件"。但事实上,WTO协议附件1A的协议和GATS规定了不同的要求,它们的目标和对象的不同并不意味着它们互不相容。我们在此重申:"GATS的非歧视性原则要求成员方至少给其他国家的服务提供者同等的竞争机会,而不管这样的机会可能会在贸易量和市场份额方面产生什么样的结果"。换句话说,专家组更倾向于根据成员方是否提供了非歧视性的竞争机会,而不是根据贸易量和贸易份额的增减来判断成员方是否履行了GATS中的义务。这与GATT和WTO的争端解决实践是连贯一致的。

专家组最后的结论有以下几条:

(1) 初步争议方面:否决欧盟认为协商不充分,专家组不应受理的主张(7.21段);投诉方要求设立专家组时指出被诉方违反了《世界贸易组织协定》的具体条款,因而足以满足DSU第6条第2款的要求;根据DSU,美国有权在本案中提出诉求。

(2) 欧盟香蕉市场:香蕉是GATT第1、3、10和13条中所指的相同产品,无论原产地在欧盟、ACP国家、BFA国家或其他第三国家(7.63段);从分析其关税配额的分配是否与GATT第13条相符的角度看,欧盟只有一种香蕉进口机制(7.82段);欧盟推断出根据GATT第13条第2款(d)项,在BFA签订时,哥伦比亚、哥斯达黎加、尼加拉瓜和委内瑞拉并不是向欧盟市场提供香蕉的唯一有实质利益的缔约方。欧盟通过双边协议和特惠安排,把一些关税配额分给成员方(包括传统的和非传统的ACP香蕉出口国以及尼加拉瓜、委内瑞拉),但是却没有给其他成员(比如危地马拉),并且BFA的关税配额规则都与GATT第13条第1款不符(7.90段);厄瓜多尔在加入议定书中没有提到与香蕉有关的问题并不意味着承认欧盟关税减让表中包括的BFA协议的有效性或者意味着可以排除适用GATT第13条第2款或第4款(7.93段);欧盟推断出"洛美协定"要求欧盟按照超过1991年以前最好的进口水平给传统的ACP香蕉进口国特别的国别关税配额是不合理的(7.103段);"洛美协定"并没有要求欧盟按照超过1991年以前最好的进口水平给传统的ACP香蕉进口国特别的国别关税配额(7.103段);欧盟减让表里所包括的BFA协议中的关税配额不允许欧盟采取与GATT第13条不符的措施(7.118段);"洛美豁免"规定欧盟可以在不超过1991年以前最好的进口水平给传统的ACP香蕉进口国特别的国别关税配额的程度上免除第13条第1款的义务,因而欧盟违反了第3条第1款(7.110段);BFA协议的谈判、BFA包括在欧盟减让表里、农产品协议都不允许欧盟违反GATT第13条(7.127段)。

(3) 关税方面:欧盟对非传统ACP国家进口的香蕉以优惠的关税待遇虽然与GATT第1条第1款不符,但这些义务是被洛美豁免条款免除的(7.136段)。

(4) 欧盟进口许可证程序方面:进口许可证程序协议适用于关税配额的许可程序(7.156段)。根据GATT1994的规定,许可证协议、TRIMs第2条适用于欧盟的香蕉进口许可证程序(7.163段);欧盟对传统的ACP国家和第三国以及非传统的ACP国家的香蕉进口许可程序应被视为一种许可机制来考察(7.167段);通过给B类经营者分配30%的配额,使得第三国和非传统的ACP国家可以以配额内关税税率进口,违反了GATT第3条第4款(7.182段);对第三国和非传统的ACP国家应用经营者类别规则,使得这些国家的香蕉可以以配额内关税税率进口,但对传统的ACP国家却没有应用这一规则,不符合GATT第1条第1款的要求(7.195段);"洛美豁免"并没有免除欧盟在GATT第1条第1款中,对第三国和非传统的ACP国家的进口许可程序的义务,包括应用经营者类别规则(7.204段);欧盟进口许可证程序要遵守GATT第10条的规定(7.207段);对第三国和非传统的ACP国家按照配额内关税税率进口的香蕉适用经营者类别规则,对传统的 ACP 国家却没有,违反了 GATT 第 10 条第 3 款(a)项的规定(7.212 段);对第三国和非传统的 ACP 国家按照配额内关税税率进口的香蕉适用经营活动规则,对传统的 ACP 国家却没有,违反了 GATT 第 1 条第 1 款(7.223 段);要求 BFA 出口证和欧盟进口许可证配套与 GATT 第 1 条第 1 款的要求不符(7.241 段);向 ACP 和欧盟的生产商和生产组织或者可以代表他们的经营者颁发"飓风许可证",违反了进口许可证协议的第 1 条第 3 款(7.263 段);给 B 类经营者分配 30% 的许可证,使第三国和非传统的 ACP 国家按照配额内关税税率进口香蕉给投诉方同样服务的提供者设立了次优惠的竞争条件,因而与 GATS 第 2 条相悖(7.353 段);给加工者分配 28% 的 A 类和 B 类许可证,使第三国和非传统的 ACP 国家按照配额内关税税率进口香蕉,给投诉方同样服务的提供者设立了次优惠的竞争条件,因而与 GATS 第 17 条相悖(7.368 段);免除欧盟本地的和 ACP 国家的 B 类经营者 BFA 出口证和欧盟进口许可证配套要求,给投诉方同样服务的提供者设立了次优惠的竞争条件,因而与 GATS 第 17 条和第 2 条相悖(7.380 段,7.385 段);向 ACP 和欧盟的生产商和生产组织或者可以代表他们的经营者颁发"飓风许可证",给投诉方同样服务的提供者设立了次优惠的竞争条件,因而与 GATS 第 17 条和第 2 条相悖(7.393 段,7.397 段)。

专家组分别对厄瓜多尔、危地马拉、洪都拉斯、墨西哥和美国发布了四个专家组报告,给每个投诉方的报告在事实发现、参加方的辩论、最后判定方面按照各投诉方在最初递交的书面申请中不同的主张有一定的差异,但是总体上判定欧盟违背了 GATT 第 1 条第 1 款、第 3 条第 4 款、第 10 条第 3 款、第 13 条第 1 款,进口许可证协议第 1 条第 2 款和 GATS 第 2 条和第 17 条,建议欧盟修改现有机制,使之与 GATT、GATS 和进口许可证协议相符。

上诉审程序:

参加方:

上诉方:欧盟;

被上诉方:厄瓜多尔;

第三方:喀麦隆、牙买加等 13 个 ACP 国家以及日本、哥伦比亚、尼加拉瓜、哥斯达黎加、委内瑞拉。

程序争议:

(1) 1997 年 7 月 10 日,根据"工作程序"第 16(2)条,牙买加请求上诉机构推迟举行听证会的日期(将原定的 7 月 21—22 日推迟至 8 月 4—5 日),

上诉机构认为这种例外很显然对参加方是不公平的，因而没有同意。

(2) 1997 年 7 月 9 日，圣卢西亚政府致函上诉机构，要求派两个不是全职的政府官员的法律顾问参加争端解决。在上诉听证会中，圣卢西亚提出两点争议：一点是私人律师是否可以代表一个国家参与 WTO 争端解决程序，另一点是一个国家是否有主权决定政府代表团的人选。圣卢西亚指出，作为国际法惯例，没有哪个国际组织有权干涉主权国家政府代表团的人选，DSU 和工作程序中也没有相应规定，专家组拒绝私人律师参加是越权行为。加拿大和牙买加支持圣卢西亚的观点，认为没有相反的规定，成员国有权选派自己的代表。拉美投诉国坚决反对，他们提出专家组在 1996 年 10 月第一次实质性会谈时已裁定代表圣卢西亚的私人律师没有资格参加专家组的会议。投诉方认为，"专家组的裁决不能作为本上诉案上诉的对象"，"WTO 若改变在政府代表上一贯的做法，将会在实质上改变争端解决机制的前提"。投诉方提出，《维也纳外交关系公约》及其他的有关外交关系的国际法规，都不能支持一个国家可以随意指定参加国际性外交活动的代表团人员。其他国际组织和国际法庭的一贯做法是如果允许局外的律师参加，必须经过国际组织或条约各方的协商。

1997 年 7 月 15 日，上诉机构通知各方同意圣卢西亚的要求。上诉机构认为，《世界贸易组织协定》、DSU 和"工作程序"以及国际法惯例、国际法庭的通行做法中都没有反对 WTO 成员方自己有权决定代表团组成人选的相关规定。

1997 年 7 月 21—23 日，举行了口头听证会。

法律争议：

欧盟提出的 19 条上诉理由包括：

(1) 对于美国在本案中的发言权（法律地位），专家组未能作出解释。

(2) 关于要求设立专家组的前提，欧盟认为要求设立专家组必须在有特别具体的侵害行为存在的前提下。

(3) 对农产品协议、进口许可证协议的解释。

(4) 对 GATT1994 第 1 条第 1 款、第 3 条第 4 款、第 10 条第 3 款（A）、第 13 条的解释。

(5) 欧盟采取两种分开的机制，GATT 等规定只能适用于一种，且乌拉圭回合中从未讨论过，意味着对成员方的豁免。

(6) 洛美协定的涵盖范围。专家组对洛美协定和"洛美豁免"的解释不同。

(7) 有关影响 GATS 的措施。

(8) GATS 与 WTO 协定的附件 1A 的关系。欧盟认为附件 1A 和 GATS 是重叠的,任何相关措施既可用附件 1A 又可用 GATS 来解释。

(9) 专家组对 GATS 第 2 条的广义解释及 GATS 义务的有效期。

(10) 举证责任、丧失或损害(专家组用 DSU 第 3 条第 8 款的举反证标准)、对"大规模服务贸易"的定义。

(11) 所谓的 GATS 第 2 条和第 17 条的歧视:经营者类别规则(operator category rule)、经营活动规则(activity function)、飓风特许证(hurricane licences)、热带雨林遭灾等。

上诉机构结论:

洛美协定所要求的范围是:给予传统的 ACP 香蕉以免税待遇;给所有其他的非传统的 ACP 香蕉 100ECU(欧洲货币单位)/吨的选择极限;给传统的 ACP 国家的关税配额以 1991 年以前的最好的出口量为准。

上诉机构报告支持了专家组的大部分结论,确认了专家组报告中有关免除范围的结论,但不同意专家组认为"洛美协定"免除了与 GATT 第 13 条第 1 款不符的责任,欧盟给予传统的 ACP 国家分配关税配额在豁免范围内的结论。上诉机构还推翻了专家组认为 GATT 第 10 条第 3 款(A)排除了对不同成员国的相同产品实施不同的进口许可制度的结论。推翻专家组认为墨西哥对 GATT 第 17 条的主张和危地马拉、洪都拉斯根据 GATS 的主张不在本案范围内的结论。上诉机构纠正了专家组不许私人律师参加专家组会议的做法,肯定了主权国家有权决定参加 WTO 争端解决代表团的成员。

上诉审中,争端各方在 GATS 适用问题上的争议集中在两方面:一个是 GATS 是否适用于欧盟的进口许可证程序,另一个是 GATS 是否与 GATT1994 重叠或是互相排斥。专家组对第一个问题的看法是:"一成员方任何影响到服务提供的措施,无论这些措施是否是直接支配服务提供的还是规范其他方面的,只要影响了服务贸易,就属于 GATS 调整范围"。上诉机构的推理是:"GATS 第 1 条第 1 款规定了'本协定适用于成员方影响服务贸易的措施。''影响'一词有广泛的含义。以前的专家组对 GATT 第 3 条条文中的'affecting'一词在适用范围上比'regulating'or'governing'更广。我们也注意到 GATS 第 1 条第 3 款(B)规定了'服务'包括除了政府机构行为之外在任何领域提供的服务;GATS 第 27 条 B 款还规定'提供服务包括一种服务的生产、分销、营销、销售和运送'。这几条都没有表明对 GATS 的适用范围的限定……因此,我们赞成专家组认为把欧盟的进口许可证程序排除在 GATS 之外是没有法律依据的结论”。

第二个问题是GATS和GATT1994是否相互排斥。上诉机构认为制定GATS的本意是处理不在GATT1994调整范围之列的事项,即服务贸易。因此,GATS适用于服务的提供。它还对服务和服务的提供者特别规定了国民待遇和最惠国待遇。考虑到这两个协定的不同适用范围,应该不会互相排斥。究竟适用哪个协定,取决于引起争议的措施的性质。有可能出现一项争议,既在GATT调整范围内,又在GATS调整范围内。比如一项服务涉及特定的货物,这时就要根据两个协定分别对该事项进行审查。但是根据不同的协定,审查的重点就不同,应该具体案情具体分析,这也是我们所期待的结论。综上所述,GATT1994和GATS在应用到某项特别措施时可能重叠。

最后,上诉机构向DSB建议要求欧盟修改香蕉进口机制,使之与GATT1994和GATS相符。

香蕉案的参加方中既有发达国家,又有发展中国家,涉及二十多个国家,代表意义可谓广泛。争议不仅涉及了GATT的传统领域,还涉及WTO协定、GATS、进口许可证协议,甚至极敏感的农产品协议领域,解释了各涵盖协议的关系并经历了WTO争端解决程序的全部过程,体现了WTO争端解决机制的新特点,非常具有典型意义。

专家组和上诉机构对条款的解释采取了与GATT惯例和国际公法保持一致的狭义解释,体现了WTO争端解决的一致性和连续性。从磋商谈判到实施仲裁阶段,投诉方不断向WTO申诉,通过新的争端解决程序中严密衔接的环节保护自己的权利,表现出对WTO争端解决机制的极大信任。从前面的分析可以看出:程序上的完善加速了这一争端的解决过程,强制性仲裁和多边监督的运用更加大了执法力度。通过对这一棘手争端的妥善处理,新机制再次展现了“规则取向”的优势。

WTO成立之前,由于GATT争端解决机制的软弱性和先天缺陷,使这一争端久拖不决,历时长久。WTO成立后,欧盟在新的争端解决机制的威力下屡次修改相关规定,从最初的404/1993到1637/1998(1998年7月20日颁布)到2362/1998(1998年10月28日颁布),可见,新的WTO争端解决程序的效力大大加强。

评析:

本案中,欧盟似乎在洛美协定和GATT义务之间左右为难。对这一问题,专家组的阐述很清楚。专家组报告指出:“我们要强调,我们的调查结果和结论没有剥夺成员国按照先来先得的规则或拍卖方式或过去的贸易实践来选择与 WTO 一致的特许安排方式。原则上,WTO 协定给成员国留有相当的自由裁量权来选择特许安排的受益人"。这意味着成员国不能滥用 GATT 的例外条款,必须协调好历史上的特惠安排和 WTO 义务的关系。专家组和上诉机构的裁定敲响了欧盟香蕉进口机制的丧钟,也对洛美协定的未来提出了挑战,清楚地向世人表明:任何未来的条约、公约都必须保持与 WTO 规则一致。可见,WTO 争端解决程序在国际贸易法统一化的进程中已经发挥了巨大的作用。

但是该案也提出了新的问题。争端涉及农产品协议的特殊性质,GATT 一直想规范这一领域,但未获成功。上诉机构报告支持专家组报告在这个问题上的结论将会给未来的改革带来威胁。乌拉圭回合中改革第一阶段中有互相联系的三个方面——市场准入、国内支持、出口补贴,但专家组报告和上诉报告都忽略了这三方面的联系,允许投诉方为 BFA 开脱。如果市场准入的承诺的稳定性遭到挑战,农产品协议所达成的微妙平衡将有被破坏的危险。

该案揭示了所有发展中国家在达到经济和社会发展的同时将逐步纳入全球贸易体系,在此之前须先实现区域内统一化。本来就缺乏竞争力的 ACP 国家是该案的真正败方,除非扩大区域内的统一和加强地区间的合作,ACP 在欧盟的市场利益很难得到保证。本来,虽然 ACP 国家享有优惠待遇,但在欧洲的市场份额并不大,比如德国的市场一直由美元区国家(dollar-zone)占有。专家组和上诉机构的审理没有体现出 WTO 对发展中国家给予特别考虑的原则,所以这一争端的解决不能说达到了各方利益的平衡。

美国虽然不生产香蕉,但是却对欧盟香蕉机制小题大做,引发了一场报复与反报复的贸易大战。欧盟无视 WTO 的裁决,总是在实施期到来之前做一些小小的调整,实际是利用了 WTO 争端解决程序上的缺陷拒不执行 DSB 裁决。而美国运用"301"条款在专家组程序尚未终结时就单方面宣布制裁。这令人担心欧盟的对抗、美国的单方面报复会使成员方对 WTO 争端解决产生信任危机。但我们应当看到,运用司法程序解决争端一般要有严格的限制,有时也会历时长久,但这是不是 WTO 争端解决程序本身的弱点呢?对此应有进一步的分析,不能全盘否定,或许 WTO 争端解决只是在程序方面还需进一步的完善。也有人批评 WTO 争端解决对美国的单边报复行为没有任何约束方式,对此,我们亦不能苟同。《世界贸易组织协定》和 DSU 都强调了禁止单边行动。对欧盟投诉美国采取单方面报复行动(WT/DS/65/1),专家组已作出裁决(2000 年 7 月 17 日),裁定美国违反了 DSU 规定。

二、GATS规则与中国国际服务贸易法

1. 案情简介

我国加入世界贸易组织的法律文件《中华人民共和国加入议定书》附件9《服务贸易具体承诺减让表》对银行业服务做出以下承诺：

服务的提供方式包括四个类别：(1) 跨境交付；(2) 境外消费；(3) 商务存在；(4) 自然人流动。就这四个方面的市场准入限制我国政府分别做出了如下承诺：

1. 跨境交付

除下列内容外，不做承诺：

提供和转让金融信息、金融数据处理以及与其他金融服务提供者有关的软件；

就银行的服务活动进行咨询、中介和其他附属服务，包括资信调查和分析、投资和证券的研究和建议，关于收购的建议和关于公司重组和战略制定的建议。

2. 境外消费

没有限制。

3. 商务存在

(1) 地域限制

对于外汇业务，自加入时起，无地域限制。对于本币业务，地域限制将按下列时间表逐步取消：自加入时起，开放上海、深圳、天津和大连；加入后1年内，开放广州、珠海、青岛、南京和武汉；加入后2年内，开放济南、福州、成都和重庆；加入后3年内，开放昆明、北京和厦门；加入后4年内，开放汕头、宁波、沈阳和西安；加入后5年内，将取消所有地域限制。

(2) 客户

对于外汇业务：允许外国金融机构自加入时起在中国提供服务，无客户限制。对于本币业务，加入后2年内，允许外国金融机构向中国企业提供服务；加入后5年内，允许外国金融机构向所有中国客户提供服务；获得在中国一地区从事本币业务营业许可的外国金融机构可向位于

已开放此类业务的任何其他地区的客户提供服务。

(3) 营业许可

中国金融服务部门进行经营的批准标准仅为审慎性的(即不含经济需求测试或营业许可的数量限制)。加入后5年内,应取消现在的限制所有权、经营及外国金融机构法律形式的任何非审慎性措施,包括关于内部分支机构和营业许可的措施。

满足下列条件的外国金融机构允许在中国设立外国独资银行或外国独资财务公司:

提出申请前一年年末总资产超过100亿美元。

满足下列条件的外国金融机构允许在中国设立外国银行的分行:

提出申请前一年年末总资产超过200亿美元。

满足下列条件的外国金融机构允许在中国设立中外合资银行或中外合资财务公司:

提出申请前一年年末总资产超过100亿美元。

从事本币业务的外国金融机构的资格如下:

在中国营业3年,且在申请前连续2年盈利。其他,没有限制。

(4) 自然人流动

除水平承诺中的内容外,不做承诺。①

2. 思考方向

2001年12月11日,中国正式成为世界贸易组织第143个成员国。我国加入世界贸易组织的协议有1500页之多,谈判过程中遇到的问题当然也是林林总总,这些问题的结论达成之后,我国担负的义务就基本确定下来。我们以金融业的银行服务为例看一看我国加入世界贸易组织做出的承诺。

3. 法律规定

1.《服务贸易总协定》第1条 范围和定义

(1) 本协定适用于各成员影响服务贸易的措施;

① 摘自王海英主编:《国际经济法案例教程》,北京大学出版社2005年版,第8页。

(2) 为本协定之目的,服务贸易定义为:

(a) 从一成员境内向任何其他成员境内提供服务;

(b) 在一成员境内向任何其他成员的服务消费者提供服务;

(c) 一成员的服务提供者在任何其他成员境内以商业存在提供服务;

(d) 一成员的服务提供者在任何其他成员境内以自然人存在提供服务。

(3) 为本协定之目的

(a) "成员的措施"是指由以下机构采取的措施:

(i) 中央、地区或地方政府和当局;和

(ii) 由中央、地区或地方政府或当局授权行使权力的非政府机构为履行本协定下的义务和承诺;

各成员应采取所有可能的合理措施以确保其境内的地区和地方政府和当局及非政府机构遵守协定;

(b) "服务"包括任何部门的任何服务,但在行使政府权限时提供的服务除外;

(c) "在行使政府权限时提供的服务"指既不是在商业基础上提供,又不与任何一个或多个服务提供者相竞争的任何服务。

第16条 市场准入

(1) 在第一条所确定的服务提供方式的市场准入方面,每个成员给予其他任何成员的服务和服务提供者的待遇,不得低于其承诺表中所同意和明确的规定、限制和条件。

(2) 在承担市场准入承诺的部门中,一成员除非在其承诺表中明确规定,既不得在某一区域内,也不得在其全境内维持或采取以下措施:

(a) 限制服务提供者的数量,不论是以数量配额、垄断、专营服务提供者的方式,还是以要求经济需求测试的方式;

(b) 以数量配额或要求经济需求测试的方式,限制服务交易或资产的总金额;

(c) 以配额或要求经济需求测试的方式,限制服务业务的总量;

(d) 以数量配额或要求经济需求测试的方式,限制某一特定服务部门可雇佣的或一服务提供者可雇佣的、对一具体服务的提供所必需或直接有关的自然人的总数;

(e) 限制或要求一服务提供者通过特定类型的法律实体或合营企业提供服务的措施;

(f) 通过对外国持股的最高比例或单个或总体外国投资总额的限制来限制外国资本的参与。

我国虽然还没有颁布统一的外资银行法,但是曾经先后制定或修改多部涉及外资金融机构管理的行政法规,包括《中华人民共和国外资金融机构管理条例》、《中华人民共和国外资金融机构管理条例实施细则》以及中国人民银行的若干文件。

2.《中华人民共和国外资金融机构管理条例》①

第2条第2款 设立外资金融机构的地区,由国务院确定。

第6条 设立外资银行或者外资财务公司,申请者应当具备下列条件:
(一)申请者为金融机构;
(二)申请者在中国境内已经设立代表机构2年以上;
(三)申请者提出设立申请前1年年末总资产不少于100亿美元;
(四)申请者所在国家或者地区有完善的金融监督管理制度。

第7条 设立外国银行分行,申请者应当具备下列条件:
(一)申请者在中国境内已经设立代表机构2年以上;
(二)申请者提出设立申请前1年年末总资产不少于200亿美元;
(三)申请者所在国家或者地区有完善的金融监督管理制度。

第8条 设立合资银行或者合资财务公司,申请者应当具备下列条件:
(一)合资各方均为金融机构;
(二)外国合资者在中国境内已经设立代表机构;
(三)外国合资者提出设立申请前1年年末总资产不少于100亿美元;
(四)外国合资者所在国家或者地区有完善的金融监督管理制度。

第9条 设立外资银行或者外资财务公司,应当由申请者向中国人民银行提出书面申请,并提交下列资料:

(一)设立外资银行或者外资财务公司的申请书,其内容包括:拟设外资银行或者外资财务公司的名称,注册资本和实收资本额,申请经营的业务种类等;

(二)可行性研究报告;

(三)拟设外资银行或者外资财务公司的章程;

(四)申请者所在国家或者地区有关主管当局核发的营业执照(副本);

---

① 参见中国人民银行网站,http://www.pbc.gov.cn/jinrongfagui/,2009年1月20日访问。

（五）申请者最近3年的年报；

（六）中国人民银行要求提供的其他资料。

第10条　设立外国银行分行，应当由外国银行总行向中国人民银行提出书面申请，并提交下列资料：

（一）法定代表人签署的申请书，其内容包括：拟设外国银行分行的名称，总行无偿拨给的营运资金数额，申请经营的业务种类等；

（二）申请者所在国家或者地区有关主管当局核发的营业执照（副本）；

（三）申请者最近3年的年报；

（四）中国人民银行要求提供的其他资料。

第11条　设立合资银行或者合资财务公司，应当由合资各方共同向中国人民银行提出书面申请，并提交下列资料：

（一）设立合资银行或者合资财务公司的申请书，其内容包括：拟设合资银行或者合资财务公司的名称，合资各方名称，注册资本和实收资本额，合资各方出资比例，申请经营的业务种类等；

（二）可行性研究报告；

（三）合资经营合同及拟设合资银行或者合资财务公司的章程；

（四）申请者所在国家或者地区有关主管当局核发给合资各方的营业执照（副本）；

（五）合资各方最近3年的年报；

（六）中国人民银行要求提供的其他资料。

4. 学理分析

本案例涉及的问题主要是加入世界贸易组织的谈判过程。世界贸易组织的谈判不仅包括成员之间的贸易谈判，在新成员加入的时候谈判更是必不可少。WTO的基本规则（例如最惠国待遇原则、国民待遇原则等）往往会影响到所有成员之间的关系，因此在新成员加入的时候谈判的双方不仅仅希望加入WTO，而且希望加入的国家或地区作出的承诺需要获得所有现有成员的认可。如果在某个问题上有一个现有成员不能接受希望加入的国家或地区做出的承诺，那么谈判过程久而不决也就不足为奇了。我国加入世界贸易组织（包括加入原《关贸总协定》）的谈判过程十分曲折，其中一个重要原因就是在某些问题上无法与某些WTO的原有成员达成共识。尤其在涉及一些比较关键的行业（比如金融行业市场准入的问题）的时候，这种矛盾就更加明显。

综合分析本案例：

参照《服务贸易总协定》的要求和我国政府做出的承诺，我们可以看出在世界贸易组织的法律框架关注的不仅仅是单纯的贸易开放，投资开放也成为很重要的一个内容。既然我国已经承担了逐渐开放金融市场的法律义务，就需要根据承诺修改立法。修改后的《中华人民共和国外资金融机构管理条例》自 2002 年 2 月 1 日起施行。中国人民银行的负责人在一次接受记者采访时称，中国修改在华外资金融机构管理条例，体现了中国入世承诺，对于原条例未包括而中国在 WTO 谈判中已承诺的内容，按照承诺增加；对于原条例已涉及但与 WTO 谈判承诺不一致的内容，按照承诺进行修改。①

修改后的条例将取消设立外资金融机构的地区由国务院确定的规定，外资金融机构在满足审慎性准入条件前提下，可以在中国境内任何一个城市申请设立营业性机构；在中国入世后外资金融机构在华提供外汇服务，没有服务对象限制。

修改后的条例取消了对外资金融机构设定的人民币业务规模数量指标，今后只规定申请经营人民币业务的外资金融机构须满足三个基本条件：在华开业三年、连续两年盈利和中国人民银行规定的审慎性条件。增加外资金融机构经营人民币业务的地域范围和服务对象范围由中国人民银行根据具体情况审核确定的新条款，授权中国人民银行随着中国入世承诺的进程，逐步扩大开放人民币业务的地域和客户对象范围。

此次修改后业务范围比较大的变动有：允许吸收本外币公众存款，发放本外币短期、中期和长期贷款，增加外资金融机构票据承兑业务，允许买卖政府债券、金融债券，买卖股票以外的其他外币有价证券，允许外资金融机构提供信用证服务业务，允许从事同业拆借和扩大银行卡业务范围等。

条例修改后，对外资金融机构的监管要与中资银行监管的有关政策相衔接，为体现最终国民待遇的承诺原则，此次修改在遵守承诺和不违背国际银行审慎监管原则的前提下使外资银行与中资银行的监管政策相衔接。这样的修改体现了银行监管的国际惯例。而且在监管的具体方式上也要遵循国外银行监管当局对银行特别是对外资银行监管的惯例，参考发达国家的有关监管政策与实务，使中国外资银行监管与国际惯例逐步接轨。

---

① 参见 http://zgrdxw.peopledaily.com.cn/gb/paper228/1/class022800002/hwz192680.htm，2009 年 1 月 1 日访问。

（五）自测案例

我国加入世界贸易组织的法律文件《中华人民共和国加入议定书》附件9《服务贸易具体承诺减让表》对于保险及其相关服务做出如下承诺：

(1) 跨境交付

除下列内容外，不做承诺：

* 再保险；
* 国际海运、空运和运输保险；
* 大型商业险经纪、国际海运、空运和运输保险经纪，及再保险经纪。

(2) 境外消费

保险经纪不做承诺。其他，没有限制。

(3) 商业存在

(a) 企业形式

将允许外国非寿险公司设立分公司或合资企业，外资占51%。中国加入后2年内，将允许外国非寿险公司设立外资独资子公司，取消企业形式限制。自加入时起，将允许外国寿险公司设立外资占50%的合资公司，并可自行选择合资伙伴。合资企业合资伙伴有权议定合作条款，只要它们不超过本减让表所包含承诺的限度。对于大型商业险经纪、再保险经纪、国际海运、空运和运输保险和再保险经纪，自加入时起，将允许设立外资股比不超过50%的合资企业；中国加入后3年内，外资股比应增至51%，中国加入后5年内，将允许设立外资独资子公司。对于其他经纪服务，不做承诺。将允许保险公司随着地域限制的逐步取消设立内部分支机构。

(b) 地域范围

自加入时起，将允许外国寿险和非寿险公司及保险经纪公司在上海、广州、大连、深圳和佛山提供服务。中国加入后2年内，将允许外国寿险和非寿险公司及保险经纪公司在下列城市提供服务：北京、成都、重庆、福州、苏州、厦门、宁波、沈阳、武汉和天津。中国加入后3年内，将取消地域限制。

(4) 自然人流动

除水平承诺中内容外，不做承诺。

问：(1)《服务贸易总协定》关于保险业是如何要求的？

(2) 加入WTO后，我国保险立法要做什么样的修改以履行自己的承诺？①

---

① 摘自王海英主编：《国际经济法案例教程》，北京大学出版社2005年版，第13页。

第五章　国际技术贸易法

一、国际技术贸易的标的

国际技术贸易法是调整跨国技术转让关系的法律规范的总和。国际技术贸易以技术为贸易对象，国际技术贸易的标的主要包括专利技术、非专利的专有技术和计算机软件。

（一）案情简介

案例1　1991年9月15日，美国A公司与中国B公司签订了技术转让合同，合同约定：A公司将其在中国获得专利的“消音承压玻璃板风管技术”许可B公司实施；A公司提供必要的设备、技术资料及培训，B公司支付入门费5万美元，并按产品销售额的5%支付转让费。合同还约定，B公司只能在本公司范围内使用该项技术，不得向外泄漏或转让该技术；同时，A公司在中国只能向B公司转让该项技术，不能再转让给其他公司。1992年4月，B公司与某咨询科技有限公司合资成立C公司。自1992年5月开始，C公司使用A公司的该项“消音承压玻璃板风管技术”承建了多个单位的通风工程，并在其关于新产品的宣传材料中称其是A公司的特别许可单位，该宣传资料还使用了A公司关于“消音承压玻璃板风管技术”的检验报告和鉴定意见。1993年6月，A公司以B公司、C公司侵犯其专利权为由，向某市中级人民法院提起诉讼。法院经过调查审理认定，B公司、C公司侵害了A公司的专利权。经过法院调解，当事人达成了以下调解协议：(1) B公司、C公司立即停止实施侵害A公司“消音承压玻璃板风管技术”专利权的行为；(2) C公司赔偿A公司经济损失200万元人民币。①

---

① 本案基本案情与学理分析部分内容参见翁国民主编：《国际经济法案例》，中国人民大学出版社2004年版，第129—130页。

案例2　1992年9月18日，广东省对外经济发展××公司、南光（香港）公司和日豪实业有限公司签订了"中外合作××有限公司合同"，三方约定在中国××市××县共同成立合作经营企业××有限公司（即申请人）。

1995年9月12日，广东省对外经济发展××公司、永盛企业有限公司和被申请人签订了关于被申请人加入合作经营××有限公司的补充合同。同日，申请人和被申请人签订了一份技术转让合同，双方约定：被申请人同意不作价提供其已在香港注册的轻质墙板××商标的使用权，以及制造该商标项下产品的有关技术，作为其加入申请人的合作条件。申请人向被申请人购买价值为CIF××港50万美元的进口设备，用于配套申请人已有的设备。被申请人应向申请人提供涉及生产合同产品的书面及非书面的技术资料和经验，包括产品的设计、产品图纸、制造工艺、材料配方、质量控制、试验、设备安装、调试、运行、维修等一切技术数据及参数等。申请人的出口产品使用被申请人提供的在香港地区注册的××商标，并在产品的包装上注明"中华人民共和国××有限公司制造"字样。合同经申请人、被申请人授权代表签名后，报中国政府的审批机关批准生效，适用中国的有关法律、法规。双方在技术转让合同中还约定，因执行该合同所发生的或与该合同有关的一切争议，应通过双方友好协商解决。如协商仍未能解决，应提交中国国际经济贸易仲裁委员会，按该会仲裁程序暂行规则进行仲裁。

1995年11月21日，××市对外经济贸易委员会批准了上述"补充合同"和"技术转让合同"。在上述"技术转让合同"的履行过程中，双方当事人发生争议。申请人于1998年5月20日向深圳分会申请仲裁。

申请人称：申请人享有××万用墙板注册商标的使用权，但被申请人自1998年3月份以来，多次在香港《××日报》发表对申请人使用××万用墙板注册商标严重不利的"通告"等其他形式的文字消息，侵害了申请人对该商标的合法使用权，申请人于1998年3月10日致函被申请人，对被申请人的"通告"提出质疑及抗议，并要求解释及消除影响。被申请人对此不予理睬。被申请人甚至于1998年5月对申请人的香港客户××有限公司因销售申请人的产品而向香港高等法院提起商标侵权之诉，严重损害了申请人及××有限公司的利益及商业声誉。由此可见，被申请人公开在报刊上发表“通告”等形式排除了申请人对××万用墙板注册商标的合法使用权，造成广泛的不良影响，侵害了申请人对该商标的合法使用权的事实是明确的、具体的。

被申请人则辩称：被申请人作为××注册商标的所有人，在法律上不可能成为自己商标的侵权者。被申请人1998年在《××日报》上的声明不是侵权行为，而是维权行为。虽然被申请人和申请人签订了“技术转让合同”，但就商标问题而言，被申请人只是许可申请人使用商标，而不是将注册商标转让给申请人，××注册商标的所有权一直属于被申请人，由于申请人在履行“技术转让合同”中有违约行为，被申请人已依法通知申请人解除合同，因此申请人自1997年12月31日起已不再享有××商标的使用权。

被申请人在中国生产的××商标墙板成功地通过了香港房屋委员会所要求的资格测试，并于1996年5月21日被列入1996年特许商家墙板名录。香港房屋委员会采取记分制的形式对特许专卖墙板厂商进行年审，只有达到规定要求的供应商才能继续保留其特许专卖厂商的资格。由于香港市场上已经出现未经被申请人检测和许可销售的××商标墙板，被申请人为了确保其××商标墙板的特许专卖资格，不得不在香港《××日报》上刊登通告，警告那些假冒××商标的供应商。××有限公司和×××有限公司从申请人订购的××商标墙板，并未经被申请人检测和许可销售，违反了香港房屋委员会的有关管理规定，以致被下令拆除。因此他们才不得不终止和减少对申请人产品的订购，也就是说，申请人的“损失”也完全是由于其本身不适当使用××商标所引致的。①

案例3 原告CPG公司是美国一家著名的玩具制造商，其于1980年开发了一种可伸缩的玩具娃娃。该产品并没有什么秘密，秘密在制造产品的机器上，CPG公司在该种机器的制造、操作程序和生产程序上掌握着一系列的技术秘密。被告Mego公司通过某种不正当的手段获取

① 本案的案件事实和学理分析部分内容来自中国国际经济贸易仲裁委员会深圳分会的仲裁裁决，见中国投资指南网，http://www.fdi.gov.cn/pub/FDI/zcfg/cases/civil_case/t20061205_67384.jsp，2012年5月15日访问。

了上述技术秘密，迅速地仿造出机器，生产产品投入市场，致使原告市场销售额迅速下降，从前3年年销售额曾达15亿美元的巅峰迅速滑落。为此，CPG公司向法院起诉Mego公司，控告其非法获取并使用原告公司的技术秘密，并生产产品加以销售，要求法院判令被告停止使用上述技术，并赔偿其给原告造成的直接经济损失及商誉损失。被告公司律师提出抗辩，并向法庭指出原告所采用的技术并不复杂，是从事该行业的人通过简单的观察即能掌握的技术，故不构成法律上的商业秘密，法律不应保护。

法院经调查查明：尽管原告所制造并使用的有关机器及其操作工艺大部分属于机械、物力性质，外行人看了也容易掌握，但是原告在生产过程中采取了一系列的保密措施，包括在生产和下班后时间内，生产设施是与公众隔离的；接近设备只限走有限的入口：门口挂有“不得擅入”的牌子；雇有14名保安人员；厂内明文规定：小时工非工作时间不得在厂内停留，工作时间应守在岗位上，不得擅自接近生产设施；月薪工要求订有雇佣合同，其中保证不泄漏厂内信息；全体员工都要佩戴身份胸章，以便识别；外人入厂，只限于能说明与具体人员有特殊事情要联系，保安人员要注意其入厂后是否遵守所作说明的目的；原材料供应商被告知向其披露的信息是秘密的；机器的操作手册仅发放至极小范围，限于由于工作需要必须了解的人员。①

案例4 1984年，中国留学生岳明等人在美国创立了Unidata公司（简称UI），历经5年，开发了一种大型数据库系统管理软件——Unidata。1992年，岳明等将UI公司转让给新股东，转而在香港成立了Pacific Unidata公司（简称PU）。关于Unidata软件的版权问题，美国UI公司与PU公司签订了《授权总协议》，规定PU公司拥有在中国内地、香港和台湾地区的一切知识产权，其他地域的知识产权归美国UI公司。PU公司后来将软件的部分权利：独家代理、经营、开发、汉化和销售的权利转让给了北京京延电子有限公司（简称京延公司）。

1995年，广州雅芳化妆品有限公司（简称雅芳公司）支付1.5万美

① 本案的基本案情来自苏虎超、王建领编著：《商业秘密保护案例分析》，山西经济出版社1999年版，第40页。

元从美国UI公司的销售代理商Jenkon公司处购买了Unidata(版本号:3.1.5B)软件,安装在公司电脑网络中使用。

1997年8月,PU公司和北京京延公司以雅芳公司在版权拥有者PU公司(已在中国软件中心登记)未授权的情况下侵犯其计算机软件版权,致使京延公司与中国凯利公司签订的价值5000万美元的独家使用该软件的合同不能履行为由,向广东省高级人民法院起诉要求雅芳公司赔偿损失3000万美元。

1998年6月,广东省高级人民法院做出一审判决,认定雅芳公司侵权,判决停止使用该软件,向原告赔礼道歉,并支付1200万美元赔偿。广州雅芳公司不服,向最高人民法院上诉。①

(二)思考方向

国际技术贸易的标的从广义上说是技术知识和经验,从狭义上说主要是指专利技术、专有技术和计算机软件。一些非专利且已公开的普通技术作为系统技术的一个组成部分,往往也会成为国际技术贸易标的的一个组成部分。上述案例1要考虑的是A公司与B公司之间所进行的国际技术贸易的标的属于哪一类;B公司在与某咨询科技有限公司合资成立C公司后,其是否有权让C公司使用其取得的消音承压玻璃板风管技术?上述案例2应考虑的是被申请人在香港注册的轻质墙板××商标是否属于国际技术贸易中的"技术";被申请人的商标转让和使用许可是否属于国际技术贸易的内容?上述案例3中,CPG公司制造产品的机器上的一系列技术上的秘密是否属于专有技术;对此应如何进行法律保护?在上述案例4中,有关Unidata软件著作权转让中的法律问题以及如何认定侵犯Unidata软件著作权及其赔偿责任问题是值得思考的。

(三)法律规定

1.《中华人民共和国专利法》第11条 发明和实用新型专利权被授予

① 本案基本案情来自 http://www.chinaeclaw.com/News/2005-09-09/4277.html(2012年5月15日访问)和肖伟主编:《国际经济法学案例教程》,知识产权出版社2003年版,第147页。

后，除本法另有规定的以外，任何单位或者个人未经专利权人许可，都不得实施其专利，即不得为生产经营目的制造、使用、许诺销售、销售、进口其专利产品，或者使用其专利方法以及使用、许诺销售、销售、进口依照该专利方法直接获得的产品。

外观设计专利权被授予后，任何单位或者个人未经专利权人许可，都不得实施其专利，即不得为生产经营目的制造、销售、进口其外观设计专利产品。

第12条　任何单位或者个人实施他人专利的，应当与专利权人订立书面实施许可合同，向专利权人支付专利使用费。被许可人无权允许合同规定以外的任何单位或者个人实施该专利。

第57条　未经专利权人许可，实施其专利，即侵犯其专利权，引起纠纷的，由当事人协商解决；不愿协商或者协商不成的，专利权人或者利害关系人可以向人民法院起诉，也可以请求管理专利工作的部门处理。管理专利工作的部门处理时，认定侵权行为成立的，可以责令侵权人立即停止侵权行为，当事人不服的，可以自收到处理通知之日起15日内依照《中华人民共和国行政诉讼法》向人民法院起诉；侵权人期满不起诉又不停止侵权行为的，管理专利工作的部门可以申请人民法院强制执行。进行处理的管理专利工作的部门应当事人的请求，可以就侵犯专利权的赔偿数额进行调解；调解不成的，当事人可以依照《中华人民共和国民事诉讼法》向人民法院起诉。

专利侵权纠纷涉及新产品制造方法的发明专利的，制造同样产品的单位或者个人应当提供其产品制造方法不同于专利方法的证明；涉及实用新型专利的，人民法院或者管理专利工作的部门可以要求专利权人出具由国务院专利行政部门作出的检索报告。

第60条　侵犯专利权的赔偿数额，按照权利人因被侵权所受到的损失或者侵权人因侵权所获得的利益确定；被侵权人的损失或者侵权人获得的利益难以确定的，参照该专利许可使用费的倍数合理确定。

2.《中华人民共和国商标法》第39条　转让注册商标的，转让人和受让人应当签订转让协议，并共同向商标局提出申请。受让人应当保证使用该注册商标的商品质量。

转让注册商标经核准后，予以公告。受让人自公告之日起享有商标专用权。

第40条　商标注册人可以通过签订商标使用许可合同，许可他人使用其注册商标。许可人应当监督被许可人使用其注册商标的商品质量。被许可人应当保证使用该注册商标的商品质量。

经许可使用他人注册商标的，必须在使用该注册商标的商品上标明被许可人的名称和商品产地。

商标使用许可合同应当报商标局备案。

3.《中华人民共和国技术进出口管理条例》第2条 本条例所称技术进出口，是指从中华人民共和国境外向中华人民共和国境内，或者从中华人民共和国境内向中华人民共和国境外，通过贸易、投资或者经济技术合作的方式转移技术的行为。

前款规定的行为包括专利权转让、专利申请权转让、专利实施许可、技术秘密转让、技术服务和其他方式的技术转移。

4.《中华人民共和国反不正当竞争法》第10条 经营者不得采用下列手段侵犯商业秘密：

（一）以盗窃、利诱、胁迫或者其他不正当手段获取权利人的商业秘密；

（二）披露、使用或者允许他人使用以前项手段获取权利人的商业秘密；

（三）违反约定或者违反权利人有关保守商业秘密的要求，披露、使用或者允许他人使用其所掌握的商业秘密。第三人明知或者应知前款所列违法行为，获取、使用或者披露他人的商业秘密，视为侵犯商业秘密。本条所称的商业秘密，是指不为公众所知悉、能为权利人带来经济利益、具有实用性并经权利人采取保密措施的技术信息和经营信息。

5.《计算机软件保护条例》第18条 许可他人行使软件著作权的，应当订立许可使用合同。

许可使用合同中软件著作权人未明确许可的权利，被许可人不得行使。

第19条 许可他人专有行使软件著作权的，当事人应当订立书面合同。

没有订立书面合同或者合同中未明确约定为专有许可的，被许可行使的权利应当视为非专有权利。

第20条 转让软件著作权的，当事人应当订立书面合同。

第21条 订立许可他人专有行使软件著作权的许可合同，或者订立转让软件著作权合同，可以向国务院著作权行政管理部门认定的软件登记机构登记。

第22条 中国公民、法人或者其他组织向外国人许可或者转让软件著作权的，应当遵守《中华人民共和国技术进出口管理条例》的有关规定。

（四）学理分析

国际技术贸易是以技术为贸易对象，因此研究国际技术贸易的标的，就必须明确界定“技术”的含义。根据世界知识产权组织1977年出版的《发展中国家许可证贸易指南》的解释，技术贸易中的“技术”，是指制造某种产品、实施某种工艺或提供某种服务的系统知识，不论这种知识是否体现为一项发明、外观设计、实用新型或者植物新品种，也不论是否反映在技术情报或技能技巧之中，或是反映在专家为设计、安装、建立、维持一个工厂或管理一个工商企业而提供的服务或协助之中。根据这样的定义，我们认为“技术”应当具有实用性、无体性和系统性的特点。作为国际贸易对象的技术一般为具有专有权属性的“私有”技术，这种“私有”技术一般可分为专利技术和非专利的专有技术。专利技术包括被授予专利权的发明、实用新型和外观设计；非专利的专有技术为不具备专利权的但具有专有属性的技术，包括已因申请专利而公开但尚未被授予专利的技术，具有保密性、实用性和价值性的商业秘密中的技术秘密，以及英文表述为“know-how”的技术。除了专利技术贸易和非专利的专有技术贸易之外，计算机软件贸易已成为国际技术贸易的重要组成部分之一。

综合分析上述案例1：

首先，美国A公司与中国B公司通过签订国际技术许可合同进行国际技术贸易，该国际技术贸易的标的很显然应包括A公司在中国获得专利的“消音承压玻璃板风管技术”。专利技术，指国家主管机关以颁发证书的形式授予发明人或设计人或其所在单位在一定期限内对其发明创造依法享有独占实施的专有权利。一般而言，实施他人专利的，应当取得专利权人的许可，他人未经许可擅自实施专利的，构成侵犯专利权的行为，应当依法承担相应的法律责任。例如，我国《专利法》第11条规定，发明和实用新型专利权被授予后，除本法另有规定的以外，任何单位或者个人未经专利权人许可，都不得实施其专利，即不得为生产经营目的制造、使用、许诺销售、销售、进口其专利产品，或者使用其专利方法以及使用、许诺销售、销售、进口依照该专利方法直接获得的产品。外观设计专利权被授予后，任何单位或者个人未经专利权人许可，都不得实施其专利，即不得为生产经营目的制造、销售、进口其外观设计专利产品。需要注意的是，专利权具有强烈的地域性和期限性特点。

其次，从本案的情况来看，A公司和B公司所签订的国际技术转让合同中规定，B公司只能在本公司范围内使用该项技术，不得向外泄露或转让该技术，这就是该合同中的保密条款，约定了B公司在合同项下的保密责任。合同中之所以作如此规定，是因为A公司所提供给B公司的不仅有专利技术，还有一些是以技术资料、技术培训等形式所提供的专有技术；而这部分专有技术是无法通过专利侵权的方式得到保护的，因此，需要通过合同项下保密条款的形式对其加以保护。

最后，A公司和B公司所签订的国际技术转让合同中规定，B公司只能在本公司范围内使用该项技术，不得向外泄露或转让该技术；同时，A公司在中国只能向B公司转让该项技术，不能再转让给其他公司。因此，从性质上看，该合同是一项排他许可协议，在此合同下B公司无权将其所获得的技术再授权他人使用，并且在双方的合同中也有明确的保密条款，约定B公司只能在其本公司范围内使用消音承压玻璃板风管技术。因此，B公司在与某咨询科技有限公司合资成立C公司后，即将相关的技术资料提供给C公司，并支持C公司使用A公司的消音承压玻璃板风管技术承建通风工程的行为是违反技术许可合同的约定的，同时也侵犯了A公司的专利权。此外，C公司的行为也构成对A公司相关专利权的侵权，也承担相应的责任。

综合分析上述案例2：

首先，关于商标能否作为国际技术贸易的标的，学者的看法不同。[①] 我们认为，商标不能算作是一种技术，因为商标本身不具有生产性，既不能直接用来制造商品、应用工艺，也不能直接用以提供服务。尽管商标的制作与经营不免有一定的技术成分与技术含量，但它本身仍只是一种产品或服务的标识，而不是制造这一产品、提供这一服务或应用某一工艺的知识、经验与技能，把它归为“技术”不免牵强。我们否认商标的技术性质，并不是要完全否认商标成为技术贸易标的的可能性。在国际技术贸易的实践中，一项技术转让活动，一份技术转让合同，往往不仅包含技术使用权的转移，而且包含非技术的其他知识产权，如商标权的转移。但是，单纯的商标权的转让和使用许可是不能被包括在技术贸易的范畴中的。[②] 因此，本案中，被申请人在香港注册的轻质墙板××商标不能算作是“技术”。

---

① 详见陈安主编：《国际经济法学》，北京大学出版社2007年版，第251页。

② 肖伟主编：《国际经济法学案例教程》，知识产权出版社2003年版，第143—144页。

其次，本案中，除了被申请人提供的其在香港注册的轻质墙板××商标的使用权之外，双方还在技术许可合同中约定，由被申请人提供制造该商标项下产品的有关技术，作为其加入申请人的合作条件。因此，被申请人还应向申请人提供涉及生产合同产品的书面及非书面的技术资料和经验，包括产品的设计、产品图纸、制造工艺、材料配方、质量控制、试验、设备安装、调试、运行、维修等一切技术数据及参数等。这表明本案中国际技术贸易的标的包括专有技术的许可使用，在此过程中，伴随商标使用权的转让，商标权的使用许可和专有技术的使用许可是同时发生的，并非单独发生，因此本案中被申请人的商标权使用许可属于国际技术贸易的内容。

最后，按照技术转让合同规定，被申请人不作价提供其已在香港注册的轻质墙板××商标的使用权，以及制造该商标项下的产品的有关技术，作为其加入申请人经营的合作条件。申请人的出口产品使用被申请人提供的在香港地区注册的××商标，并在产品的包装上注明"中华人民共和国××有限公司制造"的字样。与此相关，在"关于被申请人加入合作经营××有限公司的补充合同"中规定："被申请人提供的合作条件为：不作价提供其轻质墙板××商标的使用权，以及制造该商标项下的产品的有关技术"。申请人以为有了上述的合同规定，就获得了××注册商标的合法使用权。显然，这是错误的认识。因为本案中，轻质墙板××商标由被申请人在香港注册，依据香港《商标条例》的有关规定，注册商标权人以外的人，如欲获得某一注册商标的使用权，须和商标权人签订商标许可使用合同，并在香港依法办理注册登记，取得"注册使用人"资格。但在本案中没有证据证明申请人已经依法获得了××注册商标使用权。因此，被申请人排斥申请人在香港使用××注册商标的行为，不能认为是侵犯了申请人的合法权利。上述合同规定不能满足令申请人获取该注册商标使用权的法律条件，而只是设定了被申请人应实施特定的行为使申请人在香港获得××注册商标合法使用权，作为其成为申请人公司股东的条件。显然，被申请人没有履行上述合同义务，因而，申请人根本没有获得××注册商标使用权。因此，就本案而言，申请人的各项仲裁请求基于其已获得××注册商标使用权的假定前提事实上是错误的，申请人应当就由于被申请人未履行其依"技术转让合同"应承担的义务，而未能在香港使申请人取得使用××注册商标使用权而要求被申请人承担违约责任。

综合分析上述案例3：

首先，非专利性的专有技术是国际技术贸易的重要标的之一，它不同于专利技术。一项技术方案如要获得专利权保护，就必须依照法定的程序进行，必须符合法律规定的授予专利权的条件，并且以该技术的充分公开为代价；而非专利性的专有技术则是一种以保密性为条件的事实上的独占权，能够克服专利技术自身难以克服的缺陷，即权利人难以“自力”获得、维持和救济因该技术而产生的利益。这种专有技术具有保密性和价值性的特点。本案中，尽管原告所制造并使用的有关机器及其操作工艺大部分属于机械、物力性质，外行人看了也容易掌握，但是原告在生产过程中采取了一系列的保密措施，包括在生产和下班后时间内，生产设施是与公众隔离的；接近设备只限走有限的入口：门口挂有“不得擅入”的牌子；雇有14名保安人员；厂内明文规定：小时工非工作时间不得在厂内停留，工作时间应守在岗位上，不得擅自接近生产设施；月薪工要求订有雇佣合同，其中保证不泄漏厂内信息；全体员工都要佩戴身份胸章，以便识别；外人入厂，只限于能说明与具体人员有特殊事情要联系，保安人员要注意其入厂后是否遵守所作说明的目的；原材料供应商被告知向其披露的信息是秘密的；机器的操作手册仅发放至极小范围，限于由于工作需要必须了解的人员。可见，本案中CPG公司制造产品的机器上的一系列技术秘密具有保密性和价值性的特点，因此属于非专利性的专有技术。

其次，尽管世界各国普遍认为非专利的专有技术应该受到法律的保护，但目前各国还没有关于专有技术保护的专门立法，在实践中，一般是综合运用合同法、侵权法、反不正当竞争法来对专有技术进行保护。利用合同法来保护专有技术，主要是通过国际技术许可合同和雇佣合同中的保密条款来实现的，但这种方法只能约束合同相对人，却无法针对第三方的侵权行为进行救济；而侵权法则主要针对第三方的不当行为进行救济，专有技术权利人可以要求与自己无合同关系的第三方停止侵害、消除影响、赔偿损失等；除了合同法、侵权法，在一些国家，反不正当竞争法对保护专有技术也发挥了重要作用，例如我国《反不正当竞争法》第10条规定：“经营者不得采用下列手段侵犯商业秘密：(一) 以盗窃、利诱、胁迫或者其他不正当手段获取权利人的商业秘密；(二) 披露、使用或者允许他人使用以前项手段获取权利人的商业秘密；(三) 违反约定或者违反权利人有关保守商业秘密的要求，披露、使用或者允许他人使用其所掌握的商业秘密。第三人明知或者应知前款所列违法行为，获取、使用或者披露他人的商业秘密，视为侵犯商业秘密。本条所称的商业秘密，是指不为公众所知悉、能为权利人带来经济利益、具有实用性并经权利人采取保密措施的技术信息和经营信息。”

综合分析上述案例4：

首先，著作权是指基于文学、艺术和科学作品的创作而依法享有的专有权利。一般认为，著作权贸易不被纳入国际技术贸易的范畴，因为作品即使涉及技术性的内容，仍是以其文学、艺术或科学领域的独创性表达来主张专有权的保护，作品所包含的技术思想和技术方案的实施并不属于著作权所及的保护范围。因而，即使在国际技术贸易中涉及技术文件、图纸等与作品具有相同表达形式的资料的移交，著作权仍不被认为属于国际技术贸易的标的。但是，计算机软件是例外。计算机软件是计算机程序及其有关文档的总称，它是受著作权法保护的一种特殊作品，这种作品具有较强的技术性，应当属于国际技术贸易的标的。因此，本案中Unidata软件著作权转让属于国际技术贸易领域的问题。

其次，关于Unidata软件的版权问题，美国UI公司与PU公司签订了《授权总协议》，规定PU公司拥有在中国内地、香港和台湾地区的一切知识产权，其他地域的知识产权归美国UI公司。因此，PU公司对Unidata计算机软件在中国大陆地区享有独占性的著作权。计算机软件的著作权侵权行为是指未经著作权人许可，擅自利用受著作权法保护的软件作品的行为。UI公司在未经PU公司许可的情况下，许可第三方广州雅芳公司使用该软件，是一种典型的侵权行为。

最后，关于广州雅芳公司是否需要承担侵权责任的问题，根据案发时候有效的《计算机软件保护条例》(1991年)第32条："软件持有者不知道或者没有合理的依据知道该软件是侵权物品，其侵权责任由该侵权软件的提供者承担。但若所持有的侵权软件不销毁不足以保护软件著作权人的利益时，持有者有义务销毁所持有的侵权软件，为此遭受的损失可以向侵权软件的提供者追偿。前款所称侵权软件的提供者包括明知是侵权软件又向他人提供该侵权软件者。"本案中，雅芳公司不知道也没有合理的依据知道其使用的软件是侵权软件，主观上不存在故意或过失，因此，不应该承担侵权责任。而UI公司明知自己不再享有Unidata软件在中国内地的著作权，还向雅芳公司提供许可，可以认定为"明知是侵权软件又向他人提供该软件者"，UI公司应承担由此导致的侵权责任。

（五）自测案例

1997年10月，瑞士A公司与中国B公司签订了一份非独占性专有技术转让合同，合同约定，A公司向B公司转让生产某种食品的专有技术（包括产品配方、生产工艺及质量检测等)。B公司在采用此项专有技术后,生产出的产品深受消费者欢迎,取得了良好的经济效益。但在1999年,B公司发现其公司内的技术工程师李某私自将该专有技术低价非法转让给了B公司的竞争对手C公司。C公司在得到此项技术后,立即组织生产出与B公司基本相同的产品,并在相当大的程度上占领了B公司的原有市场。正当B公司为维护自己的合法权益决定以法律手段解决C公司的技术侵权问题时,A公司获悉这一消息,其向B公司提出严重抗议,认为李某的泄密行为使该项专有技术众所周知,严重地损害了A公司的利益。A公司还提出,根据合同保密条款的有关规定,B公司对接触掌握专有技术核心秘密的公司员工的泄密行为应负保证责任,因此,要求B公司承担违约责任,并赔偿A公司的一切经济损失。在协商未果的情况下,A公司向某市中级人民法院提起诉讼。①

问:B公司是否应对该公司员工的行为承担责任,并赔偿因泄密而给A公司带来的经济损失?

二、国际技术贸易的方式

国际技术贸易的方式主要分为两类:一是以独立的与技术有关的权利的转让或实施许可方式进行的技术转移。在这类技术转移方式中,供方向受方按商业条件转让技术的所有权或使用权及有关权利,受方按约定的方式向供方支付技术的转让费或使用费或报酬。这类技术贸易又可分为权利转让、许可证贸易、技术贸易、技术咨询和技术培训等。二是以技术为出资或投资等方式所进行的技术转移。在这类技术转移方式中,投资者将技术作为在东道国资本投资的一部分或全部。投资者是技术的供方,它获得转让技术的收益,不是以提取技术使用费的方式,而是以企业利润分成的方式。这种技术转移的运作方式主要是由技术供方与技术受方共同投资兴办合资经营企业、合作经营企业或合作生产等。

① 选自翁国民主编:《国际经济法案例》,中国人民大学出版社2004年版,第147页。

（一）案情简介

案例1 2000年8月，德国A股份有限公司欲将其新开发的一种新型节能灯具投放中国市场，但对该灯具在中国的市场潜力缺乏把握。因此，A公司与中国B咨询公司签订了一份市场调查合同，约定由B公司对该种节能灯具进行全面的经济分析，评估和预测该产品投放中国市场所需的经费、市场需求量及购买对象等；并约定该市场调查工作在3个月内完成，由B公司向A公司提交以定量分析为主的书面咨询报告；A公司则负责向B公司一次性支付3万美元的咨询报酬。在合同签订后，双方均按合同规定履行完毕。半年后，A公司将其开发的新型节能灯具全面投入中国市场，但因价格偏高等原因，市场销售始终不旺，以致A公司蒙受了很大的经济损失，预期的经济效益更是成为泡影。A公司遂向某市中级人民法院提起诉讼，认为自己的经济损失和B公司在其咨询报告中未能准确地预测分析到不利情况有很大的关系，要求B公司退回3万美元的咨询费，并保留在适当的时候请求赔偿损失的权利。法院受理案件后，经过调查，认为B公司已经按照合同的约定进行了评估、预测和市场调研的活动，并提交了书面的咨询报告；是否采纳咨询报告的提议是委托人的自由意志，委托人应承担其自身决策所带来的商业风险。因此，法院驳回了A公司的诉讼请求。①

案例2 1991年3月，原告北京某机械公司与被告美国某电脑公司在北京签订了一份合营企业合同。合同主要内容如下：双方共同投资组建某电脑公司，生产电脑及电脑配件；该合营企业注册资本2800万美元，原告出资1600万美元，包括货币投资800万美元，实物出资300万美元，场地使用权出资500万美元，被告出资1200万美元，其中货币投资500万美元，技术出资700万美元；合营期限20年；合营各方应当从营业执照签发之日起6个月内一次缴清出资；合同签订后经有关部门批准生效。1991年9月，合营企业某电脑公司领取了营业执照。同年12月，原告缴付现金200万美元。1992年2月底，被告仍未缴付出

① 本案基本案情和学理分析部分内容参见翁国民主编：《国际经济法案例》，中国人民大学出版社2004年版，第124页、第128页。

资，经原告催促，被告缴付技术作为700万美元的出资，但仍未缴付货币投资。到1992年3月底出资期限届满时，被告仍未缴付现金。在原告一再催促之下，被告提出已将其在该合营企业的权利义务转让给另一家美国公司，故不再承担出资义务。经调查，被告先期提供的技术属于已面临淘汰的陈旧技术，其价值只有200万美元；被告在美国注册资本仅为50万美元，其所有资产共值250万美元，根本无力提供500万美元的货币投资；被告与另一家美国公司的转让合同属实，但其合同中私自约定将货币投资由500万美元降为350万美元。原告在合营合同生效并接到被告提供的技术后，已开始了生产，但由于被告提供的技术陈旧且货币投资未到位该合营企业效益不佳，加上被告私自与另一家美国公司达成转让并减少出资的协议，原、被告双方发生争议。1992年7月，原告向法院起诉。

原告诉称：被告从签订协议时起就有欺诈行为，本无一定的经济能力，却超出其能力作出承诺，并以实际价值远低于约定出资额的陈旧技术作为出资；在出资上也有违约行为，私自转让并减少出资。这些都给合营企业和原告造成严重经济损失，被告应对此承担责任。被告则辩称：被告在履行合同方面存在问题，是由于原告没有妥善解决合营企业的有关问题，致使被告履行合同不畅，被告没有违约行为，不应承担任何责任。①

案例3　1978年，中国机械进出口公司与联邦德国林德公司达成了一项10000NM/H制氧设备的合作生产协议，依该协议，两家公司合作生产8套10000NM/H制氧设备，中方的生产单位是杭州制氧机厂。在8套设备中，前6套设备以林德公司（甲方）为主要承包人，杭州制氧机厂（乙方）根据甲方订货生产设备和材料。后两套则相反，乙方成为主要承包人。在生产过程中，甲方负责技术，负有向乙方发送技术文件和图纸的义务，并对技术的性能负责，乙方完全按照甲方的技术要求办事，设备销售款由甲乙双方六四分成。

① 本案基本案情和学理分析部分内容参见：http://www.110.com/falv/waishang-touzifa/zhongwaihezijingyingqiyefa/zwhzjyq/2010/0802/204352.html，2012年5月17日访问。

依据协议，甲方还有义务向乙方提供技术服务，包括培训中方的技术人员和工人，派专家到乙方进行技术指导、示范操作以及讲解技术难点，对乙方现有的生产方法提出改进和增加生产能力的建议并负责实施，甲方有义务采取必要的措施保证乙方的产品达到与甲方产品一样的技术特性。

协议签订后，在整个履行过程中，由于存在合作生产和利润分享的关系，甲方除按约定提供技术和服务外，对乙方的技术吸收消化的情况非常关心，在甲方的积极帮助下，乙方以最快的速度掌握了引进的技术并逐渐增加了生产成分。在8套设备中，前4套乙方只生产了8%，第5、6套则上涨为30%，第7、8套乙方已按约定成为主要承包人，生产全部设备的72%。由于双方均严格履行了合作生产协议的义务，因此双方都如愿获得设备销售款，乙方还获得甲方拥有的10000NM/H制氧设备的全套技术。①

案例4 1985年，我国某业主通过国际招标方式与某英国公司签订了工程承包合同，由后者承建一石灰厂。合同规定：英方负责承担该厂的土建施工，厂房所需设备由英方以FOB价格条件交付并负责安装和维修。合同还就该设备的设计要求、安装、试车和维修、生产工艺以及产品检验、包装等问题作了具体规定。此外，合同规定，若因承包人提供的设备、设计及施工技术原因而导致工程存在任何缺陷，承包人应自费修复、矫正该缺陷直至业主满意。承包人如果不按合同要求修补工程缺陷，业主有权雇佣他人从事该工作，发生的费用由承包人负担，具体方式可采用向承包人索赔或从应付承包商的款项中扣除等办法。

工厂建成并经业主接管后，在试生产期内，点火半年后发现锅炉质量有严重问题，于是只好采取了熄火措施，并要求该英国承建商进行检修并重新测试其性能。此时，英方所有工程技术人员都已离华回国，拒绝返回工厂。英方还否认负有进行任何检修和性能测试的义务。中方业主无奈，只得委托另一家承包商修复锅炉，完善投产准备，并进口缺损的零配件和设备。同时宣布因英方违约而暂停支付余下的合同价款。

① 本案基本案情引自肖伟主编：《国际经济法学案例教程》，知识产权出版社2003年版，第162—164页。

英方立即向中国国际经济贸易仲裁委员会申请仲裁，要求裁决其对中方已无义务，工厂已顺利竣工，中方应颁发验收证书，付清余下的款项。中方在答辩中则要求，英方应赔偿因拒绝检修所造成的损失并负担另请承包商完成工程所支付的费用。

仲裁庭经委托专家对锅炉进行全面调查后，认定该工程液压系统设计存在很大缺陷，齿轮箱不符合要求，锅炉管道需要重新调整。最终裁决：英方应对其锅炉等设备的错误设计、不合格的齿轮箱，对拒绝检修和业主自行安排检修后拒绝进行性能测试负赔偿责任，并承担中方雇请其他承包人修复锅炉而发生的费用。①

案例 5 新疆某农工商联合企业公司和外国某有限公司于 1985 年 8 月 26 日签订了冷冻鲜马铃薯条加工补偿贸易合同。合同规定，由该外国公司分两期向新疆某农工商联合企业公司提供总值为 1100 万港元的全新全套马铃薯加工设备，由新疆某农工商联合企业公司组织生产冷冻鲜薯条及风味薯片，以产品直接补偿设备价款，补偿期为 5 年，包销期为 10 年。该合同经新疆维吾尔自治区对外经济贸易厅 1985 年 10 月 7 日批准，并于该日生效。合同规定，在合同生效后 60 天内，该外国公司应将第一期工程设备运抵新疆，交给新疆某农工商联合企业公司，并派 2—3 名工程技术人员到新疆负责安装、调试及指导生产。新疆某农工商联合企业公司按照合同规定筹建了马铃薯加工厂，完善了国内配套工程，收购储备了马铃薯 300 吨，准备了接待对方技术人员的一切设备。但直至履约期届满，该外国公司却一直未将第一期工程设备运交新疆某农工商联合企业公司，该新疆公司多次催促对方，要求他履约，但该外国公司始终没有履约。新疆某农工商联合企业公司为了减少损失，对为了履行合同而购进的 300 吨马铃薯尽力进行处理，但由于数量较大，无法全部处理，结果有 138.513 吨马铃薯烂掉。1986 年 6 月 20 日，申诉人向仲裁委员会正式申请仲裁，要求裁决被诉人承担违约责任，赔偿申诉人所蒙受的损失。中国国际贸易促进委员会对外经济贸易仲裁委员会根据申诉人新疆某农工商联合企业公司和被诉人外

① 本案基本案情引自王传丽主编:《国际经济法案例评析》，中国政法大学出版社 1999 年版，第 274 页。

国某有限公司于1985年8月26日签订的合同书中的仲裁条款和申诉人1986年6月20日提出的仲裁申请，受理了本案。

仲裁庭认为：被诉人应于合同生效后60天内将合同规定的设备运交申诉人，但被诉人未履行此项义务，因此应承担违约责任，并赔偿申诉人由此所遭受的损失。①

（二）思考方向

在上述案例1中，我们应当考虑国际技术咨询服务合同关系中双方当事人的权利义务关系如何以及在国际技术咨询服务合同中技术的供方对受让方的损失是否应当承担责任？上述案例2是一起中外合资经营企业纠纷案件，其中主要涉及涉外技术转让问题，需要考虑的是在以国际技术投资的方式进行国际技术贸易的过程中，我们对外国合营者的技术出资应如何审查和作价？上述案例3中，中国机械进出口公司与联邦德国林德公司是采取何种方式实现技术转让的；在这种方式中，有哪些问题是值得注意的？案例4属于国际工程承包合同纠纷，在这种国际技术贸易方式下，我们应当注意哪些问题？上述案例5中新疆某农工商联合企业公司和外国某有限公司是采用何种技术贸易方式进行合作的，这种技术贸易方式有什么特点，在实践中应当注意什么问题？

（三）法律规定

1.《中华人民共和国合同法》第275条　施工合同的内容包括工程范围、建设工期、中间交工工程的开工和竣工时间、工程质量、工程造价、技术资料交付时间、材料和设备供应责任、拨款和结算、竣工验收、质量保修范围和质量保证期、双方相互协作等条款。

第280条　勘察、设计的质量不符合要求或者未按照期限提交勘察、设计文件拖延工期，造成发包人损失的，勘察人、设计人应当继续完善勘察、设计，减收或者免收勘察、设计费并赔偿损失。

---

①　本案基本案情引自 http://www.fsou.com/html/text/atr/2348811/234881128.html，2012年5月17日访问。

第281条 因施工人的原因致使建设工程质量不符合约定的,发包人有权要求施工人在合理期限内无偿修理或者返工、改建。经过修理或者返工、改建后,造成逾期交付的,施工人应当承担违约责任。

第282条 因承包人的原因致使建设工程在合理使用期限内造成人身和财产损害的,承包人应当承担损害赔偿责任。

第356条 技术咨询合同包括就特定技术项目提供可行性论证、技术预测、专题技术调查、分析评价报告等合同。

技术服务合同是指当事人一方以技术知识为另一方解决特定技术问题所订立的合同,不包括建设工程合同和承揽合同。

第357条 技术咨询合同的委托人应当按照约定阐明咨询的问题,提供技术背景材料及有关技术资料、数据;接受受托人的工作成果,支付报酬。

第358条 技术咨询合同的受托人应当按照约定的期限完成咨询报告或者解答问题;提出的咨询报告应当达到约定的要求。

第359条 技术咨询合同的委托人未按照约定提供必要的资料和数据,影响工作进度和质量,不接受或者逾期接受工作成果的,支付的报酬不得追回,未支付的报酬应当支付。

技术咨询合同的受托人未按期提出咨询报告或者提出的咨询报告不符合约定的,应当承担减收或者免收报酬等违约责任。

技术咨询合同的委托人按照受托人符合约定要求的咨询报告和意见作出决策所造成的损失,由委托人承担,但当事人另有约定的除外。

第363条 在技术咨询合同、技术服务合同履行过程中,受托人利用委托人提供的技术资料和工作条件完成的新的技术成果,属于受托人。委托人利用受托人的工作成果完成的新的技术成果,属于委托人。当事人另有约定的,按照其约定。

2.《中华人民共和国中外合资经营企业法》第4条 合营企业的形式为有限责任公司。

在合营企业的注册资本中,外国合营者的投资比例一般不低于25%。

合营各方按注册资本比例分享利润和分担风险及亏损。

合营者的注册资本如果转让必须经合营各方同意。

第5条 合营企业各方可以现金、实物、工业产权等进行投资。

外国合营者作为投资的技术和设备,必须确实是适合我国需要的先进技术和设备。如果有意以落后的技术和设备进行欺骗,造成损失的,应赔偿损失。

中国合营者的投资可包括为合营企业经营期间提供的场地使用权。如果场地使用权未作为中国合营者投资的一部分，合营企业应向中国政府缴纳使用费。

上述各项投资应在合营企业的合同和章程中加以规定，其价格（场地除外）由合营各方评议商定。

3.《中外合资经营企业法实施条例》第20条　合营一方向第三者转让其全部或者部分股权的，须经合营他方同意，并报审批机构批准，向登记管理机构办理变更登记手续。

合营一方转让其全部或者部分股权时，合营他方有优先购买权。

合营一方向第三者转让股权的条件，不得比向合营他方转让的条件优惠。

违反上述规定的，其转让无效。

第22条　合营者可以用货币出资，也可以用建筑物、厂房、机器设备或者其他物料、工业产权、专有技术、场地使用权等作价出资。以建筑物、厂房、机器设备或者其他物料、工业产权、专有技术作为出资的，其作价由合营各方按照公平合理的原则协商确定，或者聘请合营各方同意的第三者评定。

第23条　外国合营者出资的外币，按缴款当日中国人民银行公布的基准汇率折算成人民币或者套算成约定的外币。

中国合营者出资的人民币现金，需要折算成外币的，按缴款当日中国人民银行公布的基准汇率折算。

第24条　作为外国合营者出资的机器设备或者其他物料，应当是合营企业生产所必需的。

前款所指机器设备或者其他物料的作价，不得高于同类机器设备或者其他物料当时的国际市场价格。

第25条　作为外国合营者出资的工业产权或者专有技术，必须符合下列条件之一：

（一）能显著改进现有产品的性能、质量，提高生产效率的；

（二）能显著节约原材料、燃料、动力的。

第26条　外国合营者以工业产权或者专有技术作为出资，应当提交该工业产权或者专有技术的有关资料，包括专利证书或者商标注册证书的复制件、有效状况及其技术特性、实用价值、作价的计算根据、与中国合营者签订的作价协议等有关文件，作为合营合同的附件。

第27条 外国合营者作为出资的机器设备或者其他物料、工业产权或者专有技术,应当报审批机构批准。

第28条 合营各方应当按照合同规定的期限缴清各自的出资额。逾期未缴或者未缴清的,应当按合同规定支付迟延利息或者赔偿损失。

4.《中外合作经营企业法》第8条 中外合作者的投资或者提供的合作条件可以是现金、实物、土地使用权、工业产权、非专利技术和其他财产权利。

第9条 中外合作者应当依照法律、法规的规定和合作企业合同的约定,如期履行缴足投资、提供合作条件的义务。逾期不履行的,由工商行政管理机关限期履行;限期届满仍未履行的,由审查批准机关和工商行政管理机关依照国家有关规定处理。

中外合作者的投资或者提供的合作条件,由中国注册会计师或者有关机构验证并出具证明。

5.《外资企业法实施细则》第25条 外国投资者可以用可自由兑换的外币出资,也可以用机器设备、工业产权、专有技术等作价出资。经审批机关批准,外国投资者也可以用其从中国境内举办的其他外商投资企业获得的人民币利润出资。

第27条 外国投资者以工业产权、专有技术作价出资的,该工业产权、专有技术应当为外国投资者所有。该工业产权、专有技术的作价应当与国际上通常的作价原则相一致,其作价金额不得超过外资企业注册资本的20%。

对作价出资的工业产权、专有技术,应当备有详细资料,包括所有权证书的复制件,有效状况及其技术性能、实用价值,作价的计算根据和标准等,作为设立外资企业申请书的附件一并报送审批机关。

6.《中华人民共和国公司法》第27条 股东可以用货币出资,也可以用实物、知识产权、土地使用权等可以用货币估价并可以依法转让的非货币财产作价出资;但是,法律、行政法规规定不得作为出资的财产除外。

对作为出资的非货币财产应当评估作价,核实财产,不得高估或者低估作价。法律、行政法规对评估作价有规定的,从其规定。

全体股东的货币出资金额不得低于有限责任公司注册资本的30%。

(四) 学理分析

国际技术贸易的方式多种多样,其中国际技术许可是使用最为广泛的一种贸易方式,还包括国际技术咨询服务、国际技术投资、国际合作生产、国际工程承包、国际补偿贸易以及国际 BOT 等方式。有关国际技术许可合同后文将予以专门阐述。国际技术咨询服务是指当事人一方用自己的技术和劳务,为他方完成一定的咨询服务工作,并以此获取一定报酬的活动,主要适用于大中型工程项目的新建、扩建或技术改造。国际技术投资是指营业地或国籍位于不同国家或地区的自然人、法人及其他经济组织以技术作为资本相互进行跨国投资,例如采用成立合资经营企业、合作经营企业或者独资经营企业的方式引入先进技术。国际合作生产、国际工程承包、国际补偿贸易和国际 BOT 也都是重要的国际技术贸易方式。

综合分析上述案例 1:

首先,本案中 A 公司和 B 公司之间签订的是一个由 B 公司为 A 公司提供技术和经济分析的国际技术咨询服务合同,根据该合同,由 B 公司为 A 公司拟投放中国市场的新型节能灯具作出全面的经济分析,评估和预测该产品投放中国市场所需的经费、市场需求量及购买对象。在国际技术咨询服务合同关系中,不涉及技术所有权或使用权的转移,其客体往往是某种技术性的劳务,这种劳务并非普通劳务,而是具有相当技术水平的劳务。本案中,A 公司与 B 公司所签订的国际技术咨询服务合同中,B 公司的主要义务是利用其较高的知识水平和专业技能,对 A 公司拟投放中国市场的新型节能灯具进行技术和经济论证,并进行一系列的评估和预测,以向 A 公司提出可供选择的建议或方案;而 A 公司的主要义务则是按照合同的约定向 B 公司阐明咨询的问题,向 B 公司提供进行技术和经济论证所需要的有关技术资料、数据等,并按照合同的约定一次性支付 3 万美元的咨询报酬。

其次,从本案案情来看,B 公司已经按照合同约定履行了其在合同项下的义务,经过系统的调研,向 A 公司提交了以定量分析为主的书面咨询报告。虽然 A 公司之后参考了 B 公司在咨询报告中所提出的市场分析和建议,并作出了将其产品全面投放中国市场的商业决策,但这是 A 公司的自主行为,A 公司需要为其自身的商业决策承担风险,而不应归责于 B 公司的咨询意见。在技术咨询服务活动中,咨询的主要目的就是向决策者提供可供选择的建议或方案,而咨询报告经委托人验收合格后,合同即视为履行完毕,技术的供方对受让方的责任也告终结。至于咨询报告所提建议是否被受让方实际采纳,这与技术咨询合同本身没有直接关系,属于受让方自由裁量的范围。因而,按照咨询报告实施的操作所遭受的损失,不应由技术的供方负责。况且由于各种因素的影响,咨询报告不可能保证为各种复杂的技术问题和多变的市场形势提供完全可靠的方案,对咨询报告是否采纳的最终决定权完全在受让方手中。因而,要技术的供方对受让方按咨询报告实施和操作的损失承担责任,是不公平的。

最后,需要强调的是,并非所有情况下,技术的供方对受让方的损失都不需要负责任。根据我国《合同法》第 358 条、第 359 条的规定,如果技术咨询合同的受托人没有按照约定的期限完成咨询报告或者解答问题;或者提出的咨询报告没有达到约定的要求,因此而给委托人带来损失,是需要承担减收或者免收报酬等违约责任的。此外,如果当事人在合同中明确约定委托人根据受托人提供的技术方案采取的决策要达到一定的目标,否则受托人要承担一定责任,那么即使在委托人验收并接受受托人所提供的咨询报告后,受托人的责任也没有终结,还要视合同的具体约定以及技术方案实施后的成效决定其是否仍需对受让方目的的达成而负责。

综合分析上述案例 2:

首先,允许外国投资者以工业产权和专有技术出资是许多发展中国家引进国外先进技术的主要途径之一。根据我国《中外合资经营企业法》(以下简称《合资企业法》)第 5 条、《中外合作经营企业法》(以下简称《合作企业法》)第 8 条及《外资企业法实施细则》第 25 条的规定,工业产权和专有技术是一种重要的出资方式。虽然在技术出资的情况下外国投资者与其投资的、具有中国法人资格的外商投资企业没有签订专门的技术转让合同,但实际上外国投资者通过技术出资的方式就将技术转让给了具有中国法人资格的外商投资企业。在接受外国投资者的工业产权和专有技术出资时,通常应注意技术出资的条件和作价问题。

《合营企业法》第 5 条对外国合营者作为投资的技术和设备应符合的条件作了规定;该法《实施条例》第 25 条则对这一原则性要求作了更为详细的规定:除了技术出资的条件之外,外国投资者作为出资的工业产权和专有技术如何作价的问题,也是很容易发生争议的。确定某一技术的价格较为困难,一般而言,在确定技术出资价格时,应考虑的因素包括技术的有效价值、技术的来源、技术的水平、市场的大小等。由于确定技术价格具有相当的困难,投资各方应该在合同中对如何作价即作价的依据和方法加以规定。

根据上述法律规定,本案中关于技术出资的作法存在诸多不符合法律规定的问题,例如对外国投资者应提交的相关资料未作要求;本应由中外合营双方共同协商确定或聘请双方同意的第三方评定外方技术的价格,却由外国投资者单方作价;外国投资者最终交付的是即将淘汰的落后技术,达不到我国法律规定的标准。实际上,如果严格遵照上述各项法律规定,本可以防止这些漏洞,防止外方对技术作价过高,以落后技术冒充先进技术。

其次,有关外国投资者转让出资的问题,我国法律也有明确规定(见《合营企业法》第 4 条第 4 款及该法《实施条例》第 20 条)。本案中,被告私自将出资转让给他人,没有征得原告同意,更未经审批机构批准,故其转让行为根本无效。被告在私自转让其出资时又私自减少出资,这更是不能允许的。

最后,本案中还存在一些其他问题值得我们思考。例如,合营双方仅在合同中规定了出资期限,而未对不能如期缴清出资者应负的责任作出进一步规定。根据《合营企业法实施条例》第 28 条的规定,中方合营者应在合同中订入相应条款,在外方合营者不按期缴纳出资时,要求赔偿才有据可依。再如,被告总资产仅 250 万美元,却承诺投资 1200 万美元,而且也并没有通过合法渠道来筹集不足部分资金,却企图私自向第三方转让合同义务,被告还以即将淘汰的陈旧技术作为出资,这些做法都显示出被告在主观上存在欺诈的故意。这些都说明,中方合营者在与外方合营时,应尽量小心谨慎,仔细审查合同条款,在合同中明确规定外方技术出资的作价方法、对技术先进性的要求、检验标准、投资者逾期出资的违约责任等内容,做到符合相关法律规定,避免各种漏洞以及不必要的损失。

综合分析上述案例 3:

首先,本案中,中国机械进出口公司与联邦德国林德公司是采取国际合作生产的方式来实现技术转让的。国际合作生产,是指分属不同国家的企业根据他们签订的合同,由一方提供有关生产技术或各方提供不同的相关生产技术,共同生产某种合同产品,并在生产过程中实现国际技术转让的一种经济合作方式。国际合作生产一般采用两种方式:一种是由完全独立的本国企业与完全独立的外国企业,依照双方共同签订的合同,各自制造同一产品的不同部件,然后由一方或双方共同组装为某种产品;另一种则是由各自独立的双方按照合同各自制造对方所需要的部件,然后各自组装为不同产品。在本案的国际合作生产合同中,双方约定合作生产 8 套制氧设备,中方的生产单位为杭州制氧机厂。8 套设备中的前 6 套设备以林德公司为主要承包人,后 2 套设备则以杭州制氧机厂为主要承包人。根据协议,在生产过程中林德公司有义务向杭州制氧机厂提供技术服务,并发送技术文件和图纸。

其次,从本案的实际情况来看,德国林德公司很好地履行了合同义务,为我方提供技术和服务的同时,还非常关心我方对技术的吸收消化情况,这是该项案例能够获得成功的重要因素。值得我们注意的是,在国际合作生产中的过程中,不可避免要出现技术转让问题,在技术转让的过程中,仅仅从供方获得一些技术资料对受让方来说是不够的,还需要供方提供一定的技术指导、示范,才能将技术转化为产品。但是一般技术服务的费用非常昂贵,这就需要受让方在供方提供技术服务的同时,培养出自己的技术人才,所以技术服务和技术培训条款对受让方来说很关键。在制定该条款时,应明确技术供方提供技术的义务;技术人员提供服务的项目、方式等;技术受让方应注意技术供方的重复收费的问题;技术供方派遣的技术人员应严格遵守技术受让方的管理制度及所在国的法律;技术受让方享有派遣人员到技术供方处接受技术培训的权利等。

综合分析上述案例 4:

首先,本案属于国际工程承包合同纠纷。所谓国际工程承包合同,是指一国的承包商为在另一国内承建某项工程而与该项目的业主签订的一种涉外经济合同。国际工程承包主要适用于大型的新建项目,例如矿山开采、石油勘探等。本案中,承包人为英国某公司,发包人为我国某业主,合同标的是在我国境内承建一石灰厂。在该合同中,承包方的主要义务是负责承建该厂的土建施工,交付厂房所需要的设备并负责安装和维修。

其次,本案中,经专家调查,该工程液压系统存在很大缺陷,齿轮箱不符合要求,锅炉管道需要重新调整。而按照合同约定,若因承包人提供的设备、设计及施工技术原因而导致工程存在任何缺陷,承包人应自费修复、矫正该缺陷直至业主满意。因此,英方无权拒绝中方提出的合理要求。由于英方拒绝履行义务,所以中方被迫宣布停止支付有关款项作为补救措施是正当的。此外,合同还规定承包人如果不按合同要求修补工程缺陷,业主有权雇佣他人从事该工作,发生的费用由承包人负担,具体方式可采用向承包人索赔或从应付承包商的款项中扣除等办法。因此,除非有理由证明不是承包人的责任,否则它也应对工厂生产流程某一环节的中断而导致的停产负责,因此只要英方还未完成检修的职责,中方就有权拒绝颁发竣工证书,直到所有设备检修完毕。而由于英方拒绝返回工厂检修,中方只得委托另一家承包商进行修复锅炉,完善投产准备,并进口缺损的零配件和设备,因此而发生的费用应由英方承担。

综合分析上述案例 5:

首先,本案中,新疆某农工商联合企业公司从卖方外国某有限公司进口的全新全套马铃薯加工设备，并由卖方派工程技术人员到新疆负责安装、调试及指导生产，在5年中，由买方新疆某农工商联合企业公司以所生产的马铃薯产品直接补偿设备价款。因此，本案属于国际补偿贸易纠纷。所谓国际补偿贸易，是指一方（设备出口方）向另一方（设备进口方）跨越国境提供先进的机器设备或技术，另一方以一定期限内的使用该设备或技术而生产的产品或收益偿还设备价款或技术使用费的一种贸易方式。以国际补偿贸易方式进行的国际技术贸易有两个明显特点：其一，补偿贸易是技术的供方与技术的受让方用设备或技术与该设备或技术生产的产品或所得收益的交换；其二，补偿贸易具有延期支付的性质，受让方对供方的设备或技术所支付的对价不是在获得该设备或技术的同时作出的，而是在使用该设备或技术而生产出产品或产出收益后支付的。

其次，本案中，依照合同规定，在合同生效后60天内，该外国公司应将第一期工程设备运抵新疆，交给新疆某农工商联合企业公司，并派2—3名工程技术人员到新疆负责安装、调试及指导生产。作为设备出口方的外国某有限公司在补偿贸易合同生效后，直至履约期届满，一直没有将第一期工程设备运交买方新疆某农工商联合企业公司，经买方多次催促，要求他履约，但卖方始终没有履约。很明显，卖方违反了该国际补偿贸易合同的基本义务，因而应当承担违约责任。

最后，鉴于国际补偿贸易与一般国际技术贸易方式的不同，在订立国际补偿贸易合同时，应明确、详细地规定支付条款，例如对设备和技术用以作价货币的种类选择、作价的原则以及支付方式等都可能会直接影响到双方的利益，因此要综合考虑各种因素，尽量争取对我方有利。

（五）自测案例

美国ABC制造公司是世界各大矿业公司所用的选矿设备的主要供应者，它生产的选样设备在选矿时功能优良且节省费用。除生产质量优良的产品外，ABC公司还致力于发展和改良产品的工艺技术，因此，在产品质量和工艺技术两方面它都在同行业中具有极大的优势。

为发挥优势，利用自己的先进技术和优质产品扩大经济效益，ABC公司除销售产品外，还作出一个重要决策，即通过技术输出提高技术使用率以获得更多的赢利。根据引进对象不同，引进方所在国家不同，技术主要通过以下几种不同的途径输出：

第一种途径是通过出口ABC产品输出技术。利用产品的精密结构和高技术性带动商品出口,这是发达国家普遍采用的方式。对于ABC公司来说,通过这种途径输出技术,其承担的风险最小,利润却最大。但这种方式实质上是实物贸易,买方只能间接地得到一些技术,或是得到设备的操作方法。因此,这并不是技术输出的主要途径。

第二种途径是在外国设立子公司,ABC公司再通过协议将技术转让给子公司,这里的技术转让包括工程服务,转让图纸、技术说明书以及其他工艺技术,供应零部件,培训人员并给予持续的援助。这种方式对ABC公司来说,一方面可以利用国外的廉价劳动力、原材料以降低成本,扩大产品生产和销售;另一方面通过子公司在所在国进一步的技术转让,可以赚得大笔的技术许可费,同时还可以规避输入国的有关税收管辖。

第三种途径是与外国合营者建立合营企业。例如ABC公司在向巴西出口空气污染控制设备遭到高额进口关税阻碍后,就转而采取与巴西一家公司合营的方式,将有关技术作为出资,在巴西国内生产空气污染控制设备、选矿设备等。通过建立合营企业的方式,一方面将技术输出,另一方面还取得了在输入国市场上销售产品的机会。

第四种途径是出售许可证,即授予输入方有关技术的使用权,同时获得数目可观的许可费。由于这种途径可使输入方直接获得全部所需的技术,而输出方也不必关心输入方的实际经营状况,因此成为ABC公司技术输出最主要的一种途径。①

问:(1) 国际技术转让的主要途径有哪些?

(2) ABC公司主要采用了哪几种技术转让途径?

三、国际技术许可合同

国际技术许可合同,是指跨越国境的当事人一方准许另一方使用自己所有或持有的技术并收取使用费,另一方获得该项技术的使用权并支付使用费的书面协定。国际技术许可合同根据供方授予受让方的技术使用权的内容和范围的不同,可以分为独占性许可合同、排他性许可合同、普遍性许可合同、分售性许可合同和交叉性许可合同。

---

① 王传丽主编:《国际经济法教学案例》,中国政法大学出版社1999年版,第283—284页。

（一）案情简介

案例1　1994年7月，我国南方某制药厂（以下简称受让方）与美国某制药有限公司（以下简称转让方）签订了一份技术许可合同。该合同正式文本是以双方协商谈判过程中转让方提供的拟订稿为蓝本签订的，而受让方人员未经仔细推敲就在合同正式文本上签了字。该合同主要含有以下内容：

1. 由转让方向受让方提供生产某一系列品种西药的配套技术。该技术中主要包括药品的配方、生产该药品的工艺流程、产品的技术标准，以及产品的质量控制等内容。

2. 受让方支付技术使用费的方式是从受让方生产这一系列药品的净销售额中提取10%作为向转让方支付的技术使用费。

3. 该技术许可合同期限为15年。

该合同生效之后，转让方按约将全部技术资料交给了受让方，并且派出技术人员到受让方处帮助受让方掌握该技术，协助受让方培训技术人员。在双方共同努力下，受让方迅速掌握了该技术并生产出了合格产品，而且该产品在国内国际市场均打开了销路。

但是，在受让方向转让方支付技术转让费这一环节争议出现了。按受让方对合同的理解，合同中所说的"产品净销售额"是指产品销售总额扣掉以下项目后的余额：销售退回、销售折让、包装费、运输费、保险费、销售费用以及税金。而转让方则称：该方自草拟合同文本起所认定的"产品净销售额"是指产品销售总额扣减掉销售退回和销售折让的余额。双方对"产品净销售额"这一关键概念理解的争议导致双方对技术使用费的计算结果相去甚远。按受让方所理解的含义，其产品净销售额为500万美元，应支付转让方50万美元的使用费；而按转让方所下的定义，受让方的产品净销售额应为600万美元，受让方应支付的技术使用费应为60万美元。受让方认为双方签订的合同是以转让方草拟的合同文本为基准，而转让方故意在其中含糊其辞，以达到利用已方解释获取更多技术使用费的目的，属于欺诈行为。转让方则辩称，虽然合同文本是转让方拟订的，但受让方人员也曾与转让方就合同文本进行过协商，双方签订合同是基于双方的自愿，对于合同中"产品净销售额”未予定义的问题，受让方并未提出异议，应视为受让方人员未对合同条文予以应有的谨慎注意，这是受让方自己的过失，与转让方无关，转让方没有欺诈行为，因此要求受让方支付60万美元使用费。双方为此争议相持不下。为此，双方经过多次谈判，最后采取折衷方案，签订了和解协议：受让方向转让方支付55万美元，并在提成期限的余下年度中也按此方法支付技术使用费，即采用双方因对“产品净销售额”不同理解而算出的不同数额技术使用费的中间数。①

案例2 1985年3月，上海某洗衣机厂通过外贸公司与某国S公司签订了一项引进双缸洗衣机生产设备和专有技术的合同，合同规定，S公司将提供生产A型双缸洗衣机的专用设备，检测设备若干台，模具若干套和双缸洗衣机的设备工艺及检测技术，由我洗衣机厂家生产和销售这种A型双缸洗衣机，包括技术转让费在内，合同成交金额达数百万美元，合同有效期为3年。

合同履行期间，洗衣厂从专利文献中发现，S公司于1985年4月就上述A型双缸洗衣机向中国专利局申请了外观设计专利，该专利申请于1986年5月获得批准并授予外观设计专利权，S公司在上述项目谈判时没有提及有关申请专利之事，合同中也未订立有关专利的条款，在向我国专利局提出申请外观设计专利后，也没有通知上海某洗衣机厂。为此，洗衣机厂自1986年起多次致函S公司，提出双方进一步商谈解决此项履约过程中出现的事件，谈判中S公司称该洗衣机已在中国和外国申请了九项专利，未经许可不得使用A型双缸洗衣机专利，要使用此项专利必须支付数十万美元的专利使用费。洗衣机厂针对性地指出，S公司在谈判签约和合同履行过程中，均未提及专利申请的情况，申请专利后也未及时通知我方，这是违反国际商业通常的习惯做法的，同时郑重表示，由于S公司不接受条件并一再拖延解决此事，洗衣厂不得不采取停止验收和停止支付专有技术转让费。S公司这才同意于1987年6月3日签署了一份原合同的补充协议。该协议中规定：

1. 洗衣机厂有权在本合同期间或期满后，在中国国内生产合同产

---

① 本案基本案情引自 http://wlzy.aynu.edu.cn/jj/wlkc/gjjsmy/page/aljx/aljx12.html，2012年5月17日访问。

品，并在签约双方国家及其他国家、地区使用S公司申请的包括外观设计专利在内的各种专利；

2. 洗衣机厂有权在国内生产和销售与合同产品外观相同或类似的产品，但如对已同S公司订有销售合同的第三国或地区外销时，应事先通知S公司。①

案例3 1987年，中国技术进出口总公司某分公司从美国引进一项先进技术，投资为1200多万美元，合同由美国方面起草，双方签字生效。后经国内多个厂家使用，中方发现引进技术存在严重问题，影响了企业生产的顺利进行。因此向美国出口商提起诉讼，官司打了一年多，消耗了我方极大人力、物力，但美国方面才赔偿我方直接经济损失20多万美元，我方律师提出赔偿间接经济损失431万美元的要求被法院驳回，理由是双方于1987年签订的有效合同中，明文规定美国方面对间接经济损失不负责任。这样，由于合同条款规定的失误，我方应有的索赔权因此而白白丧失。②

案例4 美国一家食品公司 Chicken Delight Inc. 自1952年起开始经营炸鸡等快餐食品，其使用的商标是 Chicken Delight。20世纪60年代中期，该公司与美国另一经营快餐食品的 Siegel 公司签订了一项技术转让合同，合同中规定 Chicken Delight 公司允许 Siegel 公司经营其快餐食品，并向其传授经营管理技术诀窍，还允许使用其商标和商号，但合同中同时规定，Siegel 公司必须购买 Chicken Delight 公司一定数量的煮锅、煎锅、餐具、包装和调料等作为交换条件。上述商品的购买价格均高于同类商品的一般市场价格。不久，原告 Siegel 公司向地方法院起诉，指控被告 Chicken Delight 公司有搭售行为，违反了美国反托拉斯法的有关规定，但对赔偿问题未作结论。为此，原告就赔偿问题向美国第九巡回上诉法院上诉，负责审理此案的美国第九巡回上诉法院在审理过程中对这两个问题做了分析，并提出判决意见。③

---

① 本案基本案情引自杨锋等主编：《国际技术转让纠纷与预防案例分析》，山西经济出版社1996年版，第127页。

② 同上书，第136页。

③ 同上书，第185页。

（二）思考方向

通常情况下，国际技术许可合同中应包含以下条款：序文、关键性词语定义条款、项目条款、合同的价格和支付方式、技术资料交付和产品考核验收条款、技术服务和技术培训条款、关于技术改进成果的归属和分享条款、保证和索赔条款、保密条款、违约及其补救办法条款、不可抗力条款、争议解决条款、法律适用条款，以及合同的生效、有效期限、终止及其他条款。这些条款是国际技术许可合同中最基本、也是最重要的条款，在上述案例 1 中，涉及的就是有关关键性词语的定义问题，双方在签订国际技术许可合同时，没有对“产品净销售额”这一关键概念加以定义，导致在顺利投产、销售后发生争议；上述案例 2 中，我们应当注意该案国际技术许可协议中的项目条款是如何规定的，以及应如何确定许可方提供合同标的技术的义务；上述案例 3 涉及的是国际技术许可合同中的保证和索赔条款。除了上述重要条款，还有一类条款在进行技术许可活动中经常会遇到，即限制性条款，上述案例 4 中 Chicken Delight 公司对 Siegel 公司提出必须购买 Chicken Delight 公司一定数量的煮锅、煎锅、餐具、包装和调料等条件，这种做法是否属于一种限制性商业行为？

（三）法律规定

1.《中华人民共和国技术进出口管理条例》第 24 条　技术进口合同的让与人应当保证自己是所提供技术的合法拥有者或者有权转让、许可者。

技术进口合同的受让人按照合同约定使用让与人提供的技术，被第三方指控侵权的，受让人应当立即通知让与人；让与人接到通知后，应当协助受让人排除妨碍。

技术进口合同的受让人按照合同约定使用让与人提供的技术，侵害他人合法权益的，由让与人承担责任。

第 25 条　技术进口合同的让与人应当保证所提供的技术完整、无误、有效，能够达到约定的技术目标。

第 26 条　技术进口合同的受让人、让与人应当在合同约定的保密范围和保密期限内，对让与人提供的技术中尚未公开的秘密部分承担保密义务。

在保密期限内，承担保密义务的一方在保密技术非因自己的原因被公开后，其承担的保密义务即予终止。

第29条　技术进口合同中，不得含有下列限制性条款：

（一）要求受让人接受并非技术进口必不可少的附带条件，包括购买非必需的技术、原材料、产品、设备或者服务；

（二）要求受让人为专利权有效期限届满或者专利权被宣布无效的技术支付使用费或者承担相关义务；

（三）限制受让人改进让与人提供的技术或者限制受让人使用所改进的技术；

（四）限制受让人从其他来源获得与让与人提供的技术类似的技术或者与其竞争的技术；

（五）不合理地限制受让人购买原材料、零部件、产品或者设备的渠道或者来源；

（六）不合理地限制受让人产品的生产数量、品种或者销售价格；

（七）不合理地限制受让人利用进口的技术生产产品的出口渠道。

2.《联合国国际技术转让行动守则（草案）》

第4章　〈技术转让方面的惯例和安排的管制〉〈限制性商业惯例〉〈排除政治歧视和限制性商业惯例〉

1.〈专属〉* * 回授条款

要求取方将取得技术后作出的改进部分，在由供方专享的基础上，〈或〉* 不需供方给予补偿或承担互惠义务，或当转让和回授会使供方滥用其市场支配地位时，转让或回授给供方或供方指定的任何其他企业。

2. 对效力的异议

〈不合理地〉* * 要求取方对被转让的专利和其他保障发明办法的效力，或对供方所要求或取得的其他此种权利的效力，不表示异议，但承认任何因这种异议而引起的关于当事方相互权利和义务的问题，将按照有关的适用法律和符合该法律的协定条款予以解决。

3. 独家经营

限制取方就类似的或竞争性的技术或产品签订销售协定、代理协定或制造协定的自由，或取得竞争性技术的自由，而这类限制并非确保取得合法利益所需，尤其非为确保所转让技术的机密性、或非为保证尽力履行经销或推销义务所需。

4. 对研究的限制

〈不合理地〉* */* * * 限制取方从事旨在按当地情况吸收和更改所

转让技术的研究发展，或限制取方实行与新产品、新工艺、或新设备有关的研究发展计划。

5. 对使用人员方面的限制

〈不合理地〉**要求取方使用供方指定的人员，除非为了保证转让和开始使用技术的传授阶段的效率而有此需要；或其后已有经充分训练的当地人员或已培训了这种人员时，仍继续做这种要求；或妨碍使用技术取方国家的人员。

6. 限定价格

〈不合理地〉**管制取方对用所得技术制造的产品或提供的服务在作为技术转让对象的市场上所定的价格。

7. 对技术更改的限制

〈不合理地〉**禁止取方按当地情况更改进口技术或对进口技术加以革新的限制，或迫使取方在设计或规格上做不愿要或不必要的变更，自行负责作出更改且不使用技术供方的名称、商标、服务标志、商品名称时，而且除非这种更改不适当地影响到这些产品或其制造程序，必须将这些变更提供给供方、其指定人或其他被许可人的产品或制造产品的工艺，或者作为供方向其顾客提供的产品中的部件或零件。

8. 包销协定或独家代理协定

要求取方以包销权或独家代理授予供方或供方指定的任何人，除非当事方在分包安排或制造安排中已同意，根据技术转让安排生产的全部或部分产品由供方或其指定的任何人销售。

9. 附带条件的安排

〈不正当地〉**强使取方接受其不愿要的额外技术、未来发明和改进部分、货物或服务，或〈不正当地〉**限制技术、货物或服务的来源，作为取得所需要的技术的条件，而这样做并非为了在取方使用供方的商标、服务标志或其他标记时为维持产品或服务的质量，也并非为了履行所担保的特定效能方面的义务；而且技术内容可能无法充分说明，或这种说明会泄露安排范围以外的其他技术。

10. 出口限制

11. 共享专利或互授许可协定以及其他安排

技术供应人之间的共享专利或互授许可协定或其他国际技术转让交流安排引起的，会不正当限制取得新的技术发展的机会或会造成滥行支配某一工业或市场的力量因而对技术转让产生不利影响的，对地区、数量、价格、顾客或市场的限制，但合作安排（例如合作研究安排）附带的适当限制，则不在此限。

12．对宣传的限制

〈不合理地〉＊＊管制取方广告或宣传的限制，除非因下列情况而可能需要限制这种宣传：由于广告或宣传提到供方的名称、商标或服务标志、商品名称、或其他识别用名目，为了防止供方的商誉或名誉受损害；或由于供方可能要对产品负赔偿责任，而有正当理由避免这种责任；或为了保障安全或保护消费者；或为了确保所转让技术的机密性。

13．工业产权期满后的付款和其他义务

对继续使用已失效、取消或满期的工业产权要求付款或承担其他义务，但承认任何其他问题、包括对技术的其他付款义务，应按照有关的适用法律和符合该法律的协定条款处理。

14．在技转安排期满后的限制

（四）学理分析

一般而言，国际技术贸易都是通过国际技术许可合同的方式来实现的，可以说，国际技术许可合同是国际技术贸易过程中的核心要素。因此，如何拟定好国际技术许可合同的条款是国际技术贸易中非常重要的问题，直接关系到双方当事人的经济权益和交易的效果。

在国际技术许可合同中，关键性词语的定义往往被作为独立的一个部分列出，这是国际技术许可合同条款要求高度明确性的表现。由于当事人双方语言、法律乃至文化背景各不相同，对同一个词的解释和使用存在差异是很常见的，因此，把合同中使用的一些关键词汇如“合同产品”、“技术资料”、“销售地区”等规定出明确的含义，以避免在合同履行过程中为此而发生分歧，防止对方钻定义不明的空子，推卸责任。其中，对有关合同价格计算、支付的一些关键性词汇加以定义尤为重要，包括“产品净销售额”、“提成率”等，因为这些词汇的含义模糊将直接导致有关价格的争议。国际技术许可合同中的项目条款，是供方转让技术的内容和范围条款，是合同的中心内容，也是双方当事人权利和义务的基本依据。主要包括合同的对象范围和授权条款两部分内容。保证和索赔条款则主要是保护受让方的利益，防止供方在履行合同时以次充好、以假乱真或者对履行合同义务采取不认真和不负责任的态度。因此，要求供方在合同中作出一定程度的保证，同时，如果供方违反这些保证，受让方有权向供方索赔。上述案例

1、案例2和案例3就是有关这三种条款在国际技术贸易实践应用中出现的一些典型问题。

在国际技术许可合同中,除了上述的关键性词语定义条款、项目条款、保证和索赔条款之外,还有很多重要条款都是不容忽视的,其中国际技术许可合同中的限制性条款是需要特别注意的。所谓限制性条款,也就是包含了限制性商业惯例或限制性贸易做法的国际技术许可合同条款。限制性商业惯例目前已经成为国际技术贸易发展的严重障碍,国际社会普遍认为,在国际技术许可合同中,由技术的供方向技术的受让方施加的,违背公平竞争原则,以保障其竞争优势从而获得高额利润的行为属于限制性贸易做法,应当认为属于非法而予以禁止。但关于"限制性商业惯例"的解释,发达国家与发展中国家存在普遍分歧。结合各国立法和实践分析,限制性条款主要包括:搭售条款、限制竞争条款、限制技术产品的生产或销售、限制合同期限、不合理的限制被许可方在合同期满后继续使用许可技术、限制被许可方改进或发展许可技术、限制被许可方的商标使用以及广告宣传等商业行为、限制被许可方企业经营管理自主权、限制被许可方使用技术的技术人员范围及技术使用范围、限制被许可方就许可技术的有效性提出异议等。

综合分析上述案例1:

本案中的争议问题十分明确,即作为该技术许可合同计价基础的"产品净销售额"这一概念的具体含义应如何确定。这涉及技术许可合同中关键性概念的明确性问题。

在本案中,当事人双方在国际技术许可合同中规定了以"产品净销售额"为提成基数,提成率为10%。但是双方却未对"产品净销售额"这一关键性词语加以定义,导致在顺利投产、销售后发生争议。一方面,转让方作为合同文本的起草者而没有对如此重要的一个概念加以界定,在很大程度上的确可能抱有利用合同中"产品净销售额"含义模糊这一漏洞来尽可能多地要求技术使用费的目的;而另一方面,受让方未经仔细审查转让方提供的合同草案就较为草率地签订了合同,不能不承认确如转让方所言,未对合同条文予以应有的注意,应对自己的额外支出负部分责任。而受让方关于转让方有欺诈行为的指责并不能成立,因为转让方除主张受让方未尽合理注意存在过失外,还可以主张对"产品净销售额"的理解只是有关双方观念、观点的问题,是一个理解问题,转让方没有理由知道受让方对这一概念有不同于转让方的理解,也就没有义务提出这一概念的含义问题与受让方加以讨论协商,除非受让方在谈判过程中明确表达过己方对该词的理解或证明己方的理解符合国际惯例。因此,双方的和解协议虽然使受让方承担了原本可以避免的一部分支出,但这也是受让方自己存在一定过失所导致的后果。①

通过本案,我们可以清楚地认识到,如果在国际技术许可合同中对任何关键性词语定义不清,都有可能导致双方争议以及严重的经济损失。因此,在签订国际技术许可合同时,合同双方应尽可能清楚地界定有可能发生歧义和争议的概念,就此达成共识,以免日后陷入这种不必要的纠纷。

综合分析上述案例 2:

本案中,上海某洗衣机厂与某国 S 公司签订的引进双缸洗衣机生产设备和专有技术的合同,在该国际技术许可合同中,S 公司将提供生产 A 型双缸洗衣机的专用设备,检测设备若干台,模具若干套和双缸洗衣机的设备工艺及检测技术,由我洗衣机厂家生产和销售这种 A 型双缸洗衣机,包括技术转让费在内,合同成交金额达数百万美元,合同有效期为 3 年。S 公司在上述项目谈判时没有提及有关申请专利之事,合同中也未订立有关专利的条款,在向我国专利局提出申请外观设计专利后,也没有通知上海某洗衣机厂。根据该合同,S 公司应当许可我方洗衣机厂引进 A 型双缸洗衣机的全部技术,S 公司在履行合同的过程中,不仅向我方提供了全套技术图纸,也提供了该型洗衣机外壳的模具。因此,我方既然有权使用全部技术,自然也包括生产该洗衣机的专利技术在内,如果 S 公司认为我方应支付高额专利使用费,那么合同中对所转让技术的全面性和完整性的保证就如同虚设。

本案的处理结果是 S 公司同意签署了一份原合同的补充协议。这份补充协议对我方洗衣机厂和 S 公司的权利义务作进一步的说明,使双方在权利义务的界限上更加清晰。但值得我们注意的是,在国际技术许可协议中,项目条款是双方权利义务的依据,也是发生纠纷时解决问题的重要依据。因此,在签订项目条款时,应尽可能详尽、清晰。

综合分析上述案例 3:

本案中涉及国际技术许可合同中的保证和索赔条款的重要性。保证条款主要包括技术保证和权利保证两方面内容。根据我国《技术进出口管理

---

① 参见 http://wlzy. aynu. edu. cn/jj/wlkc/gjjsmy/page/aljx/aljx12. html,2012 年 5 月 17 日访问。

条例》第25条及第24条的规定,合同当事人如果未能履行其保证义务,则构成违约,受损害的一方就有权要求违约方承担赔偿责任,因此必须有具体的索赔条款。

本案中,美国出口至中国的技术存在严重问题,影响了企业生产的顺利进行,违反了相应的保证义务,需要承担违约责任。但由于在1987年中国技术进出口总公司某分公司与美国方面签订的国际技术许可合同中明文规定美方对间接经济损失不承担责任,因此,造成我方仅获得直接经济损失赔偿20多万美元,而431万美元的间接经济损失白白丧失。上述案例提醒我们,在签订国际技术许可合同时要特别重视保证和索赔条款,一方面不要误认为合同中签订了保证条款,没有索赔条款也没关系;另一方面,对索赔条款的规定要尽可能具体,尽量避免不必要的损失。

综合分析上述案例4:

在本案的技术许可合同中,Chicken Delight公司要求Siegel公司必须购买其一定数量的煮锅、煎锅、餐具、包装和调料作为技术许可交换条件的做法,是典型的限制性贸易行为,也即搭售。所谓搭售,是指技术许可方要求被许可方从许可方或其指定处购买被许可方不需要的技术、设备、产品或服务,以此作为被许可方获得技术许可的条件。由于许可方迫使被许可方购买的原材料、设备等与被许可方无关,或者被许可方不需要,其直接后果是限制了技术受让方按其需要选择从何处取得这些技术、设备、产品或服务的自由,因此,这种行为被世界各国普遍禁止。如我国《技术进出口管理条例》第29条规定:"技术进口合同中,不得含有下列限制性条款:(一)要求受让人接受并非技术进口必不可少的附带条件,包括购买非必需的技术、原材料、产品、设备或者服务……"但需要注意的是,判定一个条款是否属于搭售条款,也要具备一定条件,如果为了达到产品或服务的质量标准要求,许可方要求被许可方购买某些原材料,这种要求不能被认为是搭售条款。本案中,被告提供的食品制作设备、调料和包装等并不影响原告生产销售的快餐食品的质量和商标的信誉,原告从其他途径也可以购买到这些设备、调料和包装,而且被告在交易中处于明显的优势地位,由此可以得出被告的行为是一种搭售行为,是不合理的。①

---

① 参见肖伟主编:《国际经济法学案例教程》,知识产权出版社2003年版,第167页。

（五）自测案例

1991年，我国A公司通过中国技术进出口公司同德国B公司签订了一项关于某电子技术的出口合同。合同中部分条款如下：

鉴于条款结束部分规定："双方经过多次协商，现达成授予受方（德国B公司）在欧洲独占实施上述技术的协议。"

合同第2条规定："受方同意支付在德国、法国以及欧洲其他有提出专利申请的国家的专利申请费。"

合同第4条规定："在本协议执行期间，如有在转让技术基础上作出的技术改进，并构成新的专利。专利权属双方共有，如再转让成功，分成比例双方另议。"

合同第7条规定："受方同意在收到全部技术资料以后的一个月内，向供方预付技术转让费5万美元。"第12条又规定："供方将从香港生产基地生产的每台合同产品的净销售额中，提取5%的提成费，但受方先从中扣除1.5%，直至收回向供方预付的5万美元。"

合同第9条规定："供方将保留在中国境内实施上述技术，并经销通过实施上述技术而生产的产品的权利。"

合同第16条规定："本协议（如有必要）需报中德双方政府的有关机构审批，最后一方的政府批准日为合同生效日。本合同期限为生效之日起3年。"①

问：上述国际技术许可合同的有关条款中，有哪些规定对我方（技术提供方）是不利的？

四、与国际贸易有关的知识产权保护

随着国际经济关系的日益复杂，传统的国际贸易已从单一的有形货物贸易转向多元的有形货物贸易、服务贸易和技术贸易，在这种转化的过程中，知识产权的作用和价值也越来越得到体现和提高，知识产权保护也日益表现为世界性的贸易问题。

---

① 王传丽主编：《国际经济法教学案例》，中国政法大学出版社1999年版，第293—294页。

（一）案情简介①

1996年7月2日，美国依据世界贸易组织（下文简称WTO）的《关于争端解决规则与程序的谅解》（下文简称DSU）第4条与《与贸易有关的知识产权协定》（下文简称《TRIPS协定》）第64条，要求与印度进行磋商。美国提出，印度没有给予药品和农用化学品专利保护，违反了它根据《TRIPS协定》承担的义务。

1996年7月27日美、印双方举行了磋商，然而未能达成一致。11月7日美国要求争端解决机构（下文简称DSB）建立专家组以审查其所提交事宜，11月20日DSB决定成立专家组。1997年2月5日，由三名专家组成了专家组。专家组于1997年4月15日和5月13日举行了两次会议。专家组认为印度违反了《TRIPS协定》中的第70条第8款第1项、第63条第1款和第2款以及第70条第9款的义务。随后，在1997年6月27日，专家组作出临时报告并分发给各方，1997年9月5日分发了正式的专家组报告。1997年10月15日，印度向DSB提起上诉，10月27日印度提交了上诉报告，11月14日美国提交了被上诉方材料，欧盟也提交了第三方材料。1997年11月14日，上诉机构开庭审理此案，并于1997年12月19日分发了上诉机构报告。1998年1月16日通过上诉报告，4月22日美国和印度宣布就15个月的执行期限达成协议，即自1998年1月16日至1999年4月16日为执行期限。

印度1970的专利法案第15条只允许授予有关食品、药品的方法专利，不授予产品专利，而《TRIPS协定》第27条第1款规定："一切技术领域中的任何发明，无论产品发明或方法发明，……，均应有可能获得专利"，另外第65条第4款和第70条第8款规定了过渡期的特殊保护措施。在WTO协定生效的前夜即1994年12月31日，印度的国会正在休会。为了使印度的知识产权保护程度符合《TRIPS协定》第70条第8款和

① http://www.wto.org/english/tratop_e/dispu_e/cases_e/ds50_e.htm，2012年5月17日访问。

第9款项下的义务，印度总统根据印度宪法第123条发布了1994年印度专利(修正)条例，在原专利法中加入专章保护食品、药品的发明，明确规定了这些产品可向专利机关提起专利申请，规定了随后专利机关的审查程序，并建立一种制度授予这些产品独占销售权(exclusive marketing rights)。印度将这一条例通知了WTO的TRIPS理事会。然而根据印度宪法，总统的这种行为在国会复会后的6个星期到期，因此随着1995年春印度国会的复会，条例在1995年的3月26日失效。印度从未向外界(包括TRIPS理事会)公开过该条例的有效期。印度政府为能继续实施该条例曾于1995年的3月向国会提交了该修正案，然而由于1996年5月20日国会被解散，专利法的修正也随之搁浅。

本案中，美国主要认为印度缺乏有效的提交药品与农用化学制品的符合《TRIPS协定》第70条第8款确定的专利申请制度以及建立授予药品与农用化学制品专有市场销售权的制度，违反了《TRIPS协定》的有关规定，损害了其利益，由此引发了前述争端。

(二)思考方向

本案涉及的是印度专利法保护与《TRIPS协定》协调的问题。涉及有关实体问题，双方的焦点主要在于如何解释《TRIPS协定》的第70条第8款和第9款。

《TRIPS协定》的第70条第8款第1项规定："如果在《建立世界贸易组织协定》生效之日，某成员方尚未在医药化工产品及农用化工产品的专利保护上，符合本协议第27条规定的义务，则该成员方：不论上文第六部分如何规定，均应自《建立世界贸易组织协定》生效之日起规定出使上述发明的专利申请案可以提交的途径"。鉴于印度属于《TRIPS协定》第65条规定的享受过渡期的国家，目前印度在第70条第8款下的义务限于第1项的规定，双方对此均无异议，争论的焦点主要围绕在该项所说的"途径"(means)是指什么。

《TRIPS协定》第70条第9款规定："如果某产品系在某成员方域内依照上文第8款第(1)项而提交的专利申请案中的内容，则不论本协定第六部分如何规定,在该产品于该成员方地域获得投放市场许可后5年或该产品专利之申请被批准或驳回之前(以二者中时间居短者为准),该成员方应授予该产品以独占销售权,只要在《建立世界贸易组织协定》生效之后,该专利申请案已在另一成员方提交、并已在该另一成员方域内获产品专利及获准投放市场”。美国和印度双方对于印度的这一义务均无异议。印度的1994年专利修正条例曾规定了这种“独占销售权”,可惜该条例不久就到期。美国认为印度未在立法上规定这种权利就是违反了《TRIPS协定》第70条第9款,但印度却称它从未被要求过要授予这种权利,所以目前印度并不是在拒绝履行这一义务,在第70条第9款规定的情况出现之前,印度没有义务授予这一权利。问题的焦点在于:印度什么时候开始有义务实施第70条第9款的内容?

(三) 法律规定

《与贸易有关的知识产权协定》第27条 可授予专利的客体

1. 在遵守第2款和第3款规定的前提下,专利可授予所有技术领域的任何发明,无论是产品还是方法,只要它们具有新颖性、包含发明性步骤,并可供工业应用。在遵守第65条第4款、第70条第8款和本条第3款规定的前提下,对于专利的获得和专利权的享受不因发明地点、技术领域、产品是进口的还是当地生产的而受到歧视。

2. 各成员可拒绝对某些发明授予专利权,如在其领土内阻止对这些发明的商业利用是维护公共秩序或道德,包括保护人类、动物或植物的生命或健康或避免对环境造成严重损害所必需的,只要此种拒绝授予并非仅因为此种利用为其法律所禁止。

3. 各成员可拒绝对下列内容授予专利权:

(1) 人类或动物的诊断、治疗和外科手术方法;

(2) 除微生物外的植物和动物,以及除非生物和微生物外的生产植物和动物的主要生物方法。但是,各成员应规定通过专利或一种有效的特殊制度或通过这两者的组合来保护植物品种。本项的规定应在《WTO协定》生效之日起4年后进行审议。

第28条 授予的权利

1. 一专利授予其所有权人下列专有权利:

(1) 如一专利的客体是产品,则防止第三方未经所有权人同意而进行制造、使用、标价出售、销售或为这些目的而进口该产品的行为；

(2) 如一专利的客体是方法，则防止第三方未经所有权人同意而使用该方法的行为，并防止使用、标价出售、销售或为这些目的而进口至少是以该方法直接获得产品的行为。

第30条 授予权利的例外

各成员可对专利授予的专有权规定有限的例外，只要此类例外不会对专利的正常利用发生无理抵触，也不会无理损害专利所有权人的合法权益，同时考虑第三方的合法权益。

第33条 保护期限

可获得的保护期限不得在自申请之日起计算的20年期满前结束。

第65条 过渡性安排

1. 在遵守第2款、第3款和第4款的前提下，任何成员在《WTO协定》生效之日起1年的一般期限期满前无义务适用本协定的规定。

2. 一发展中国家成员有权将按第1款规定的实施日期再推迟4年实施本协定的规定，但第3条、第4条和第5条除外。

3. 正处在从中央计划经济向市场和自由企业经济转型过程中的任何其他成员，及正在进行知识产权制度结构改革并在制定和实施知识产权法律和法规方面面临特殊困难的成员，也可受益于第2款设想的延迟期。

4. 如一发展中国家成员按照本协定有义务将产品专利保护扩大至在按第2款规定的、对其适用本协定的一般日期其领土内尚未接受保护的技术领域，则该成员可再推迟5年对此类技术领域适用本协定第二部分第5节关于产品专利的规定。

5. 利用第1款、第2款、第3款或第4款下的过渡期的一成员应保证，在过渡期内其法律、法规和做法的任何变更不会导致降低其与本协定规定一致性的程度。

第70条 对现有客体的保护

8. 如截至《WTO协定》生效之日一成员仍未按照其在第27条下的义务对药品和农药获得专利保护，则该成员应：

(1) 尽管有第六部分的规定，自《WTO协定》生效之日起提供据以提出此类发明的专利申请的方法；

(2) 自本协定适用之日起，对这些申请适用本协定规定的授予专利的标准，如同这些标准在申请之日已在该成员中适用，或如果存在并请求优先权，则适用优先的申请日期；以及

(3) 自给予专利时起和在依照本协定第33条自提出申请之日起计算的剩余专利期限内,依照本协定对这些申请中符合(2)项所指的保护标准的申请提供专利保护。

9. 如依照第8款第1项一产品在一成员中属专利申请的客体,则尽管有第六部分的规定,仍应给予专有销售权,期限或为在该成员中获得销售许可后5年,或为至一产品专利在该成员中被授予或被拒绝时为止,以时间短者为准,只要在《WTO协定》生效之后,已在另一成员中提出专利申请、一产品已获得专利以及已在该另一成员中获得销售许可。

(四) 学理分析

WTO下的《TRIPS协定》是新的世界贸易体制的一个重要组成部分,它不仅第一次将知识产权保护与国际贸易联系在一起,并且在原有的较为零散的知识产权国际公约的基础上,将著作权及其相关权利、专利权、商标权、地理标记、集成电路布图设计、未公开信息等重要的知识产权保护融为一体。

本案争论的焦点在于药品与农用化学制品在《TRIPS协定》下是否受保护及应受到什么样的保护。美国根据《TRIPS协定》的第70条第8款第1项,认为印度缺乏一套合法有效提交药品与农用化学制品的申请机制,根据第70条第9款认为印度未能建立一套可授予药品与农用化学制品在过渡期内独占市场投放权的制度。而印度则认为其现在已经建立了一套合法有效的邮箱申请制度,至于建立一套独占市场投放权制度并非其现在应承担的义务。

综合分析本案[①]**:**

首先,关于是否要扩大专利的保护范围和保护力度一直是发展中国家与发达国家争论的话题之一。作为主要的知识和技术的生产国和输出国,西方主要发达国家竭力想在世界范围内保护其知识产权以收回利润,因此他们主张强化知识产权的国际保护。而发展中国家为了发展本国的经济,自然只能降低对一些有关国计民生的重大技术的保护,体现在药品与农用化学制品、食品上就是如此。这种对立也反映在关贸总协定的乌拉圭回合

---

① 参见朱榄叶编著:《世界贸易组织国际贸易纠纷案例评析》,法律出版社2000年版,第407—426页。

谈判中,发展中国家要求对医药、化工、食品和动植物品种允许有例外,可以不予以专利保护,但发达国家对发展中国家频频施压,发展中国家最终接受了除动物品种外其他均应予以专利保护的文本。经发展中国家的一再坚持,以及考虑到发展中国家的实际困难,《TRIPS 协定》规定给予发展中国家过渡期,且对药品与农用化学制品作出特殊安排。本案的产生可以说是以美国为代表的发达国家与发展中国家关于知识产权保护的尖锐冲突从规则制定阶段向执行过程的延伸。

其次,《TRIPS 协定》第 70 条第 8 款规定:"如果在《建立世界贸易组织协定》生效之日,某成员方尚未在医药化工产品及农用化工产品的专利保护上,符合本协定第 27 条规定的义务,则该成员方不论上文第六部分如何规定,均应自《建立世界贸易组织协定》生效之日起规定出使上述发明的专利申请案可以提交的措施"。这里提出了发展中国家在药品和化学产品方面的保护要求。这些国家的专利制度原先不保护药品和化学产品,但根据这一条,应当先建立制度,能够受理这一方面的专利申请,也就是说要建立一个"邮箱",让这些申请可以存在邮箱内。同时还要保证存放中的申请不会丧失新颖性。一旦这些国家专利法开始保护药品和化学产品,存放在邮箱中的申请就可以进入专利审查阶段。本案中,美国指责印度专利法否定对这种药品与农用化学制品的专利保护,且未依该条建立一套合法有效的邮箱申请制度。印度否认这种事实。印度提出的理由是,它现存的行政制度实际上已经有效提供了"邮箱"。但专家组与上诉机构均认为,由于印度现存的行政制度与印度专利法的强行性规定相抵触,因此在法律上具有不确定性,未能达到条款所确认的保存提交的专利申请案的新颖性和优先权的目的和宗旨。虽然《TRIPS 协定》的第 1 条第 1 款规定"成员方有自由确立以其域内法律制度及实践实施本协议的恰当方式",但如果所采取的措施无法切实履行其所承担的义务,这种措施仍是不符合《TRIPS 协定》的规定的。

再次,本案的另一个问题是所谓的"独占销售权"。"独占销售权"保护的是发明人就一项发明已申请专利但尚未获得专利批准的阶段,就相关产品享有的独占销售的权利,他可以依此排斥他人未经许可的销售行为。根据《TRIPS 协定》第 70 条第 9 款,即使一国的专利法并不保护药品与农用化学制品的产品专利,只要这种产品已由他国批准专利并且这种产品开始在该国国内销售,其他成员方就要授予发明人独占销售权。本案中,印度认为根据《TRIPS 协定》第 65 条的规定，独占销售权只有在 5 年过渡期届满后、发展中国家对相关产品发明仍不能授予专利保护时，之后的另一个最迟不超过 2005 年 1 月 1 日的 5 年延迟期内适用，而并非 WTO 生效后就立即有义务授予独占销售权。但专家组和上诉机构都认为授予独占销售权就是要对过渡期内未适用产品发明专利的补偿，因此这种权利应在 WTO 协定生效后马上授予，印度的做法违反了第 70 条第 9 款的规定。

（五）自测案例①

1997 年 12 月 19 日，欧共体向 DSB 提出要求与加拿大磋商。欧共体指出，加拿大专利法实施细则没有对药品提供保护，其保护期的规定不符合《TRIPS 协定》第 27、28、33 条。本案涉及的是《加拿大专利法》第 55 条第 2 款第 1、2 项。根据《TRIPS 协定》第 28 条和第 33 条，专利权人对其专利拥有独占性权利，该权利的保护期限不得短于自申请日起 20 年。但《加拿大专利法》第 55 条却允许在特定的条件下，不经专利权人的同意，他人可以在此期间制造、使用或销售专利产品。《加拿大专利法》第 55.2(1)条规定："任何人仅为开发和提交加拿大、加拿大各省或加拿大以外的国家法律要求的信息而制造、使用和销售专利发明不构成侵权。"这一条也被视为"法规审查例外"。这一条适用于药品，因为药品上市前必须经过政府机构的审批。这一例外的目的是让专利药品的潜在竞争者在专利保护期内就可以获得政府生产许可，这样在专利保护到期之日，他们就已经得到了销售竞争药品的许可，否则竞争者要等专利期满后才可以为提交审批需要的资料而生产，而竞争的药品要投放市场会在专利到期之后再过一段时间。

第 55.2(2)条规定："任何人为在专利到期日后的销售而制造、储藏根据上述第 1 项制造使用专利发明，不构成侵权。"这一规定也成为"储藏例外"。根据法律，储藏例外的实施必须有具体条例，而到本案提起申诉时为止，加拿大颁布的允许储藏例外的条例只针对药品。这一条例规定，在某项专利到期前 6 个月，可以实施针对这一专利的储藏例外。

欧共体认为，《加拿大专利法》的这两项例外规定不符合其根据

---

① 朱榄叶编著：《世界贸易组织国际贸易纠纷案例评析(1995—2002)》下册，法律出版社 2004 年版，第 804 页。

《TRIPS 协定》第 27.1 条和第 28.1 条应当承担的义务，储藏例外还不符合《TRIPS 协定》第 33 条。加拿大承认这两项例外不符合《TRIPS 协定》第 28 条第 1、2 款，但认为它们符合《TRIPS 协定》第 30 条规定的例外；而第 27.1 条不适用于根据第 30 条可以豁免的规定。加拿大还认为储藏例外不违反协议第 33 条。

问：《加拿大专利法》第 55 条第 2 款第 1 项和第 2 项是否违反加拿大根据《TRIPS 协定》应当承担的义务？

第六章　国际投资法

一、国际投资法概说

（一）国际投资法的概念

国际投资法是调整国际（跨国）直接投资活动的各种法律规范的总称。作为国际投资法的调整对象，跨国私人直接投资关系的主要特征是：（1）产生于一国投资者到其他国家从事的投资活动；（2）投资者是一国的“私人”，即自然人、法人或其他商业组织；（3）产生于直接投资活动。

1. 案情简介

国内一村办企业与香港某公司设立了一家合资经营企业，外方因担心经营风险过大，一直不愿出资，该合资企业面临被撤销的危险。为了求得外方的继续合作，中方向外方出具了这样的书面承诺：外方履行出资义务，中方保证以按银行同期贷款率上浮50%的回报率返还外方，每两年结算一次；如第三年外方不愿再持股，中方将按原价收购外方的股权。为此，中方所在的乡政府提供了保证。后中外双方发生争议，外方主张该名为合资实为借贷的合同无效，并要求中方及担保人履行返还本金和利息的义务。①

2. 思考方向

国际投资法的调整对象是国际私人直接投资关系。只有跨国私人直接

① 引自韩立余：《国际经济法学原理与案例教程》，中国人民大学出版社 2006 年版，第 354 页。

投资者才能享受东道国外资法给予的外资待遇。该案涉及国际直接投资的认定问题，应当根据东道国法律的规定予以确定。

3. 法律规定

(1) 2001 年《中华人民共和国中外合资经营企业法》(以下简称《中外合资经营企业法》) 第 1 条　中华人民共和国为了扩大国际经济合作和技术交流，允许外国公司、企业和其他经济组织或个人(以下简称外国合营者)，按照平等互利的原则，经中国政府批准，在中华人民共和国境内，同中国的公司、企业或其他经济组织(以下简称中国合营者)共同举办合营企业。

第 4 条　合营企业的形式为有限责任公司。

在合营企业的注册资本中，外国合营者的投资比例一般不低于 25%。

合营各方按注册资本比例分享利润和分担风险及亏损。

合营者的注册资本如果转让必须经合营各方同意。

(2) 2001 年《中华人民共和国中外合资经营企业法实施条例》(以下简称《中外合资经营企业法实施条例》) 第 2 条　依照《中外合资经营企业法》批准在中国境内设立的中外合资经营企业(以下简称合营企业)是中国的法人，受中国法律的管辖和保护。

(3) 1998 年《中外合资经营企业合营各方出资的若干规定》第 2 条　合营各方按照合营合同的规定向合营企业认缴的出资，必须是合营者自己所有的现金、自己所有并且未设立任何担保物权的实物、工业产权、专有技术等。凡是以实物、工业产权、专有技术作价出资的，出资者应当出具拥有所有权和处置权的有效证明。

(4) 1997 年《境内机构借用国际商业贷款管理办法》第 3 条　中国人民银行是境内机构借用国际商业贷款的审批机关。中国人民银行授权国家外汇管理局及其分局(以下简称外汇局)具体负责对境内机构借用国际商业贷款的审批、监督和管理。

第 4 条　境内机构借用国际商业贷款应当经外汇局批准。未经外汇局批准而擅自对外签订的国际商业贷款协议无效。外汇局不予办理外债登记。银行不得为其开立外债专用账户。借款本息不准擅自汇出。

(5) 1996 年《境内机构对外担保管理办法》第 2 条　本办法所称对外担保，是指中国境内机构(境内外资金融机构除外，以下简称担保人)以保函、备用信用证、本票、汇票等形式出具对外保证，以《中华人民共和国担保法》

中第34条规定的财产对外抵押或者以《中华人民共和国担保法》第四章第一节规定的动产对外质押和第二节75条规定的权利对外质押，向中国境外机构或者境内的外资金融机构（债权人或者受益人，以下称债权人）承诺，当债务人（以下称被担保人）未按照合同约定偿付债务时，由担保人履行偿付义务。对外担保包括：

（一）融资担保；

（二）融资租赁担保；

（三）补偿贸易项下的担保；

（四）境外工程承包中的担保；

（五）其他具有对外债务性质的担保。

担保人不得以留置或者定金形式出具对外担保。

对境内外资金融机构出具的担保视同对外担保。

第4条 本办法规定的担保人为：

（一）经批准有权经营对外担保业务的金融机构（不含外资经营机构）；

（二）具有代为清偿能力的非金融企业法人，包括内资企业和外商投资企业。

除经国务院批准为使用外国政府或者国际经济组织贷款进行转贷外，国家机关和事业单位不得对外担保。

4. 学理分析

该案所探讨的主要问题是本案中的合资经营企业是否符合我国的法律规定。

国际投资有直接投资和间接投资之分。国际直接投资的特点是：其一，外国投资者以取得投资企业的经营管理权为目的，并对投资企业的经营管理享有较大的发言权；其二，外国投资者投资回报的有无以及高低取决于投资企业营运的效益。按照以上两项标准，外商来华投资，设立外商投资企业，属于国际私人直接投资；反之，一国企业向外借款、发行债券等，因外国投资者不参与企业经营管理，并有固定的投资回报率，故应归入国际投资的范畴。

根据我国相关法律的规定，允许外国的公司、企业、其他经济组织或个人在中国设立合资经营企业。根据我国法律的规定，中外合资经营企业，即股权式合营企业，是指外国的公司、企业、其他经济组织或个人依据《中外合资经营企业法》，按照平等互利的原则，经中国政府批准，在中国境内举办的，由中外股东共同投资、共同经营、共享盈亏的有限责任公司。中外合资经营企业属于法人组织，采取有限责任公司的形式，即投资各方按注册资本比例分享利润、承担风险。

综合分析上述案例，该案中所谓的合资经营企业有以下几点不符合我国法律规定：

首先，该案的外方不是对企业进行直接投资。根据我国《中外合资经营企业法》第1、4条等的规定，中外双方必须共同出资设立合资经营企业。该案中，为了获得外方的出资，中方提供了按银行同期贷款率上浮50%的回报率返还外方出资的保证，外方的出资实为贷款，构成了对该企业的间接投资。因无外方直接投资，该企业实质上只能算是国内企业，而不是外商投资企业。

其次，该案的中方向外方借用商业贷款的做法不合法。根据我国《境内机构借用国际商业贷款管理办法》的规定，国内企业向境外借用商业贷款，必须经过外汇管理部门的审批；而在该案中，外方的贷款是以合资企业投资的方式进入的，因而是违法的，应被认定无效。另外，根据1996年《境内机构对外担保管理办法》第4条的规定，中方所在的乡政府不得对外担保。

5. 自测案例

A公司（中方）和B公司（外方）签订了一份中外合资经营企业合同，决定共同投资设立美华服装有限责任公司，主要生产真丝织品。合同规定：(1) 合营企业投资总额为1000万美元，注册资本400万美元。其中中方投资280万美元，出资方式为机器和厂房；外方投资120万美元，全部以技术出资。A公司和B公司按出资比例分享合营企业的收益。(2) 公司所需原料须从外方进口50%。(3) B公司负责包销70%的合营企业的产品。(4) 合营各方发生争议的，采用仲裁方式解决，仲裁地点为瑞典斯德哥尔摩商会仲裁院。合同签订后，双方又依据该合同订立了合营企业章程，向合营企业审批机构报送了合营企业合同和章程以及其他法律文件。审批机构在接到合营企业报送的全部文件后，作出了不予批准的决定。①

问：审批机构的决定是否合法？理由是什么？

---

① 引自苏号朋：《国际投资法律实务与典型案例评析》，经济管理出版社1997年版，第52页。

（二）国际投资法的渊源

调整跨国私人直接投资关系的各种法律渊源，相互渗透，相辅相成，共同构成一个有机的国际投资法律体系。国际投资法的渊源具有双重性，包括国内法渊源和国际法渊源，具体体现为：资本输入国的外资法，资本输出国的外资法，国际惯例，双边性、区域性及世界性投资条约，以及国际政府间组织或国际民间组织拟定的有关跨国投资的规范性、建议性文件。

1. 案情简介

埃及旅馆公司同意将位于该国境内的两家宾馆长期租赁给英国Wena旅馆有限公司，后双方对于租赁合同项下的权利义务发生争议。于是，埃及政府介入此纷争，造成Wena公司被逐出该两家宾馆。1998年，Wena公司向“解决投资争端国际中心”（ICSID）提请仲裁，指称埃及政府违反了1976年其与英国签订的双边投资保护协定，其行为构成对Wena公司投资的“间接征收”。1999年，ICSID仲裁庭作出了对埃及不利的裁决。埃及遂向ICSID申请撤销该裁决，2002年，ICSID专门委员会驳回了埃及的撤销请求。①

2. 思考方向

在国际投资争端的仲裁解决中，缔约国法律和可能适用的国际法规则都是仲裁庭可以适用的法律。适用法律对争端的解决非常重要，而且缔约国（东道国）法律的适用是“东道国法律适用权”的体现。② 本案涉及的就是关于国际投资争端解决中东道国法律的适用问题，焦点是“东道国法律适用权”的实现问题。

---

① 引自韩立余：《国际经济法学原理与案例教程》，中国人民大学出版社2006年版，第356页。

② 根据1965年《关于解决国家与他国国民间投资争端公约》第42条第1款的规定，东道国的相关法律是ICSID仲裁庭裁决投资争端应当适用的准据法之一。具体条款参见下文的“3. 法律规定”。

3. 法律规定

1965年《关于解决国家与他国国家国民间投资争端公约》(以下简称《华盛顿公约》)第42条第1款 法庭应依照双方可能同意的法律规则判定一项争端。如无此种协议,法庭应适用争端一方的缔约国的法律(包括其关于冲突法的规则)以及可能适用的国际法规则。

第2款 法庭不得借口法律无明文规定或含义不清而暂不作出裁决。

第3款 第一款和第二款的规定不得损害法庭在双方同意时对争端作出公平和善意的决定的权力。

第52条第1款 任何一方可以根据下列一个或几个理由,向秘书长提出书面申请,要求取消裁决:(一)法庭的组成不适当;(二)法庭显然超越其权力;(三)法庭的一个成员有受贿行为;(四)有严重的背离基本程序规则的情况;(五)裁决未陈述其所依据的理由。

4. 学理分析

该案中,埃及提出的一项撤销理由是:仲裁庭主要适用了英埃双边投资保护协定,而不是埃及法律,构成《华盛顿公约》第52条第1款第2项规定的"法庭显然超越其权力"的情形,裁决应予撤销。由此可见,该案所探讨的主要问题是东道国法律的适用。

《华盛顿公约》第42条第1款的规定实际上是赋予了东道国以"东道国法律适用权"。

对于该项条款的解释,主要有以下两种观点:

(1)一种比较严格的观点主张,只有当国内法有欠缺或国内法的规定违反国际法时,才能援用国际法处断争端;

(2)另一种比较宽泛的观点主张,该款规定应被解释为,国际法是法律适用的主要渊源,国内法则是次要的法律渊源。

无论前述观点对于东道国法律、可适用的国际法的主次地位有何争议,根据该项条款的规定,东道国的法律是仲裁庭解决争端应当适用的准据法之一。

以争议是基于1976年埃及与英国签订的双边投资保护协定为由,该案仲裁庭没有适用埃及法律,而是以该协定作为案件适用的准据法。① 对于埃

① See Wena Hotels Limited v. Arab Republic of Egypt Case No. ARB/98/4[J]. International Legal Materials, 2002, Vol. 41(4): paras. 78, 131.

及的撤销裁决要求,ICSID 专门委员会认为,选择审理案件的准据法是仲裁庭在其权力范围内的事项。不像埃及的民法典,国际法(即 1976 年英国与埃及签订的双边投资保护协定)和 ICSID 的仲裁实践可以为该案的审理提供足够的依据。而且,选择案件所适用的准据法属于仲裁庭的自由裁量权。即使仲裁庭的选择不是非常适当,那也不能认定其超越了权限。[①] 综合分析上述案例,该案仲裁庭和专门委员会显然是无视埃及的"东道国法律适用权",完全没有考虑东道国法律的适用。

5. 自测案例

1987 年,斯里兰卡政府军与泰米尔猛虎组织交战,香港的亚洲农产品有限责任公司(AAPL)在该国的一家合资企业受损。于是,AAPL 根据英国与斯里兰卡签订的双边投资协定,向 ICSID 提起仲裁。本案涉及英斯协定第 2 条第 2 款的规定,即缔约一方的投资在缔约另一方应得到"充分的保护和安全";以及第 4 条第 1 款的规定,即对于战乱损失的赔偿,缔约一方应给予缔约另一方投资者以国民待遇和最惠国待遇。

1990 年仲裁庭作出裁决,裁决的多数意见认为,在本案中,通过英斯协定第 4 条第 1 款规定的最惠国待遇原则,可以"转致"适用第 2 条第 2 款关于"充分的保护和安全"的规定。这里的"转致"是指,既然任何第三国投资者在斯里兰卡投资都应得到"充分的保护和安全"这一国际习惯法规则的保护,那么,根据第 4 条第 1 款规定的最惠国待遇原则,AAPL 与任何第三国投资者一样,也应获得第 2 条第 2 款规定的"充分的保护和安全"之待遇。[②]

问:你如何看待该案仲裁庭的这一多数意见?

二、发展中国家和转型期国家的涉外投资立法

一国的涉外投资法,通常包含两个基本方面:吸收外国投资的立法和向外国投资的立法。一般而论,发达国家的涉外投资立法侧重于后一个基本

---

① See DECISION on the Application by the Arab Republic of Egypt for Annulment of the Arbitral Award dated December 8, 2000, Wena Hotels Limited v. Arab Republic of Egypt Case No. ARB/98/4[J]. International Legal Materials, 2002, Vol. 41(4): para. 53.

② 引自韩立余:《国际经济法学原理与案例教程》,中国人民大学出版社 2006 年版,第 357 页。

方面,发展中国家的涉外投资立法则侧重于前一个基本方面。资金实力的限制和本国发展的需求,决定了绝大多数发展中国家仍然主要是资本输入国。与此相适应,发展中国家涉外投资立法更多的是有关吸收外国投资的立法,而有关向外国投资方面的立法则相对薄弱。

与发达国家相比较,发展中国家的外资立法主要具有以下特征:第一,大多数发展中国家吸收外资的立法都以法典或系列性专门法规的形式,对有关外资的审批、待遇等法律问题作出特别规定,以便与内国投资相区别;有些发展中国家甚至在宪法中专门规定了有关吸收外国投资的立法原则,以示其对外国投资之重视。第二,发展中国家的外资立法在对外资进行限制、管理、监督的同时,往往在税收、外汇使用等许多方面,给予外资优于内资的种种特惠待遇,这在发达国家的外资立法中是鲜有的。第三,发展中国家的外资立法在20世纪80年代以后的发展趋势是逐步放宽限制,给予外资更多的保护和优惠。现今总的趋向是在确保经济主权的前提下日益开放、宽松。

(一) 对外国投资的管制

为了维护国家主权与经济利益,使外国投资符合本国经济发展总体目标要求,几乎所有的东道国均在积极引进外资的同时,依法对外国投资者的投资活动予以管制。发展中国家对外国投资的管制主要体现在:(1) 外资项目的审批;(2) 外资准入的限制;(3) 外资雇佣职工的限制;(4) 对外国投资"本地化"的要求;(5) 对外资企业行为的监督等。

1. 案情简介

日本某公司与中国某公司共同在中国投资设立一家合营企业,其在合营协议中约定,合营期限为15年,主要经营茶叶加工。该企业的注册资本为100万美元,日本公司的出资额为20万美元即以一套机器设备作价出资,其余资本由中方出资。该协议签订后,中方向国家对外经济贸易主管部门(原为对外贸易经济合作部,简称外经贸部;2003年改为商务部)提出申请要求审批,结果没有被批准。①

① 引自王海英:《国际经济法案例教程》,北京大学出版社2005年版,第192页。

2. 思考方向

对外资准入的限制,是国际公认的对国民待遇的合理例外。发展中国家一般禁止外资在军工企业、通讯以及关系到国家经济命脉的领域投资,而鼓励外资向有利于国民经济发展,特别是向新兴产业部门以及改善国际收支、扩大出口的部门投资。本案主要涉及我国对外商投资企业的准入限制问题。对外经济贸易主管部门没有批准该合营企业协议是否正确,应当根据我国相关法律的规定予以确定。

3. 法律规定

(1)《中外合资经营企业法》第4条第2款 在合营企业的注册资本中,外国合营者的投资比例一般不低于25%。

第13条 合营企业的合营期限,按不同行业、不同情况,作不同的约定。有的行业的合营企业,应当约定合营期限;有的行业的合营企业,可以约定合营期限,也可以不约定合营期限。约定合营期限的合营企业,合营各方同意延长合营期限的,应在距合营期满6个月前向审查批准机关提出申请。审查批准机关应自接到申请之日起1个月内决定批准或不批准。

(2)《中外合资经营企业法实施条例》第6条 在中国境内设立合营企业,必须经中华人民共和国对外贸易经济合作部(以下简称对外贸易经济合作部)审查批准。批准后,由对外贸易经济合作部发给批准证书。

凡具备下列条件的,国务院授权省、自治区、直辖市人民政府或者国务院有关部门审批:

(一)投资总额在国务院规定的投资审批权限以内,中国合营者的资金来源已经落实的;

(二)不需要国家增拨原材料,不影响燃料、动力、交通运输、外贸出口配额等方面的全国平衡的。

依照前款批准设立的合营企业,应当报对外贸易经济合作部备案。

第89条 合营企业的合营期限,按照《中外合资经营企业合营期限暂行规定》执行。

(3) 2002年《指导外商投资方向规定》第2条 本规定适用于在我国境内投资举办中外合资经营企业、中外合作经营企业和外资企业(以下简称外商投资企业)的项目以及其他形式的外商投资项目(以下简称外商投资项目)。

第7条 属于下列情形之一的,列为禁止类外商投资项目:

……

(五)运用我国特有工艺或者技术生产产品的;

……

(4)《外商投资产业指导目录》(2011年修订)

禁止外商投资产业目录

……

三、制造业

(一)饮料制造业

1. 我国传统工艺的绿茶及特种茶加工(名茶、黑茶等)

(二)医药制造业

……

(三)有色金属冶炼及压延加工业

……

(5)1990年《中外合资经营企业合营期限暂行规定》第2条 举办中外合资经营企业(以下简称合营企业),属于国家规定鼓励和允许投资项目的,除本规定第3条另有规定外,合营各方可以在合同中约定合营期限,也可以不约定合营期限。

第3条 举办合营企业,属于下列行业或者情况的,合营各方应当依照国家有关法律、法规的规定,在合营合同中约定合营期限:

(一)服务性行业的,如饭店、公寓、写字楼、娱乐、饮食、出租汽车、彩扩洗相、维修、咨询等;

(二)从事土地开发及经营房地产的;

(三)从事资源勘查开发的;

(四)国家规定限制投资项目的;

(五)国家其他法律、法规规定需要约定合营期限的。

4. 学理分析

根据我国法律的有关规定,对外商投资企业的监管措施主要体现在以下方面:

(1)外国投资的审批和监督。对外国投资进行审批和监督,主要是禁止或限制外资进入某些部门,引导外资投向与本国经济发展规划相一致。如我国法律规定，在中国境内设立合营企业，必须经中华人民共和国国家对外经济贸易主管部门批准；符合条件的，国务院授权省、自治区、直辖市人民政府或国务院有关部门审批。

(2) 投资范围和比例的限制。对外资投资范围的限制，是国际公认的对国民待遇的合理例外。我国《外商投资产业指导目录》规定了禁止外商投资的十二类行业：农、林、牧、渔业；采矿业；制造业；电力、煤气及水的生产和供应业；交通运输、仓储及邮政业；租赁和商务服务业；科学研究、技术服务和地质勘察业；水利、环境和公共设施管理业；教育；文化、体育和娱乐业；其他行业；国家和我国缔结或者参加的国际条约规定禁止的其他产业。对于外方的投资比例，我国合营企业法规定，在合营企业的注册资本中，外国合营者的投资比例一般不低于25%，没有最高限额规定。

综合分析上述案例，国家对外经济贸易主管部门即我国合营企业的审批机构之所以对该合营企业协议没有批准，因为协议中存在违反我国法律规定之处：首先，该合营企业的经营范围属于我国《外商投资产业指导目录》中规定的禁止外商投资项目，即绿茶及特种茶（名茶、黑茶等）加工。其次，日方合营者的投资比例不符合规定。根据我国法律规定，外方的投资比例不得低于注册资本的25%，在本案中即应为25万美元，但该日本公司实际出资20万美元。基于以上原因，对外经济贸易主管部门对其不予批准是正确的。

5. 自测案例

中国A公司与美国B电梯有限公司合资经营C公司。在C公司的合营合同中有这样的技术引进条款：“B公司向C公司转让其具有所有权的电梯主机技术，B公司不再提供次级技术，不负责C公司的技术改造；C公司无权向第三者转让B公司转让的技术；技术转让协议期满后，C公司无权继续使用该项技术；C公司购买的机器、设备、原材料和零部件的50%应向B公司购买；C公司出口的产品的50%应向B公司提供，数量和价格由B公司指定。”①

问：本案的技术引进条款是否明确？是否符合我国法律的规定？

---

① 引自苏号朋：《国际投资法律实务与典型案例评析》，经济管理出版社1997年版，第206页。

（二）对外国投资的保护和鼓励

为了创设良好的投资法律环境以吸引外资，发展中国家的外资立法规定了种种对外资实行保护和鼓励的措施。一些国家甚至将对外资的保护和鼓励提高到国家根本大法的高度。发展中国家宪法有关保护外资的规定一般是原则性的，落实到各类具体的外资立法，主要体现在以下几个方面：(1) 外资待遇；(2) 资本和利润汇出的保障；(3) 慎重征收（或国有化）及给予补偿；(4) 给予各种财税优惠；(5) 妥善解决涉外投资争端。

1. 案情简介

某日本投资者要在中国设立一家合营企业，由于该企业设在比较落后的地区，当地政府决定免收其土地使用费。本来该合营企业在设立申请中是要求设立一家大型机械制造企业。但有关部门考虑到如果再建一家机械制造企业，势必会影响到当地同类行业国企的发展，于是建议该日本投资者设立一家其他行业的企业，否则对该企业不予审批。该日本投资者将合营企业的经营范围改为养殖业。于是当地政府同意：该合营企业在3年内免征所得税，如果其产品主要用于出口可以免征出口税；如果将利润用于在当地再投资的可以退回已缴纳的所得税，但不准将利润汇到国外，并且企业的终止要经有关部门同意。对于后者，该企业表示不服，想向法院提起诉讼，但该政府声称，如果到法院起诉就取消该企业。①

2. 思考方向

外国投资者在我国进行投资的权利受我国有关法律、法规的保护。在其权利范围内，任何组织或个人都不得对其进行干涉。该案涉及该日本投资者在我国所享有的保护和优惠措施，即其享受到了哪些优惠和鼓励措施？该投资者的权利是否受到了侵犯？这应当根据我国法律的规定予以确定。

---

① 引自王海英：《国际经济法案例教程》，北京大学出版社2005年版，第186页。

3. 法律规定

(1)《中外合资经营企业法》第2条 中国政府依法保护外国合营者按照经中国政府批准的协议、合同、章程在合营企业的投资、应分得的利润和其他合法权益。合营企业的一切活动应遵守中华人民共和国法律、法规的规定。国家对合营企业不实行国有化和征收;在特殊情况下,根据社会公共利益的需要,对合营企业可以依照法律程序实行征收,并给予相应的补偿。

第8条 合营企业获得的毛利润,按中华人民共和国税法规定缴纳合营企业所得税后,扣除合营企业章程规定的储备基金、职工奖励及福利基金、企业发展基金,净利润根据合营各方注册资本的比例进行分配。

合营企业依照国家有关税收的法律和行政法规的规定,可以享受减税、免税的优惠待遇。

外国合营者将分得的净利润用于在中国境内再投资时,可申请退还已缴纳的部分所得税。

第10条第2款 鼓励合营企业向中国境外销售产品。出口产品可由合营企业直接或与其有关的委托机构向国外市场出售,也可通过中国的外贸机构出售。合营企业产品也可在中国市场销售。

第11条 外国合营者在履行法律和协议、合同规定的义务后分得的净利润,在合营企业期满或者中止时所分得的资金以及其他资金,可按合营企业合同规定的货币,按外汇管理条例汇往国外。

鼓励外国合营者将可汇出的外汇存入中国银行。

(2)《中外合资经营企业法实施条例》第3条 在中国境内设立的合营企业,应当能够促进中国经济的发展和科学技术水平的提高,有利于社会主义现代化建设。

国家鼓励、允许、限制或者禁止设立合营企业的行业,按照国家指导外商投资方向的规定及外商投资产业指导目录执行。

第5条 在中国法律、法规和合营企业协议、合同、章程规定的范围内,合营企业有权自主地进行经营管理。各有关部门应当给予支持和帮助。

第47条 从事农业、畜牧业的合营企业,经所在地的省、自治区、直辖市人民政府同意,可以按合营企业营业收入的百分比向所在地的土地主管部门缴纳场地使用费。

在经济不发达地区从事开发性的项目,场地使用费经所在地人民政府同意，可以给予特别优惠。

第54条 合营企业有权自行出口其产品，也可以委托外国合营者的销售机构或者中国的外贸公司代销或者经销。

第62条 合营企业生产的出口产品，除中国限制出口的以外，依照中国税法的有关规定减税、免税或者退税。

4. 学理分析

该案所探讨的主要问题是外国投资者在我国所享受的保护和优惠措施。

我国国内立法对外国投资者的保护和优惠措施主要有以下几个方面：

其一，根据我国有关法律的规定，外国投资者在投资领域的以下权利受到我国法律的保护：

（1）外国投资者的财产所有权和处置权。根据《中外合资经营企业法》第2条的规定，只要外国合营者遵守我国的法律，其合法权益将受到保护，任何人不得侵犯。同时根据《中外合资经营企业法实施条例》第20条的规定，外国合营者有权将其出资额部分或全部转让给第三者。以上规定表明，在我国法律允许的范围内，外国投资者可以自由处置其投资财产。

（2）一般情况下不实行国有化和征收。根据《中外合资经营企业法》第2条的规定，国家对合营企业不实行国有化和征收；在特殊情况下，根据社会公共利益的需要，对合营企业可以依照法律程序实行征收，并给予相应的补偿。

（3）利润的处理权和汇出权。根据《中外合资经营企业法》第11、12条的规定，外国合营者在履行法律和协议、合同规定的义务后分得的净利润，在合营企业期满或者中止时所分得的资金以及其他资金，可用于在中国的再投资，也可以按外汇管理条例汇往国外。

（4）诉讼请求权。根据《中外合资经营企业法实施条例》第15章的规定，合营双方发生纠纷，经过协商或者调解无效的，可以提请仲裁或者司法解决。如果没有在合同中约定仲裁条款或事后没有达成书面仲裁协议，可以向中国法院起诉。同时，根据我国2007年《民事诉讼法》第5条第1款的规定，外国人、无国籍人、外国企业和组织在人民法院起诉、应诉，同中华人民共和国公民、法人和其他组织有同等诉讼的权利和义务。

（5）经营管理自主权。具有充分的经营自主权是企业赖于生存和发展的重要条件，因此各国立法都赋予外国投资者经营管理企业自主权，以保证企业的正常经营和发展。根据《中外合资经营企业法》及其《实施条例》的有关规定，合营企业享有如下自主权：合营企业依照合营企业合同、章程，有权决定本企业的发展规划和生产经营计划；合营企业在批准的经营范围内，有权自主决定从国内或国外市场购买所需的原材料、燃料等物资；等等。

（6）投资选择权。在符合我国法律规定的前提下，外国投资者享有自主决定投资方式、投资方向、出资比例等的权利。根据我国法律和有关条例的规定，外国投资者可根据有关投资的特点，选择投资的具体方式，如采用合资企业、合作企业、独资企业等形式。对于投资方向，可根据《指导外商投资方向规定》的内容进行选择。对于出资比例，外国合营者的出资比例不得低于注册资本的25%，但无上限规定，可由投资者自行决定。外国投资者还可以自由选择现金、实物、工业产权等具体的出资方式。

其二，根据我国有关法律规定，外国投资者所享受的鼓励和优惠措施，主要包括以下方面：

（1）税收优惠。税收优惠是投资东道国鼓励外国投资的最基本形式。一般来说发展中国家为了吸引外国投资，较普遍地采用税收优惠措施，例如《中外合资经营企业法实施条例》第61、62条之规定。

（2）财政优惠。主要是指东道国政府对投资于特定地区或特定行业的投资项目提供优惠。根据《中外合资经营企业法实施条例》第47条规定，从事农业、畜牧业的合营企业，经所在地的省、自治区、直辖市人民政府同意，可以按合营企业营业收入的百分比向所在地的土地主管部门缴纳场地使用费。在经济不发达地区从事开发性的项目，场地使用费经所在地人民政府同意，可以给予特别优惠。

（3）行政优惠。是指东道国政府通过改善行政管理程序，提高工作效率，给外国投资者提供投资和经营活动的便利。根据《中外合资经营企业法实施条例》的有关规定，需要在中国购置的办公、生活用品，按需要量购买，不受限制。行政优惠还体现在简化投资批准和登记程序、简化外国人出入境手续和货物进出口手续，如合营企业的外籍职工和港澳职工（包括其家属），需要经常入、出中国国境的，中国主管签证机关可以简化手续，予以方便。

综合分析上述案例：

首先，该案中日本投资者的下述权利没有得到法律保护：一是经营自主权受到了侵犯。该合营企业在申请中要设立一机械制造企业，而当地政府以不予审批相要挟，让其改变了经营范围，最后该企业将经营范围确定为养殖业。另外,根据法律规定,在合营企业出现法定解散事由时,董事会或履行合同一方有权提出解散申请书,由审批机关批准。本案中的地方有关机关无权干涉。二是该企业的利润汇出权受到了侵害。根据我国法律规定,外国合营者在履行法律和协议、合同规定的义务后分得的净利润,有权按合营企业合同规定的货币,按外汇管理条例汇往国外。三是该企业的诉讼请求权受到了侵害。无论根据我国的《民事诉讼法》还是《中外合资经营企业法》,合营企业都有权向法院提起诉讼,维护自己的权利。该地方政府无权以取消该企业为要挟,阻止其向法院起诉。

其次,根据政府的同意,该合营企业可享受如下优惠:一是税收优惠。即该企业在3年内享受免征所得税的待遇,如果其产品主要用于出口还可以免征出口税,如果将利润用于在当地再投资的还可以退回已缴纳的所得税。二是财政优惠。即该合营企业所在地政府对合营企业所使用的土地免收使用费。

综上可见,该日本投资者在中国设立合营企业的过程中,有些应享受的合法权利受到了当地有关机关的侵害,这是不合法的。

5. 自测案例

1960年2月和7月,纽约的砂糖经纪人法尔·维特洛克公司同美国公民拥有股权的古巴白糖公司签订了购买砂糖合同。货款定于装船文书交出后在纽约支付。由于美国、古巴外交关系恶化,导致1960年7月美国修改砂糖法,减少了从古巴输入砂糖的数量。古巴政府对此采取报复措施,制定了以美国公民或法人在古巴拥有的企业、财产为对象的国有化法令。古巴白糖公司也被列为国有化的对象,根据上述合同正在装船的砂糖被收归国有。维特洛克公司为从古巴政府获得离港许可,又同作为政府机构的古巴贸易银行签订了与上述和古巴白糖公司完全相同的合同。古巴贸易银行后来把这个合同上的权利转让给了古巴政府的财务机关古巴国家银行。维特洛克公司在货物获准离开古巴后将其转卖,但拒绝向古巴国家银行付款,将这笔货款交给了纽约法院任命的财产管理人萨巴蒂诺,作为清算已被国有化的古巴白糖公司的资产。为此,古巴国家银行以维特洛克公司侵吞已装船货物的票据和货款为由,向美国联邦地方法院提起诉讼,要求维特洛克公司交还货款,要求财产管理人萨巴蒂诺停止处理货款。维特洛克公司则主张,古巴第851号国有化法令违反了国际法,所以不能将这批砂糖的有效法律权利转交给古巴政府。古巴方面则援引国家行为论,主张美国法院不能审查外国根据国有化而取得的法律权利的有效性。①

问:古巴的国有化法令是否违反了国际法?国有化的理论基础是什么?

三、发达国家的海外投资保险制度

为了使本国的海外投资尽量免受或少受战争、内乱、征收、国有化及外汇禁兑、政府违约等种种政治风险所造成的损失,发达国家创立了海外投资保险制度。资本输出国的海外投资保险制度成为保护国际投资国内法制的一个重要方面。海外投资保险制度,又称海外投资保证制度,是资本输出国为保证本国国民在国外的投资安全,在海外投资者因政治风险而遭受损失时,由政府下设的或支持下的保险机构按事先约定,对海外投资者实行的一种以事后弥补政治风险损失为目的的保险制度。

(一) 海外投资保险的合格投资人

投保人又称被保险人,是指依法有资格申请海外投资保险的投资者。值得注意的是,并不是任何一个海外投资者都可以成为海外投资保险的投保人,只有具备一定条件的投资者才能成为投保人。例如,美国、日本、德国三个国家的海外投资保险制度都要求投保的投资者和承保机构的所在国有相当密切的关系。

1. 案情简介

1996年5月,美国公民乔斯在中国投资设立了一家生产纯净水的企业。建厂时,由于资金短缺而保险费用较高,乔斯没有向本国的海外私人投资公司投保。随着公司经营的顺利开展,乔斯积累了大量的资本,于是决定扩大公司的经营规模,再引进两套生产设备。2001年2月,乔斯向本国的海外私人投资公司提出申请,但该公司认为乔斯的投资不符合条件,不属于新投资,所以拒绝为其承保。②

① 引自张丽英:《国际经济法案例教程》,知识产权出版社2006年版,第326页。

② 引自王海英:《国际经济法案例教程》,北京大学出版社2005年版,第177页。

2. 思考方向

海外投资保险机构为了自身利益，往往对前来投保的投资者规定了一定的条件限制。由于各国的具体情况不同，所以，各国对于投资者所要具备的条件的规定也不尽相同。该案涉及美国投资者成为合格投保人的条件，即美国海外私人投资公司拒绝为乔斯承保的理由是否正确，这应当根据美国的相关法律予以确定。

3. 法律规定

(1) 1981年《美国海外私人投资公司修订法案》第238条

第1款 “投资”一词，包含业已投放或承诺投放的资金、商品、劳务、专利、程序装置或专门技术。

第3款 “适格的投资人”一词，指的是：

① 美国的公民；

② 依据美国的法律（或美国某州的法律、美国某块领土的法律）登记成立、其主权属于美国公民所有的公司、合伙企业以及其他社团（包括非营利性社团）；

③ 由一个或一个以上的美国公民、上述公司、合伙企业或其他社团全权拥有的具有外国国籍的公司、合伙企业或其社团。但是，此类具有外国国籍的公司，其部分股票由非美国人认购拥有者，如不超过已经发行并已被认购的资本股票总数的5%，不影响认定其投保资格。对于贷款性投资，可在签发保险单或保证单之际，最后认定其投保资格。在任何其他情况下，投资人在取得保险单或保证单当时以及在提出索赔要求当时都必须是合格的。

(2)《海外私人投资公司投资保险手册》

① 适格的投资人

海外私人投资公司承保的海外私人投资，其所投入的项目本身并不一定是美国投资人所拥有或所控制的。法律规定保险单只能签发给“适格的投资人”。因此海外私人投资公司可以对“适格的投资人”在外国控制的项目的海外投资承担保险责任；但它所承保的只是那笔海外投资，而不是整个项目。“适格的投资人”指的是：

美国的公民；或依据美国的法律（或美国某州的法律、美国某块领土的法律)登记成立、其权益主要属于美国公民所有的公司、合伙企业以及其他社团;或至少有95%的股权属于上述“适格的投资人”所有、具有外国国籍的企业。

凡是依据美国的法律(或美国某州的法律、美国某块领土的法律)组建的公司,其业已发行并已售出的各种等级的股票50%以上直接的属于美国公民所有,或这些股票的实际权益属于美国公民所有,海外私人投资公司即确认该公司的实际权益主要属于美国公民所有。为了便于识别判断,凡是公司的股权广泛分散,以受托人或代托人(包括股票经纪商)名义持有的股票,只要股票持有人的住址是美国国内,这些股票即可以被认定为属于美国公民所有,但投资人另有相反通知者不在此限。此外,海外私人投资公司还允许从外国法人的股票所有权追溯到实际权益的最终所有人,从而确认美国的公司对实际权益的所有权。

② 限于不发达国家

海外私人投资公司为美国私人的海外投资承担保险责任的做法,适用于九十多个国家,这些国家已经被确认为“友好的不发达国家和地区”,并且已经与美国订立协定,同意实施海外私人投资公司的承保办法。……

有关海外私人投资公司的法规允许承保的海外私人投资,仅限于投入业已同美国订立上述政府与政府之间协定的国家。……

③ 限于新的投资

海外私人投资公司的方针是为新的海外私人投资提供保险。为了取得投保的资格,投资人在实行投资或无可挽回地承诺投资之前,必须申请并取得一份“海外私人投资公司登记表”。

新的海外私人投资可以适用于现有企业的扩大重建、设备更新或发展经营的投资。因此,凡是用于扩建工厂、更新现有设备或用于追加流动资金以扩大营业的海外私人投资,都具有投保的资格。在某些情况下,用于取得现有企业所有权的海外私人投资也有投保的资格,但其条件是申请投保者必须为该企业的扩大和发展进一步追加资本。

投资人应当申请并取得足够的被保险额,以保障可能超额的海外投资项目成本,因为事后申请追加资本可能被认定为并非投入“新的”项目和未约定的投资,因而不具备投保资格。

4. 学理分析

海外投资保险制度与私人保险有着明显区别,主要表现在:(1) 性质不同。投资保险制度提供的是"国家保证"或者"政府保证"。保险机构一般是政府的职能部门或者直属于政府的独立机构。(2) 保险对象不同。海外投资保险制度适用的对象只限于海外私人直接投资,不包括间接投资。(3) 保险范围不同。海外投资保险制度只限于政治风险,一般包括外汇险、征用险和战乱险,有的国家还规定了营业中断险,其不包括一般的商业风险。(4) 保险目的不同。海外投资保险的目的在于尽量避免保险事故的发生,或者说保护海外投资者的财产利益不受损失。更重要的是防患于未然,而不单单是进行事后补偿。

该案所探讨的是有关美国海外投资保险制度的投保人条件问题。

根据美国有关法律的规定,投资者要成为海外私人投资公司的投保人,必须具备以下条件:

(1) 合格的被保险人。其主要包括:美国公民,具有美国国籍的自然人;美国法人及社团,指依照美国法律所设立的法人、合伙及其他社团,其资产至少有51%为美国公民、法人、合伙及其他社团所有;外国法人及社团,指依照外国法律设立的法人、合伙企业及其他社团,其资产全部或95%以上为美国公民、法人、合伙及其他社团所有。

(2) 投资者要有合格的投资。在美国,合格的投资必须具备以下条件:首先,经东道国事先批准同意投保。按照海外私人投资公司章程规定,当事人在投保前,必须向该公司索取登记申请书,具体填报投资项目简况和投保种类,经该公司审议同意后取得正式申请书,寄给东道国政府,请求东道国政府依据现有双边投资保证协议批准投资、投保,东道国政府签署意见后将原件寄回该公司。其主要目的在于加强对东道国政府的约束力。其次,必须是新项目的投资。所谓新项目,除创建新的企业外,对于现有企业的扩建、更新设备和重建,也视为新项目的投资。同时美国还对股权投资、贷款、租赁、技术援助协议、许可证协议等形式的投资提供保险。最后,合格投资必须符合环境保护、对美国国际收支平衡及对美国国内就业机会的影响等许多方面的标准。

综上所述,凡不能维护美国商品的市场利益,不宜于维护国家安全的海外投资项目,保险公司将拒绝为其提供保险和资助。该类项目主要包括:以向美国出口为目标的纺织品及农业生产的投资项目;从事军工产品的投资;从事旅店及赌博设施的投资;从事酒精饮料生产的投资;投资的目的是设立不动产买卖企业;该投资企业非美国所能控制,或其目的在于代替美国国内从事同类经营活动企业的;从事娱乐设施的投资;从事商业投机事业的投资。

(3) 投资者在合格的东道国投资。所谓合格的东道国是指海外投资注入的国家必须符合一定的条件,保险机构才同意承保有关的海外投资。

综合分析上述案例:

首先,乔斯是美国公民,符合海外私人投资公司要求的投资者所具备的第一个条件。

其次,乔斯将其已在中国设立的企业扩建,应属于新投资。因为根据以上分析,新投资不仅包括建立新企业,也包括企业的扩建和重建以及更新设备,很显然其投资应属于合格投资。所以美国海外私人投资公司所述理由不成立。

最后,乔斯是在中国进行投资,而中国是与美国签订双边投资保证协定的发展中国家,属于合格的东道国。

综上可见,美国的海外私人投资公司应该为乔斯的投资承保,其拒绝承保的理由不成立。

5. 自测案例

1966 年 1 月,智利议会为了收回被外资掌握的经济命脉,颁布了"铜业法",其主要内容之一是决定组建国营的"智利铜业公司",并授权该公司负责组建和参加一系列"混合公司",由外国资本和智利资本联合经营,分享赢利。阿纳康达公司是在美国特拉华州注册的法人,于 1967 年对原有智利铜业企业进行扩大投资,共投入 1.67 亿美元。1967 年 12 月,美国国际开发署对该项投资发放了"备用担保",直至 1969 年 12 月,阿纳康达公司才将其转化为"正式担保"。1969 年 6 月,在智利政府的要求下,阿纳康达公司同意将其拥有的两大智利铜矿实行"智利化",就此双方达成的协议基本内容如下:阿纳康达公司同意将原来拥有的两大智利铜矿的全部资产转给两家新建的"混合公司";阿纳康达公司将把这两家"混合公司"全部股权的 51% 以高价全部出售给智利铜矿公司;阿纳康达公司将来愿把新建"混合公司"其余的 49% 股权以更高的价格出售给智利铜矿公司;阿纳康达公司人员继续主管采矿、营建和销售业务。该协议的内容颇令美国资方满意。1970 年 9 月阿连德当选智利总统后,情况发生了根本的变化。1971 年 7 月,智利议会通过了著名的"宪法修正案",规定尽快把大型铜矿企业直接全盘收归国有。智利政府认为,阿纳康达公司的两家智利铜矿从历年来所获的"超额利润"中早已收回投资的本金并得到正常的利润,按照该修正案的规定,对它们实行国有化,政府无须再支付任何赔偿。至此,阿纳康达公司与智利前政府 1969

年达成的前述协议实际上已被全盘取消。在这种情况下,1972 年 2 月,投保人阿纳康达公司向美国国际开发署的继承机构——美国海外私人投资公司提出索赔。①

问:阿纳康达公司是否属于合格的投保人?

(二) 海外投资保险制度的承保险别

资本输出国的投资保险机构通常承保三种主要的政治风险,分别是外汇禁兑险、财产征用险和战争内乱险,其内容基本一致,不过,承保方式却有所不同。目前,对于第四种政治风险即政府违约险,提供的担保的国家还不多,政府违约通常只是作为征用险项目下的一种特殊形式或是在其他特别情况下才属承保之列。

1. 案情简介

1986 年 9 月,美国某电力公司签订了一项服务合同,在南非开发电力资源。根据合同,美国电力公司出资,并提供技术援助以及部分的营运资金。作为回报,美国电力公司根据其所投资企业生产的产量每月收取一定的服务费。1997 年 1 月 2 日,美国电力公司将从 1996 年 2 月开始的连续 3 个季度的收入存入南非的一家商业银行,并向南非的中央银行申请汇出,获得批准。然而,由于当地外汇大量外流,1997 年 11 月 17 日,南非政府决定推迟 6 个月偿还外债的本金。随后实行的外汇管制又要求商业银行把所有的外汇卖给中央银行,建立一项外汇储备基金,该基金只给重要的进口交易配给外汇。美国电力公司虽然已取得南非中央银行的收入汇出批准书,但仍无法从该外汇储备金中申请取得外汇。于是,该公司便向美国海外私人投资公司提出索赔。当时距美国电力公司向南非政府递交汇出申请之日 70 天。②

---

① 引自张丽英:《国际经济法案例教程》,知识产权出版社 2006 年版,第 364 页。

② 引自王海英:《国际经济法案例教程》,北京大学出版社 2005 年版,第 181 页。另请参见陈安:《美国对海外投资的法律保护及典型案例分析》,鹭江出版社 1985 年版,第 72—84 页。

2. 思考方向

在东道国遇到风险时,投保人的海外投资能否获得本国海外投资保险机构的赔偿,要看投资遭遇的风险是否属于海外投资保险机构承保的范围。该案涉及海外投资保险承保险别的有关问题,即美国电力公司能否获得美国海外私人投资公司的赔偿,这应当根据美国法律的有关规定予以确定。

3. 法律规定

(1) 1981 年《美国海外私人投资公司修订法案》第 238 条

第三款 "征用"一词,包含(但不限于)东道国政府中途废止、拒绝履行或单方削弱它自己与有关项目的投资人签订的合同,致使该项目受到重大的不利影响,难以继续经营;其条件是东道国政府采取上述中途废止、拒绝履行或侵害削弱合同的行为,并非由于投资人的过错和不轨行为所引起的。

(2)《海外私人投资公司投资保险手册》

① 保险项目

海外私人投资公司为美国私人在友好的不发达国家或地区各项目中的投资,承担保险责任,以对付由于几种特定政治风险引起的损失。有关海外私人投资公司的法规授权该公司承保的几种政治风险是:

投资人赢得利润、取得收益或收回原有投资后,无法将所获得的当地货币兑换成美元。

由于东道国政府采取征用、国有化或没收措施,致使美国私人的海外投资遭受损失。

由于发生战争、革命或暴动,致使美国私人的海外投资遭受损失。

② 禁兑风险

海外私人投资公司承担禁兑风险,目的在于保证各种收益、资本、本金与利息以及其他各种合格的汇款(如劳务协议所规定的酬金等),能够源源不断地兑换成美元;其条件是在签发保险单当时,按照东道国的外汇管理条例和实施情况,上述款项本来都是可以兑换成为美元的。一旦发生禁兑风险,投保人就有权通过海外私人投资公司把当地货币兑换成为美元。这种禁兑风险可以是"积极主动的"(例如,东道国外汇管理当局根据新的更加严格的条例规定采取措施,不许将当地货币兑换成外汇);也可以是"消极被动的"(例如,投资人申请将当地货币兑换成外汇,而有关当局在一定期间——

通常是60天——以内未予表态)。这种保险项目还保护投资人,对付有害的、歧视性的汇率规定;但并不保护投资人避免当地货币贬值导致的损失。投资人持有当地货币超过18个月以上,即失去把这些货币向海外私人投资公司兑成美元的资格。

③ 征用风险

按照海外私人投资公司保险合同的规定,应予承保的“征用行动”风险事故,不仅包括典型的把企业收归国有或夺取财产的行动,而且包括各种各样的可以称之为“蚕食或征用”的事态。由投资项目所在国的政府“采取、授权、认可或纵容”任何行动,如对美国的海外企业的财产或经营生产的影响,就被认定是“征用行动”。保险合同中特别规定:这种行动必须持续存在至少1年之久,才能被认定为“征用”风险事故。如果保险合同承保的是用以举办社会公益事业的贷款,则上述条件可以缩短为3个月以下。对于征用风险事故的含义,存在若干重要的限制,它包含几种例外的情况。凡是东道国政府采取的正当的管制措施或征税措施,或者是由于投资人或美国的海外企业实行的挑衅或煽动而引起的东道国政府的行为,均不认为是征用风险事故。

④ 战争、革命和暴动风险

根据战争、革命和暴动风险承保项目(简称战乱险)的规定,如果由于投资项目所在国国内发生战斗行动,造成投保人的损失,承保人就应支付赔偿金。构成战乱风险,并不要求具备正式宣战的行为。

承保范围扩大到在战争、革命和暴动期间为了阻止、反击或防御敌对行动而采取措施所造成的各种损失。对于动乱程度不如革命或暴动的骚乱风险,不予承保。……

对于某几种合同规定的债权实行的战乱保险,计算风险事故赔偿金时,并不局限于投保人在海外企业中“物质资产”所遭受的损失,也不按此标准衡量核定赔偿金额。相反,投资项目所在国中一旦发生战争、革命或暴动,如果此种事态直接导致一笔分期付款的本金和利息拖欠不还,长达一定时间,承保人就应当支付赔偿金。这种时间条件,对于社会公益事业投资项目的贷款人来说,是拖欠长达3个月,如果紧接着又有一笔分期付款拖欠不还,则缩减为1个月;对于母公司的贷款人来说,是拖欠长达6个月。

4. 学理分析

该案所探讨的是美国海外投资保险机构的承保险别即保险范围问题。

根据美国有关法律规定，海外投资保险的范围仅限于政治风险，主要包括：

（1）外汇险。又称不能自由兑换的风险，指获得的东道国当地货币不能自由兑换为外汇的风险。具体内容包括投保人在保险期内作为投资的收益或利润而获得的当地货币，或因变卖投资企业财产而获得的当地货币，不能在东道国兑换成美元自由汇回本国的风险。外汇险特指由于东道国实行外汇管制，致使一定时期内无法进行外汇业务时所发生的风险。所以海外投资因汇价变动所受的损失或在订立保险契约时，东道国政府已经实行或可能实行外汇管制的，均不属于外汇风险。根据美国法律规定，承保此类险别必须具备一定的条件：一是，在签订保险合同时，东道国政府并无禁兑规定。二是，投资者在换取美元的申请已经提出30天或60天期满而当地政府仍不批准的条件下，方可向海外私人投资公司要求用美元予以兑换。

（2）征用险。一般是指由于东道国政府对外国投资者的资产或收益实行征用、没收或国有化措施，致使投保者的财产受到部分或全部损失的风险。根据美国1981年《海外私人投资公司修订法案》规定，征用是指在投资人并无过错或不轨行为的情况下，东道国政府中途废止、拒绝履行或违反投资契约，致使该项目实际上难以继续经营。由于投资者本人的过失或不当行为引起东道国政府废止、拒绝履行或违反投资契约，导致其投资财产受到损失时，不属于征用险。征收或国有化是指投资项目所在国的政府所采取、授权认可或纵容的给予赔偿或不给予赔偿的任何行动，该行动开始于保险期内，并且造成以下后果长达一年之久：阻碍投资者获得海外美资企业依据有价证券以指定货币支付给投资者的到期款项；阻碍投资者作为股东或债权人有效地行使由于投资而取得的对于海外美资企业的基本权利；阻碍投资者转让有价证券或有价证券派生的任何权利；阻碍海外投资企业对本企业重要财产的使用和处置实行切实有效的控制，阻碍建设或经营该投资项目；阻碍投资者有效控制在证券方面作为投资收益和资本收益所获得的金额。一旦东道国政府对投资者采取征用行动，投资者必须立即用书面将所了解的情况向保险公司报告。并且保险公司在支付保险赔偿之前，有权要求投资者采取一切必要行动，防止或抗议东道国的征用行动。但如果投资者采取了相应的行动却未发生作用，不妨碍其向保险公司索赔。

（3）战乱险。战乱险是指东道国的国内或国际的有组织的武装力量所造成的革命、内乱或战争，其结果导致被保险财产遭受损失、破坏、丧失或被夺取、留置的风险。此外，政府为对付紧急或预期的敌对行动所采取的组织、抗击或防御措施，其结果导致被保险财产遭到同样上述损失的情况也属于战争险。因此投资者要取得战争险的保险金，必须证实东道国爆发的敌对力量为有组织的形式，目的在于推翻现政权，建立新政权，并且所遭受的投资利益损失是由于上述有组织的敌对力量成员所造成或由该组织的武装力量直接导致。那么，东道国的一般恐怖活动或国内轻微骚乱所致的损失以及以实现劳工目的或学生目的为主的行动所造成的损失和主要由于投资人一方的不轨行为激起或挑起的暴力行为而遭受的损失，不在承保之列。此外，投资者因战争险而取得的保险金的范围是有限制的，一般仅限于：投资财产中的有形财产部分，但对于上述暴力中损失的金银珠宝、珍贵艺术品、有价证券、档案文件、现金的损失不在保险之列；投资者所受的直接损失，不包括间接损失。

（4）营业中断险。除上述三种险别外，美国新近又增加了营业中断险，其含义是指由于发生上述各种风险事故，即外汇险、征用险、战乱险致使投资者投保的营业暂时中断所遭受损失的风险。其目的在于对美国私人投资给予更多的安全保证。

在美国，以上四种风险可同时投保，也可单独投保，由被保险人自己选择。

综合分析上述案例：

首先，在本案中，美国电力公司所遇到的风险属于美国法律所规定的外汇险。其次，就本案具体情况而言，出现该风险的原因在于南非政府的消极限制措施，即其未能在合理时间内对该投保人提出的汇兑申请作出行动，这显然不属于投保人的过失所致。最后，从本案情况可以推知，在以前或者说在订立保险合同时南非政府允许美元的自由兑换并可自由汇出南非。在此前提下，美国电力公司即投保人提出汇兑申请后 70 日，仍然未获准汇兑，根据美国的法律规定，其显然可以向美国海外私人投资公司提出索赔要求。美国海外私人投资公司应该向投保人电力公司支付保险金。

5. 自测案例

美国华盛顿国际银行在多米尼加境内投资组建了一家木材公司，经营伐木、制材、出口等业务。此后不久，美洲国家组织的专家们对多米尼加自然资源的概况进行了 3 次调查研究，在此基础上撰写的专题报告指出：由于林业管理松弛，伐木商乱砍滥伐，多米尼加境内的森林资源日益锐减，并危及国内的水土保持。如不及时采取护林补救措施，长此以往，后果不堪设想。多米尼加政府十分重视该项意见，于是颁布法令，对木材的砍伐和出口实行定量的许可证控制（该法令普遍适用于其境内的一切外资伐木企业，而且适用于本国经营的同一行业），由此造成美国华盛顿国际银行进行投资的木材公司几度停产，因经营困难而亏损累累。1968 年 9 月，投保人美国华盛顿国际银行向美国国际开发署（美国海外私人投资公司的前身）提出索赔请求。①

问：美国华盛顿国际银行所受到的风险是否属于征收险范围？该银行能否从国际开发署取得赔偿？

四、双边保护投资协定

为进一步创设良好的投资环境，促进资本的跨国流动，各国还在国际法层面上进行了大量努力，其中最早出现、普遍使用的当属保护国际投资的各种双边条约。在双边投资条约的三种模式中，鉴于其实体规定和程序规定方面的缺陷，国家之间已经很少再签订友好通商航海条约。目前，双边投资保证协定、双边促进和保护投资协定成为双边投资条约的主要形式。

（一）投资保证协定

投资保证协定由美国首创并大力推行，因而也称美国式的投资保证协议。投资保证协定是缔约国一方为保护其在缔约国对方境内的投资而与缔约国对方签订的双边条约。这类协议的内容以程序性规定为主，其核心在于让对方缔约国正式确认美国国内的承保机构在有关的政治风险事故发生并依约向投保的海外投资者理赔之后，享有海外投资者向东道国政府索赔的代位权和其他相关权利及地位。1980 年，我国与美国签订了《中华人民共和国政府和美利坚合众国政府关于投资保险和投资保证的鼓励投资的协议及有关问题的换文》。

1. 案情简介

美国某公司在中国投资设立一中美合资经营企业，其出资额为 70

① 引自张丽英：《国际经济法案例教程》，知识产权出版社 2006 年版，第 359 页。

万美元，即以技术作价50万美元和在美国某银行贷款20万美元作为出资。在投资被有关机关批准前，该美国公司向本国的海外私人投资公司申请投保，投保险别为汇兑险、战争险，投保金额为其在该合营企业的出资额70万美元。美国海外私人投资公司为其投资承保。在发生了美国海外私人投资公司所承保的汇兑险且进行赔偿后，美国海外私人投资公司向中国政府行使了代位求偿权，但遭到拒绝。①

2. 思考方向

尽管《中华人民共和国政府和美利坚合众国政府关于投资保险和投资保证的鼓励投资的协议及有关问题的换文》对投资规定了较为广泛的范围，但其适用也是有限制的。该案涉及该协定的适用范围及条件问题，换言之，美国海外私人投资公司能否在赔偿本国投资者之后得到中国政府的赔偿关键要看该投资是否属于该协定的管辖范围，这应当根据该协议予以确定。

3. 法律规定

《中华人民共和国政府和美利坚合众国政府关于投资保险和投资保证的鼓励投资的协议及有关问题的换文》第1条　本协议中的"承保范围"，系指根据本协议由海外私人投资公司或继承该公司的美利坚合众国政府的任何机构——以下均称为"承保者"——承保的投资政治风险保险（包括再保险）或投资保证，其利益程度以作为承保范围内的保险者或再保险者为限。

第2条　本协议的规定只适用于经中华人民共和国政府批准的项目或活动有关的投资的承保范围。

《中华人民共和国政府和美利坚合众国政府关于投资保险和投资保证的鼓励投资的协议及有关问题的换文》附件（一）　该协议第2条规定："本协议的规定只适用于经中华人民共和国政府批准的项目或活动有关的投资的承保范围。"我谨确认关于协议第2条由中华人民共和国政府批准的程序的理解如下：

一、经外国投资管理委员会批准的项目或活动即构成第2条中所规定

① 引自王海英：《国际经济法案例教程》，北京大学出版社2005年版，第230页。

的中华人民共和国政府的批准。在某一项目或活动得到这种批准后,海外私人投资公司为与该项目或活动有关的投资所承保的投资保险或保证,应受本协议规定的程序的约束。这些有关投资包括下列各项:

(一) 经外国投资管理委员会批准的项目或活动中投资者的股份投资和贷款;

(二) 金融机构给外国投资管理委员会批准的项目或活动的贷款;

(三) 与外国投资管理委员会批准的项目或活动达成的技术转让、服务和管理协议。

二、为执行本协议第 2 条,根据中国的立法经有关省经济特区管理委员会批准的任何项目或活动,视为中国政府批准。

三、对不需外国投资管理委员会批准的项目或活动,经美利坚合众国政府的要求,外国投资管理委员会应尽快通知美国政府关于代表中华人民共和国政府进行这类审批的中国政府的适当部门或机构,并应协助海外私人投资公司得知该部门或机构关于本协议第 2 条规定作出的决定。

4. 学理分析

《中华人民共和国政府和美利坚合众国政府关于投资保险和投资保证的鼓励投资的协议及有关问题的换文》第 1 条规定了其保险的范围仅限于非商业性或政治风险,即根据本协议由海外私人投资公司或继承该公司的美利坚合众国政府的任何机构承保的投资政治风险保险(或再保险)或投资保证,其利益程度以作为承保范围内的保险者或再保险者为限。但该投资仅限于经中华人民共和国政府批准的项目或活动有关的投资的承保范围。根据换文附件(一)之解释,这里有关的投资主要包括以下各项:经外国投资管理委员会批准的项目或活动中投资者的股份投资和贷款;金融机构给外国投资管理委员会批准的项目或活动的贷款;与外国投资管理委员会批准的项目或活动达成的技术转让、服务和管理协议。也就是说,本协定适用于经中华人民共和国批准的项目或活动有关的贷款、技术转让、服务和管理协议。所谓经中华人民共和国批准,主要是指经以下机关批准:一是,经外国投资管理委员会批准。二是,根据中国的立法经有关省经济特区管理委员会批准,视为中国政府批准。三是,其他适当的部门或机构。即对不需外国投资管理委员会批准的项目,经美利坚合众国政府的要求,外国投资管理委员会应尽快通知美国政府关于代表中华人民共和国政府进行这类审批的中国政府的适当部门或机构,并应协助海外私人投资公司得知该部门或机构关于本协议第2条规定作出的决定。

综合分析上述案例，该案中的投资不属于中美间双边投资保证协定所管辖的范围。该案中，该美国公司的投保尽管得到了本国海外私人投资公司的承保，其投保的险别也属于政治风险，但由于其在中国设立的合营企业在投保前没有经过中国有关机构的批准，所以不符合该协定所规定的条件，即只有经中华人民共和国政府批准的项目或活动有关的投资才属于本协定的管辖范围。由于该投资不属于该协定的管辖范围，中国政府当然可对其拒绝赔偿。

5. 自测案例

美国贝尔彻木材公司根据一项特许协定，获准在哥斯达黎加境内经营伐木，兼营本公司木材成品出口业务。首批伐木作业开始于1968年11月1日，结束于1969年4月30日。两个月后，即1969年6月30日，贝尔彻木材公司请求哥斯达黎加政府发给出口许可证。哥政府认为该公司未按特许协议的有关规定缴纳立木砍伐费，不尊重东道国政府的应有权利，拒不颁发出口许可证。由于双方发生争执，直到1969年10月31日，哥斯达黎加政府才将木材产品的出口许可证发给贝尔彻木材公司。但此时由于天气原因只能等到次年春天运输木材。在1970年可以运输木材出口时，许多木材已经腐烂了。贝尔彻公司认为，东道国政府迟迟不发给出口许可证，是一种“征用行为”，因而在1970年7月依据投资保证合同向国际开发署（美国海外私人投资公司的前身）提出索赔。①

问：贝尔彻木材公司能否从美国国际开发署获得赔偿？

（二）促进与保护投资协定

促进与保护投资协定是目前国际上普遍采用的一种双边投资条约。由于原联邦德国在签订这类协定方面的领先与表率作用，这类协定又被称为原联邦德国式的促进与保护投资协定。与美国式的投资保证协定不同的是，此类协定内容翔实具体，实体性规定和程序性规定并举，能够为资本输出国的海外投资提供切实有效的保护。

① 引自陈安：《美国对海外投资的法律保护及典型案例分析》，鹭江出版社1985年版，第60—62页。

1. 案情简介

德国某公司在中国海南地区投资设立了一家独资经营企业，经营期限为15年，主要经营房地产业务。在企业设立之初，该德国公司曾向一位在海南地区从事水利设施生产的英国人询问缴税情况，得知该英国人设立的企业第一年至第五年免交企业所得税，第六年至第十年减半征收企业税。但是，在成立后，该外商独资企业第一年按照33%的税率交纳了企业所得税。德国公司对此表示异议，认为受到了不公平待遇，其在中国所受的待遇比他国投资者要低。于是，该公司以中国政府违反了《中华人民共和国和德意志联邦共和国关于促进和相互保护投资的协定》(简称《中德关于促进与保护投资协定》)及其议定书为由，要求中国政府在税收方面给予其与他国投资者相同的待遇。①

2. 思考方向

一般来说，为了保护本国投资者的利益，双边促进与保护投资协定的缔约国都会在协定中规定投资者所享有的待遇。该案涉及《中德关于促进与保护投资协定》中投资者的待遇问题，即该德国公司在中国是否受到了不公平待遇，这应当根据《中德关于促进与保护投资协定》以及我国相关法律的规定予以确定。

3. 法律规定

(1) 2003年《中华人民共和国和德意志联邦共和国关于促进和相互保护投资的协定》第3条 一、缔约一方的投资者在缔约另一方的境内的投资应始终享受公平与公正的待遇。

二、缔约一方应给予缔约另一方投资者在其境内的投资及与投资有关活动不低于其给予本国投资者的投资及与投资有关活动的待遇。

三、缔约一方给予缔约另一方投资者在其境内的投资及与投资有关活动的待遇，不应低于其给予任何第三国投资者的投资及与投资有关活动的

① 引自王海英：《国际经济法案例教程》，北京大学出版社2005年版，第232页。

待遇。

四、本条第1款到第3款所述的待遇,不应解释为缔约一方有义务将由下列原因产生的待遇、优惠或特权给予缔约另一方投资者:

(一) 任何现存或将来的关税同盟、自由贸易区、经济联盟以及共同市场的成员;

(二) 任何双重征税协定或其他有关税收问题的协定。

(2)《中华人民共和国和德意志联邦共和国关于促进和相互保护投资的协定的议定书》四、关于第3条

(一) 第3条第2款所指的"活动"尤其包括但不限于:一项投资的管理、维持、使用、享有和处分。"待遇低于"尤其指:限制购买原材料或辅料、能源或燃料、生产设备或操作工具的不平等待遇及其他具有类似效果的措施。因公共安全和秩序、公众健康或道德而采取的措施,不应视为第3条中的"待遇低于"。

(二) 第3条并不要求缔约一方有将其依照税法只给予住所在本国境内的投资者的税收优惠、免税或减税待遇,扩大到住所在缔约另一方境内的投资者的义务。

4. 学理分析

该案中,就其在中国投资设立的独资企业被要求按照33%的税率缴税而言,该德国公司并未受到任何歧视。

《中德关于促进和相互保护投资协定》规定了投资者的相关待遇标准,其中,与该案有关的两种待遇标准是:

(1) 最惠国待遇标准。所谓最惠国待遇标准,是指东道国按本国法律给予外国投资者的待遇,不低于或不少于该国给予任何第三国投资者的待遇。该协定中的最惠国待遇主要体现在以下几方面:一是缔约一方投资者在缔约另一方境内的投资所享受的待遇,不应低于同缔约另一方订有同类协定的第三国投资者的投资所享受的待遇;二是缔约一方投资者在缔约另一方境内与投资有关的活动所享受的待遇,不应低于同缔约另一方订有同类协定的第三国投资者与投资有关的活动所享受的待遇。这里的"活动",主要是指一项投资的管理、维持、使用、享有和处分。"待遇低于"尤其指:限制购买原材料或辅料、能源或燃料、生产设备或操作工具的不平等待遇及其他具有类似效果的措施。然而上述待遇不适用于下列情形:缔约一方根据现存的关税同盟、自由贸易区或者由于属于某一经济共同体而给予第三国投资者的优惠;缔约一方根据避免双重征税协定以及其他有关税收问题的协议而给予第三国投资者的优惠;缔约一方为方便边境贸易而给予第三国投资者的优惠。

(2) 公平公正待遇标准。实际上,公平公正待遇并无明确的定义,但为了明确该标准的含义,该协定第2条以及议定书的相关规定反映了这一待遇标准的要求,主要体现在以下几个方面:一是,缔约一方应鼓励缔约另一方的投资者在其境内投资,并依照其法律和法规接受这种投资。缔约一方投资者在缔约另一方境内的投资应享受持续的保护和安全。缔约一方的投资者在缔约另一方行使主权权利或者管辖范围内依法进行的投资,也享受本协定的充分保护。二是,缔约任何一方保证,在不违反其有关外国人参股的合资经营企业和外资企业的法律的情况下,对缔约另一方投资者参股的合资经营企业及缔约另一方投资者的投资不采取歧视措施。缔约一方不得对缔约另一方投资者在其境内投资的管理、维持、使用、享有和处分采取任何随意的或歧视性的措施。所谓歧视措施,主要是指限制购买原材料或辅料、能源或燃料、生产设备或操作工具的不平等待遇及其他具有类似效果的措施。但缔约一方因其国民经济在某些时期安排上的优先顺序而采取的措施,如果不是专门针对缔约另一方投资者或缔约另一方投资者参股的合资经营企业的,不应视为“歧视措施”。缔约一方因公共安全和秩序、公众健康或道德而采取的措施,亦不应视为“歧视措施”。

综合分析上述案例:

首先,该德国公司在中国海南设立的独资经营企业属于经营房地产的企业,而该英国人在中国海南设立的是从事水利设施生产的企业,属于生产性外商投资企业。根据我国相关法律的规定,在海南经济特区设立的从事水利等基础设施项日的外商投资企业,经营期限在15年以上的,经企业申请、海南省税务机关批准,从开始获利的年度起,第一年至第五年免征企业所得税,第六年至第十年减半征收企业所得税。在该案中,由于德国公司设立的企业不属于我国税法规定的生产性外商投资企业,所以不能享受以上优惠。

其次,最惠国待遇标准所规定的是缔约国的投资者在另一缔约国内的投资或者投资活动所享受的待遇不低于第三国投资者在该缔约国所进行的同类投资所享受的待遇。也就是说,只有同类或者类似性质的投资活动才具有可比性。而在该案中,两者所经营的活动属于两种性质,如果德国公司也从事水利设施的生产,也就不会出现本案中的情况。根据中国有关法律的规定，与中国签订协定的其他国家的投资者在中国海南从事房地产开发业务的，其也按照33%的税率缴税，根本不享受“五免五减半”的优惠政策。

综上所述，德国公司与其他国家类似的投资者在中国所享受的待遇是一样的，根本没有受到不公平的待遇，换言之，中国政府没有违反有关协定的规定。

5. 自测案例

阿根廷投资者Maffezini在西班牙投资建立了一个化工厂，后与当地政府产生争议。根据西班牙与阿根廷1991年双边投资保护协定第10条的规定，在向ICSID提起仲裁之前，Maffezini必须先向西班牙法院寻求司法救济。然而，西班牙与智利1991年签订的双边投资协定第10条却只要求先进行磋商，然后缔约一方投资者即可将缔约另一方政府诉诸ICSID。因西班牙与阿根廷之间双边投资协定第4条规定，“本协定项下的所有事项”都可适用最惠国待遇原则，据此，Maffezini要求获得西班牙与智利双边投资保护协定第10条规定的待遇，无须先向西班牙法院起诉，就直接向ICSID提起仲裁。①

问：双边投资协定中的最惠国待遇条款是否适用于程序事项？

五、区域性国际投资法制

20世纪90年代以来，欧盟、北美自由贸易区、拉丁美洲一体化协会、安第斯集团、中美洲共同市场、加勒比共同市场、南方共同市场、东南亚国家联盟、亚太经济合作组织等区域经济组织发展迅速。区域经济一体化的全球迅猛发展给国际投资流向带来了新的刺激因素，国家间、地区间在投资方面的相互渗透日益加强，区域内资本流动的部分乃至完全自由化。可以预见，区域经济一体化的发展无论是对吸引更多的区域资本流向这些区域，还是对区域内各国相互间投资流动，都将起到更大的促进作用。

北美自由贸易协定

1992年8月，美国、加拿大和墨西哥达成了《北美自由贸易协定》(North American Free Trade Agreement, NAFTA，1994年1月1日生效)。由于墨西

---

① 引自韩立余：《国际经济法学原理与案例教程》，中国人民大学出版社2006年版，第367页。

哥、加拿大对外资的限制较为严格,投资成为《北美自由贸易协定》谈判过程中的一项重要议题。协定专章(第十一章)对投资问题作出了规定,包括有关外国投资待遇的实体性义务、有关外国投资者和东道国政府间投资争端的解决程序等等。

1. 案情简介

S. D. Myers 公司是美国一家处理多氯化联苯(PCB)有毒物的废料处理公司,它在加拿大投资设立一家合营企业 S. D. Myers Canada 从事向美国出口 PCB 的业务。1995 年加拿大政府根据加拿大环境保护法案出台颁布法令,禁止向美国出口 PCB。Myers 公司以其投资企业及其投资因此遭受严重损失为由,根据《北美自由贸易协定》争端解决机制提起仲裁,理由之一就是加拿大政府的法令违反了《北美自由贸易协定》第 1102 条关于国民待遇的规定,因为其实施的措施歧视美国的废料处理经营者,美国废料处理公司不被允许以加拿大废料处理公司同样的方式来经营。①

2. 思考方向

一般来说,国际投资协定的缔约者为了保护本国投资者的利益,都在协定中规定投资者所享有的待遇。该案涉及《北美自由贸易协定》中有关投资者及其投资的待遇的规定,即 Myers 公司及其投资在加拿大是否受到了不公平待遇,这应当根据《北美自由贸易协定》以及加拿大相关法律的规定予以确定。

3. 法律规定

(1)《北美自由贸易协定》第 2 条 国民待遇

① 每一缔约方给予另一缔约方投资者的待遇应不低于(no less favorable

① See S. D. Myers Inc. v. Government of Canada, Statement of Claim[EB/OL]. http://www. international. gc. ca/trade-agreements-accords-commerciaux/disp-diff/SDM _ archives. aspx? lang = en,2009 年 1 月 20 日访问。另请参见李萍:《NAFTA 国际投资法律问题研究》,中国政法大学 2003 年博士学位论文。

than)它在类似情形下(in like circumstances)在投资的设立、获得、扩大、管理、经营、运作和出售或其他处分方面给予本国投资者的待遇。

② 每一缔约方给予另一缔约方投资者的投资的待遇应不低于它在类似情形下在投资的设立、获得、扩大、管理、经营、运作和出售或其他处分方面给予本国投资者的投资的待遇。

③ 就缔约国的州或省而言,根据上述第 1 项和第 2 项所给的待遇是指不低于在类似情况下这个州或省给予来自其所在的缔约国其他地方的投资者和投资者的投资的最优惠的待遇。

④ 为更大的确定性,任何缔约方不可以:

a. 要求另一缔约国投资者同意当地投资者在其境内企业持有最低比例股份;

b. 仅仅因为国籍原因,迫使另一缔约国投资者出售其投资。

(2) 第 1116 条　投资者代表自己提起仲裁

① 某一缔约方的投资者可以对另一缔约方提出申诉,即该另一缔约方违反了以下条款规定的一项义务:

a. A 节(Section A)或第 1503(2)条　(国有企业,State Enterprises),或

b. 第 1502(3)(a)条　(垄断和国有企业,Monopolies and State Enterprises),即垄断的方式与缔约方在 A 节中的义务不一致,而且投资者因违反该项条款规定的义务而遭受损失或损害。

② 从投资者得知或应该得知违反义务的情况和投资者为此遭受了损失或损害之日起,如果超过了 3 年,投资者将不得再提起申诉。

4. 学理分析

国际投资协定的关键目标之一是使外国投资者和东道国的其他投资者具有平等竞争的条件,避免投资者因其国籍而受到歧视待遇。国民待遇(National Treatment)标准所要实现的目标是,使得外国投资者取得与东道国投资者相同的竞争优势。可以说,国民待遇标准是国际投资协定中最重要的一个待遇标准。同时,它或许也是最难执行的一个标准,因为它涉及一国的政治和经济的敏感问题。

在国际投资协定中,国民待遇作为一项待遇标准可以被定义为:东道国给予外国投资者的待遇,不得低于它在同样情形下给予本国投资者的待遇。简而言之,根据国民待遇标准,东道国有义务保证其法律、法规及其执行对本国人和外国人一视同仁,而不论相关的法律、法规属于何种性质或涉及何

经济领域。国民待遇标准是一个相对待遇标准,而不是一个绝对待遇标准。根据国民待遇标准。外国投资者实际得到的待遇水平取决于东道国给予本国投资者的待遇水平。

综合分析上述案例①:

首先,仲裁庭指出,《北美自由贸易协定》第1102(1)和1102(2)条都规定了在类似情形下(in like circumstances)在投资的设立、获得等方面给予本国投资者的待遇。“在类似情形下”这一术语在具体的争端中会有不同的解释。在考虑第1102条中“在类似情形下”的含义时,有必要全面考虑该术语的上下文。

其次,仲裁庭认为,“在类似情形下”这一术语意味着应当在“相同的部门”(sector)的情况下审查是否外国投资者享受了不低于本国投资者的待遇。对于“部门”这一概念,则应当从“经济部门”(economic sector)和“商业部门”(business sector)进行宽泛的理解。仲裁庭没有将S. D. Myers公司在加拿大的投资与其他加拿大的废料经纪服务商间进行比较,而是考虑是否投资者在美国的废料处理经营受到了低于给予相似的加拿大的废料处理经营的待遇。换言之,所谓的歧视缘于加拿大废料处理经营者能够在加拿大处理PCB污染的废料而美国的经营者不能使用它们美国的设备处理PCB废料。这种比较方法,使国民待遇条款的适用远远超出预期的范围。仲裁庭认定,该出口禁令的实际效果是对加拿大相关企业有利,而对S. D. Myers公司不利,因为只有该公司需要从加拿大进口PCB作为自己工厂的处理物。

最后,仲裁庭指出,在审查一项措施是否违反国民待遇义务时,应当考虑这样一些因素:该项措施的实际效果是否为本国投资者产生了不适当的利益;该项措施的规定是否明显有利于本国投资者。仲裁庭认为,加拿大政府颁布的出口禁令的真正意图是保护本国的PCB处理工业,以此来对抗强有力的美国竞争者。

基于上述分析,仲裁庭裁决,加拿大政府的禁止出口法令违反了《北美自由贸易协定》规定的国民待遇义务。

国民待遇标准适用中有一些棘手的问题,如对《北美自由贸易协定》第11章第1102条包含的“在相似情形下”措辞的理解与解释等。每个案件都

---

① See also S. D. Myers Inc. v. Government of Canada, PARTIAL AWARD [EB/OL]. http://www.international.gc.ca/trade-agreements-accords-commerciaux/disp-diff/SDM_archives.aspx? lang = en,2009年1月20日访问。

从不同角度基于不同事实,对第 1102 条进行了诠释。由于在国际投资法中对有关国民待遇问题的一些措辞尚无确定的法理解释,因此实践中对第 1102 条的适用各方的分歧很大,且结果有时往往出人意料。

5. 自测案例

Kenex Ltd. 是一家在北美地区生产和销售大麻制品的加拿大公司。Kenex USA Ltd. 是一家根据美国法律成立的公司,由 Kenex Ltd. 所有和控制,负责美国市场的开发和运营。美国政府依据"Zero THC Policy"政策扣押了 Kenex Ltd. 进口的大麻制品。2001 年 Zero THC Policy 机构通过美国的药品管理部门颁发了一项在美国全面禁止大麻制品商业活动的规定。Kenex Ltd. 认为,美国政府禁止大麻制品但不禁止罂粟制品的行为违反了《北美自由贸易协定》第 1102、1103、1104 条的义务。Kenex Ltd. 根据 Chapter11 第 1116 条提起仲裁,要求美国政府给予不少于 2 千万美元的赔偿。①

问:美国政府的做法是否违反了《北美自由贸易协定》第 1103 条规定的最惠国待遇义务?

六、世界性国际投资法制

世界贸易组织体制下的国际投资规范

世界贸易组织法(Law of the World Trade Organization, Law of WTO)以调整国际贸易为主,但也涉及国际投资领域。WTO 国际投资法制的内容主要包含在《与贸易有关的投资措施协定》(Agreement on Trade-Related Investment Measures,以下简称《TRIMs 协定》)、《服务贸易总协定》(General Agreement on Trade in Services, GATS)之中。除此之外,《与贸易有关的知识产权协定》(Agreement on Trade-Related Aspects of Intellectual Property Rights,简称《TRIPS 协定》)、《关于争端解决规则与程序的谅解》(Understanding on Rules and Procedures Governing the Settlement of Disputes,DSU)等对国际投资活动也有一定的影响。

---

① 引自李萍:《NAFTA 国际投资法律问题研究》,中国政法大学 2003 年博士学位论文。

1. 案情简介

加拿大有关法律规定,为了获得进口免税资格,在加拿大设立的汽车制造商之当地生产必须达到最大限度的"加拿大增值额"。欧盟和日本认为,加拿大的该项要求违反了1994年关税与贸易总协定(General Agreement on Tariff and Trade 1994,GATT1994)第3条第4款和《TRIMs协定》第2条第1款的规定,将之诉至WTO争端解决机构。对此,加拿大的辩解是,在该国的汽车制造商要达到"加拿大增值额"并非一定要通过购买加拿大国内产品的方式,通过增加当地劳工成本等方式也可轻易地满足;而按照《TRIMs协定》附件的列举,只有要求适用国内产品时,当地成分要求或当地增值要求才与GATT1994第3条第4款规定的国民待遇原则相抵触。①

2. 思考方向

《TRIMs协定》第2条第1款规定了违反GATT1994第3条第4款之国民待遇原则的投资措施。该案涉及《TRIMs协定》第2条第1款所规定的投资措施的范围问题,即该加拿大法律是否构成了违反GATT1994第3条第4款之国民待遇的投资措施,这应当根据《TRIMs协定》以及加拿大相关法律的规定予以确定。

3. 法律规定

(1)《TRIMs协定》第2条第1款 在不损害GATT 1994项下其他权利和义务的情况下,各成员不得实施任何与GATT1994第3条或第11条规定不一致的与贸易有关的投资措施。

(2)《TRIMs协定》附件—例示清单 与GATT 1994第3条第4款规定的国民待遇义务不一致的与贸易有关的投资措施包括根据国内法律或根据行政裁定属强制性或可执行的措施,或为获得一项利益而必须遵守的措施,

① 引自韩立余:《国际经济法学原理与案例教程》,中国人民大学出版社2006年版,第395页。有关该案的案情及分析,详见韩立余:《WTO案例及分析(2000)》,中国人民大学出版社2001年版,第59—122页。

且该措施：

a. 要求企业购买或使用国产品或自任何国内来源的产品，无论按照特定产品、产品数量或价值规定，还是按照其当地生产在数量或价值上所占比例规定；或

b. 要求企业购买或使用的进口产品限制在与其出口的当地产品的数量或价值相关的水平。

（3）GATT1994 第3条第4款 一缔约国领土的产品输入到另一缔约国领土时，在关于产品的国内销售、推销、购买、运输、分配或使用的全部法令、条例和规定方面，所享受的待遇应不低于相同的国产品所享受的待遇。但本款的规定不应妨碍国内差别运输费用的实施，如果实施这种差别运输费用纯系基于运输工具的经济使用而与产品的国别无关。

4. 法理分析

所谓与贸易有关的投资措施，不是指投资措施的全部，而是指那些能够对国际贸易产生限制和扭曲作用的投资措施。它主要有两大类：投资激励和经营要求。投资激励是指有利于投资者的鼓励投资措施，特指东道国政府为吸引外国投资而给予的各种优惠政策和优惠待遇，包括国内税减让、关税减让、补贴和投资资助等四方面内容。经营要求是指东道国政府对外国投资项目或企业在经营方面所做的政策规定。

《TRIMs 协定》禁止 WTO 成员采取与 GATT1994 第 3 条第 4 款或第 11 条第 1 款规定不一致的与贸易有关的投资措施。《TRIMs 协定》第 2 条第 2 款规定了违反了 GATT1994 第 3 条第 4 款的与贸易有关的投资措施。按照协定附件，与国民待遇原则不符的与贸易有关的投资措施包括：当地成分要求，即要求外国投资企业必须购用一定数量东道国产品作为其生产投入；贸易平衡要求，即将外国投资企业的进口限定在该企业出口量或出口值的一定比例内。《TRIMs 协定》第 2 条第 2 款规定了违反了 GATT1994 第 11 条第 1 款的与贸易有关的投资措施。按照协定附件，与取消数量限制不符的与贸易有关的投资措施包括：贸易平衡要求；进口用汇限制，即外国投资企业进行生产所需的进口被限制在属于该企业流入的外汇的一定数量内；国内销售要求或出口限制，即限制企业出口产品或销售出口产品。

综合分析上述案例，WTO 争端解决机构的专家组认为，加拿大的辩解缺乏说服力，本案中的加拿大法律构成了违反 GATT1994 第 3 条第 4 款的与贸易有关的投资措施：

首先，如果一项措施赋予国内产品在销售或适用上以优势，而没有将这些优势给予相同进口产品的销售或适用，无论这种优势是否可以通过其他方式获得，国内产品与相同进口产品的竞争机会即受影响。进口产品的较差待遇，并没有因为可以通过其他方式获得优势这一事实而被否定。

其次，虽然裁定当地成分要求违反GATT1994第3条第4款的既有GATT和WTO专家组报告，涉及的是通过适用国内产品要求能满足的条件，但这些报告中的推理并不表明它们支持这样的一般性观点：与当地成分或当地增值有关的措施，只有以使用国内产品为必要条件时，才与GATT1994第3条第4款相悖。

最后，根据定义，《TRIMs协定》附件清单的示例性性质意味着，其不构成对与GATT1994第3条第4款不符的投资措施的穷尽列举。

该案上诉后，WTO上诉机构支持了专家组的该项裁决。

5. 自测案例

在1996年WTO专家组受理的印度尼西亚影响汽车工业的相关措施案(Indonesia-Certain Measures Affecting the Automobile Industry)中，日本诉称，1996年印度尼西亚开始实施的国内汽车项目(National Car Programme)构成了与贸易有关的投资措施，并且违反了《TRIMs协定》第2条。该国内汽车项目的目的是为了发展印度尼西亚汽车和汽车零部件的国内生产能力，项目内容中包含了当地成分要求(local contents requirements)。欧共体诉称，印度尼西亚实施的对当地生产的联合收割机、面包车、厢式货车免征奢侈品销售税的措施以及超出60%的当地成分要求违反了《TRIMs协定》第2条。美国则提出，印度尼西亚的关税和税收激励制度以及印度尼西亚政府向"PT Timor Putra Nasional"(TPN)公司提供的69亿美元($690 million)贷款违反了《TRIMs协定》第2条，上述措施是基于指定的当地成分要求的实现，构成了对进口汽车零部件的歧视。①

思考：结合GATT1994第3条理解属于《TRIMs协定》第2条调整的与贸易有关的投资措施。

---

① See Indonesia-Certain Measures Affecting the Automobile Industry, Report of the Panel [EB/OL]. http://www.wto.org/english/tratop_e/dispu_e/54r02.doc，2009年1月20日访问。

七、《华盛顿公约》与ICSID体制

1965年《关于解决国家与他国国民间投资争端公约》(以下简称《华盛顿公约》)是目前国际上仅有的解决外国投资者与投资所在国之间产生投资争端的国际公约。依照该公约设立了“解决投资争端国际中心”(International Centre for Settlement of Investment Disputes, ICSID,以下简称中心)。中心的宗旨是为解决一缔约国与他缔约国国民间的投资争端提供调解和仲裁的便利。但投资者要想在该中心解决投资争端,必须具备该公约所规定的条件。这些条件主要包括:(1) 主观要件:凡提交中心解决的特定争端,当事人双方必须订有将该特定争端提交中心解决的书面同意协议;(2) 客体要件:中心的管辖权涵括直接因投资而产生的法律上的争端;(3) 主体要件:一般情况下,凡提交中心处理的投资争端的当事人,其中一方必须是公约缔约国或该缔约国的公共机构或实体,另一方则为另一缔约国国民。只有同时具备以上三个条件,一项争端才属于中心管辖的范围。

(一) 案情简介

1985年,几内亚政府为了发展本国的旅游业,与日本某旅馆有限责任公司和日本某建筑公司签订了共同投资建立旅馆的协议。协议规定,该日本旅馆有限责任公司将在几内亚境内建造两座旅馆。这些旅馆归该旅馆公司在当地的子公司所有。几内亚一方则提供建筑资金贷款、帮助取得建筑场地、给予外汇转移的便利和免交关税及其他征税利益的待遇。协议规定,一旦发生争议,则提交“解决投资争端国际中心”仲裁。但在旅馆主体工程完成后,该投资项目在财政方面陷入困境。日本旅馆公司威胁要从该项目中撤出,几内亚政府则停止了贷款,并拒绝提供外汇和给予一些重要的行政授权。因此该日本旅馆公司无力支付当地供货者的货款,不得不停止营建活动。于是日本某建筑公司和日本旅馆公司共同向解决投资争端国际中心提请仲裁。①

① 引自王海英:《国际经济法案例教程》,北京大学出版社2005年版,第226页。

（二）思考方向

中心对案件行使管辖权是有条件限制的，即只有符合《华盛顿公约》规定条件的争端才属于中心管辖。该案涉及中心行使管辖权的条件，即日本某建筑公司和日本旅馆公司提起的诉讼是否属于该中心管辖，这应当根据《华盛顿公约》的规定予以确定。

（三）法律规定

《关于解决国家与他国国民间投资争端公约》第25条

一、中心的管辖适用于缔约国（或缔约国指派到中心的该国的任何组成部分或机构）和另一缔约国国民之间直接因投资而产生的法律争端，而该项争端经双方书面同意提交给中心。当双方表示同意后，任何一方不得单方面撤销其同意。

二、“另一缔约国国民”系指：

（一）在双方同意将争端交付调停或仲裁之日以及在根据第28条第3款或第36条第3款将请求予以登记之日，具有作为争端一方的国家以外的某一缔约国国籍的任何自然人，但不包括在上述任一日期也具有作为争端一方的缔约国国籍的任何人；

（二）在争端双方同意将争端交付调停或仲裁之日，具有作为争端一方的国家以外的某一缔约国国籍的任何法人，以及在上述日期具有作为争端一方的缔约国国籍的任何法人，而该法人因受外国控制，双方同意为了本公约的目的，应看做是另一缔约国国民。

三、某一缔约国的组成部分或机构表示的同意，须经该缔约国批准，除非该缔约国通知中心不需要予以批准。

四、任何缔约国可以在批准、接受或认可本公约时，或在此后任何时候，把它将考虑或不考虑提交给中心管辖的一类或几类争端通知中心，秘书长应立即将此项通知转送给所有缔约国。此项通知不构成第一款所要求的同意。

第26条 除非另有规定，双方同意根据本公约交付仲裁，应视为同意排除任何其他补救方法而交付上述仲裁。缔约国可以要求用尽当地各种行政或司法补救办法，作为其同意根据本公约交付仲裁的一个条件。

第27条 一、缔约国对于其国民和另一缔约国根据本公约已同意交付或已交付仲裁的争端，不得给予外交保护或提出国际要求，除非该另一缔约国未能遵守和履行对此项争端所作出的裁决。

二、在第1款中，外交保护不应包括纯粹为了促进争端的解决而进行的非正式的外交上的交往。

第36条　一、希望采取仲裁程序的任何缔约国的任何国民，应就此向秘书长提出书面请求，由秘书长将该项请求的副本送交另一方。

二、该项请求应包括关于发生争端的问题的材料、双方的身份以及它们同意依照采取调停和仲裁的程序规则提交仲裁等内容。

三、秘书长应登记此项请求，除非他根据请求中所包括的材料，发现此项争端显然在中心的管辖范围之外，他就立即将登记或拒绝登记之事通知双方。

第41条第2款　争端一方提出的反对意见，认为该争端不属于中心的管辖范围，或因其他原因不属于仲裁庭的权限范围，应由法庭加以考虑，并决定是否将其作为先决问题处理，或与该争端的是非曲直一并处理。

（四）学理分析

该案所探讨的主要是解决投资争端国际中心的管辖权的确定。

根据《华盛顿公约》的规定，只有符合以下条件的争端才属于中心管辖的范围：

1. 主体要件。争端的当事人一方必须是缔约国国家或缔约国指派到中心的该国的任何组成部分或机构，他方是另一缔约国国民。所谓另一缔约国国民是指：(1) 在双方同意将争端交付调停或仲裁之日以及在根据公约第28条第3款或第36条第3款将请求予以登记之日，具有作为争端一方的国家以外的某一缔约国国籍的任何自然人（但不包括在上述任一日期也具有作为争端一方的缔约国国籍的任何人）；(2) 在争端双方同意将争端交付调停或仲裁之日，具有作为争端一方的国家以外的某一缔约国国籍的任何法人，以及在上述日期虽具有争端当事国国籍，但由于外来控制的原因，经争端当事国同意，为了公约的目的，视为另一缔约国国民的任何法人。

2. 客体要件。即争端必须属于法律争议性质，并且是直接因为投资而引起。也就是说，中心对投资争端的仲裁仅限于直接因投资而产生的法律争议，而不是其他方面的争议。

3. 主观要件。即双方当事人必须书面同意将争端提交中心管辖，同意一经作出，任何一方不得单方面撤销。值得注意的是，一国加入公约的行为,并不等于双方已经接受了中心的管辖。如当事人愿意接受中心的管辖还必须另行作出书面同意,对有关问题作出具体约定。

一项争端同时具备了以上条件,中心才有管辖权。因此公约规定,中心的秘书长如果发现当事人请求登记的争端不属于中心管辖范围,可以拒绝登记;仲裁庭也可以根据上述条件决定自己是否对已提交的争端享有管辖权。

一项争端符合上述要件,提交中心进行仲裁会产生如下效力:

(1) 中心仲裁程序对东道国当地救济的排斥。根据该公约规定,除非另有规定,双方同意根据本公约交付仲裁,应视为同意排除任何其他救济方法而交付上述仲裁。缔约国可以要求以用尽该国行政或司法救济作为其同意根据本公约交付仲裁的条件。可见,尽管中心仲裁程序对东道国的当地救济实行排斥,但该排斥仅是相对的。

(2) 中心仲裁对投资者外交保护的排斥。公约规定,缔约国对于其国民和另一缔约国根据本公约已同意交付或已交付仲裁的争端,不得给予外交保护或提出国际要求,除非该另一缔约国未能遵守和履行对此项争端所作出的裁决。可见,中心仲裁对投资者外交保护的排斥是绝对的、无条件的。

综合分析上述案例:

首先,从主体来看,争端的一方为几内亚政府,另一方为日本建筑公司和日本的旅馆公司,后者都属于具有另一缔约国国籍的法人,可见主体是符合公约规定的。

其次,双方在协议中约定一旦出现争端,就提交中心仲裁,符合了该公约要求的主观要件,即该案的当事人对中心仲裁已有书面同意。

最后,该争端属于有关投资的法律争议。从该案来看,是几内亚政府与日本的旅馆公司和建筑公司共同投资在几内亚境内建立旅馆,以帮助本国发展旅游业。由日本的公司提供资本,几内亚政府提供很多便利,最后由于财政出现问题,发生了几内亚政府不履行协议的情况,显然属于有关投资的具有法律性质的争议,符合公约规定的客体要件。

综上可见,该争端属于中心的管辖范围。

(五) 自测案例

克勒克纳公司和喀麦隆政府签订了一项投资协议:规定由克勒克纳公司建造和提供一座化肥厂给喀麦隆,该化肥厂由一家名为索卡莫的合资企业(其中克勒克纳公司拥有51%的股份,喀麦隆政府拥有49%的股份)负责经营。后来政府通过一项交钥匙合同将其根据投资协议产生的一切权利和义务转让给索卡莫公司，索卡莫公司因此替代政府而成为该交钥匙合同中克勒克纳公司的共同立约人。在此后发生的争端中，克勒克纳公司以喀麦隆政府和索卡莫公司为被诉人向“中心”提交了仲裁申请。

仲裁庭在处理该案时，依《华盛顿公约》第 42 条规定适用东道国喀麦隆法，仲裁庭认为：基于相互信任而参加契约关系的当事人应以真实、忠诚和公正的态度对待其伙伴，是东道国法中的一项基本原则并且的确也是仲裁庭所了解的其他国家的一项法律基本原则。仲裁庭仅适用这一基本原则而未参照具体的法律规范作出了不利于原告的裁决。①

问：仲裁庭的法律适用选择是否正确？

八、《汉城公约》与 MIGA 体制

《多边投资担保机构公约》（Convention on Establishing the Multilateral Investment Guarantee Agency，简称《汉城公约》）于 1985 年 10 月在汉城召开的世界银行年会正式通过，并向世界银行各成员国和瑞士开放签字。我国是公约的创始成员国。公约的目的在于鼓励成员国之间相互投资，尤其是向发展中国家融通生产性投资，以补充国际复兴开发银行、国际金融公司和其他国际开发金融机构的活动。“多边投资担保机构”（Multilateral Investment Guarantee Agency, MIGA）是根据公约建立的，是一个具有完全法律人格的国际组织，其主要职能是为成员国的投资提供担保和进行有关的投资咨询活动，但其担保业务仅限于非商业风险，并且仅对符合条件的投资者提供担保。

（一）《汉城公约》下的适格投资者

1. 案情简介

华阳造纸有限公司是一家在中国设立的中外合资经营企业，它由来自美国、日本和中国的三家公司共同投资建立，主要经营各种原纸的

---

① 引自王传丽：《国际经济法案例教程》，知识产权出版社 2001 年版，第 268 页。

生产和加工。其中美方公司以专利技术和现金出资，其出资额占该公司注册资本的30%，该美国公司是美国一家大型的造纸企业；中方的出资占注册资本的25%，以土地使用权和厂房作价出资；日方以先进的设备出资，其出资额占合营公司注册资本的45%，该日本公司是日本一家生产机械设备的公司。在该合营公司成立之初，日本公司作为投保人向多边投资担保机构申请投保，投保投资为其在该公司的出资即该公司注册资本的45%的金额，投保金额为500万美元。①

2. 思考方向

要想得到多边投资担保机构的担保，投保人必须符合《汉城公约》规定的适格投资者的情形。只有适格的投资者，才可能获得该机构的担保。该案涉及投资者的适格条件，即该日本公司是否属于多边投资担保机构要求的适格投资者，这应当根据《汉城公约》及其业务细则的规定予以确定。

3. 法律规定

(1)《多边投资担保机构公约》第13条 适格投资者

一、在下列条件，任何自然人和法人都有资格取得机构的担保：

（一）该自然人是东道国以外一成员国国民；

（二）该法人在一成员国注册并在该成员国设有主要业务地点，或其多数资本为一成员国或几个成员国或这些成员国国民所有。在上述任何情况下，该成员国必须不是东道国；

（三）该法人无论是否是私营，均在商业基础上营业。

二、如果投资者有一个以上的国籍，就上述第一款而言，成员国国籍应优于非成员国国籍，东道国国籍应优于任何其他成员国国籍。

三、根据投资者和东道国的联合申请，董事会经特别多数票通过，可将适格投资者扩大到东道国国民的自然人，或在东道国注册的法人，或其多数资本为东道国国民所有的投资者。但是，所投资产应是从东道国国外移入的。

① 引自王海英：《国际经济法案例教程》，北京大学出版社2005年版，第223页。

(2) 1993 年《多边投资担保机构业务细则》(1988 年通过,1993 年修订)

第二节 适格投资者

投资者类型

1.14 有资格取得担保的投资者可以是自然人或法人。按其所受支配的法律的基本方面不作为法人对待的合伙、非法人社团和分支机构不具有这种资格。在这些情况下,合格性限于个别合伙人、社团的成员或分支机构的所有人。如果其中一部分投资者具有适格性而另一部分投资者不具有适格性,在这种情况下对该投资项目内与合格投资者的股份相应的投资部分可签发担保。

投资者国籍

1.15 根据公约第 13 条(a)款并按照下述 1.16 项的规定,有资格取得担保的自然人必须是东道国以外的成员国的国民。法人(ⅰ)必须是在东道国以外的成员国境内组成并且其主要营业地位于该国境内,或者,如果不符合这一标准,则(ⅱ)其多数资本必须为东道国以外的一个或多个成员国或一个或多个成员国的国民所拥有。在以上任何一种情况下,机构应将投保人与东道国的关系连同根据下述 3.22 项的规定提出的要求东道国批准该项担保的请求告知该东道国。

1.16 根据公约第 13 条(c)款,基于投资国和东道国的联合申请,董事会经特别多数票通过,可将适格投资者扩大到作为东道国国民的自然人,或按照上述 1.15 项不具有适格性而在东道国境内组成的或其多数资本由东道国国民所拥有的法人,但是所要投入的资产应是从东道国境外移入的。

投资者的所有权

1.18 根据公约第 13 条(a)款,有资格取得担保的法人不必归私人所有。它们也可以是:(ⅰ) 归一个成员国和私人共有;(ⅱ) 完全归一个成员国所有;(ⅲ) 归几个成员国共有:或者(ⅳ) 归几个成员国和私人共有。就本项而言,"成员国"一词包括归成员国所有或控制的任何机构或实体。

投资者的营业方式

1.19 公约第 13 条(b)(ⅲ)规定,在所有情况下,投资者均必须在商业基础上营业。如果投资者的股权大部分为私有,该投资者可以被认为是在商业的基础上营业。但是对于非营利性组织,则只有在能确定其寻求担保的特定投资将在商业的基础上进行时,才可予以担保。如果投资者的股权大部分为公有,承保签署权人必须确定投保人是否在商业基础上营业。如果投资者的一部分业务是在商业基础上营业而其他业务是在非商业基础上营业,该投资者只有资格取得对构成商业性营业的那部分投资的担保。

4. 学理分析

该案中的日本公司属于多边投资担保机构要求的适格投资者。

根据《汉城公约》、《业务细则》之规定以及国际复兴开发银行理事会1985年提交给成员国政府的《多边投资担保机构公约解说》,前来投保的跨国投资者必须具备一定的条件,主要体现在以下几方面:

(1) 自然人要成为适格投资者,必须是东道国以外的成员国国籍的自然人。

(2) 法人要成为适格投资者,必须是在东道国以外一成员国注册并设有主要营业点的法人,或其多数股本为东道国以外一个或几个成员国所有或其国民所有的法人,该法人无论是否是私有企业,均应在商业基础上经营,如果投资者的股权大部分为私有,该投资者可以被认为是在商业基础上营业。值得注意的是,根据《业务细则》的规定,不具有法人资格的合伙组织应被视为具有未经注册的企业以及公司的分部地位,这些经济实体的所有权人可以单独向该机构申请担保,具有法人资格的合伙组织或其他经济组织则可以直接向该机构申请担保。并且根据规定,有资格取得担保的法人不必归私人所有。它们也可以是:归一个成员国和私人共有;完全归一个成员国所有;归几个成员国共有或者归几个成员国和私人共有。也就是说,一个法人投资人可以由私人所拥有,也可由该机构的成员国所拥有,这一规定包括了由成员国所拥有的企业和公司。

(3) 例外规定。即只要东道国同意,且用于投资的资本来自东道国境外,则根据投资者和东道国的联合申请,经机构董事会特别多数票通过,便可将适格投资者扩大到东道国国民和在东道国注册的或其多数资本为东道国国民所有的法人。向这类投资者提供担保,有助于促进发展中国家在境外的资金回流本国,同时也进一步扩大了多边投资担保机构承保适格投资者的范围。

综合分析上述案例:

首先,日本属于《多边投资担保机构公约》的成员国。

其次,投资者日本某机械设备公司之所以能称为日本公司,一方面因为其是根据日本的法律建立的,并且主要营业地点在日本,属于日本的法人企业,另一方面其是在日本经营机器设备的公司,属于商业性公司,也就是说其是在商业基础上经营的。

最后，该日本公司是在中国进行的投资，投资设立的公司设在中国，也就是说东道国是中国，那么该日本公司应属于东道国以外的法人。

综合以上分析，该日本公司作为投保人符合《汉城公约》的规定。

5. 自测案例

中国某医药公司与本国的红十字会联合，共同投资在非洲某地区设立了一家医疗机构，主要是为当地的非洲人民提供医疗服务，不以营利为目的。鉴于非洲地区的不稳定性，中方向多边投资担保机构申请投保，投保投资为中方在该医疗机构的出资。①

问：中方能否得到多边投资担保机构的担保？请说明理由。

（二）《汉城公约》下的适格投资

1. 案情简介

美国AVX公司从1977年起在萨尔瓦多生产电容器，对当地的经济发展很重要。该公司向美国海外私人投资公司投保了政治风险。1990年，该公司并入了日本KYOCERA公司，成了由该日本公司拥有多数股权的美国公司。自此，AVX公司不再是美国海外私人投资公司的适格投保人，也不符合日本官方海外投资保险制度中有关适格投保人的要求。AVX公司准备扩大投资，并需要政治风险担保。在无法取得美日两国海外投资保险机构担保的处境下，AVX公司最后找到了MIGA，要求担保其原有的投资及拟扩建的投资。②

2. 思考方向

要想得到多边投资担保机构的担保，投资者的投资必须符合《汉城公约》规定的适格条件，换言之，只有适格的投资，才可能获得该机构的担保。

---

① 引自王海英：《国际经济法案例教程》，北京大学出版社2005年版，第225页。

② 引自韩立余：《国际经济法学原理与案例教程》，中国人民大学出版社2006年版，第418页。

该案涉及投保投资的适格条件，即 AVX 公司的投资是否属于多边投资担保机构承保的适格投资。

3. 法律规定

(1)《多边投资担保机构公约》第 12 条 适格的投资

a. 适格的投资应包括股权投资，其中包括股权持有者为有关企业发放或担保的中长期贷款，和董事会确定的其他形式的直接投资。

b. 董事会经特别多数票通过，可将适格的投资扩大到其他任何中长期形式的投资。但是，除上述 a 款中提及的贷款外，其他贷款只有当它们同机构担保或将要担保的具体投资有关时，才算适格。

c. 担保限于要求机构给以担保的申请收到之后才开始执行的那些投资。这类投资包括：

i. 为更新、扩大或发展现有投资所汇入的外汇；以及

ii. 现有投资产生的、本可汇出东道国的收益。

d. 机构在担保一项投资前，应弄清下列情况：

i. 该投资的经济合理性及其对东道国发展所作的贡献；

ii. 该投资符合东道国的法律条令；

iii. 该投资与东道国宣布的发展目标和重点相一致；以及

iv. 东道国的投资条件，包括该投资将受到的公正、平等的待遇和法律保护。

(2)《多边投资担保机构业务细则》第一节 适格投资

一般要求

1.01 公约第 12 条下的投资要具有被承保的资格，必须在(a)投资类型，(b)投资资产，以及(c)投资时间几方面符合一定的要求。

投资类型

公约第 12 条(a)款下的合格投资

1.02 公约第 12 条(a)款规定适格投资应包括(i)股权利益和(ii)非股权直接投资。此外，公约第 12 条(b)款授权董事会在下述 1.08 项所提及的条件下决定其他形式的投资适格性。

股权投资

1.03 股权利益具有被承保的适格性，而不论项目企业的法律形式如何。并且，关于投保人在项目企业内所占利益的份额也无最低限度要求。

投资时间

实施投资的日期

1.11 根据公约第12条(c)款,一项投资只有当其是新的投资时才具有被承保的资格。如果某项投资的实施是在机构对初步的担保申请予以登记之后开始的,或者当投保人决定不提交初步申请时是在机构对根据下述3.20项的规定提交的决定性申请予以登记之后开始的,则该项投资是新的投资。当资产已被转移到项目企业或已承担不可取消的义务负责将这些资产投入投资项目时,应认为投资的实施已经开始。在这些日期之前开支评估、规划和考察费用,并不使后来的投资失去被承保的资格。

新投资的其他标准。

1.12 承保签署权人可以认为一项对现存项目的投资是新投资,如果该项投资是用来更新、扩展、增强现存项目的财政活力或开发一个现存投资项目。承保签署权人还可以认为某项旨在全部或部分取得一个现存项目企业的投资是新投资,但是这种取得必须:(i) 伴随有该项目的企业扩展、更新或其他增长,(ii) 服务于该项目企业的财政调整,尤其是其负债与资产净值比率的改善,或者(iii) 有助于东道国公共部门的调整。

1.13 承保签署权人可以认为东道国境内现存的外国投资所产生的收益的投资是新投资,只要这种收益在机构对其作出签发担保的决定之时可以被转移出东道国。

4. 学理分析

该案中,AVX公司的拟扩建投资属于多边投资担保机构承保的适格投资。

根据《汉城公约》及其《业务细则》之规定,要求投保的跨国投资必须具备一定的条件,主要体现在以下几方面:

(1) 一项投资只有当其是新的投资时才具有被承保的资格,即该投资是在担保的申请收到之后才开始执行的那些投资。这类投资包括:为更新、扩大或发展现有投资所汇入的外汇;以及现有投资产生的、本可汇出东道国的收益。

(2) 可以担保的一项投资应当符合以下要求:该投资具有经济合理性,对东道国的发展会有贡献;该投资符合东道国的法律条令;该投资与东道国宣布的发展目标和重点相一致;以及该投资将受到公正、平等的待遇和法律保护。

综合分析上述案例：

首先，AVX 公司的拟扩建属于《汉城公约》规定的扩大投资。其次，该投资项目对于东道国萨尔瓦多的经济发展具有重要意义。

综上可见，该 AVX 公司的扩大投资符合《汉城公约》的承保范围。

5. 自测案例

2005 年，西班牙公司 Autopista del Nordeste 投资参加了多米尼加共和国(Dominican Republic)一条长为 106 公里的收费公路的建设，该公路连接圣多明哥(Santo Domingo)和塞曼半岛(Samaná peninsula)发展迅速的旅游胜地。为了公路建设，西班牙公司在资本市场借贷了 16 亿美元。①

问：上述西班牙公司的投资能否获得多边投资担保机构的承保？

---

① See http://www.miga.org/publications/index_sv.cfm?stid=1563#3，2009 年 1 月 22 日访问。

第七章　国际货币金融法

一、国际货币法律制度

现代国际货币法律制度以《国际货币基金协定》(以下简称《基金协定》)为基础不断调整和完善,1973 年以黄金—美元本位制为核心的布雷顿森林体制崩溃后,1978 年修改《基金协定》的《牙买加协定》生效。随着地区与国际性金融危机的频繁爆发,尤其是 2008 年袭卷全球的严重金融危机的到来,全世界都在思考如何建立更有效的国际货币法律制度以避免悲剧不断重演。但是在没有建立起新的制度之前,为避免外汇管制的无序,《基金协定》仍在发挥着重要作用,其中最重要的部分是基金组织成员国汇兑安排的权利与义务。

1. 案情简介

某甲是荷兰居民,1950 年 2 月他在荷兰将在法国的一家不动产公司的股份转让给他的教女,教女用法国货币付款。1953 年某甲请求荷兰法院撤销这个转让行为,他主张该转让行为是无效的,因为这一行为违反荷兰货币汇兑法令。他当时所持有的是外国证券,根据荷兰法,他的转让行为必须由荷兰国家银行核准,但该转让行为当时没经核准。荷兰法院支持了他的请求。1953 年某甲去世后,他的遗孀持荷兰法院判决到法国法院要求执行,法国法院以该不动产在法国为由拒绝执行。①

---

① See Prentice-Hall, " international business law text, cases, and readings", A Simon & Schuster Company Inc., 1993, p. 381.

2. 思考方向

本案中不动产虽然在法国,但代表不动产公司的股份在荷兰转让,因此,不涉及不动产适用不动产所在地法的国际私法规则。根据案情所述,实际上涉及违反基金会员国外汇管理法规的合同是否仍然有效的问题。应首先确定荷兰与法国是否共同参加了国际货币金融组织,如果是,则应当考虑该组织规则的具体规定。

3. 法律规定

《基金协定》第2条 会员资格

第一节 创始会员国

凡参加联合国货币和金融会议的国家,其政府在1945年12月31日前接受会员席位的,皆为创始会员国。

第4条 关于外汇安排的义务

第一节 会员国的一般义务

鉴于国际货币制度的主要目的是提供一个便利国与国之间商品、劳务和资本的交流和保持经济健康增长的体制,鉴于主要目标是继续发展保持金融和经济稳定所必要的有秩序的基本条件,各会员国保证同基金和其他会员国进行合作,以保证有秩序的外汇安排,并促进一个稳定的汇率制度。具体说,各会员国应该:

(i) 努力以自己的经济和金融政策来达到促进有秩序的经济增长这个目标,既有合理的价格稳定,又适当照顾自身的境况;

(ii) 努力通过创造有秩序的基本的经济和金融条件和不会产生反常混乱的货币制度去促进稳定;

(iii) 避免操纵汇率或国际货币制度来妨碍国际收支有效的调整或取得对其他会员国不公平的竞争优势;

(iv) 奉行同本节所规定的保证不相矛盾的外汇政策。

第二节 总的外汇安排

(c) 为适应国际货币制度的发展,基金可以总投票权85%的多数规定总的外汇安排,不限制各会员国根据基金的目的和本条第一节规定的义务选择外汇安排的权利。

第 6 条　资本转移

第三节　资本转移的管制

会员国对国际资本转移得采取必要的管制，但这种管制，除第 7 条第三节(b)款及第 14 条第二节规定者外，不得限制日常交易的支付或者不适当地阻滞清偿债务的资金转移。

第 8 条　会员国的一般义务

第二节　避免限制经常性支付

……(b) 有关任何会员国货币的汇兑契约，如与该国按本协定所施行的外汇管理条例相抵触时，在任何会员国境内均属无效。此外，各会员国得相互合作采取措施，使彼此的外汇管理条例更为有效，但此项措施与条例，应符合于本协定。

4. 学理分析

本案法国法院的做法不符合《基金协定》的有关规定。第一，本案中可确定的前提是两国均参加了国际货币基金组织。第二，该组织的主要宗旨是设置常设机构，以促进国际货币合作，消除妨碍世界贸易发展的外汇管制，并向会员国提供暂时资金，缩短会员国国际收支不平衡的时间，并减轻其程度。各国为此目的制定符合本国情况的经济金融政策。各国制定经济金融政策是履行组织成员义务的行为，各国司法机关应予以尊重。国际货币基金执行理事会对第 8 条第二节(b)做了进一步规定：该款对基金全体会员国一律适用；对会员国的行政与司法机构均具有拘束力。任何会员国均不得发布法令，规定外汇合同的具体履行或因不履行的赔偿，假如该外汇合同涉及某一会员国的货币并违反该会员国的外汇管制条例，条件是该外汇管制条例符合基金协定条款的规定；依第 2 款(b)不可履行的外汇合同不应以所涉及的外汇管制条例违反法院所在地国家的公共政策而准予履行；不应以所涉及的外汇管制条例违反法院所在地国家的国际私法原则不能适用而准予履行。也就是说，每个会员国的法院均有责任拒绝裁决违反其他会员国外汇管制条例合同的履行。第三，本案中涉及什么样的外汇管制条例属于协定规定的有约束力的条例，实践中，主要是指直接规范国际支付或交易的法律规定，包括各国对资本的国际流动进行限制。其他成员国与交易当事人应当尊重并遵守这种管制措施。协定为此作了明确的规定“有关任何会员国货币的汇兑契约，如与该国按本协定所施行的外汇管理条例相抵触时，在任何会员国境内均属无效。此外，各会员国得相互合作采取措施，使彼此的外汇管理条例更为有效,但此项措施与条例,应符合于本协定”。因此荷兰的法律规定应当受到法国的尊重。

综合分析上述案例,法国与荷兰均属于国际货币基金组织的成员国,有义务履行协定的规定。荷兰法律对资本的国际转移规定需经央行核准,此做法符合协议规定。某甲将其股份转让,并接受其教女用法国货币支付。此行为一方面涉及资本的国际转移,另一方面涉及荷兰对外汇的管制。该转让协议当时没经荷兰央行核准,依荷兰法属无效协议。依国际货币基金协定规定,在同是成员国的法国有责任拒绝裁决违反其他会员国外汇管制条例合同的履行,应予执行荷兰法院的判决。因此法国法院的做法不符合协定规定。

5. 自测案例

A 国甲公司向 B 国乙公司购买货物,交易金额为 33.2 万美元,付款方式为信用证。当时 A 国对外汇实行管制,不允许其国内公司或个人私自将本国货币兑换成其他货币。该交易的买卖双方协议,在甲支付价金后,乙应将价金的 50% 记入甲在 B 国的公司的账上,从而使甲套汇约 16.5 万美元。

问:(1) 此合同是否有效?

(2) 依照协定规定 A 国是否可能有外汇管制权?

二、国际融资协议

(一) 国际信贷协议

国际信贷是建立在信用授受基础上,资金在不同国家或地区当事人之间的有偿让渡,是资金使用权的跨国交易活动。即分处于不同国家的债权人和债务人之间的货币借贷活动①,主要表现为基于各类国际商业性和政策性银行信用的国际放款活动。借贷双方一般通过合同明确双方权利、义务。

① 参见曹建明主编:《国际经济法概论》,法律出版社 1995 年版,第 374 页。

1. 案情简介

2001年9月,原告英国甲财务公司为被告香港乙公司提供港币贷款,贷款协议中约定:(1) 由原告贷款900万港元给被告;借贷期限5年;被告在5年内分9期还本付息。(2) 贷款利率以香港银行同业拆放利率加1.2%。(3) 依约未付的利息,除转入本金以复利计外,另加收罚息,罚息为欠息的20%。(4) 原告按贷款总金额收取0.5%的开办费(即手续费)。后被告未按约定还本付息。原告2006年3月提起诉讼,主张提前偿还贷款本金900万港元、贷款利息、罚息。诉讼中,原被告协商同意选择适用中华人民共和国法律。

2. 思考方向

目前,在国际信贷领域尚无统一立法,相关问题一般适用国内法或国际惯例。本案中当事人选择适用中华人民共和国法律。当事人间贷款协议条款应当符合2001年时中国关于涉外贷款的相关规定。本案涉及的法律问题有贷款协议是否有效,协议内容是否符合法律规定。

3. 法律规定

(1)《中华人民共和国合同法》第8条 依法成立的合同,对当事人具有法律约束力。当事人应当按照约定履行自己的义务,不得擅自变更或者解除合同。依法成立的合同,受法律保护。

第197条 借款合同采用书面形式,但自然人之间借款另有约定的除外。借款合同的内容包括借款种类、币种、用途、数额、利率、期限和还款方式等条款。

第201条 贷款人未按照约定的日期、数额提供借款,造成借款人损失的,应当赔偿损失。借款人未按照约定的日期、数额收取借款的,应当按照约定的日期、数额支付利息。

(2)《中华人民共和国商业银行法》第7条 商业银行开展信贷业务,应当严格审查借款人的资信,实行担保,保障按期收回贷款。商业银行依法向借款人收回到期贷款的本金和利息,受法律保护。

第42条 借款人应当按期归还贷款的本金和利息。

……借款人到期不归还信用贷款的，应当按照合同约定承担责任。

(3)《贷款通则》第2条 本通则中的贷款币种包括人民币和外币。

第14条 贷款利息的计收 贷款人和借款人应当按借款合同和中国人民银行有关计息规定按期计收或交付利息。

贷款的展期期限加上原期限达到新的利率期限档次时，从展期之日起，贷款利息按新的期限档利率计收。

逾期贷款按规定计收罚息。

第22条 贷款人的权利 **第6款** 在贷款将受或已受损失时，可依据合同规定采取使贷款免受损失的措施。

第32条 贷款归还

……贷款人对不能按借款合同期限归还的贷款，应当按规定加罚利息，对不能归还者依法起诉。

第71条 借款人有下列情形之一，由贷款人对其部分或全部贷款回收利息，情节特别严重的，由贷款人停止支付借款人未使用的贷款，并提前收回部分或全部贷款。

……五、不按借款合同规定清偿贷款本息的。

(4)《中国人民银行关于改革外币存贷款利率管理体制的通知》(2000年8月24日)

第1条 放开外币贷款利率。各种外币贷款利率及其计结息方式由金融机构根据国际金融市场利率的变动情况以及资金成本、风险差异等因素自行确定。

4. 学理分析

本案属于国际信贷争议，法院受理本案的前提是双方当事人协商同意受中国法律的约束。由于在国际信贷领域尚无统一立法，国际信贷惯例对各国制定国内法及当事人借贷行为具有重要意义。在国际信贷中，当事人通常签订协议约定各自的权利和义务。①

综合分析上述案例：

本案中原告的主张可以获得支持。本案中双方当事人的主体资格合

---

① 有关国际信贷协议的共同条款参见陈安主编：《国际经济法学》，北京大学出版社2007年版，第432—437页。

法，意思表示真实，协议形式符合法定要求。双方权利义务约定中涉及的法律问题有贷款利率、复息、罚息以及开办费等是否合法。中国从 20 世纪 90 年代中期开始陆续改革货币管理体制，逐渐对外汇放开管制，有关利率、复息、罚息等问题可以由当事人约定。首先，根据中国加入 WTO 的承诺及金融体制改革的进一步深化，中国于 2000 年改革外币存贷款利率管理体制，放开外币贷款利率，允许金融机构根据国际金融市场利率的变动情况以及资金成本、风险差异等因素自行确定贷款利率。其次，根据中国人民银行颁布的《贷款通则》规定，可以依照当事人约定方式计息。再次，在中国内地的信贷关系中，没有收取开办费的做法。但在国际信贷中有此惯例。本案属国际贷款，借贷双方亦不属于内地，应沿用国际惯例。故认定该项约定有约束力。综上，本案中贷款协议属合同法中规定的有效合同，当事人应依约定履行义务。被告违反约定不按期还本付息，原告依法可以提前收回尚未到期的本金并要求偿付复息和罚息。

5. 自测案例

2002 年 5 月，被告中国某股份有限公司为投资新项目，向原告英国某银行借款 500 万英镑。贷款协议中约定：(1) 本协议中的借款是借款人直接的、无担保权益的、无条件的债务。在这些债务之间以及在借款人的其他无担保权益的债务之间，其清偿顺序按比例平等原则平等地排列。(2) 原告向被告贷款 500 万英镑；借贷期限 5 年；被告在 5 年内分 5 期还本付息。(3) 贷款利率以伦敦银行同业拆放利率加 1% 贷款利率。(4) 被告应保证已取得了必要的授权和批准。依约未付的利息，转入本金以复利计。(5) 贷款若不能按期归还，加收罚息。(6) 原告按贷款总金额收取 0.5% 的手续费。被告未按约定还本付息。

问：(1) 该贷款协议是否符合商业惯例？

(2) 本案原告若向中国法院起诉，其还本付息并赔偿损失的主张能否获得支持？

（二）国际银团贷款

国际银团贷款也称国际辛迪加贷款，就是由一家或多家银行牵头，多家分属于不同国家或地区的银行联合组成的一个银行集团，各自按一定的比例，共同向借款人提供一笔中长期贷款。它是商业银行贷款中一种比较典型、普遍的贷款方式。特点是贷款金额大，期限长，参加银团的成员银行间的关系依契约而定。国际银团贷款方式依各参与行在银团中承担权利和义务的不同,可分为直接型银团贷款和间接型银团贷款。

1. 案情简介

甲公司为筹集工程建设资金委托乙银行作为牵头银行组织贷款,并报外汇管理局审批。甲向乙银行提交了委托书,委托书载明了贷款10亿美元、利息率以LIBOR[①]加1.2%计,期限5年。另载明适用法律和法院管辖权等内容。乙银行向甲公司出具了一份义务承担书,表示愿意承担为借款人组织国际银团贷款的义务。此后,乙银行与甲公司就贷款协议的各项条款进行了协商,并最终签订了贷款协议。后来乙银行通过发放可转让贷款证书的方式向15家愿意提供贷款的外国银行筹集到资金9.2亿美元。乙银行将9.2亿美元连同自有资金0.8亿美元共10亿美元贷给了甲公司。后乙银行因经营不善而破产,参与银行直接要求甲公司偿还贷款,甲公司不同意,参与银行向中国法院起诉。

2. 思考方向

本案涉及国际银团贷款中各方当事人的法律地位问题。根据国际惯例,银团贷款的方式有两种:一是直接型银团贷款;二是间接型银团贷款。这两种方式导致各方当事人的权利、义务不同,法律地位不同。本案中参与银行能否要求甲公司偿还贷款,要看贷款方式属于哪种。

3. 法律规定

(1)《贷款通则》第21条 贷款人必须经中国人民银行批准经营贷款业务,持有中国人民银行颁发的《金融机构法人许可证》或《金融机构营业许可证》,并经工商行政管理部门核准登记。

第56条 银团贷款应当确定一个贷款人为牵头行,并签订银团贷款协议,明确各贷款人的权利和义务,共同评审贷款项目。牵头行应当按协议确

① 伦敦同业银行拆借利率。

定的比例监督贷款的偿还，银团贷款管理办法由中国人民银行另行规定。

（2）《国务院关于进一步加强借用国际商业贷款宏观管理的通知》

三、……国家鼓励由金融机构牵头，为经批准借用国际商业贷款的国内建设项目组织国际银团贷款。

（3）《中华人民共和国合同法》第8条　依法成立的合同，对当事人具有法律约束力。当事人应当按照约定履行自己的义务，不得擅自变更或者解除合同。

依法成立的合同，受法律保护。

（4）《中华人民共和国企业破产法》第46条　未到期的债权，在破产申请受理时视为到期。

第113条　破产财产在优先清偿破产费用和共益债务后，依照下列顺序清偿：

（一）破产人所欠职工的工资和医疗、伤残补助、抚恤费用，所欠的应当划入职工个人账户的基本养老保险、基本医疗保险费用，以及法律、行政法规规定应当支付给职工的补偿金；

（二）破产人欠缴的除前项规定以外的社会保险费用和破产人所欠税款；

（三）普通破产债权。

破产财产不足以清偿同一顺序的清偿要求的，按照比例分配。

4. 学理分析

国际银团贷款组成方式决定相关各方的法律地位。在直接型银团贷款方式中，当事人的职责及相互间的法律关系较为明确。主要体现在四方面：(1) 牵头银行在组织银团的过程中，是借款人的代理人。一旦贷款协议签订，即银团组成，牵头银行与借款人间的代理关系终结。(2) 各贷款银行与借款人分别签订贷款协议，分别形成直接的债权债务关系。各贷款银行权利和义务相对独立，相互之间不负连带责任。(3) 各贷款银行相对稳定。(4) 代理银行的责任明确。在贷款协定中或由各银行另行签订协议明确规定代理银行的权利与义务，如充当银团成员发放贷款和借款人偿还贷款的中介，代理银团审查发放贷款的先决条件；监督借款人的财产状况；应付借款人的违约事件等。

在间接型银团贷款方式中，借款人、牵头银行和参与银行的关系取决于转让贷款参与权的方式。①

综合分析上述案例：

本案参与银行不能直接要求甲公司偿还贷款。本案中，乙银行通过签发可转让贷款证书方式，向15家外国银行筹集贷款资金，并依与甲的合同将资金提供给甲的行为表明，甲与15家外国银行没有直接的合同关系，属于间接贷款方式。乙银行签发可转让贷款证书，实际上就是向15家外国银行借款，借款目的是要向甲提供资金，因此15家外国银行的参与贷款方式是再贷款方式。根据相关法律规定，甲公司与乙银行的国际银团贷款协议合法有效。根据合同相对性，甲与乙之间，乙与参与银行之间的协议各自独立。参与银行和借款人不存在直接的债务债权关系。乙银行破产，参与银行是债权人，只能依据破产法要求破产债务清偿。

5. 自测案例

A公司需要一笔2亿美元的中期贷款进行工程建设，遂委托B银行为牵头银行组织贷款，并向B银行提交了委托书，委托书中载明了贷款金额、利息率以及适用法律和法院管辖权等内容。B银行向A公司出具了一份义务承担书，表示愿意承担为借款人组织国际银团贷款的义务。此后，B银行与A公司就借款协议的各项条款进行了谈判，签订了一项借款协议，协议除了规定一般国际信贷协议内容外，还规定B银行可以通过转售参与贷款权给其他愿意提供贷款的银行筹集资金，并统一由B银行将贷款提供给A公司。最后，B银行通过订立出售参与贷款权协议，将参与贷款权转让给10家外国银行，筹集到了1.5亿美元，连同自有资金0.5亿美元，共2亿美元贷给了A公司。后B银行因受金融危机影响而破产，致使参与银行的贷款无法按期收回，遂发生纠纷。

问：(1) 该案中参与银行能否起诉A公司？

(2) B银行应否偿还参与银行提供的贷款？

（三）国际项目贷款

国际项目贷款也称国际项目融资(International Project Financing)，是指向某一特定的工程项目提供贷款，贷款人依赖该项目所产生的现金流量和

---

① 具体内容见陈安主编：《国际经济法学》，北京大学出版社2007年版，第441—445页。

收益作为偿还贷款的资金来源,并将该项目或经营该项目的经济单位的资产作为贷款的担保。从广义上说,一切针对具体项目所安排的融资都可以划归为项目融资的范畴。但习惯上一般只将具有无追索权(non-recourse)或有限追索权(limited recourse)形式的融资活动称为项目融资。对商业银行来说,项目贷款是其向某一特定项目发放的贷款,它是商业银行对外中长期贷款的一种重要形式。

1. 案情简介

中方甲公司为开发建设发电厂,成立乙电厂项目公司。乙公司与丙国际贷款银团签订1亿美元的项目贷款协议(经批准)。为确保还贷,甲向乙提供从属性贷款8000万人民币,向丙保证项目如期完工,如没有如期完工将购买贷款人提供给项目公司的贷款额,并找到国内两家信誉好的银行给予担保。乙保证将来自定电价,将20%的收入让与丙。项目贷款陆续到位,乙为保有一定量自由支配的外汇,要求丙将一部分美元存放在境外。后由于项目未如期完工,导致贷款不能如约归还。丙向中国法院起诉,要求甲公司偿还贷款。

2. 思考方向

这是一个国际项目贷款纠纷案。通常涉及多方当事人及多份协议。应当依有关国际项目贷款的法律判断当事人之间订立的协议是否合法有效,依国际惯例考察各自的权利与义务约定是否适当。

3. 法律规定

(1)《中华人民共和国公司法》第14条 公司可以设立分公司。设立分公司,应当向公司登记机关申请登记,领取营业执照。分公司不具有法人资格,其民事责任由公司承担。

公司可以设立子公司,子公司具有法人资格,依法独立承担民事责任。

(2)《境内机构借用国际商业贷款管理办法》第26条 本办法所称"项目融资"是指以境内建设项目的名义在境外筹措外汇资金,并仅以项目自身预期收入和资产对外承担债务偿还责任的融资方式。它应当具有以下性质：

（一）债权人对于建设项目以外的资产和收入没有追索权；

（二）不需要境内机构以建设项目以外的资产、权益和收入进行抵押、质押或者偿债；

（三）不需要境内机构提供任何形式的融资担保。

第36条 境内机构未经批准，擅自将借用的国际商业贷款存放境外或者在境外直接支付；未经批准，擅自将借用的国际商业贷款转换为人民币的，由外汇局责令改正，给予警告，通报批评，并处违法金额30%以上5倍以下的人民币罚款；构成犯罪的，依法追究刑事责任。

(3)《境外进行项目融资管理暂行办法》第1条 本办法所称项目融资是指以境内建设项目的名义在境外筹措外汇资金，并仅以项目自身预期收入和资产对外承担债务偿还责任的融资方式。它应具有以下性质：

（一）债权人对于建设项目以外的资产和收入没有追索权；

（二）境内机构不以建设项目以外的资产、权益和收入进行抵押、质押或偿债；

（三）境内机构不提供任何形式的融资担保。

第7条 项目产品或服务价格的确定应符合中国有关价格管理规定，有助于形成稳定的预期收入，合理反映物价上涨和汇率变动的影响，充分考虑项目所在地的承受能力，并得到有关价格管理部门的批准。项目境内收费不得以外币计价。

第13条 项目公司以项目融资方式筹措的外汇资金，应及时调入境内，按照国家计委批准的内容用于进口技术设备、材料及支付其他费用，其余部分根据国家外汇管理规定保留或结汇；未经国家外汇管理局批准，不得存放境外。

(4)《价格法》第18条 下列商品和服务价格，政府在必要时可以实行政府指导价或者政府定价：

……

（四）重要的公用事业价格；

(5)《国家计委和国务院有关部门定价目录》销售电价由国家计委定。

4. 学理分析

本案是偿还项目贷款纠纷案，但当事人在融资过程中有多项违法之处。国际项目贷款与其他贷款形式相比有以下特征：(1) 当事人较多。这些当事人通过各种类型的法律契约和合同将与项目有关的各方利益结合起来共同承担和分担风险。此外,政府机构在项目融资中也起着很重要的作用,例如为项目开发提供土地或者经营特许权,为项目提供条件优惠的出口信贷或贷款担保、投资保险,甚至为项目批准特殊的外汇政策或税务政策等,这些对于完成一次成功的项目融资都十分重要。(2) 贷款对象是项目公司,而不是项目主办人。(3) 项目贷款的偿还依赖于项目建成后的经济收益作为还款来源,而不是像传统贷款那样依赖借款人的所有财产及其收益作为偿债来源。(4) 从贷款担保来看,项目贷款的贷款人可以通过设立抵押权(以土地、建筑物、厂房、设备等项目资产作为抵押品)和经转让取得的合同权益(包括项目产品的长期购买合同、项目设施的长期使用协议和其他附属性合同权益)作为对借款人违约的补偿,有时还需要额外的独立保证。(5) 按照西方国家的会计制度,项目贷款中的贷款和担保被视为商业交易不反映在项目主办人的资产负债表上,而是一种表外融资(Off-Balance Sheet Finance)。这样就不会因开发大型项目而导致的资产负债结构变化影响项目主办人的信用地位。基于上述特征,国际项目贷款在中国发展得很快。①

综合分析上述案例:

首先,甲与丙通过签订完工担保协议,避免完工风险及向乙提供从属性贷款,符合有关国际惯例和国家法律法规。其次,依照中国《境外进行项目融资管理暂行办法》规定,国内机构不能对外提供担保,甲向丙保证如没有如期完工将购买贷款人提供给项目公司的贷款额,不符合法律规定。再次,销售电价由国家统一管理,不能由企业随意定价,乙保证将来自定销售电价,将20%的收入让与丙,不符合法律规定。复次,根据外汇管理规定,甲应将外汇及时汇回国内,其实际做法违反了外汇管理规定。最后,中国法律规定国际项目融资属于无追索权类型,甲与丙的约定不符合法律规定,应属无效条款,因此丙的诉讼请求不能予以支持。

5. 自测案例

A公司为建设高速公路,成立B项目公司。B公司与C国际贷款银团签订5亿美元的项目贷款协议。为确保还贷,C要求:(1) 贷款项目必须经批

---

① 有关项目贷款中各方权利、义务参见陈安主编:《国际经济法学》,北京大学出版社2007年版,第445—448页。

准;(2) B 项目公司如违约,A 公司以其全部资产为限还贷;(3) 将来参与制订高速公路的收费标准;(4) 如遇外汇管理制度变化,一切后果由 A 公司承担。

问:(1) 上述要求哪些合法?

(2) C 公司可以采取哪些措施减少风险?

(四) 国际融资租赁

国际融资租赁,是指出租人与承租人订立一项协议(租赁协议),约定出租人根据承租人对标的物的特定要求和对供应商的选择,出资向供应商购买该物,并在一定期限内将标的物的使用、收益权转移给承租人,由承租人支付租金。该种租赁方式主要特点是:承租人指定设备并选择供应商,并不主要依赖出租人的技能和判断;出租人取得的设备与一份租赁协议相联系,并且供应商知道这一租赁协议业已或将要在出租人和承租人之间订立;租赁协议规定的应付租金的计算特别考虑到了分摊计提设备的全部或大部分成本。

1. 案情简介

1995 年 10 月,美方甲公司与中方乙公司约定由甲方向乙方出租 500 万美元的医疗器械,该器械由乙方指定规格、品质及供货商。租期 5 年,每 6 个月付租金一次。期满后该批器械归乙公司所有。双方约定《国际融资租赁公约》为准据法,如其中有未规定的事项依中国法。该合同履行了审批和登记手续。出租物运到后,乙公司发现该批器械不适用,遂要求甲公司换其他型号,甲反对,双方经协商解决了问题,继续履约。2000 年 6 月,乙由于经营不善宣布破产。清算时,丙债权人提出将上述医疗器械作为破产财产分割。对此甲方提出异议,主张医疗器械系甲方财产,乙应当将其返还。

2. 思考方向

该案例涉及国际融资租赁中的三个法律问题。一是国际融资租赁合同中出租人、承租人的权利义务和普通租赁合同中出租人与承租人的权利义务是否相同；二是融资租赁物的归属；三是出租人收回租赁物，承租人能否获得相应的补偿。

3. 法律规定

(1)《国际融资租赁公约》第3条　1. 在出租人与承租人营业地在不同国家时，本公约适用，而且(1)如果这些国家及供应商营业地所在国均为缔约国；或者(2)供应协议与租赁协议均受某一缔约国法律管辖。

第7条　1.(1)出租人对设备的物权应可有效地对抗承租人的破产受托人和债权人，包括已经取得扣押或执行令状的债权人。

第8条　1.(1)除本公约或租赁协议另有规定外，出租人不应对承租人承担设备方面的任何责任，除非承租人由于依赖出租人的技能和判断以及出租人干预选择供应商或设备规格而受到损失。

第9条　2. 当租赁协议终止时，承租人应将处于前款规定状态的设备退还给出租人，除非承租人行使权力购买设备或继续为租赁而持有设备。

(2)《中华人民共和国合同法》第242条　出租人享有租赁物的所有权。承租人破产的，租赁物不属于破产财产。

第244条　租赁物不符合约定或者不符合使用目的的，出租人不承担责任，但承租人依赖出租人的技能确定租赁物或者出租人干预选择租赁物的除外。

第249条　当事人约定租赁期间届满租赁物归承租人所有，承租人已经支付大部分租金，但无力支付剩余租金，出租人因此解除合同收回租赁物的，收回的租赁物的价值超过承租人欠付的租金以及其他费用的，承租人可以要求部分返还。

4. 学理分析

根据《国际融资租赁公约》和我国《合同法》的规定，出租人对设备的物权应可有效地对抗承租人的破产受托人和债权人。①

综合分析上述案例：

本案丙债权人提出将上述医疗器械作为破产财产分割不合法，甲方的主张合法，但应返还超过承租人欠付的租金及其他费用部分。甲与乙分处

---

① 有关融资租赁协议中各方的权利和义务的问题详见陈安主编：《国际经济法学》，北京大学出版社2007年版，第448—450页。

于不同国家，并从约定的内容可以断定，双方之间的协议属于国际融资租赁协议。故可以约定租赁期满后该批器械归乙公司所有。乙自己指定医疗器械规格、品质及供货商，并未依赖出租人的技能和判断，甲不应承担设备方面的任何责任，因此甲对型号不适用不负责，但为使合同能够顺利履行，当事人也可以自愿协商解决问题。依据法律规定，融资租赁期间，租赁物的所有权仍然归出租人所有，出租人仅仅是保证承租人对租赁物的占有和使用，但是并没有转移其对租赁物的所有权，在承租人破产时，租赁物应当返还出租人，而不能够作为承租人的破产财产来处置，这种规定最大限度地保证了出租人的合法权益，避免了因为承租人无力支付租金而给出租人带来的风险。乙破产，医疗器械不属于破产财产。清算时，不能作为破产财产分割。甲可以收回其财产。但由于双方融资租赁协议只差4个月就期满，如果甲收回的财产价值高于尚未履行的租金及利息、罚息等应支付的费用，乙可以要求部分返还。

5. 自测案例

1992年2月5日，甲公司与乙公司签订融资租赁合同。双方约定，出租人甲公司应按照承租人乙公司的要求，从国外购进浮法玻璃生产线及附属配件，租赁给乙公司，租金总额180万美元，租期24个月，起算日为1992年5月30日，每6个月支付租金一次，最后一期的到期日为1994年5月30日。如乙公司不支付租金，甲公司可要求即时付清租金的一部分或全部，或终止合同，收回租赁物件，并由乙公司赔偿损失。双方还约定了租金利率的调整和延付租金的罚款利息。1992年5月30日，甲公司将购进的全套设备全部运抵目的地。按照乙公司的要求，将设备安装在丁工厂使用。经乙公司和丁工厂共同开箱检验和调试后，认定设备质量合格。设备投产后，因生产原料需从国外进口，成本较高，销路较差，致使开工后不久就停产。承租人和丁工厂仅支付甲公司设备租金60万美元。甲公司多次催要，乙公司和丁工厂仍未能支付租金，于是甲公司向法院提起诉讼，要求乙公司和丁工厂立即偿付所欠租金及利息。乙公司辩称，甲公司在丁工厂经营不善的情况下，未能收回租赁物，致使损失扩大，乙公司不应承担责任。人民法院受理后，将丁工厂列为本案的第三人参加诉讼，丁工厂辩称，自己不是融资租赁合同的当事人，不应承担租金偿付义务。

问：(1) 甲能否就扩大的损失要求赔偿？

(2) 丁工厂是否有租金偿付义务？

（五）国际保理

国际保理（International Factoring），又称国际保付代理，是指出口商以挂账、承兑交单等方式销售货物时，保理商与出口商签订合同购买出口商的应收账款，并向其提供资金融通、进口商资信评估、销售账户管理、信用风险担保、收取应收账款等一系列服务的综合金融服务。凡在信用额度内的销售债权，称为核准应收款，保理商只在核准应收款的范围内提供买方信用担保服务，对进口商因无力支付而导致的坏账，保理商在核准应收账款的范围内承担责任。

1. 案情简介

中国甲公司于2009年11月20日以赊销方式出售给新加坡乙国际贸易公司50台压路机，总价值为350万美元，预计收款日期为2010年5月1日。此后又接到了一笔生产订单，为融通资金，甲与丙出口保理商签订保理合同，规定甲将应收账款350万美元所有权让与丙，由丙向甲提供80%货款的融资，余下的20%留待付款到期时付清。丙收取8%的保理手续费。后丙与进口方保理商丁签订协议，由丁向乙催收货款，并向丙划付。丁经调查核准了该货款90%的信用额度。甲于2009年12月30日按合同规定发出货物，向丙提交单据并要求预支80%货款。丙依约付款并将单据转让给丁。2010年5月1日丁要求乙付款，乙因货物质量问题拒付并提起诉讼，丁因而不再承担付款责任。2010年12月5日判决乙应向甲付款，丙要求丁重新承认已核准的应收账款，而丁以诉讼期间未随时获诉讼进展情况为由要求将该应收账款再转让给丙。

2. 思考方向

本案涉及三方面法律关系：一是进口保理商与出口保理商的关系；二是进口保理商与进口商的关系；三是出口保理商与进口商的关系。丙能否要求丁承认已核准的应收账款，丁是否应承担付款责任要看相关国际条约及惯例的具体规定。

3. 法律规定

（1）《国际保付代理公约》第2条 为本公约的目的，“保付代理合同”

系指在一方当事人(供应商)与另一方当事人(保付代理人)之间所订立的合同,根据该合同:

A. 供应商可以或将要向保付代理人转让供应商与其客户(进口商)订立的货物销售合同产生的应收账款,但是主要供进口商个人、家人或家庭使用的货物的销售所产生的应收账款除外;

B. 保付代理人应履行至少两项下述职能:

a. 为供应商融通资金,包括贷款和预付款;

b. 保持与应收账款有关的账目(总账);

c. 托收应收账款;

d. 防止进口商拖欠付款。

C. 应收账款转让的通知应送交进口商。

(2)《国际保理通则》(2008)第3条 所涵盖的账款

本规则所涵盖的账款应限于与出口保理商签有协议的供应商以信用方式向债务人销售货物或提供服务所产生的应收账款。该债务人所在国应有进口保理商提供保理服务。以信用证(不包括备用信用证)、凭单付现或任何种类的现金交易为基础的销售除外。

第17条 核准与申请核准(V)(b)进口保理商核准信用额度,意味着其必须承担额度取消或失效前在业经核准金额内发货所产生的账款的信用风险。

第24条 担保付款除非第25条及第27条另有规定:

(i) 进口保理商应承担因债务人未能于到期日按照有关销售或服务合同条款全部支付任何已核准账款所引起的损失的风险;和

(ii) 任何此类账款于上述到期日后90天内仍未由债务人或其代理人偿付时,进口保理商应于第90天对出口保理商付款(担保付款)。

(iii) 本条(i)和(ii)所述的债务人的付款应指对进口保理商、出口保理商、供应商或供应商的破产管理人任何一方的付款。

(iv) 如付款是针对供应商或供应商的破产管理人而进行的,则进口保理商应在债务人所在国配合并帮助出口保理商降低任何潜在的或实际的损失风险。

(v) 如一笔受核准账款与相应的信用额度的币种不同,为确定核准金额,该笔账款将在担保付款到期日,根据当日在 XE. com 上发布的汇率(取中间价,即在 edifactoring. com 上使用的汇率)折算成以信用额度币种表示的金额。在任何情况下,进口保理商的风险均不超过其原先核准的金额。

第27条　争议(i) 一旦债务人拒绝接受货物或发票或提出抗辩、反索或抵销(包括但不限于由于第三方对与账款有关的款项主张权利而引起的抗辩),则视为争议发生。然而,如本条规定与第25条规定有冲突之处,则以第25条规定为准。

(ii) 一旦得知争议的发生,进口保理商或出口保理商应立即向对方发送争议通知,该通知中应包含其所了解的有关账款及争议性质的一切细节与信息。出口保理商应在收到或发出争议通知后60天内向进口保理商提供有关争议的进一步信息。

(iii) 在收到争议通知后,已核准账款将被暂时视为未受核准。

如争议由债务人提出,且在争议涉及的发票到期日后90天内收到争议通知,则进口保理商不应被要求对债务人由于这种争议而拒付的款项进行付款。

如争议由债务人提出,且在担保付款后但在发票到期日后180天内收到争议通知,进口保理商应有权索回由于争议而被债务人拒付的金额。

(iv) ……(c)无论是否进行了反转让,一旦在本条(v)款规定的期限内,争议得到了有利于供应商(包括负责对债务人破产财产进行代管的人的认可)的解决结果,进口保理商应视争议涉及的账款为受核准账款(不超过有利结果的范畴),只要:……(2)进口保理商被定期告知协商或诉讼的进展情况;……

(v) 上述(iv)c)所述及的进口保理商将争议账款重新视为核准账款的期限为:(a) 在协商解决的情况下,为180天;和(b) 在诉诸法律的情况下,为3年;

以上期限从按照本条(ii)款的规定收到争议通知书后开始起算。然而,如在上述期限内,债务人正式破产或作出破产的一般声明或承认破产,进口保理商将一直承担风险,直至争议得到解决。

(vii) 如出口保理商未履行本条项下的义务,进口保理商有权将争议账款反转让给出口保理商,出口保理商应立即退还进口保理商已收到担保付款款项,并支付根据第26条(iii)b)计算的从担保付款日到退款日期间的利息。①

4. 学理分析

依国际保理公约规定,典型的国际保理业务中有四方当事人。各方当事人的法律关系如下:(1) 供应商与进口商权利义务依合同确立。(2) 供应

---

① 《国际保理通则》(2008),http://96.0.18.183/a/falvfagui/guojiyewu/2010/0511/1057.html,2012年5月10日访问。

商与出口保理商根据出口保理合同确定权利、义务。(3) 出口保理商与进口保理商依相互保理合同规定彼此在业务中的权利与义务。(4) 进口保理商受让应收账款后,与进口商形成债权、债务关系。进口保理商有权向进口商收取货款。逾期不付,可以催收,无理拒付时,采取法律途径解决,并可主张供应商在同样情况下可以主张的权利。进口商有义务向进口保理商付款,但在合同项下可用来对抗供应商付款请求的抗辩可以对抗进口保理商。从上述关系中可以看出应收账款转让的性质是债权转让。目前在国际保理业务中,大多是双方无追索权保理,即保理商购买供应商的应收账款,支付对价(即债权转让的价格)后,如无特殊情形,供应商即完成了该笔交易,无论保理商何时以及是否能够全额收回应收账款,供应商都不再承担任何法律上的责任。需注意的是,依保理惯例规则,保理中的无追索权,并不是说保理商对进口商不论出于何种原因拒付或少付货款都无权向供应商追索,通常只限于进口商因丧失清偿能力等原因所造成的拒付,保理商才无权追索。如果进口商诉讼,进口保理商可以视为未批准信用额度,不承担进口商不付款的风险。在中国,为了控制风险商业银行开展的保理业务多是有追索权保理。即在保理合同中订立回购条款,约定在进口商逾期未向保理商支付应收账款达一定时间的,保理商有权通知供应商回购应收账款。从法律性质上分析,有追索权的保理属于附条件的应收账款买卖,在约定条件成就时,供应商应回购该应收账款。

综合分析上述案例:

丁有权将有争议的应收账款再转给丙。本案中,出口商依据贸易合同规定交货后,无追索权地将发票、汇票、提单等有关单据买断给出口保理商(银行或专门组织),收进部分货款,从而取得资金融通。出口保理商与进口保理商签订合同,由进口保理商在授信额度[①]内承担付款责任。依据相关条约及惯例如果进口方没按期付款,进口保理商应付款。由于国际保理涉及的只是财务应收账款的处理。所以对有争议的账款不能由保理商承担责任。具体而言,丁是进口保理商,有义务在核准范围内承担进口商不付款的信用风险。由于乙提出诉讼,依《国际保理通则》丁暂时解除了付款义务,但本案没有超过 3 年就作出了有利于供应商的判决,此种情况下,丁应该重新接受这种发生过争端的应收账款。然而依照《通则》规定丁重新接受应收账

① 保理商接受保理业务时,通常对客户的资信进行调查,在此基础上提供相应额度的信用。

款有前提,即丁随时可以得到有关协商或诉讼程序进展的全部情况,事实上丁未能随时获诉讼进展情况,所以丁可以不接受该应收账款。反而可依通则要求将该应收账款再转让给丙。

5. 自测案例

2001 年 5 月 18 日,A 国甲公司向 B 国乙公司供应薄钢板,货款总值 60 万美元,以 D/A 方式付款,付款期是 2001 年 11 月 30 日。甲与本国丙保理商签订保理协议,约定甲将其应收款转让给丙,丙先付给甲其中 80% 的款项,余额待乙公司付款再付清,若乙公司不按约定支付价款,由甲再回购。丙联系 B 国的丁保理商签订协议,由丁负责收款,并在 70% 的限额内承担信用风险。后乙违约拒付。

问:(1) 丁是否有权要求丙回购应收款?

(2) 丙是否有权要求甲回购应收款?

(六) 福费廷

福费廷(Forfeiting),源于法语的“à forfait”,本来是“无追索权”之意。它在金融领域是指一种与进出口贸易有关的融资活动,即以无追索权形式为出口商贴现远期票据,所涉及的票据可以是信用证项下或银行保函项下的远期汇票或本票。福费廷属于一种中长期融资,融资期限一般在 180 天以上,最长可达 10 年(不过实践中一般以 1—5 年居多);融资金额较大(多在 100 万美元以上),一般采用固定利率,但也可以采用浮动利率。

1. 案情简介

2001 年 6 月 5 日,A 国的进口商甲和中国的出口商乙签订机电产品销售合同,金额 500 万美元,1 年以后付款,并由甲支付货款 10% 的利息。货物装船后,乙签发以甲为付款人的 1 年期汇票,并连同其他有关货运单据通过银行寄送给甲。甲收到票据经核准并承兑以后,提交当地银行办理担保手续,然后将经过银行担保的承兑汇票寄给乙。乙收到已经承兑的远期汇票,按照事先与票据贴现商丙商定的 10% 折扣价格将汇票贴现给融资机构,收到 500 万美元的货款。丙通过二级市场向丁转让该汇票。甲及其担保人到期因故未付款,丁要求丙偿还 500 万美元,丙拒绝。

2. 思考方向

此案例即属"福费廷"争议案。涉及的法律问题有二：一是福费廷业务的基本特点；二是在福费廷业务中，后手持票人能否享有向其前手追索已付票款的权利。目前我国开办福费廷业务的时间较短，这方面的法律不是很完善，有关概念所参照的是外汇管理局的相关批复。

3. 法律规定

（1）《国家外汇管理局关于中国银行所询福费廷业务项下出口核销有关问题的批复》

一、同意你行请示，允许外汇指定银行对境内出口单位通过福费廷业务[即外汇指定银行从境内出口企业处无追索权地买断由境外进口国（或者地区）银行担保或者承兑的远期汇票或者本票]方式取得的外汇资金，在按规定办理结汇或者入账手续时，为出口单位出具出口收汇核销专用联，供出口单位办理出口收汇核销和退税手续。

五、外汇指定银行在开展福费廷业务时须加强风险控制，审慎评估进口国（或者地区）的国家（或者地区）风险和开证行的信用风险；其中，根据国际通行的评级标准，进口国（或者地区）开证行的信用级别不得低于开展福费廷业务的中资外汇指定银行的信用级别。

（2）《国家外汇管理局综合司关于福费廷业务和进口许可证有关问题的批复》

二、关于福费廷业务。你行开展福费廷二级市场交易时，应当比照《关于中国银行所询福费廷业务项下出口核销有关问题的批复》[汇复（2000）413号]中银行包买票据的有关规定，在对外付款时只能使用自有外汇资金，不得购汇，也不得占用结售汇头寸；在二级市场卖出票据所收外汇，不得结汇，不得与代客业务混淆而进入银行间外汇市场卖出。如果你行在福费廷二级市场交易中产生损失，应当使用自有外汇资金或者在系统内自行调剂，不得购汇，不得占用结售汇头寸，也不得通过与代客业务混淆而通过银行间外汇市场进行平补；如因此出现银行全系统外汇头寸不足情况，你行可以按照规定通过补充外汇营运资金的方式，向中国人民银行申请购汇。

（3）《中国进出口银行福费廷业务试行办法》第6条 办理福费廷业务须向中国进出口银行提交以下几种单据：

（一）银行本票或由银行承兑的汇票，有效背书给中国进出口银行，并注明“无追索权”字样；

4．学理分析

在本案中涉及金融机构的福费廷业务，是一种中期的国际贸易融资方式。在延期付款的大型设备贸易中，出口商把经进口商承兑的、期限在半年以上到五六年的远期汇票，无追索权地售予出口商所在地的金融机构，以提前取得现款。福费廷业务与普通票据贴现相比，有如下特点：第一，它是一种无追索权式的贴现。第二，福费廷公司在签订福费廷协议前，一般要求对贴现票据提供担保。第三，福费廷公司债权凭证的最终兑现更依赖于进口商所在国的情况。那些政治和经济不稳定的国家不会被福费廷公司所接受，或者在信用额度上受到一定限制。第四，存在福费廷二级市场。福费廷业务中使用的债权凭证，多数是汇票和本票，属于可转让的无条件金融工具，可以在二级市场上自由流通。福费廷业务的当事人有四个：出口商、进口商、福费廷公司（办理金融业务的银行或金融公司）、进口商担保人。出口商与进口商根据货物买卖合同确定双方权利、义务，在支付条款中应明确由进口商负责为票据担保，该担保人应由福费廷公司认可；福费廷公司与出口商签订福费廷协议确定福费廷业务中双方具体权利、义务。出口商的义务一般是：提供基础交易的情况，将手中有关的债权凭证经福费廷公司认可的担保机构担保后转让给福费廷公司；放弃对所转让债权凭证的一切权益。福费廷公司义务是：受让有关单据后支付相应对价（通常要扣除贴现利息、适当收益）；买断债权凭证后不能对出口商追索，由自己承担全部风险。进口商与担保人的权利、义务依担保合同来确定。担保人是福费廷业务中非常重要的一方当事人，其义务是对于到期的债权凭证具有绝对的无条件付款责任。进口商的义务是要向担保人偿付其代偿的货款。

综合分析上述案例：

丁无权要求丙偿还500万美元。本案中丙银行所作的贴现属于福费廷业务，即买断出口商对票据的一切权利、风险，由自己承担可能的风险。为防范风险，丙可以在二级市场转让该汇票，转让的汇票仍无追索权。丁获得该汇票，同时也承担了汇票风险，一旦到期不能收到票据款项，只能向进口商及其担保人索赔，不能回头要求丙退回转让汇票款项。

5．自测案例

A国的出口商甲和B国的进口商乙签订大型发电机买卖合同，金额

3000万美元，由乙开出不可撤销信用证。货物装船后，甲开出以乙为付款人的汇票连同单据一起要求开证行承兑，开证行承兑后，甲与丙银行协商贴现该承兑汇票，并约定该贴现无追索权。

问：(1) 若丙银行急需资金，是否可以要求甲返还贴现资金？

(2) 丙银行可以采取哪些方式保护债权？

三、国际证券法律制度

（一）国际债券发行

国际债券是指一国的政府、金融机构、公司或国际金融组织为筹集资金在国际债券市场发行的债券。依面值货币与发行地的关系，可分为外国债券、欧洲债券。国际市场上主要的外国债券有：美国美元债券、德国马克债券、日本日元债券、瑞士法郎债券。主要的欧洲债券有欧洲美元债券、欧洲日元债券、亚洲美元债券等。

1. 案情简介

中国甲公司为筹措生产经营资金，欲在英国发行5年期5000万美元债券。因不懂国际债券发行的基本操作规程及应注意的法律问题，遂聘请乙律师作法律顾问，又聘请丙证券承销机构帮助操作具体发行事宜。筹备发行期间，丙主张为节省费用与英国证券承销商签订代销协议，然后制作发行债券所得资金用途说明文件，文件力争做到最好，至于以后是否按说明使用资金则视情况而定。最后向中国外汇管理局备案。对此，乙律师坚决反对。

2. 思考方向

本案例涉及国际债券发行中发行人应受到的法律约束问题。到国际债券市场上发行外债，涉及不同国家的法律制度。债券发行一方面要符合发行地的法律规定，另一方面也要符合债券发行人所属国的法律规定。在资本项下，很多国家为维护本国金融利益，控制外债结构、数额及外汇的自由流动。准备发行国际债券时首先应考虑到本国规定的法律条件。

3. 法律规定

(1)《中华人民共和国外汇管理条例》(以下简称《外汇管理条例》)

第17条　境内机构、境内个人向境外直接投资或者从事境外有价证券、衍生产品发行、交易,应当按照国务院外汇管理部门的规定办理登记。国家规定需要事先经有关主管部门批准或者备案的,应当在外汇登记前办理批准或者备案手续。

第18条　国家对外债实行规模管理。借用外债应当按照国家有关规定办理,并到外汇管理机关办理外债登记。

(2)《国家发展计划委员会、财政部、国家外汇管理局外债管理暂行办法》

第13条　财政部代表国家在境外发行债券由财政部报国务院审批,并纳入国家借用外债计划。其他任何境内机构在境外发行中长期债券均由国家发展计划委员会会同国家外汇管理局审核后报国务院审批;在境外发行短期债券由国家外汇管理局审批,其中设定滚动发行的,由国家外汇管理局会同国家发展计划委员会审批。

第26条　境内企业所借中长期外债资金,应当严格按照批准的用途合理使用,不得挪作他用。确需变更用途的,应当按照原程序报批。

第40条　境内机构举借外债或对外担保时,未履行规定的审批手续或未按规定进行登记的,其对外签订的借款合同或担保合同不具有法律约束力。

第47条　境内机构违反本办法规定举借外债或对外担保的,由其主管部门对直接负责的主管人员和其他直接责任人员依法给予相应的行政处分。构成犯罪的,依法追究刑事责任。

4. 学理分析

国际债券发行大体涉及三方面的法律问题。第一,国际债券发行管辖。国际债券发行涉及发行人所属国及发行地国家的法律制度。发行人所属国关心筹集资金的使用,对外汇实行管制的还要控制外汇的使用;发行地国关心债券发行、流通过程本身是否合法。发行人欲发行国际债券先要取得所属国的同意才能进入下一步骤。一国涉外债券管理,一方面体现了国家对外债规模的控制,资本项下外汇管制;另一方面体现了国家对发行人负责,审批时依照国际惯例以便发行人成功发行债券。第二,国际债券种类。依面值货币与发行地的关系分为外国债券与欧洲债券两种。第三,国际债券发行方式。由于发行国际证券不仅包含市场风险,而且涉及有关国家的法律管辖,证券发行人难以单独承担组织证券发行和销售的工作,因此通常采用承销的方式。承销的方式有多种,其中主要有代销和包销两种。

综合分析上述案例:

丙对国际债券发行惯例及中国涉外债券管理认识不足导致其做出了错误主张。本案例中,甲公司欲发行的债券是欧洲债券,属于国际债券的一种。依发行人所属国中国相关法律、法规规定必须先经审批方可操作发行,因此丙主张先与英国实力雄厚的证券承销商签订协议,后备案不符合法律规定。丙主张将资金用途说明文件力争做到最好,至于以后是否按说明使用资金则视情况而定,从主观上含有欺诈取得发行批准的故意。即使取得发行批准,将来也可能被撤销,并承担法律责任。

5. 自测案例

A公司准备在日本市场发行8年期40亿日元债券。与一承销团签订协议,约定由承销团先认购发行人发行的全部债券,再由承销团向社会公众销售。如果本次发行未获批准,则由承销团帮助在其他国家设一全资子公司,由子公司在日本发行债券,再调入国内使用。

问:(1) A公司与承销团约定的是哪种承销方式?

(2) 由子公司在日本发行债券的约定是否合法?

(二) 国际股票发行条件

国际股票是指世界各国股份有限公司在国外证券市场发行并交易的股票,多在国际金融中心如伦敦、纽约、东京等证券交易所挂牌交易。这类股票的发行人大都是业务规模大、经济效益佳的跨国公司。中国支持企业进入国际资本市场融资,不分所有制,只要企业符合境外上市条件的,均可自愿向中国证券监督管理委员会提出境外上市申请。

1. 案情简介

中国某公司进行股份制改造,准备到美国证券市场发行股票并上市,2005年向证监会提交由筹委会主任签字的申请报告,计划筹资2亿人民币。该公司净资产3亿人民币,2003年及2004年经济效益很好,

2005年原材料价格上涨，产品成本增加，年终财务报表反映微有盈利。但该公司很有发展潜力，且产品所占市场份额大，目前急需发展资金。公司发行股票申请未获批准。在中介机构的建议下，该公司采取置换股权的办法获得了美国一上市公司的股权，2006年间接上市。在经营过程中，其产品仓库着火，损失惨重，公司怕影响股票价格和投资者信心未向公众披露。后被停止上市。

2. 思考方向

国际股票是由发行人在所属国外公开发行的一种有价证券，国际股票发行人自身经营情况极大地影响股票价格及股票市场稳定，涉及投资者的信心和利益。所以在发行和上市过程中受到发行人所属国及发行地国家的严格监管。监管的手段是规定国际股票发行和上市的具体条件、发行人应承担的义务。本案中发行人能否发行国际股票应当看其是否符合法律规定。

3. 法律规定

(1)《中华人民共和国证券法》第238条　境内企业直接或者间接到境外发行证券或者将其证券在境外上市交易，必须经国务院证券监督管理机构依照国务院的规定批准。

(2)《国务院关于股份有限公司境外募集股份及上市的特别规定》

第2条　股份有限公司经国务院证券委员会批准，可以向境外特定的、非特定的投资人募集股份，其股票可以在境外上市。

本规定所称境外上市，是指股份有限公司向境外投资人发行的股票，在境外公开的证券交易场所流通转让。

第5条　股份有限公司向境外投资人募集股份并在境外上市，应当按照国务院证券委员会的要求提出书面申请并附有关材料，报经国务院证券委员会批准。

(3)《中国证券监督管理委员会关于企业申请境外上市有关问题的通知》

一、公司申请境外上市的条件

（一）符合我国有关境外上市的法律、法规和规则。

……

(三) 净资产不少于4亿元人民币,过去一年税后利润不少于6000万元人民币,并有增长潜力,按合理预期市盈率计算,筹资额不少于5000万美元。

二、公司申请境外上市须报送的文件

(一) 申请报告。内容应包括:公司演变及业务概况,重组方案与股本结构,符合境外上市条件的说明,经营业绩与财务状况(最近三个会计年度的财务报表、本年度税后利润预测及依据),筹资用途。申请报告须经全体董事或全体筹委会成员签字,公司或主要发起人单位盖章。同时,填写境外上市申报简表。

……

(4)《关于境外上市公司进一步做好信息披露工作的若干意见》

……

三、要审慎对待预测性的信息披露,适时披露公司重大风险及潜在风险。公司在生产经营和资产交易过程中,发现存在重大风险,或者正在发生重大经营亏损或资产损失,或出现其他对股价有重大影响的事件,均应在适当时机发出正式公告提醒投资者,并通知境外监管机构及中国证监会,也可以与上市保荐人等协商披露。对于其他在生产经营和资产交易中出现的非重大事件,公司也可在适当时机采取适当方式告知投资者,以增加公司透明度。公司要学习对股价敏感性信息披露的处理技巧,尽量平缓释放在经营过程中可能对股价有重大影响的因素。

(5)《国务院关于进一步加强在境外发行股票和上市管理的通知》

……

三、凡将境内企业资产通过收购、换股、划转以及其他任何形式转移到境外中资非上市公司或者境外中资控股上市公司在境外上市,以及将境内资产通过先转移到境外中资非上市公司再注入境外中资控股上市公司在境外上市,境内企业或者中资控股股东的境内股权持有单位应按照隶属关系事先经省级人民政府或者国务院有关主管部门同意,并报中国证监会审核后,由国务院证券委按国家产业政策、国务院有关规定和年度总规模审批。

四、重申《国务院关于暂停收购境外企业和进一步加强境外投资管理的通知》(国发〈1993〉69号)规定的精神,禁止境内机构和企业通过购买境外上市公司控股股权的方式,进行买壳上市。

4. 学理分析

本案中发行人所发行的股票属于国际股票，涉及三个法律问题。第一，根据国际股票的特点，在发行上市过程中要受到本国和外国双重监管，本国监管处于基础地位，只有得到了本国批准才能言及到外国发行和上市。依照中国法律，发行人应先提交符合规定的申请报告，然后由证券监管委员会对其资格进行审核。第二，本案还涉及了境外上市的两种方式：直接上市与间接上市。第三，本案还涉及信息披露问题。①

综合分析上述案例：

发行人提交的申请报告只由筹委会主任签字，不符合申请报告要由全体董事或筹委会委员签字的规定。当事人自身的条件如净资产3亿人民币，最近一年的利润为微利不符合法律规定（4亿净资产6000万利润），尽管该公司很有发展潜力，也不能获批准。中国法律虽然对间接上市不禁止，但同样要求审核批准，发行人的行为显然与此规定相背。依做好信息披露工作的规定，发行人对影响其利润的重大损失有信息披露义务，但该发行人没有履行此义务，属违法行为。

5. 自测案例

中国某股份公司提交在新加坡发行股票的申请报告载明：该公司连续三年盈利，且最近一年净利润可望达到7000万人民币。一并还提交了规定的其他法律文件。经审批同意到新加坡发行股票并上市。上市期间，给其他公司作担保数额巨大，导致被起诉要求承担担保责任。该公司为维持股票价格，未公告此项诉讼。

问：（1）该公司违背了何种法律规定？

（2）若该公司最近一年利润是5000万人民币，能否被批准向外国发行债券？

（三）境外上市股份公司章程

公司章程，是指公司必备的规定公司组织及活动的基本规则的书面文件，是以书面形式固定下来的全体股东共同一致的意思表示。公司章程对

---

① 参见陈安主编：《国际经济法学》，北京大学出版社2007年版，第451—456页。

公司来说是至关重要的，是公司得以成立的基础，是公司得以生存的灵魂。①要求拟定公司章程必须合法、严谨、务实，即全面反映法律要求，准确表现股东共同意思。为增强中国公司内部治理能力，境外发行股票及在当地上市顺利进行，中国证券监管机构制定了到境外上市公司章程必备条款。

1. 案情简介

被申请人是中国内地在香港上市的一家股份有限公司董事会，该公司总股本20亿人民币(下同)，公司章程正本存放于香港。被申请人于1997年5月将募股资金中的3亿元，委托给某金融有限公司进行“资产管理”，该公司炒作被申请人股票。1997年10月申请人甲(持有公司股票5000万股)、乙(持有公司股票3000万股)、丙(持有公司股票4000万股)联合丁(持有公司股票8000万股)，提议召开临时股东大会，讨论董事会任命与公司无任何联系的王某为公司总经理事项。公司董事会以发出公告后，收到的书面回复不足1/2为由没有召开临时股东大会。四个月以后前述提议股东自行召集。1998年1月，公司召开年度股东大会，申请人甲、乙、丙联合提议，因现有会计师事务所人员工作不力，到期以后不应再续聘。被申请人因年度大会要讨论的事情太多，公司章程没规定为由，将申请人的提议搁置未议。申请人向中国国际经济贸易仲裁委员会申请仲裁。

2. 思考方向

本案中被告有多处违法、违章的行为。关键要考察五方面的问题：一是章程规定是否符合法律规定；二是根据章程规定，董事会有哪些权利与义务；三是本案股东是否有权提出议案；四是董事会因回复不足1/2，能否决定不召开临时股东大会；五是有提议权股东在董事会不召集的情况下能否自行召集。

3. 法律规定

(1)《国务院关于股份有限公司境外募集股份及上市的特别规定》

第15条 公司章程对公司及其股东、董事、监事、经理和其他高级管理

① 参见石少侠：《公司法》，吉林人民出版社1998年版，第88页。

人员具有约束力。

公司及其股东、董事、监事、经理和其他高级管理人员均可以依据公司章程主张权利，提出仲裁或者提起诉讼。

本条第一款、第二款所称其他高级管理人员包括公司财务负责人、董事会秘书和公司章程规定的其他人员。

第21条 公司召开股东大会年会，持有公司有表决权的股份5%以上的股东有权以书面形式向公司提出新的提案，公司应当将提案中属于股东大会职责范围内的事项，列入该次会议的议程。

第29条 境外上市外资股股东与公司之间，境外上市外资股股东与公司董事、监事和经理之间，境外上市外资股股东与内资股股东之间发生的与公司章程规定的内容以及公司其他事务有关的争议，依照公司章程规定的解决方式处理。

解决前款所述争议，适用中华人民共和国法律。

(2)《到境外上市公司章程必备条款》第7条 公司章程对公司及其股东、董事、监事、经理和其他高级管理人员均有约束力；前述人员均可以依据公司章程提出与公司事宜有关的权利主张。

股东可以依据公司章程起诉公司；公司可以依据公司章程起诉股东；股东可以依据公司章程起诉股东；股东可以依据公司章程起诉公司的董事、监事、经理和其他高级管理人员。

前款所称起诉，包括向法院提起诉讼或者向仲裁机构申请仲裁。

第29条 公司或者其子公司在任何时候均不应当以任何方式，对购买或者拟购买公司股份的人提供任何财务资助。前述购买公司股份的人，包括因购买公司股份而直接或者间接承担义务的人。

第30条 本章所称财务资助，包括(但不限于)下列方式：(三)提供贷款或者订立由公司先于他方履行义务的合同，以及该贷款、合同当事方的变更和该贷款、合同中权利的转让等。

第50条 股东大会行使下列职权：(十一)对公司聘用、解聘或者不再续聘会计师事务所作出决议；(十三)审议代表公司有表决权的股份5%以上(含5%)的股东的提案。

第51条 非经股东大会事前批准，公司不得与董事、监事、经理和其他高级管理人员以外的人订立将公司全部或者重要业务的管理交予该人负责的合同。

第55条 根据股东大会召开前20日时收到的书面回复,计算拟出席会议的股东所代表的有表决权的股份数。拟出席会议的股东所代表的有表决权的股份数达到公司有表决权的股份总数1/2以上的,公司可以召开股东大会;达不到的,公司应当在5日内将会议拟审议的事项、开会日期和地点以公告形式再次通知股东,经公告通知,公司可以召开股东大会。

第147条 公司聘用、解聘或者不再续聘会计师事务所由股东大会作出决定,并报国务院证券主管机构备案。

4. 学理分析

世界各国公司法对公司章程的主要内容规定有简有繁,且表现形式不一。有的规定公司内外部事项统一于一部章程中(如中国);有的则分为章程大纲、章程细则两部分(如美国)。但无论如何都有一些必要的事项要在章程中明确。中国《到境外上市公司章程必备条款》的内容即属于这种。相对必要事项,是指在章程中未记载时不影响章程效力的条款。如果缺乏这种条款,仅该未记载的事项不发生效力,或者可以适用法律的具体规定;章程中加以记载时,所记载的条款则发生法律效力。任意记载事项,是指法律上没有规定或要求,完全由当事人根据需要,在不违反法律和社会公共道德的前提下,在章程中记载某些事项的条款。绝对必要事项一般涉及公司生存发展、股东的基本权利和义务以及保证各方权益的程序问题。具体到本案:第一,根据章程规定,公司董事会有资本保持的义务,不能对购买本公司股票的人有任何财务上的支持,以免事实上减少公司的注册资本。第二,股东有提案及召开股东大会的权利。这是股东行使股权的基本形式,也是保证中小股东的权益不被经营者或其他控制者损害的途径。第三,为规范日常管理,保护投资者利益,必须有适当的财务监管。

综合分析上述案例:

本案中被申请人的行为有四处违反法律规定:第一,董事会将募股资金中的3亿元,委托给某金融有限公司炒作本公司股票,违背了公司章程必备条款中不得向购买公司股份的人提供任何财务资助的规定。第二,本案中股东甲、乙、丙、丁所持股权已达10%,有权提议召开临时股东大会,而董事会有义务召集会议。在收到的书面回复不足1/2的情况下应再公告,然后可以召开临时股东大会。第三,公司设置必备条款属于法规规定的强行性义务,任何公司都不例外,因此该公司没将"聘用、解聘或者不再续聘会计师事务所由股东大会作出决定"这一项列入章程不合法。当然,随着中国公司的成熟，对国际经济规则逐渐熟悉，是否有必要作如此严格的限制，可以探讨修改法规。但作为案件仲裁仍要依照现有法律、法规。第四，持有股权达到提案标准的股东有权提案，应当在股东大会上讨论。

5. 自测案例

某公司准备到新加坡证券市场发行股票并上市，为此修改公司章程，使之符合法律规定。上市后，公司的股本总额是10亿人民币（下同）。为获利，公司拿出1亿炒股，间或炒作本公司股票。在经营过程中，大笔贷款追不回来，但在财务报表上并没反映出来。会计师事务所因此没出具无瑕疵会计师报告，该公司董事会经讨论将之解聘，遂起纠纷。双方同意由中国国际经济贸易仲裁委员会仲裁。

问：(1) 该公司有哪些违反章程的行为？

(2) 会计师事务所能否被解聘？

四、国际融资担保法律制度

（一）见索即付担保

见索即付担保（Demand Guarantee），又称为"凭要求即付担保"，是担保人（通常是银行）应申请人的要求或指示，对受益人允诺在其要求付款时，向其支付约定的金额的一种信用担保形式。在见索即付担保中，只要受益人提出付款要求，担保人就得立即履行支付义务，而不得以申请人根据合同所产生的任何抗辩对抗受益人。实践中银行多采用见索即付保函的方式进行担保。

1. 案情简介

2001年6月15日，A国甲公司与B国乙公司签订了由甲向乙出售设备的合同，合同要求甲通过B国的银行开立保函。应甲要求，A国丙银行要求B国的丁银行凭丙的反担保函开立以乙为受益人的保函，反担保函规定金额不超过10万英镑，凭丁第一次书面请求付款，有效期至2001年12月30日。反担保函开出后，11月3日，丁向丙提交了3万英镑的索赔书并附关于其已收到乙索赔文件的声明。12 月 27 日，丁要求反担保函有效期延展至 2002 年 3 月 10 日，此时甲表示同意延展，丙未置可否。2002 年 2 月 3 日，丁向丙提交了金额为 4 万英镑的索赔书。丙拒绝承担担保责任（保函及反担保函中均标明遵循国际商会见《索即付保函统一规则》）。

2. 思考方向

本案涉及两方面的法律问题：一是保函和反担保函的性质；二是保函和反担保函当事人之间的关系。由于案例中已经给出保函开立的法律依据。所以在分析时应根据国际商会通过的《见索即付保函统一规则》（第 458 号出版物，以下简称规则）的具体规定来判断丙是否应承担担保责任。

3. 法律规定

《见索即付保函统一规则》第 20 条 A. 在保函项下任何付款要求均应以书面做成（此外，保函规定的其他文件也应是书面的），并应随附文字声明予以佐证（无论是书写在索赔书上还是单独出具一份或几份附于索赔书之后均可），该声明应陈述下列情况：(1) 主债务人未履行有关合同项下应尽义务；或者，当保函是投标保函时，主债务人违反投标条件；和 (2) 主债务人违约的具体方面。

B. 在反担保函项下，任何索赔书都应有一书面声明佐证，说明担保人已经收到按照保函有关条款和本条规定的内容而出具的索赔文件。

C. 如果在保函中没有相反的约定，则该保函适用本条上述 A 款，如果在反担保函中没有相反的约定，则该反担保函适用本条上述 B 款。

D. 本条规定不影响前述第 2 条 B 款和 C 款以及第 9 条和第 11 条的适用性。

第 26 条 如果受益人要求延展保函有效期，以取代根据保函规定条件和本规则提出索赔，担保人应无延误地如实通知向他发出开立保函指示的一方。然后，担保人应在一定的合理时间内暂停赔付，以便主债务人和受益人就是否同意此项延展而达成协议，并安排开立延展文件。

除非在上述规定的合理时间内就同意延展保函达成一致意见，否则，担保人有责任偿付受益人提出的索赔要求，无须受益人再采取任何索赔行为。如果由于采取上述程序而对受益人索赔延迟赔付，担保人对此（如对利息或其他）将不予负责。

即使主债务人同意或要求此项延展，而在担保人和指示方未明确同意之前，此项延展不能生效。

4. 学理分析

保函根据其与基础合同的关系分为两种：一种是从属性保函；另一种是独立担保保函。从属性的保函，担保人可以援引基础合同进行抗辩。国际商会1978年通过的《合约保函统一规则》（第325号出版物）规定的主要是这种保函。独立担保保函则是担保人承诺一经债权人索赔，就立即支付约定的款项。该承诺构成保证人对债权人一项独立的债务，完全与基础合同无关，见索即付保函属独立担保。独立担保有其自身特点，并有直接担保与间接担保之分。[①]《见索即付保函统一规则》中规定了间接担保方式。无论哪一种担保方式，都有一定期限。一般情况下，保函的有效期限是确定的，不能变更的。但在特殊情况下，保函的有效期限可能会延展，但基于担保人、受益人、申请人及反担保人（如果有的话）在此问题上利益严重对立，担保期限的延展应得到各方当事人的同意。保函有效期限变更的生效，只有在担保人出具了延期的通知书或出具了新的保函才生效，即使是申请人同意或要求延展有效期，而在担保人或指示方未同意之前，延展不能生效。

综合分析上述案例：

丁第一次提出请求，丙应承担担保责任，第二次提出请求，可不承担担保责任。本案中丁第一次提出请求，依据《见索即付保函统一规则》只要提交了保函及规则要求的书面文件即可获得赔偿，担保人有义务提供赔偿而无论基础合同履行情况如何。在丁要求延展的情况下，丙必须书面同意才使延展生效，未置可否，延展不生效。担保期限仍以原保函规定为准，因此在担保期限已过的情形下，丙不再承担担保责任。

5. 自测案例

甲与乙签订了一份销售货物给乙的合同，并按照合同规定，要求丙银行

---

① 具体内容请参考陈安主编：《国际经济法学》，北京大学出版社2007年版，第464—468页。

开立一份以乙为受益人的保函，防止甲不能在合同规定的装运期内发运与销售合同相符的货物。该保函表明了其开立与所述销售合同相关，并保证凭首次书面要求由丙向乙支付最高不超过5000法郎的款项。甲向乙发了货，而乙却声称甲所发货物与合同不符，并且迟装。甲对此提出异议。但乙凭保函向丙提出付款要求。

问：(1) 丙银行应否付款？

(2) 甲如何保护自己利益？

(二) 备用信用证

备用信用证(Standby Letter of Credit)通常又称为商业票据信用证(Commercial Paper Letter of Credit)、担保信用证或保证信用证(Guarantee Letter of Credit)，在《国际备用证惯例》中简称为备用证(Standby)，是不可撤销的、独立的、跟单的及具有约束力的承诺，是指开证行根据开证申请人的请求对受益人开立的承诺承担某项义务的凭证，被用于保证贷款或预付款在到期或违约时或某一不确定事件发生或不发生时产生的义务的履行。也就是说，开证行保证在开证申请人未能履行其应履行的义务时，受益人只要凭备用信用证的规定向开证行开具汇票(或不开汇票)，并提交开证申请人未履行义务的声明或证明文件，即可取得开证行的偿付。

1. 案情简介

英国甲银行应申请人乙要求开出以日本丙公司为受益人的备用信用证，该备用信用证要求受益人用四张汇票分四期支款，支款时须提供申请人违约的如下声明：“因为在到期日申请人乙没有向受益人丙支付四张汇票中的一张所载明的金额，因此，所开立汇票的金额代表开证申请人应该支付而未付的金额。”前三期，申请人乙早于分期支款日，在备用信用证外，直接向受益人丙支付了应付的分期支款金额。因此，丙无须在备用信用证项下开立特殊的分期支款汇票。后在分期支款第四张汇票到期后，申请人没有像前三次那样如期付款，因此受益人向开证行提交了信用证所要求的违约声明书和汇票，以便在备用信用证项下向甲银行索取申请人所欠款项。甲银行收到单据后拒绝付款。

2. 思考方向

本案涉及规定备用信用证的两个国际惯例,应注意到两个国际惯例所侧重的内容不同。《跟单信用证统一惯例》(UCP600)主要应用于贸易领域,大多针对普通商业信用证特点作出规定。而《国际备用证惯例》(ISP98)专门为备用证(即备用信用证)提供了独立的规则。对同一问题适用不同国际惯例可能导致不同的结果,所以在使用备用信用证时应当注意指明依据哪种惯例。

3. 法律规定

(1) UCP600 第 32 条 分期支款或分期发运

如信用证规定在指定的时间段内分期支款或分期发运,任何一期未按信用证规定期限支取或发运时,信用证对该期及以后各期均告失效。

(2) ISP98 规则 1 总则 1.02 与法律和其他规则的关系 A. 本规则对适用的法律进行补充,只要不被该法律禁止。B. 在备用证也受其他行为规则制约而其规定与本规则冲突时,以本规则为准。

规则 3 提示 3.07 每次提示的独立性 A. 无论备用证是否禁止部分或多次支款或提示。作出一次不符提示、收回一次提示、或未完成预定的或允许的多次提示中的任何一次,都不影响或损害作出另一次及时提示或再提示的权利。B. 对一次相符提示的错误拒付,并不构成对该备用证下其他提示的拒付或对该备用证的否定。C. 对一次不符提示的兑付,不论有无不符点通知,并不意味着放弃该备用证对其他提示的要求。

4. 学理分析

本案根据不同的惯例会得出相反的结论。如前所述,备用信用证属于银行信用,开证行对受益人保证,在开证申请人未履行其义务时,即由开证行付款。因此,备用信用证对受益人来说是备用于开证申请人发生毁约时,取得补偿的一种方式。如果开证申请人按期履行合同的义务,受益人就无须要求开证行在备用信用证项下支付货款或赔款。备用信用证的法律特点决定其功能及效果基本上与独立担保一致。在世界范围内之所以产生两种担保形式,主要是美国禁止银行从事信用担保业务,商业银行为规避此项规定而发明了新的信用担保工具——备用信用证,它在美国和受美国影响较大的国家间广泛使用。尽管目前独立担保与备用信用证日益趋同,差别缩小，但由于它们源于两个不同的法律传统，所以在法律规定、运作程序上仍有各自特点。备用信用证与商业跟单信用证不同。[①] 因此在UCP600中有关跟单信用证的许多规定不适合于备用信用证。而ISP对备用信用证作出了专门规定，比UCP600更为精确，表明了UCP600中隐含的意图，以使备用信用证在当事人不付款或不按约履行义务时更加可靠。例如关于备用信用证在分期支款时有效性的问题两个惯例的规定就不一致。在UCP600下，如果规定分期支款的备用证开立目的是保证申请人直接向受益人分期付款，当申请人未能向受益人按期付款时，受益人才能在备用证项下向开证行索取该期款项。在这种备用证下，因申请人已在备用证外向受益人支付了某一期款项，受益人便不能再向开证行索取该期款项因此信用证失效。如果申请人以后违约，未直接向受益人支付以后各期款项，受益人也不能向开证行索取以后各期款项。在《国际备用证惯例》下，则各次提示均具独立性，不影响或损害做出另一次及时提示或再提示的权利。这种区别对受益人利益影响重大，开证行、受益人应当指明备用证适用哪种惯例。为避免适用上的冲突，《国际备用证惯例》规定“与本规则冲突时，以本规则为准”。

综合分析上述案例，本案中当事人没有指明依照哪种惯例规范备用证，则以《国际备用证惯例》规定为准，开证行不能拒绝付款。

5. 自测案例

应潜在业主甲之邀，乙递交了一份标价为1000万欧元的建筑工程投标书，随附一份丙银行开立的金额为50万欧元的备用信用证。后来，甲在备用信用证下提出索款要求，乙提出抗辩，因甲已与丁签约，所以备用信用证已经失效。

问：(1) 乙的抗辩能否使丙拒付？

(2) 乙可以用哪种抗辩理由使丙拒付？

五、对跨国银行的法律管制

(一) 银行准入管制

银行准入管制是指东道国对外国银行进入本国市场所实施的控制和管

① 陈安主编：《国际经济法学》，北京大学出版社2007年版，第468—469页。

理，反映了一国对外资银行的基本态度。对东道国而言，外国银行进入既对本国经济发展有促进作用，又有消极影响。所以各国会根据自身经济、金融状况和经济发展的总体战略制定法律、法规，规定准许外国银行进入的规模、时间、地域、营业范围等基本条件。中国加入 WTO 后，在承诺范围内，允许外资银行以不同形式进入中国。

1. 案情简介

从中国人民银行获悉，2002 年 11 月 6 日，新加坡大华银行在北京开设分行；年底前，汇丰银行将在北京开设卓越理财服务；2003 年第 1 季度，渣打银行在北京的首家个人业务银行也将开业。一直被视为是政治文化中心的北京，也开始成为外资银行登陆中国的滩头。据中央电视台 2001 年 11 月 4 日报道，根据中国政府的入世承诺，从 2001 年 12 月 11 日起，共有 20 个城市的人民币经营业务在 4 年内分 5 批向外资银行开放。央行规定，外资银行只有连续 3 年实现赢利，才能对内地居民开展业务。因此，为了备战北京地区金融保护期满后出现的竞争局面，各洋银行代表处正在纷纷筹建分行。外资银行再度抢滩中国市场，城市战略布点首选北京、上海。据北京银行业协会副秘书长郭俊介绍，现在共有 18 家外资银行在北京开设了分行，而开设了代表处的外资银行达到 108 家。北京在几年时间没有新增外资银行分行后，可能迎来洋银行迅速扩容的局面。①

2. 思考方向

在入世谈判前，中国禁止外国金融业进入；谈判期间，逐渐允许其以有限的方式进入；入世谈判成功，意味着中国应当履行外国金融业市场准入承诺。各国金融机构以不同形式进入中国市场，应当依照中国入世承诺而制订的相关法律法规进行。

3. 法律规定

A.《服务贸易总协定》第 16 条　市场准入　(1) 对于通过第 1 条确认

① 引自 http://www.guaranty.com.cn/new/view_user.asp? id = 6716，2008 年 5 月 16 日访问。

的服务提供方式实现的市场准入，每一成员对任何其他成员的服务和服务提供者给予的待遇，不得低于其在具体承诺减让表中同意和列明的条款、限制和条件。

B.《关于金融服务的附件》(2) 国内法规(a) 尽管有本协定的任何其他规定，但是不得阻止一成员为审慎原因而采取措施，包括为保护投资人、存款人、保单持有人或金融服务提供者对其负有信托责任的人而采取的措施，或为保证金融体系完整和稳定而采取的措施。如此类措施不符合本协定的规定，则不得用作逃避该成员在本协定项下的承诺或义务的手段。(5) 定义　就本附件而言：(a) 金融服务指一成员金融服务提供者提供的任何金融性质的服务。金融服务包括所有保险及其相关服务，及所有银行和其他金融服务(保险除外)。

C.《服务贸易具体承诺减让表》(1) 跨境交付。提供和转让金融信息、金融数据处理以及与其他金融服务的提供者有关的软件。就 a—k 项所列所有活动进行咨询、中介和其他附属服务，包括资信调查和分析、投资和证券的研究和建议、关于收购的建议和关于公司重组和战略制定的建议。(2) 境外消费。没有限制。(3) 商业存在。(a) 地域限制。对于外汇业务自加入时起，无地域限制。对于本币业务，地域限制将按下列时间表逐步取消。自加入时起，开放上海、深圳、天津和大连。加入后 1 年内开放广州、珠海、青岛、南京、武汉。自加入后 2 年内开放济南、福州、成都、重庆。加入后 3 年内开放昆明、北京、厦门。加入后 4 年内开放汕头、宁波、沈阳、西安。加入后 5 年取消所有地域限制。(b) 客户。对于外汇业务允许外国金融机构自加入时起在中国提供服务，无客户限制。对于本币业务，加入后 2 年内允许外国金融机构向中国企业提供服务，加入后 5 年，允许外国金融机构向所有中国客户提供服务。获得在中国地区从事本币业务营业许可的外国金融机构可向位于已开放此类业务的任何其他地区客户提供服务。(c) 营业许可。中国金融服务部门进行经营的批准标准仅为审慎性的(即不含经济要求测试或营业许可的数量限制)加入后 5 年内应取消现在的限制所有权、经营及外国金融机构法律形式的任何非审慎性措施，包括关于内部分支机构和营业许可的措施。① 满足下列条件的外国金融机构允许在中国设立外国独资金融机构或外国独资财务公司：提出申请前一年年末总资产超过 100 亿美元。② 满足下列条件的外国金融机构允许在中国设立外国银行的分行：提出申请前一年年末总资产超过 200 亿美元。③ 满足下列条件的外国金融机构允许在中国设立中外合资银行或中外合资财务公司：提出申请前一年年末总资产超过100亿美元。从事本币业务的外国金融机构的资格如下:在中国经营3年,且在申请前连续2年盈利,其他没有限制。

D. 自然人流动。除水平承诺中内容外,不做承诺。

4. 学理分析

外国银行准入的政策、法律是东道国对跨国银行管制的第一道门槛。规定外国银行进入的形式、条件、地域、营业范围等,体现了东道国对跨国银行的态度。如果出于某种原因东道国完全可以拒绝外国银行进入本国市场,但如果加入世贸组织则应依GATS协议来制定本国政策、法律。一般来说允许外国银行在本国存在的形式有代表处、分行、子行、合资银行等。外国银行进入东道国,要受到各种条件的约束,主要包括要符合最低资本金或总资产要求、股权比例限制、双重许可与母国监管要求、银行管理层要求及存款保险要求。

综合分析上述案例:

中国依加入世贸时的承诺,逐步加大对外资银行的开放力度,修改《外资金融机构管理条例》允许外国独资银行、外国银行分行、合资银行、独资财务公司、合资财务公司在中国开展业务。相应地规定了进入的必要条件如独资银行、合资银行的注册资本最低限额为3亿元人民币等值的自由兑换货币。独资财务公司、合资财务公司的注册资本最低限额为2亿元人民币等值的自由兑换货币。注册资本应当是实缴资本。外国银行分行应当由其总行无偿拨给不少于1亿元人民币等值的自由兑换货币的营运资金等。因此各国银行纷纷在中国开展不同业务。

5. 自测案例

中国自2001年12月11日起,(1)取消对外资金融机构外汇业务服务对象的限制。外资金融机构外汇业务的服务对象,可以扩大到中国境内的所有单位和个人,但必须相应增加营运资金或资本金,更换金融业务营业许可证或金融业务法人许可证。

(2)允许设在上海、深圳的外资金融机构正式经营人民币业务,设在天津、大连的外资金融机构可以申请经营人民币业务。

(3)在华外资非银行金融机构可以按照中国人民银行即将公布的有关管理办法的规定,申请设立独资或合资汽车金融服务公司,办理汽车消费信贷业务。

(4) 外国投资者可以按照中国人民银行公布的《金融租赁公司管理办法》的规定,申请设立独资或合资金融租赁公司,提供金融租赁服务。

(5) 中国人民银行将根据修订后的《中华人民共和国外资金融机构管理条例》和《中华人民共和国外资金融机构管理条例实施细则》等有关管理办法,受理外资金融机构的各项申请。

(6) 外资金融机构已向央行递交的设立机构等申请仍然有效,但申请者须按修订后法规的规定补充申请材料。

问:(1) 上述规定意味着中国对外资银行准入采取何种态度?

(2) 上述规定是否必须? 为什么?

(二) 跨国银行监管

跨国银行,通常指在两个或两个以上国家从事跨境货币信用业务的企业。这类银行一般以一国为基地,在多国从事银行经营活动,它们是银行业务国际化的产物。跨国银行牵扯到两个以上国家,其是否能够稳健经营不止对本国存款人、投资者及市场有重大影响,而且对东道国也至关重要,甚至影响到国际金融市场的稳定。接连出现的跨国银行经营失败案例,使各国认识到由于跨国银行的特殊性,必须加强国际监管合作。

1. 案情简介

2008 年伴随着雷曼兄弟申请破产,美林被美国银行收购,AIG 依靠政府的救援勉力维持,华尔街金融巨头纷纷倒下,全球股市也不断创下新低,一场袭卷全球的金融危机爆发。复旦大学经济学院院长孙立坚教授指出四个方面的原因,其中美国较为宽松的监管制度一定程度上也导致了这次风波,整个监管体制显然已经无法跟上金融创新的速度。目前主要的监管方式包括资本监管和风险监管。但是此次金融危机暴露出的问题在于,即使是风险监管也不足以解决问题,原因是那些和金融衍生产品相关的表外业务并不纳入计算,又缺乏足够的信息披露,单纯看业务收益和支出,监管部门不能及时发现问题。①

① http://finance.qq.com/a/20080919/000847.htm,2008 年 9 月 19 日访问。

2. 思考方向

这次金融危机在监管层面涉及母国与东道国对跨国银行监管的问题。巴塞尔委员会制定的一系列银行监管文件为各国所重视并逐渐采纳,各国在制定跨国银行监管具体措施时应当考虑到国际合作。

3. 法律规定

《统一资本计量和资本标准的国际协议:修订框架》(以下简称《框架》)

第一部分:适用范围　A. 导言　(1)《框架》在并表基础上适用于国际活跃银行(internationally active banks),这是以消除双重杠杆的方式保持拥有附属机构的银行资本完整性的最佳途径。(2) 在全面并表的基础上,《框架》的适用范围包括作为银行集团母公司的持股公司,以确保将整个银行集团的风险都涵盖在内。① 银行集团是指主要从事银行业务的集团,在某些国家银行集团可注册为银行的形式存在。(3)《框架》还在全面并表基础上,适用于银行集团内每一层面的国际活跃银行。② 对于目前还未要求实行全面次级并表(full sub-consolidation)的国家,实施新协议可以有3年的过渡期。(4) 最后,考虑到保护存款人这一主要的监管目标,应确保资本充足率指标所认定的资本随时可用来保护存款人,因此,监管当局还应检查每一家银行单个处理时(on a stand-alone basis)的资本充足程度。

第二部分:第一支柱—最低资本要求　Ⅰ. 总的资本比率不得低于8%,二级资本限定在一级资本的100%以内。Ⅱ. 信用风险—标准法　50. 委员会提出,允许银行在计算信用风险的资本要求时,从两大类方法中任择一种,一种方法是根据外部评级结果,以标准化处理方式计量信用风险。51. 另一种方法是采用银行自身开发的信用风险内部评级体系,但必须经过银行监管当局的明确批准。Ⅲ. 信用风险—IRB法　211. 新协议的这部分描述了信用风险的IRB法。在满足某些最低条件和披露要求的前提下,得到监管当局批准有资格采用IRB法的银行可根据自己对风险要素的

---

① 作为银行集团母公司的持股公司,自身也许还有一个母持股公司。在此类结构中,由于该母公司不被视为是银行集团的母公司,所以不受框架的约束。

② 除采用全面次级并表以外,采用对银行单个处理的方法也可达到同样的目标,即不对附属机构的资产和负债做并表处理。但前提是将银行对子公司的投资和大额的少数股本按照账面价值从银行资本中扣除。

估计值决定对特定暴露的资本要求。这些风险要素包括对违约率、违约损失率、违约风险暴露及期限的量化指标。某些情况下，可要求银行使用监管当局确定的数值，而不采用对一项或几项风险要素的内部估计值。213. ……银行采用 IRB 法必须满足的最低要求见这部分后面的内容，从 H 部分第 387 段开始。

第三部分：监督检查 监督检查的四项主要原则 原则一：银行应具备一整套程序，用于评估与其风险轮廓相适应的总体资本水平，并制定保持资本水平的战略。原则二：监管当局应检查和评价银行内部资本充足率的评估情况和战略，以及它们监测并确保监管资本比率达标的能力。若对检查结果不满意，监管当局应采取适当的监管措施。原则三：监管当局应鼓励银行资本水平高于最低监管资本比率，应有能力要求银行持有超过最低资本的资本。原则四：监管当局应尽早采取干预措施，防止银行的资本水平降至防范风险所需的最低要求之下；如果银行未能保持或补充资本，监管当局应要求其迅速采取补救措施。

第四部分：第三支柱—市场纪律

4. 学理分析

综合分析上述案例：

跨国银行的特点是大量业务游离于其母国监管视线，而东道国对其全部资产运作的信息掌握有限，导致对其监管易出现盲区，资本的逐利性又使跨国银行自控能力弱，这种情况下可能会产生跨国银行经营失败的后果。而母国能够从总体角度规定银行资本充足率、流动性、放款上限及银行业务的范围，东道国能对在其国内的跨国银行资本运营施加一定的管制，从而促使跨国银行依法经营。但是由于主权、信息交流不畅等原因对跨国银行监管出现盲点。为防范可能的风险，建立适应新的国际环境的、统一的跨国银行监管原则和风险管理框架①，随着跨国银行业务的快速发展，原有的巴塞尔资本协议落后于实践要求。从 2001 年起巴塞尔委员会开始制订新的资本协议，目的是完善银行业的风险管理，建立并推广大银行已经着手开发的方法，反映市场对规模大、业务复杂的银行提出的新要求。作为重要的监管框

---

① 有关具体内容请参考陈安主编：《国际经济法学》，北京大学出版社 2007 年版，第 476—478 页。

架,巴塞尔新资本协议力求开发出一套全面、系统银行风险管理方法。[①] 2008年爆发的全球性金融危机充分体现了对银行放松管制的恶果,在金融机构内控机制及母国、东道国监管方面出现了问题。在新的协议框架下从三方面控制金融机构的行为或许会免除或减轻这一灾难。

5. 自测案例

1991年国际商业信贷银行(BCCI)倒闭,涉及世界60多个国家。银行的成立者资金不充足但采取合资、合并等方式在世界各个国家建立一系列分支机构,各机构之间通过互相持股等关联交易形成了极其复杂的结构,借以掩盖其资金不足的事实,最终导致存款人利益受损。当时巴塞尔协议中没有规定对银行控股公司的资本充足率进行监管。

问:如何对跨国银行进行有效监管?

---

① 美联储理事会副主席小罗杰·W. 福格森2003年4月28日在世界银行风险管理与监管会议上的讲话。

第八章　国际税法

一、国际税法概说

国际税法，简言之，即调整国际税收关系的国际法规范与国内法规范的总称。国际法规范是指用以调整各国之间税收分配关系的国际税收协定及条约；国内法规范是指各国的涉外所得税法，用以调整国家与纳税人之间的税收征纳关系。国际税收法律规范，既包括国际法规范，又包括国内法规范；既包括实体法规范，又包括程序法规范。

（一）案情简介

1.《中英税收协定》第8条规定："以船舶或飞机经营国际运输的利润，应仅在企业实际经营管理机构所在缔约国征税。"

2.《中华人民共和国企业所得税法》第23条规定："企业取得的下列所得已在境外缴纳的所得税税额，可以从其当期应纳税额中抵免，抵免税额为该项所得依照本法规定计算的应纳税额；超过抵免限额的部分，可以在以后五个年度内，用每年度抵免限额抵免当年应抵税额后的余额进行弥补：（一）居民企业来源于中国境外的应税所得；（二）非居民企业在中国境内设立机构、场所，取得发生在中国境外但与该机构、场所有实际联系的应税所得。"

（二）思考方向

由于国际政治经济变化的作用，在第二次世界大战结束后至20世纪70年代中期，国际税法的形成和发展首先表现在越来越多的国家通过谈判签订税收条约（tax treaty or tax convention）的方式，协调彼此之间与跨国纳税人在跨国征税对象上的利益分配关系，双边税收协定数量迅速增加，它们与缔约国的国内有关税法相互配合,共同作用于调整在跨国征税对象上存在的国际税收关系,逐步形成了一个由国际法和国内法两类规范构成的彼此存在联系的税法分支体系。

(三) 法律规定

1.《联合国关于发达国家与发展中国家间避免双重征税的协定范本》第3章第8条 船运、内河运输和空运

第8条A(供选择的A)

(1) 以船舶或飞机从事国际运输业务所取得的利润应仅在企业实际管理机构所在缔约国征税。

(2) 以船只从事内河运输业务所取得的利润,应仅在企业实际管理机构所在缔约国征税。

(3) 如果船运企业或内河运输企业的实际管理机构设在船舶或船只上,应以船舶或船只母港所在缔约国为所在国;或如果没有母港,应以船舶或船只经营者居住的缔约国为所在国。

(4) 第1款的规定也适用于参加合作经营、联合经营或者作为国防业务经理人所取得的利润。

第8条B(供选择的B)

(1) 以飞机从事国际运输业务所取得的利润,应仅在企业实际管理机构所在缔约国征税。

(2) 以船舶从事国际运输业务所取得的利润,应仅在企业实际管理机构所在缔约国征税,但经常在缔约国另一方从事业务发生的船运活动除外。如果这种活动比较经常,上述利润可以在另一国征税。另一国确定征税的利润,应以该企业从船运业务取得全部纯利润为基础作适当的划分。按照这种划分计算的税额应减去×%(这个百分数通过双边谈判加以确定)。

(3) 以船只从事内河运输取得的利润,应仅在企业实际管理机构所在缔约国征税。

(4) 如果船运企业或内河运输企业的实际管理机构设在船舶或船只上,应以船舶或船只母港所在缔约国为所在国;或如果没有母港,应以船舶或船只经营者居住的缔约国为所在国。

(5) 第1款和第2款的规定也适用于参加合作经营、联合经营或者作为国防业务经理人所取得的利润。

2.《经济合作与发展组织关于对所得和财产避免双重征税的协定范本》

第3章第8条 船运、内河运输和空运

(1) 以船舶或飞机从事国际运输取得的利润,应仅在企业实际管理机构所在缔约国征税。

(2) 以船只从事内河运输取得的利润,应仅在企业实际管理机构所在缔约国征税。

(3) 如果船运企业或内河运输企业的实际管理机构设在船舶或船只上,应以船舶或船只母港所在缔约国为所在国;或如果没有母港,应以船舶或船只经营者为居民的缔约国为所在国。

(4) 第1款的规定也适用于参加合伙经营、联合经营或者参加国际经营机构取得的利润。

3.《中华人民共和国企业所得税法》

第3条 居民企业应当就其来源于中国境内、境外的所得缴纳企业所得税。

非居民企业在中国境内设立机构、场所的,应当就其所设机构、场所取得的来源于中国境内的所得,以及发生在中国境内但与其所设机构、场所有实际联系的所得,缴纳企业所得税。

非居民企业在中国境内未设立机构、场所的,或者虽设立机构、场所但取得的所得与其所设机构、场所没有实际联系的,应当就其来源于中国境内的所得缴纳企业所得税。

第4条 企业所得税的税率为25%。

非居民企业取得本法第3条第3款规定的所得,适用税率为20%。

第56条 依照本法缴纳的企业所得税,以人民币计算。所得以人民币以外的货币计算的,折合成人民币缴纳税款。

(四) 学理分析

上述案例涉及国际税收法律规范,包括国际法规范和国内法规范。国际法规范即国际税收协定及条约,国内法规范即各国的涉外所得税法。前者调整各国之间的税收分配关系,后者调整国家与跨国纳税人之间的税收征纳关系。这些都属于实体法规范,直接用于确定当事人的权利义务关系。但国际税收法律规范中还包含着很多程序法律规范,比如《联合国范本》第4章第25条关于财产的征税规定:

第 25 条 相互协商程序

(1) 当某人认为缔约国一方或双方的措施,导致或将导致对其不符合本协定规定的征税时,可以不考虑国内法律所规定的补救办法,将案情提交其本人为居民的缔约国一方主管当局;或者,如果其案情属于第 24 条第 1 款,可以提交其本人为国民的缔约国主管当局。该项案情必须在不符合本协定规定的征税行动第一次通知起,3 年内提出。

(2) 上述主管当局如果认为提出的意见合理,又不能单方面满意地解决时,应设法与缔约国另一方主管当局相互协商解决本案,以避免不符合本协定的征税。达成的任何协议应予执行,而不受该缔约国国内法律的任何时间限制。

(3) 缔约国双方主管当局应相互协商设法解决在解释和实施本协定时发生的困难和疑义。缔约国双方主管当局也可以对为避免本协定未规定的双重征税进行协商。

(4) 缔约国双方主管当局为对以上各款达成协议,可以直接相互联系。为执行本条规定的相互协商程序,主管当局应通过协商确定适当的双边程序、条件、方法和技术。此外,主管当局可以设法采取适当的单方面程序、条件、方法和技术,以促进上述双边行动和相互协商程序的执行。

这些规定为协调各国之间的税收关系提供了指导性的建议,并为很多国家接受。由此,我们不难看出,国际税收法律规范的第一个特点:具有多样性。既包括国际法规范,又包括国内法规范;既包括实体法规范,又包括程序法规范。

国际税收法律规范的第二个特点是:国际税收法律规范带有更多的公法的性质。国家的税收管辖权是依据国家主权产生的,国家永远是国际税收关系的一方,尤其是在与跨国纳税人的征纳关系中是作为行政主体的一方,因此国际税法带有更多的公法的性质。①

综合分析上述案例:

首先,国际税收法律规范是具有公法性质的规范。中英税收协定调整中英两国之间的税收分配关系,属于国际法规范。其次,《中华人民共和国企业所得税法》中的涉外税收征管规定是调整国家与跨国纳税人之间的税收征纳关系的,属于国内法规范。

---

① 沈四宝主编:《国际经济法》,中国对外经济贸易出版社 2000 年版,第 426 页。

（五）自测案例

甲国的A公司将其专利技术转让给乙国的B公司，获技术转让费10万美元。乙国依其本国税法和与甲国签订的税收协定之规定，征收A公司预提税1万美元，后甲国政府也就该技术转让收益征收A公司1万美元的所得税。①

问：(1) 本案例涉及的国际税收关系有哪些？

(2) 本案例中的国际税法主体是谁？

(3) 本案例中的国际税法客体是什么？其涉及的税种是预提税还是所得税？

二、居民税收管辖权

税收管辖权是指一国在征税方面享有的权力，它决定了纳税人和征税对象的范围。从经济角度上看，税收管辖权是各国政府凭借其统治社会的政治权力，强制、无偿地参与纳税人经济活动产生的收入和财富的分配，取得财政收入的一种方式。税收管辖权既然根源于国家主权，也就决定了它同样具有类似的主权性质。依据国家主权的属人和属地原则，一国的税收管辖权包括居民税收管辖权和所得来源地（财产所在地）税收管辖权。前者是指征税国对与其存在某种隶属关系的居民纳税人来自境内境外的全部财产行使征税权，后者是指征税国对其非居民纳税人来自该国境内的全部财产和收入行使征税权。

（一）案情简介

麦德隆是美国一家船运公司的船长，经常往返于美国和加拿大的航程并且在加拿大境内有一幢住宅，每年偕夫人来此度假两周。1950年，加拿大政府要求麦德隆就其境内外收入纳税，麦德隆不服遂诉至法院。这就是有名的麦德隆诉国家财政部长案。②

① 引自王传丽：《国际经济法案例教程》，知识产权出版社2001年版，第271页；肖伟：《国际经济法学案例教程》，知识产权出版社2003年版，第374页。

② 引自张丽英：《国际经济法教学案例》，法律出版社2004年版，第253页。

（二）思考方向

本案的主要问题就是居民税收管辖权中居民身份的确定问题，即纳税人与征税国家之间是否存在税收居所的联系，应依据两国的双边税收协定来解决。

（三）法律规定

《联合国关于发达国家与发展中国家间避免双重征税的协定范本》

第4条 居民

1. 本协定中“缔约国一方居民”一语是指按照该国法律，由于住所、居所、管理场所或其他类似性质的标准，负有纳税义务的人。

2. 由于第1款的规定，同时是缔约国双方居民的个人，其身份应确定如下：

① 应认为是其有永久性住所所在国的居民；如果在两个国家同时有永久性住所，应认为是与其个人和经济关系更密切（重要利益中心）所在国的居民；

② 如果其重要利益中心所在国无法确定，或者在其中任何一国都没有永久性住所，应认为是其有习惯性居处所在国的居民；

③ 如果其在两个国家都有，或者都没有习惯性居处，应认为是其国民所在国的居民；

④ 如果其同时是两个国家的国民，或者不是其中任何一国的国民，应由缔约国双方主管当局通过协商解决。

3. 由于第1款的规定，除个人以外，同时是缔约国双方居民的人应认为是其实际管理机构所在国的居民。

（四）学理分析

上述案件涉及居民税收管辖权中居民身份的确定问题。税收管辖权是国家主权在税收方面的体现。税收管辖权是一种完全独立自主的、不受外来干预的权力，不受任何约束和限制；各国的税收管辖权是平等的，一国的税务机关不得在另一国境内实施征税行为；税收管辖权的行使要受国家主权所及的范围的限制，在实施中，各国都以纳税人或征税对象与自己的领土主权存在某种属人的联系或经济利益上的属地联系作为行使管辖权的依据。

居民税收管辖权是征税国基于纳税人与征税国存在着居民身份关系的法律事实而主张行使的征税权，亦称居民课税原则。这种居民身份关系事实上是指征税国税法上规定的居民纳税人的身份构成要件。符合居民身份构成要件的人(包括自然人和企业法人)即属于该国税法意义上的纳税人,而这个征税国也相应地称为该纳税人的居住国。

关于自然人居民身份的确定标准有三:

(1) 住所标准,即以自然人在本国拥有住所为标准来确定其为本国居民。住所是指自然人设立其生活根据地并意为永久居住的场所。

(2) 居留时间,即以自然人在本国居留并达到一定期限为标准来确定其为本国居民。关于居留时间各国规定的期间长短不一。此外,各国都将居所和居留时间结合运用以确定自然人的身份。

(3) 国籍标准,即以自然人的国籍为标准来确定其纳税身份。只要为该国公民则无论居住在国内还是国外,对居住在国外的公民亦不论其居住时间的长短,都要按其世界范围内的所得向该国政府纳税。

此外,还有居所标准,居所一般指一个人在某个时期内经常居住的场所,但并不具有永久居住的性质。居所标准能在更大的程度上反映一个人与其实际活动地之间的联系。但是,这种标准的缺陷在于,对一个人经常居住的场所往往缺乏某种客观统一的识别标志,在实际运用中具有较大的弹性,容易引起纳税人和税务当局之间的争议。

关于法人居民身份的确定标准亦有三:

(1) 法人登记注册地标准,即以法人是否在本国登记注册为依据,判断法人是否属于本国居民。凡在本国登记注册成立的法人,不论其总机构、生产经营地、管理控制中心地在何国,均应向本国纳税。

(2) 总机构所在地标准,即以法人的总机构所设地为标准确定法人居民身份。法人总机构,一般是指进行重大经营决策、统筹全部经营活动和统一核算盈亏的总公司、总部、总店等。

(3) 管理机构地标准(又称实际管理和控制中心所在地标准),即以法人的重要经营管理决策和决定等重大事项的形成地为标准确定法人居民身份。不同于日常经营业务的管理机构所在地,实际管理和控制中心所在地通常为董事会或股东会所在地或其会议召集地。

此外,少数国家还同时或单独采用主要经营活动地标准、控股权标准等确定法人居民身份。

在实践中,各国一般采用双边税收协定中确定某种冲突规则的办法,来解决相互居民间的税收管辖权冲突问题,各国签订的双边协定大都是参照《经济合作与发展组织关于对所得和财产避免双重征税的协定范本》和《联合国关于发达国家与发展中国家间避免双重征税的协定范本》而制定的。许多双边或多边的税收协定都确定了共同解决居民税收管辖权的规则，即对自然人来说，当自然人在某国有永久性的居所时，应被认为是该国居民；如果一自然人在缔约国双方同时有永久性居所，应被认为是与其人身关系和经济关系更密切的国家的居民。

综合分析上述案件：

首先，加拿大政府作为征税国基于纳税人与征税国存在着居民身份关系的法律事实而主张行使征税权，要求麦德隆纳税的依据是麦德隆在加拿大拥有居所，即“住所”或者“居所”标准；其次，本案中，实际上麦德隆在加拿大境内拥有的住宅并不长久居住，每年只住 2 周。所以，无论是以“住所”或“居所”为标准，还是以“居留时间”为标准，麦德隆的住所都不构成税收居所；因此，加拿大政府无权要求麦德隆就其境内外收入纳税，加拿大法院应判决麦德隆胜诉。

（五）自测案例①

比尔斯联合矿业有限公司（以下简称比尔斯公司），1902 年在南非注册成立，总机构设在南非金伯利。1906 年，英国政府要求比尔斯公司就其全部企业所得纳税。比尔斯公司以原告身份起诉，认为该公司的注册地、总机构所在地均为南非，其产品金刚石的开采与销售也都在南非，故该公司应为南非公司，不应向英国政府纳税。但英国法院则认为，原告公司的大部分董事和终身董事都居住在伦敦（部分董事和终身董事居住在南非），董事会大多在伦敦举行，公司管理的重要决策，诸如矿产开发、钻石销售与利润分配、其他资产处置、任命公司经理等决策都在伦敦作出。所以，原告公司的实际管理和控制中心位于伦敦，应为英国居民公司，应就其环球所得向英国政府纳税。

问：（1）你认为比尔斯公司应为哪国的居民公司？英国法院的判决是否合理？

（2）你认为以什么标志来确定企业的实际管理和控制中心所在地？

（3）确定法人居民身份的标准应以哪一种为最佳？

三、非居民跨国经营所得税收管辖权

所得来源地（财产所在地）管辖权是指征税国基于征税对象与本国领土

① 引自王传丽：《国际经济法教学案例》，中国政法大学出版社 1999 年版，第 300 页。

存在某种地域上的联结因素而主张行使的征税权。所得来源地(财产所在地)管辖权是征税国用以对非居民的所得或财产征税而行使的,因而又被称为非居民税收管辖权。国家对非居民的征税,仅限于对来自该国境内的所得或存在于该国境内的财产,对非居民国境外的所得则无权征税。因此纳税人承担的是有限纳税义务。

而纳税人对于征税国来说,他仅限于从来源地国境内获得的那部分所得或存在于该国境内的那部分财产,向该国政府承担纳税义务,他在其居住国和其他国家的收入,则不在该国的税收管辖权之内。

(一) 案情简介

甲国的M公司在乙国设有一分公司,在丙国设有一常驻代办处。1996年10月,M公司又在丁国开办了一次为期6个月的展销会。此外,M公司在日常的经营中,还经常直接与乙、丙、丁国的居民公司开展贸易活动。

提示:已知甲国与乙、丙、丁三国均签订有双边税收协定。①

(二) 思考方向

本案中对于非居民跨国经营所得(财产所在地)税收管辖权,应以非居民是否在该国设有常设机构为标准加以确定。经营所得来源地的确定采用经营机构发生原则,即以营业活动发生地作为营业所得来源地的标志,各国税法上有不同的解释,不同案件应以相关国际税收协定的具体解释为准。

(三) 法律规定

《联合国关于发达国家与发展中国家间避免双重征税的协定范本》

第5条 常设机构

1. 本协定中"常设机构"一语是指一个企业进行全部或部分营业的固定营业场所。

① 引自王传丽:《国际经济法教学案例》,中国政法大学出版社1999年版,第301页。

2.“常设机构”这一用语特别包括：

(1) 管理场所；

(2) 分支机构；

(3) 办事处；

(4) 工厂；

(5) 作业场所；

(6) 矿场、油井或气井、采石场或者任何其他开采自然资源的场所。

3.“常设机构”一语同样包括：

(1) 建筑工地，建筑、装配或安装工程或者与其有关的监督管理活动，但该工地、工程或活动以连续为期6个月以上的为限；

(2) 企业通过雇员或雇佣的其他人员为上述目的提供的劳务，包括咨询劳务，但这种性质的活动以在该国内(为同一工程或有关工程)在任何12个月中连续或累计为期6个月以上的为限。

4. 虽有本条以上各项规定，“常设机构”这一用语应认为不包括：

(1) 专为储存或陈列本企业货物或商品的目的而使用的场所；

(2) 专为储存或陈列的目的而保存本企业货物或商品的库存；

(3) 专为通过另一企业加工的目的而保存本企业货物或商品的库存；

(4) 专为本企业采购货物或商品或者收集情报的目的而设有的固定营业场所；

(5) 专为本企业进行任何其他准备性质或辅助性质活动的目的而设有的固定营业场所。

5. 虽有第1款和第2款的规定，当一个人(适用第7款的独立地位代理人除外)在缔约国一方代表缔约国另一方的企业进行活动，对于这个人为企业进行的任何活动，应认为该企业在首先提及的缔约国设有常设机构，如果这个人：

(1) 有权并经常行使这种权利，在该国以企业的名义签订合同。但如果这个人的活动仅限于第4款的规定，即使是通过固定营业场所进行活动，按照该款规定，并不得使这一固定营业场所成为常设机构；或

(2) 没有该项权利，但经常在首先提及的国家保存货物或商品的库存，并代表该企业经常从该库存中交付货物或商品。

6. 虽有本条以上各项规定，缔约国一方的保险企业，除再保险外，如通过适用第7款独立地位代理人以外的人在另一国领土内收取保险费或接受保险业务，应认为在缔约国另一方设有常设机构。

7. 缔约国一方的企业仅由于通过经纪人、一般佣金代理人或任何其他独立地位代理人在缔约国另一方进行营业，而这些代理人又按常规进行其本身业务的，应不认为在缔约国另一方设有常设机构。但是如果这种代理人的活动全部或几乎全部代表该企业，则不认为是本款所指的独立地位代理人。

8. 缔约国一方居民公司，控制或被控制于缔约国另一方居民公司或者在缔约国另一方进行营业的公司（不论是否通过常设机构），此项事实不能据以使任何一公司成为另一公司的常设机构。

（四）学理分析

本案中涉及对于非居民跨国经营所得（财产所在地）税收管辖权的确定依据，即非居民是否在该国设有常设机构；具体对"常设机构"的解释问题。非居民在所得来源地国的所得一般包括四个方面：(1) 营业所得；(2) 劳务所得；(3) 投资所得；(4) 财产所得。经营所得，又称营业利润，即指一个自然人或法人在某个固定场所从事经营活动的所得。经营所得来源地的确定采用经营机构发生原则，即以营业活动发生地作为营业所得来源地的标志。对此，各国税法上有不同的解释。有些国家以有关交易合同的签订地作为营业活动发生地的标志，有些国家以货物的交付地为营业活动的发生地。但是，如果营业活动是通过某种营业机构或固定场所实施的，则一般均以该营业机构或场所的所在地作为营业活动的发生地的标志。各国的双边税收协定一般采用"常设机构"这个概念。常设机构是指，一个企业在某一国境内进行全部或部分经营的场所。如果是从该场所取得的所得，那么，这个国家就可以认为该项所得来源于其境内，从而可以行使来源地征税权。

构成常设机构一般要具备以下三个要件：首先，要有一个受有关企业支配的营业场所存在；其次，这种营业场所应有一定的固定性和一定程度的永久性；最后，企业的活动全部或部分地通过这种营业场所进行。

但是，对于跨国营业所得，在纳税人的居住国和来源地国之间没有签订避免双重征税协定的情况下，居住国政府依据其对居民纳税人的居民税收管辖权和来源地国政府基于来源地国税收管辖权均可以主张课税。

综合分析上述案例：

首先，甲国与乙、丙、丁三国均签订有双边税收协定，则在非居民跨国经营所得的税收管辖权问题上，应依据相关"常设机构"的标准来确定行使税收管辖权的缔约国。

其次，如果纳税人的有关营业活动构成在缔约国一方的常设机构，则该缔约国一方有权依据其税法规定对属于该常设机构的利润范围的这部分跨国所得优先课税。M公司在乙、丙两国设立的分公司、常驻代办处，即受M公司支配的营业场所，并有一定的固定性和一定程度的永久性，进行着M公司的部分业务活动，构成在东道国的常设机构，M公司在乙、丙二国取得的营业利润以“常设机构”所在国的法律规定纳税。

再次，如果纳税人的有关营业活动并未构成在缔约国的一方设有常设机构，通过营业所得的利润应仅由作为纳税人居住国的缔约国一方征税，缔约国另一方不得主张来源地征税权。M公司在丁国的展销会因不具备常设机构的构成要件，在丁国取得的利润应该向居住国纳税。

总之，常设机构的存在是作为跨国营业利润来源地国的缔约国一方对缔约国另一方企业来源于其境内的营业利润主张行使来源地税收管辖权的前提条件。

（五）自测案例

AEC公司是一个经销通讯器材的跨国公司。1995年，为了推销其新型J25EC手机，AEC公司在甲国派员设立了一个首席代表处，在乙国委托一家环宇通讯公司作总代理。甲、乙两国和AEC公司的居住国均是双边税收协定缔约国。

问：(1) AEC公司在甲国设立的代表处是否构成“常设机构”？为什么？

(2) AEC公司在乙国的总代理是否构成“常设机构”？为什么？①

四、非居民跨国劳务所得税收管辖权

劳务所得一般是指纳税人因对他人提供劳动服务而获得的报酬。纳税人如果为企业，则劳务所得在各国税法上通常认定为营业所得。劳务所得又分为独立劳务所得和非独立劳务所得。独立劳务所得是指自由职业者从事专业性劳务取得的所得，个人独立从事工业和商业经营活动一般不属于独立劳务活动的范围。非独立劳务所得是指雇员或职员取得的工资或薪金和其他报酬等。

---

① 引自王传丽：《国际经济法教学案例》，中国政法大学出版社1999年版，第302—303页。

（一）案情简介

汤姆和珍妮是一对美国夫妇，1998 年 9 月 1 日同时来华。汤姆办了一所英语培训学校，珍妮在一所中国民办大学任英语教师。1999 年 3 月，该夫妇因儿子突患重病而临时决定返回美国。汤姆遂转让了学校，珍妮辞去了工作，于 1999 年 4 月 10 日离境。①

（二）思考方向

本案涉及的主要问题为汤姆和珍妮的收入是否属于跨国劳务所得的范围，是独立劳务所得还是非独立劳务所得。根据上述案例的叙述，结合独立劳务所得来源地的确定条件，以及非独立劳务所得来源地的确定条件，依据相关法律规定，可以确定本题的答案。

（三）法律规定

《经济合作与发展组织关于对所得和财产避免双重征税的协定范本》

第 13 条 财产收益

1. 缔约国一方居民转让第 6 条所述位于缔约国另一方的不动产取得的收益，可以在另一国征税。

第 14 条 独立个人劳务

（1）缔约国一方居民由于专业性劳务或其他独立性活动取得的所得，应仅在该国征税。但在缔约国另一方设有经常为从事上述活动目的的固定基地除外。对于上述固定基地，缔约国另一方可以对仅属于该固定基地的所得征税。

（2）“专业性劳务”这一用语，特别包括独立的科学、文学、艺术、教育或教学活动，以及医师、律师、工程师、建筑师、牙医师和会计师的独立活动。

第 15 条 非独立个人劳务

（1）从属于第 16、18 和 19 条的规定，缔约国一方的居民由于受雇取得的薪金、工资和其他类似的报酬，除了受雇于缔约国另一方的以外，应仅在

① 引自王传丽：《国际经济法教学案例》，中国政法大学出版社 1999 年版，第 303 页。

该国征税。如果受雇于缔约国另一方取得的该项报酬,可以在另一国征税。

(2) 虽有第 1 款的规定,缔约国一方的居民由于受雇于缔约国另一方取得的报酬,在下列情况下应仅在首先提及的国家征税:

① 收款人在有关会计年度中在缔约国另一方停留累计不超过 183 天;同时

② 该项报酬是由并非缔约国另一方居民的雇主自付或代表雇主支付的;并且

③ 该项报酬不由雇主设在另一国的常设机构或固定基地所负担。

(3) 虽有本条以上规定,由于受雇于从事国际运输的船舶或飞机上,或受雇于从事内河运输的船只上而取得的报酬,可以在企业实际管理机构所在的缔约国征税。

第 17 条　表演者和运动员的所得

(1) 虽有第 14 条和第 15 条的规定,缔约国一方居民,作为表演者,如戏剧、电影、广播或电视艺术家或音乐家,或者作为运动员,在缔约国另一方从事其个人活动取得的所得,可以在另一国征税。

(2) 表演者或运动员从事其个人活动所取得的所得,并非为了表演者或运动员本人而是为了其他人的,虽有第 7、14 和 15 条的规定,其所得可以在表演者或运动员从事活动的缔约国征税。

(四) 学理分析

上述案例涉及跨国劳务所得的确定以及独立劳务所得与非独立劳务所得的区分问题。

独立劳务所得是指自由职业者从事专业性劳务取得的所得,个人独立从事工业和商业经营活动一般不属于独立劳务活动的范围。非独立劳务所得是指雇员或职员取得的工资或薪金和其他报酬等。

从法律角度上讲,个人独立劳务活动区别与非独立劳务活动的特征在于:前者是个人以自己的名义独立从事科学、文学、艺术、教育活动或为他人提供医师、律师、工程师和会计师等专业性劳务服务,没有固定的雇主,可以向多方面提供服务。而后者则是个人由于受雇于某个雇主而以雇员的身份为他人提供劳动服务。

确定独立劳务所得来源地的方式有三种:第一,固定基地和常设机构;第二,停留期间所在地;第三,所得支付所在地。

确定非独立劳务所得有两种方式:第一,停留期间所在地;第二,所得支付所在地。

劳务所得来源地的确定有两种原则，即劳务行为发生地原则和劳务费用支付地原则。

在跨国独立劳务的所得税权冲突方面，现代各国间签订的税收协定通常采用的一项原则是经合范本中建议的“固定基地原则”。根据这一原则，缔约国一方取得的独立劳务所得，原则上应仅由其居住国一方征税。但是，如果缔约国一方居民在缔约国另一方境内设有经常从事独立劳务的固定基地，作为来源国的缔约国一方可以对仅属于该固定基地的那部分所得征税。

独立劳务的非居民在以下条件下可以向所得来源地国纳税：

（1）如在缔约国另一方为从事其活动的目的，设有其经常使用的固定基地，在这种情况下，缔约国另一方可以对仅属于该固定基地的所得征税；或者

（2）如在缔约国另一方有关会计年度中停留累计等于或超过 183 天；在这种情况下，另一国可以对仅在该国进行活动取得的所得征税；或者

（3）如在缔约国另一方进行活动的报酬，是由该缔约国居民支付或者由设在该缔约国的常设机构或固定基地负担，其金额在会计年度中超过……（具体金额通过双边谈判确定）。

同时具备以下三个条件，缔约国一方居民由于受雇于缔约国另一方取得的报酬，应仅在其居住国一方征税：

（1）收款人在有关会计年度中在缔约国另一方停留累计不超过 183 天；同时

（2）该项报酬是由并非缔约国另一方居民的雇主支付或代表雇主支付的；并且

（3）该项报酬不由雇主设在另一国的常设机构或固定基地所负担。

综合分析上述案例：

首先，汤姆作为自由职业者，开办了一所英语培训学校，从事专业性劳务，取得的所得为独立劳务所得，依据独立劳务所得来源地的税收管辖原则，并不存在向其本国纳税的情况，其在华期间的所得收入应该向中国纳税；其次，珍妮作为一所民办大学的英语老师，其收入为雇员或职员应取得的工资或薪金和其他报酬，为非独立劳务所得，依据非独立劳务所得的税收管辖原则，其在华期间的所得收入应该向中国纳税；最后，汤姆转让学校的所得为跨国财产收益，即纳税人以出售或交换的方式转让其资本项目的财产所有权所获取的收益，应该向美国纳税。

（五）自测案例

中国交响乐团赴欧洲巡回演出，经历英国、法国、德国、瑞典、卢森堡等10个国家，所到之处均受到热烈欢迎。最后，乐团回到北京做汇报演出达30多场次。

问：（1）中国交响乐团的演员在国外的所有演出报酬应向东道国纳税吗？

（2）中国演员应否向东道国纳税的依据是东道国之国内税法，还是中国与对方国家签订的双边税收协定？

（3）中国演员应就哪些收入向中国政府纳税？①

五、非居民投资所得税收管辖权

投资所得包括股息、利息、特许权使用费等。投资所得区别于营业所得和劳务所得的主要特征是，投资所得的收益人只是通过向公司企业投资入股、购买股票和债券，提供贷款和转让设备或技术的方式取得收益，并不直接参与企业的经营管理活动。对于这类投资所得，各国在具体征税方式上分两种情况进行处理：对于本国居民及非居民设在境内的常设机构取得的各种投资所得，一般并入年度营业利润或个人所得内，在扣除有关成本费用后，统一计征法人所得税或个人所得税；对于不在境内居住的外国个人和未在境内设立机构的外国法人，一般按其主收入征收一笔较低的预提所得税。②

（一）案情简介

A公司是一家参与中国海洋石油开发和生产的外国参股公司。该公司参股的莺歌海区块于1992年11月7日签订了关于崖13-1气田的开发和生产协议。协议规定，开发期各方应负担的投资由各方自行筹集，如果需要贷款也由各方自己负担利息。该公司于1993年11月8日与科威特中东银行签订了贷款1.2亿美元的协议，至1996年10月3日止，累计支付利息1775.22万美元。

① 引自张丽英：《国际经济法教学案例》，法律出版社2004年版，第257—258页。

② 参见陈安：《国际经济法学》，北京大学出版社2007年版，第502页。

中国海洋石油税务管理局在税务稽查中发现，依《中国、科威特避免双重征税税收协定》第11条第3款之规定，中东银行所收利息应在中国缴纳预提所得税，税率为5%，税款由A公司在支付利息时扣缴。就此，A公司于1996年10月向中国政府补交了利息所得税93.43万美元，折合人民币755.56万元。①

（提示：《中华人民共和国企业所得税法》第4条规定："……非居民企业取得本法第3条第3款规定的所得，适用税率为20%。"第37条"对非居民企业取得本法第3条第3款规定的所得应缴纳的所得税，实行源泉扣缴，以支付人为扣缴义务人。税款由扣缴义务人在每次支付或者到期应支付时，从支付或者到期应支付的款项中扣缴。"）

（二）思考方向

上述案例是对非居民跨国投资利息所得税收管辖权的全面考察，牵涉到预提所得税的征收，应依据相关税收协定的规定确定有关纳税义务人。

（三）法律规定

《联合国关于发达国家与发展中国家间避免双重征税的协定范本》

第10条 股息

（1）缔约国一方居民公司支付给缔约国另一方居民的股息，可以在另一国征税。

（2）然而，这些股息也可在支付股息公司为其居民的缔约国，按照该国法律征税。但是，如果收款人是股息受益所有人，则所征的税款：

① 如果受益所有人是直接持有支付股息公司至少10%资本的公司（不是合伙企业），不应超过股息总额的×%（百分数通过双边谈判确定）；

② 在其他情况下，不应超过股息总额的×%（百分数通过双边谈判确定）。

缔约国双方主管当局应相互协商，解决实行上述限制的方式。本款不应影响对该公司支付股息前的利润所征收的公司利润税。

---

① 引自张丽英：《国际经济法教学案例》，法律出版社2004年版，第260—261页。

③ 本条“股息”一词是指从股份、“享受”股份或“享受”权利、矿业股份、发起人股份或非债权关系而是分享利润的其他权利中取得的所得，以及按照分配利润公司是其居民的国家法律，视同股份所得同样征税的其他公司权利取得的所得。

④ 如果股息受益所有人是缔约国一方的居民，在支付股息公司为其居民的缔约国另一方，通过所设常设机构进行营业或通过所设固定基地在另一国从事独立个人劳务，支付股息的股份与该常设机构或该固定基地有实际联系，不应适用第 1 款和第 2 款的规定。在这种情况下，应视具体情况适用第 7 条或第 14 条的规定。

⑤ 缔约国一方居民公司从缔约国另一方取得利润或所得，另一国不得对该公司支付的股息征收任何税收。但是，支付给另一国居民的股息或支付股息的股份与设在另一国的常设机构或固定基地有实际联系的除外。对于该公司的未分配利润，即使已支付的股息或未分配利润全部或部分是发生于另一国的利润或所得，另一国也不得征税。

第 11 条 利息

(1) 发生于缔约国一方并支付给缔约国另一方居民的利息，可以在另一国征税。

(2) 然而，这些利息也可以在其发生的缔约国，按照该国法律征税。但是，如果收款人是利息受益所有人，所征税款不应超过利息总额的 ×%（百分数通过双边谈判确定）。缔约国双方主管当局应相互协商，解决实行上述限制的方式。

(3) 本条“利息”一词是指从各种债权取得的所得，不论其有无抵押担保或者是否有权分享债务人的利润；特别是从公债取得的所得，从债券或信用债券取得的所得，并包括附属于这些证券、债券和信用债券的溢价和奖金。由于延期支付的罚款在本条中不作为利息。

(4) 如果利息受益所有人是缔约国一方的居民，在利息发生的缔约国另一方，通过所设常设机构进行营业或者通过所设固定基地在另一国从事独立个人劳务，支付利息的债权与(1)该常设机构或固定基地，或者(2)第 7 条第 1 款第(3)项规定的营业活动有实际联系，不应适用第 1 款和第 2 款的规定。在这种情况下应视具体情况适用第 7 条或第 14 条的规定。

(5) 当支付人是缔约国一方、所属行政区、地方当局或该国的居民，应认为利息发生于该国。然而，当支付利息的人，不论其是否缔约国一方的居民，在缔约国一方设有常设机构或固定基地，支付利息所发生的债务与该常设机构或固定基地有联系，并由其负担利息，上述利息应认为发生于该常设机构或固定基地所在国。

(6) 由于支付人与受益所有人之间或者他们双方与其他人之间的特殊关系，就有关债权支付的利息数额超出支付人与受益所有人没有上述关系时所能同意的数额时，本条规定应仅适用于后来提及的数额。在这种情况下，支付款项的超出部分，仍应按各缔约国的法律征税，但应适当考虑本协定的其他规定。

第12条 特许权使用费

(1) 发生于缔约国一方并支付给缔约国另一方居民的特许权使用费，可以在另一国征税。

(2) 然而，这些特许权使用费也可以在其发生的缔约国，按照该国法律征税。但是，如果收款人是特许权使用费受益所有人，所征税款不应超过特许权使用费总额的×%(百分数通过双边谈判确定)。缔约国双方主管当局应相互协商，解决实行上述限制的方式。

(3) 本条“特许权使用费”一词是指，由于使用，或有权使用任何文学、艺术或科学著作，包括电影影片、无线电或电视广播使用的胶片、磁带的版权，任何专利、商标、设计或模型、计划、秘密配方或程序作为报酬的各种款项；或者由于使用，或有权使用工业、商业或科学设备，或有关工业、商业或科学经验的情报作为报酬的各种款项。

(4) 如果特许权使用费受益所有人是缔约国一方的居民，在特许权使用费发生的缔约国另一方，通过所设常设机构进行营业或通过所设固定基地在另一国从事独立个人劳务，支付特许权使用费的权利或财产与(1)该常设机构或固定基地，或者(2)第7条第1款第(3)项规定的营业活动有实际联系，不应适用第1款和第2款的规定。在这种情况下，应视具体情况适用第7条或第14条的规定。

(5) 当支付人是缔约国一方政府、所属行政区、地方当局或该国的居民，应认为特许权使用费发生于该国。然而，当支付特许权使用费的人，不论其是否缔约国一方的居民，在缔约国一方设有常设机构或固定基地，支付特许权使用费所发生的义务与该常设机构或固定基地有联系，并由其负担特许权使用费，上述特许权使用费应认为发生于该常设机构或固定基地所在国。

(6) 由于支付人与受益所有人之间或者他们双方与其他人之间的特殊关系，就有关使用、权利或情报，支付特许权使用费数额超出支付人与受益所有人没有上述关系时所能同意的数额时，本条规定应仅适用于后来提及的数额。在这种情况下，支付款项的超出部分，仍应按各缔约国的法律征税，但应适当考虑本协定的其他规定。

（四）学理分析

上述案例涉及对非居民跨国投资利息所得税的管辖权问题。

股息一般指因拥有股份或其他非债权关系从而分享公司的利润而取得的所得；利息是指因拥有各种债权而获得的收入；特许权使用费是纳税人提供专利、商标、专有技术、著作权等的使用权而取得的报酬。

关于投资所得来源地的确定原则，有些国家主张，投资所得来源地的确定应采用权利的提供地原则，另外一些国家则主张，投资所得的来源地确定应采用这类权利的使用地原则。为了协调在跨国投资所得上纳税人的居住国和所得来源地国的征税权冲突，以联合国范本和经合范本为代表的现国际税收协定普遍采用了税收分享原则，即规定跨国股息、利息和特许权使用费所得可以在居住国征税，也可以在所得来源地国一方征税。同时，为了保证居住国一方能够分享一定的税收权利，国际税收协定在确认所得来源地国对各项所得有征税权的同时，限定其扣缴的预提税税率不得超过一定比例，并规定以实际受益人为纳税人，以支付人为扣缴义务人。

综合分析上述案例：

首先，跨国投资所得来源地国对各项所得有征税权，但限定其扣缴的预提税税率不得超过一定比例，并规定以实际受益人为纳税人，以支付人为扣缴义务人，则科威特中东银行作为实际的受益人成为纳税义务人；其次，根据国际税收协定普遍采用的税收分享原则，中国行使的税收管辖权是来源地税收管辖权，而科威特政府对中东银行的该笔利息收入仍有权征税，但是中方的税收管辖权优先；最后，按照两个《范本》的规定，为了保证居住国一方能分享一定的税收权利，对所得来源地国规定的扣缴预提税税率做出限定。在中、科的双边税收协定中即对中方的征税税率进行了限制，如：股息为5%、利息为5%、特许权使用费为10%。

（五）自测案例

甲公司是中国境内一中外合资企业，其中外方占有34%的股份。每年外方因其股份得到75万元人民币的收入。

问：该公司的外方的所得应该向谁纳税？纳税的性质是什么？

六、非居民跨国财产所得税收管辖权

非居民跨国财产所得税收管辖权是征税国在财产税方面基于作为征税对象的财产存在于本国境内，或财产所有权变更的事实而主张行使的征税权。对于不动产所得，大多数国家认为，不动产所得的来源地为不动产的所在地或坐落地。征税国主张课税的依据是作为征税对象的财产坐落或存在于本国境内，不考虑纳税人的国籍等居民身份归属。在转让不动产以外的其他财产所得的来源地认定上，各国主张的标准不一。对转让公司股份财产所得，有些国家以转让人居住地为其所得来源地，有些国家则以被转让股份财产的公司所在地为来源地，有些国家主张转让行为发生地为其所得来源地。①

（一）案情简介

詹姆斯·威廉系英国人，1983 年，他将其祖上遗留的位于法国境内的一所房屋转卖，得价款 20 万法郎。就此项收入，威廉向法国财政部缴纳所得税 8 万法郎。后英国政府也通知威廉应就房屋转让收益缴纳个人所得税。威廉认为房屋系不动产，转让不动产的所得应仅在不动产所在地纳税，不应再向英国政府纳税。②

（二）思考方向

上述案例的主要问题就是对威廉跨国财产收益所得的征税权由哪个国家来行使的问题。对于跨国财产所得的征税权，应依据经合范本和联合国范本的有关规定加以确定。

（三）法律规定

《经济合作与发展组织关于对所得和财产避免双重征税的协定范本》

第 6 条 不动产所得

（1）缔约国一方居民从位于缔约国另一方的不动产取得的所得（包括

① 参见陈安：《国际经济法学》，北京大学出版社 2007 年版，第 502 页。

② 引自王传丽：《国际经济法教学案例》，中国政法大学出版社 1999 年版，第 306 页。

农业或林业所得)，可以在另一国征税。

(2)“不动产”一词应具有财产所在地的缔约国法律所规定的含义。该用语在任何情况下应包括附属于不动产的财产，农业和林业所使用的牲畜和设备，一般法律有关地产规定所适用的权利，不动产的收益权和由于开采或有权开采矿藏、水源与其他自然资源而取得不固定的或固定的收入的权利。船舶、船只和飞机不应视为不动产。

(3) 第1款的规定也应适用于直接使用、出租或任何其他形式使用不动产取得的所得。

(4) 第1款和第3款的规定也应适用于企业的不动产所得和用于完成独立个人劳务的不动产所得。

第13条　财产收益

(1) 缔约国一方居民转让第6条所述位于缔约国另一方的不动产取得的收益，可以在另一国征税。

(2) 转让缔约国一方企业在缔约国另一方的常设机构营业财产部分的动产，或者附属于缔约国一方的居住者在缔约国另一方设有从事独立个人劳务活动的固定基地的动产而取得的收益，包括转让整个常设机构(单独或随同整个企业)或该固定基地取得的收益，可以在另一国征税。

(3) 转让从事国际运输的船舶、飞机、内河运输的船只或附属于经营上述船舶、飞机或船只的动产取得的收益，应仅在该企业实际管理机构所在的缔约国征税。

(4) 转让第1、2、3各款所述的财产以外的任何财产取得的收益，应仅在转让者为其居民的缔约国征税。

(四) 学理分析

本案中涉及非居民跨国财产所得即跨国不动产所得的税收管辖权确定问题。

税收协定意义上的不动产所得，是指纳税人在不转移财产所有权的情况下通过利用不动产，包括纳税人本人直接使用或出租他人使用等方式而取得的所得或收益。

而财产收益，也叫资本所得或财产转让所得，是指纳税人以出售或交换的方式转让其资本项目的财产的所有权所获取的收益。但是纳税人销售其经营范围内的商品所取得的利润，构成正常营业所得，不属于财产收益的范围。

根据经合范本和联合国范本的主张，对于有关财产及其所得具有征税权的国家,应该同时享有对这种财产转让所得的征税权力。

经合范本第6条和联合国范本第6条规定:“缔约国一方居民从位于缔约国另一方的不动产取得的所得(包括农业或林业所得),可以在另一国征税。”这一规定首先意味着作为不动产所在地国的缔约国一方对跨国不动产所得有优先征税的权利,但不是独占征税权;作为运用不动产取得的收益的纳税人的居住国的缔约国一方,同样也有权对本国居民来自缔约国另一方境内的不动产所得收税。但在行使居民税收管辖权时,应承担税收协定中规定的采取消除双重征税措施的义务。其次意味着作为不动产所在地的缔约国另一方完全可以根据其国内有关税法的规定决定是否对此类非居民的跨国所得行使征税权,以及采取何种方式对其课征所得税。

综合分析上述案例:

首先,纳税人以出售或交换的方式转让其资本项目的财产的所有权所获取的收益为财产收益。因此,威廉将位于法国的房屋转卖所得的收益属于跨国财产收益。其次,根据经合范本和联合国范本的规定,法国作为不动产所在地国的缔约国一方,对跨国不动产所得享有优先征税的权利。再次,英国作为运用不动产取得收益的纳税人的居住国的缔约国一方,同样也有权对本国居民来自缔约国另一方境内的不动产所得收税,但应该承担税收协定中规定的采取消除双重征税措施的义务。因此,在没有与税收协定相反规定的情况下,威廉仍然应该向英国政府缴纳个人所得税。

(五)自测案例

中国远洋公司一艘名为“东方红2号”的万吨远洋运输货轮,1995年7月在日本大阪港抛锚,经检测,修复难度很大,且需要巨额资金。中国远洋公司决定将此船就地转售。经拍卖,该船被一家韩国船运公司买走。[①](提示:中国和日本、韩国均分别签订有避免双重征税税收协定)

问:中远公司的售船收入应向哪个国家缴纳所得税?

七、国际重复征税

国际重复征税是指两个或两个以上的国家各自依自己的税收管辖权,按相同或类似性质的税种对同一纳税人的同一征税对象在同一征税期限内

① 引自王传丽:《国际经济法教学案例》,中国政法大学出版社1999年版,第307页。

征税。

（一）案情简介

> 某跨国纳税人的国内外所得共计 40 万美元,其中在居住国所得 30 万美元,收入来源国所得为 10 万美元。收入来源国实行 30% 的比例税率。居住国实行 20%—50% 的累进税率,30 万所得的适用税率为 35%,40 万美元的适用税率为 40%。①

（二）思考方向

本案中主要问题集中在避免国际双重征税上。国际双重征税的消除或减轻需要各国限制或放弃一定的税收管辖权。它可以通过一国单方面的行动去实现,这称为单边措施;也可以通过相关国家共同采取行动来实现,这称为双边或多边措施,即依据相关双边及多边避免双重征税的协定去实现。

（三）法律规定

1.《联合国关于发达国家与发展中国家之间避免双重征税的协定范本》中关于避免双重征税的办法规定如下:

第 23 条 A　免税方法

（1）缔约国一方居民取得的所得(或拥有的财产),按照本协定的规定可以在缔约国另一方征税时,首先提及的国家应对该项所得(或财产)给予免税,但第 2 款和第 3 款的规定除外。

（2）缔约国一方居民取得的各项所得,按照第 10 条、第 11 条和第 12 条的规定,可以在缔约国另一方征税时,首先提及的国家应允许从对该居民的所得所征税额中扣除,其金额等于在另一国所缴纳的税款。但是,该项扣除应不超过对来自另一国的该项所得扣除前计算的税额。

（3）按照本协定的任何规定,缔约国一方居民取得的所得(或拥有的财产),在该国免税时,该国在计算该居民其余所得(或财产)的税额时,可对免税的所得(或财产)予以考虑。

---

① 引自王传丽:《国际经济法教学案例》,中国政法大学出版社 1999 年版,第 310 页。

第23条B 抵免方法

(1) 缔约国一方居民取得的所得(或拥有的财产),按照本协定的规定,可以在缔约国另一方征税时,首先提及的国家应允许从对该居民的所得征税额中扣除,其数额等于在另一国所缴纳的所得税收;或从对该居民财产所征税额中扣除,其数额等于在另一国所缴纳的财产税收;但该项扣除,(在任何情况下)应不超过视具体情况可以在另一国征税的那部分所得(或财产)在扣除前计算的所得税额(或财产税额)。

(2) 按照本协定的任何规定,缔约国一方居民取得的所得(或拥有的财产),在该国免税时,该国在计算该居民其余所得(或财产)的税额时,可对免税的所得(或财产)予以考虑。

2.《经济合作与发展组织关于对所得和财产避免双重征税的协定范本》中也对避免双重征税作出了一些规定:

第23条A 免税方法

(1) 缔约国一方居民所取得的所得或拥有的财产,按照本协定的规定可以在缔约国另一方征税时,首先提及的国家应对该项所得或财产给予免税。但第2款和第3款的规定除外。

(2) 缔约国一方居民取得的各项所得,按照第10条和第11条的规定,可以在缔约国另一方征税时,首先提及的国家应允许从对该居民的所得所征税额中扣除,其金额相等于在另一国所缴纳的税款。但该项扣除应不超过对来自另一方的该项所得扣除前计算的税额。

(3) 按照本协定的任何规定,缔约国一方居民所取得的所得或拥有的财产,在该国免税时,该国在计算该居民其余所得或财产的税额时,可对免税的所得或财产予以考虑。

第23条B 抵免方法

(1) 缔约国一方居民取得的所得或拥有的财产,按照本协定的规定可以在缔约国另一方征税时,首先提及的国家应允许:

① 从对该居民的所得征税额中扣除,其数额等于在另一国所缴纳的所得税收;

② 从对该居民的所得征税额中扣除,其数额等于在一国所缴纳的所得税收。

但该项扣除,在任何情况下,应不超过视具体情况可以在另一国征税的那部分所得或财产在扣除前计算的所得税额或财产税额。

(2) 按照本协定的任何规定,缔约国一方居民取得的所得或拥有的财产,在该国免税时,该国在计算该居民其余所得或财产的税额时,可对免税的所得或财产予以考虑。

(四) 学理分析

上述案例涉及避免跨国纳税人重复纳税的具体办法。

国际重复征税概念中包含以下五个要件:

(1) 征税主体为两个或两个以上的国家;

(2) 同一的纳税人,即同一的纳税主体;

(3) 同一的征税期间;

(4) 同一的纳税客体,即同一的课征对象;

(5) 同一或类似的税种。

从上面国际重复征税的定义及条件可见,国际重复征税具有以下几个基本特点:

(1) 征税主体的双重性;

(2) 纳税主体与课税客体的同一性;

(3) 课征税种的同类型;

(4) 纳税人承担税负的国际性。

国际重复征税存在极大危害:

(1) 经济方面的影响:纳税人负担不合理;不利于国际资金的充分运用;不利于国际资源的合理利用。

(2) 法律方面的影响:国际双重征税不符合税收公平、平等负担的原则,使跨国纳税人负担了沉重且不公平的纳税义务。

产生国际重复征税的根本原因在于:在国际经济领域中,两国政府对同一跨国纳税人同一时期的同一课征客体行使税收管辖权产生冲突。其冲突主要表现在以下几个方面:

(1) 居民居住管辖权和所得来源地(财产所在地)管辖权的冲突;

(2) 各国行使居民管辖权的冲突;

(3) 各国行使来源地管辖权的冲突。

除上述几种原因外,还有一种情况可能产生双重征税,即两个国家对同一项费用、价格和利润的计算方法不同,也有可能导致国际双重征税。

国际重复征税的避免办法有免税制、抵免制、扣除制和减税制等,具体办法有:

(1) 国际税收协定中的分配规范。第一,将征税权排他性地划归居民所在国或所得来源国。第二，征税权划归居住国和来源国共享。在这种情况下，有两种可能：如果收入来源国不行使分配给其的征税权，则可避免双重征税。所得来源国按分配规则的划分来征税，就需要居民所在国采取额外的措施。在这种情况下，居住国承认来源地国征税权的优先性，但是，凭分配规范本身还不能消除国际双重征税，居住国必须采取相应的措施才能消除国际双重征税。

（2）免税法。免税法全称为“外国税收豁免”，是指对本国居民来源于本国境外的所得或财产免于征税。在具体的实践中，免税法又可分为无条件免税法和有条件免税法，或者完全免税法和累进免税法。①

无条件免税法是指对本国居民来源于境外的所得和财产免于征税而不附加任何条件。这是彻底地消除重复征税的做法，就其效果来讲，和一国仅实行地域税收管辖权的效果是一样的。

有条件免税法是指对本国居民来源于境外的所得或财产免税设定一定的条件，只有符合条件的境外所得和财产才享受免税的待遇。

完全免税法是指居住国对其居民征税时，允许从其应税所得额中扣除来源于境外并已由来源国征了税的那部分所得，其余额按其适用的税率征税，即在确定纳税人总所得的税率时，完全不计入已免税的国外所得。

累进免税法是指，居住国虽然从居民纳税人的应税所得中扣除其来源于境外的并已纳税的那部分所得，但在确定适用的税率时，仍将这部分所得考虑计算在内，即对纳税人征税时，仍适用其免税所得额为扣除之前本应适用的税率。其计算公式为：

本国税额 =（全部境内外应税所得额 － 境外免税所得额）
× 全部境外应税所得额应适用的累进税率

两者在计算居民的应税所得时，都为“境内外全部应税所得减去境外应税所得的免税部分”，但在计算该应税所得的税率方面有区别：第一，按照完全免税法，在决定应税所得的纳税税率时不考虑予以免税的财产，即不把免税的财产和所得列入全部所得中计算税率纳税。第二，按照累进免税法，其前提是采用累进税率。

（3）抵免法。抵免法的全称为“外国税收抵免”。抵免法是指居民在其居住国以其境内外全部所得为应税所得，应税所得乘以其应适用的税率减去其已在境外实际交纳的所得税额即为该居民的应税税额。其基本计算公式为：

---

① 参见陈安：《国际经济法学》，北京大学出版社 2007 年版，第 506 页。

跨国所得 × 居住国所得税率 - 已在来源国缴纳的税款

= 应向居住国缴纳的税款

实践中,抵免法也有不同的种类和做法,可分为:全额抵免与限额抵免;综合抵免与分国、分项抵免;直接抵免与间接抵免。

第一,全额抵免是指允许居民在境外实际缴纳的全部税额,从其在居住国以境内外全部所得的应纳税额中予以抵免,即使境外所得在境外缴纳的税额超过该笔所得应在本国缴纳的税额。

第二,限额抵免,又称普通抵免,是指居民在境外实际缴纳的税额,仅允许其抵免不超过该笔境外所得依居住国税率应纳税额的抵免。

限额抵免可按纳税人跨国所得的来源分为分国限额和综合限额。①

第三,直接抵免是指居民在其居住国直接用其在外国缴纳的税款抵免其在居住国应缴纳的税款。直接抵免适用于分支机构的国外税收、个人利益方面的外国税收和预提税。

第四,间接抵免是指居民纳税人在其居住国用其间接缴纳的外国税款抵免其在居住国应缴纳的税款。间接抵免主要用于解决国际重叠征税。

(4)扣除法。扣除法是指居住国在其对本国居民纳税人征收所得税时,允许该居民将其在境外已缴纳的税款作为费用从应税所得中扣除,扣除后的余额按相应的税率纳税。其计算公式为:

居住国应纳税额 =(居民纳税人的国内外全部应税所得

- 国外已纳税额)× 居住国税率

综合分析上述案例:

本案例中的跨国纳税人可根据其居住国和所得来源国的不同法律规定按不同计税方法进行纳税。譬如说如果该国采用全额免税法,那么居住国应征所得税额 =30 ×35% =10.5 万;同理如果适用累进免税法,那么居住国应征所得税额 =30 ×40% =12 万。同样,如果该国适用扣除法,那么应向居住国缴纳的税款 =(40—10 ×30%)×35% =12.95 万。通过直观的这种比较我们也可以一目了然地了解这几种避免双重征税的措施。

(五)自测案例

甲国某公司国内应纳税所得额为 100 万美元,来自乙国分公司的应纳税所得额为 20 万美元,来自丙国分公司的应纳税所得额也是 20 万美元。甲、

① 详见陈安:《国际经济法学》,北京大学出版社 2007 年版,第 509—510 页。

乙、丙三国的公司所得税税率分别为46%、60%和30%。

问:(1) 该公司在乙国和丙国应分别纳税多少?

(2) 若甲国采用分国限额法避免国际重复征税,则该公司应向甲国缴纳公司所得税多少?

(3) 若甲国采用综合抵免法避免国际重复征税,则该公司应向甲国缴纳公司所得税多少?①

八、国际重叠征税

所谓国际重叠征税是指,由于两个或两个以上的国家各自依据其税收管辖权对同一所得按本国税法对公司或股东分别征税,形成对不同纳税人的同一所得征收两次以上税收的行为。与国际重复征税相比,国际重叠征税除了不具备同一纳税主体外,同样具有国际重复征税的其他四项构成要件。国际重叠征税的危害主要有以下几个方面:(1) 妨碍国际投资的积极性,对同一所得不止一次地征税,造成投资者税负过重和收益减少,必然使投资者对国际投资的份额减少。(2) 由于国际重叠征税是对分配利润再征一次税,就会使公司不进行股息分配或尽量减少分配股息。(3) 国际重叠征税会使公司尽量利用借贷资本,而较少吸收股份资本。因为股份资本的股息必须再次纳税,而借贷资本的利息却可以从应税所得额中扣除。这必然会影响到资本结构,增加生产成本,减少管理者的责任心。

(一) 案情简介

科迪佳公司1988年度有国内应税所得20万美元。其国外子公司该年获利10万美元,向东道国纳税3万美元,税后利润7万美元支付科迪佳公司股息2.1万美元。已知科迪佳公司所属国国内公司所得税税率为50%。②

① 引自王传丽:《国际经济法教学案例》,中国政法大学出版社1999年版,第310页。

② 同上书,第311页。

（二）思考方向

本案主要涉及两个以上国家对不同的纳税人的同一所得多次征税的国际重叠征税问题，应依据相关国际税收协定予以避免。

（三）法律规定

《联合国关于发达国家与发展中国家间避免双重征税的协定范本》

第10条 股息

（1）缔约国一方居民公司支付给缔约国另一方居民的股息，可以在另一国征税。

（2）然而，这些股息也可在支付股息公司为其居民的缔约国，按照该国法律征税。但是，如果收款人是股息受益所有人，则所征的税款：

① 如果受益所有人是直接持有支付股息公司至少10%资本的公司（不是合伙企业），不应超过股息总额的×%（百分数通过双边谈判确定）；

② 在其他情况下，不应超过股息、总额的×%（百分数通过双边谈判确定）。

缔约国双方主管当局应相互协商，解决实行上述限制的方式。本款不应影响对该公司支付股息前的利润所征收的公司利润税。

（3）本条"股息"一词是指从股份、"享受"股份或"享受"权利、矿业股份、发起人股份或非债权关系而是分享利润的其他权利而取得的所得，以及按照分配利润公司是其居民的国家法律，视同股份所得同样征税的其他公司权利而取得的所得。

（4）如果股息受益所有人是缔约国一方的居民，在支付股息公司为其居民的缔约国另一方，通过所设常设机构进行营业或通过所设固定基地在另一国从事独立个人劳务，支付股息的股份与该常设机构或该固定基地有实际联系，不应适用第1款和第2款的规定。在这种情况下，应视具体情况适用第7条或第14条的规定。

（5）缔约国一方居民公司从缔约国另一方取得利润或所得，另一国不得对该公司支付的股息征收任何税收。但是，支付给另一国居民的股息或支付股息的股份与设在另一国的常设机构或固定基地有实际联系的除外。对于该公司的未分配利润，即使已支付的股息或未分配利润全部或部分是发生于另一国的利润或所得，另一国也不得征税。

（四）学理分析

上述案例涉及国际经济法上的重叠征税问题。严格说来本是国内税法的问题，应由国内税法解决。但是，由于股息收入国和股息付出国分别是不同的国家，仍然存在国际重叠征税的问题。国际重叠征税不限于两次重叠，多次重叠的现象也很多。其产生的情况也很复杂，可从两方面来解决：一方面由收取股息人所在国采取措施，另一方面是由付出股息人所在国采取措施：

1. 股息收入国采取的措施，主要有三种：

（1）对来自国外的股息减免所得税。对国内股息采取减免所得税的国家，基本沿用对国内股息的减免方法等对国外来源的股息减免所得税。但有些国家除了规定一些必须具备的条件，以及必须在来源国已纳税之外，还视本国对海外投资的态度，规定了低于国内股息的减免税额或优惠于国内股息减免税额的减免幅度。

（2）准许国内母公司和国外子公司合并报税。但是，总的说来，准许国内母公司和国外子公司合并报税的国家比准许国内母、子公司合并报税的国家少得多，而且还有一定的限制。

（3）对外国所征收的公司所得税实行间接抵免。间接抵免是指母公司所在国对海外子公司已向东道国缴纳的税款视为母公司所缴，对居民母公司所给予的税收抵免。其计算公式为：

间接抵免 = 母公司的股息 / 子公司的税后所得
× 子公司向东道国缴纳的所得税款

如系多层次间接抵免，则需采用另一公式：

间接抵免 = 母公司的股息/子公司税后利润
×（子公司向东道国缴纳的所得税
+ 属于子公司承担的孙公司向东道国缴纳的所得税）①

间接抵免额算出后，不一定如额抵免，一般国家还有一个限额的规定，即抵免额不得超过国外所得应向提供抵免国缴纳的税额。此外，避免国际重复征税的冲突规范如绝对排除居民税收管辖权，只实行所得来源地税收管辖权，也可以避免国际重叠征税。

2. 股息付出国所采取的措施，主要依靠双税制和折算制。

（1）双税制，又称分割税率制，是指国家对于分配股息的利润和不用于

---

① 详见陈安：《国际经济法学》，北京大学出版社 2007 年版，第 511—512 页。

分配股息的利润分别适用不同的公司税率征税的制度，一般对用于分配股息的利润适用低税率，对不用于分配股息的利润适用高税率。由于对用于分配股息的利润按低税率征税，股东可以分到的股息额比较多，缴纳所得税后净股息也就多。对于国际重叠征税来说，如果股息付出国实行双税率，股息的付出实行低税率，那么，股息收入者自然也可以减轻税负，达到缓解国际重叠征税负担的目的。

（2）折算制，又叫冲抵制，是指公司依法缴纳公司所得税，税后利润进行股息分配，国家按股东收到股息额的一定比率退还给股东，然后，以股息和退税之和为基数按适用的税率计征所得税，余额便是净股息所得。折算制是国内税法中解决或缓解国内重叠征税的手段，如果能通过国际税收协定，将其扩大用于外国居民或居民公司，就能减轻国际重叠征税的税负。但是目前，在各个税收条约中，一般未将折算制扩大到非居民投资者，但不可否认，这将是解决国际重叠征税的一个途径。

综合分析上述案例：

各国可按不同情况利用上述办法对该公司进行征税。

（五）自测案例

法国在和美国所签订双边税收条约中承诺，法国同意对美国的证券投资者给予法国居民所享受的折算制待遇。现美国居民乔伊恩从法国某公司收取股息 1500 法郎，法国国库按乔伊恩所收取股息的 50% 退还股息所征之公司税。乔伊恩应按所收股息与所退税款之和，分别向法国政府缴纳 15% 的预提税和向美国政府缴纳 33% 的个人所得税。

问：（1）乔伊恩应向美国缴纳多少个人所得税？

（2）如果法国不给予折算，乔伊恩应向美国缴纳多少个人所得税？

（3）乔伊恩向法国所纳的 15% 之预提税与美国政府所征 33% 之个人所得税是国际重复征税，还是国际重叠征税？①

九、国际逃税

逃税是国际逃税的上位概念，国际逃税是税收国际化了的逃税形式。从法律规定看，纳税人伪造、变造、隐匿、擅自销毁账簿、记账凭证，或者在账

① 引自王传丽：《国际经济法教学案例》，中国政法大学出版社 1999 年版，第 312 页。

簿上多列支出或者不列、少列收入,或者经税务机关通知申报而拒不申报或者进行虚假的纳税申报,不缴或者少缴应纳税款的,是偷税。那么,国际逃税是指跨国纳税人利用国际税收管理和合作上的困难,采用种种隐蔽的非法手段,以达到逃避有关国家税法或者税收协定规定的纳税义务的行为,也包括纳税人因过失而未履行纳税义务的情形。

(一) 案情简介

1996 年 10 月,咸宁市地税局稽查人员对该市宁德中密度板有限公司(以下简称宁德公司)进行纳税检查时发现,有几位德国专家在宁德公司进行设备安装,其中有 3 人在华时间超过 183 天,需要缴纳个人所得税 44210.94 元人民币。德方人员却声称,他们是义务为中方提供技术援助,不应纳税。经查,上述德国专家系德国辛北尔康晋机械设备有限公司(以下简称康晋公司)人员。该公司于 1993 年 12 月 15 日,通过中国进口总公司向宁德公司销售机械设备,总价款 1740 万马克,其中包括设备安装、试车、试运行和性能测试及其设计联络和考察培训费用。康晋公司与中国进口总公司签订的销售合同规定:"由卖方支付中国政府根据现行税法和《中华人民共和国政府和联邦德国政府相互避免双重征税以及防止偷、漏收入和财产税的协定》向买方征收的与履行合同有关的一切税项。"而康晋公司为了逃避中国税收,故意不在合同中列明设备安装、调试、技术培训、指导等劳务费收入,而将其包含在设备销售的总价款中。

据此,不仅上述德国专家应补缴个人所得税,康晋公司还应就从中国收取的劳务费收益(以合同总价款的 5% 计)缴纳营业税和企业所得税。后经咸宁市地税局 7 个多月的跨国电话、传真追税,康晋公司才于 1997 年 8 月 9 日将全部应纳税款,折合 3.5 万马克汇入中国。①

(二) 思考方向

本案中,跨国纳税人采取非法手段逃避国际纳税义务,严重损害有关国

---

① 引自王传丽:《国际经济法案例教程》,知识产权出版社 2001 年版,第 289 页;肖伟:《国际经济法学案例教程》,知识产权出版社 2003 年版,第 413 页。

家的税收利益，引起国际资本的不正常转移，妨碍国家之间的正常经济往来，应依据相关国内法以及国际税收协定予以管制。

（三）法律规定

1.《联合国关于发达国家与发展中国家间避免双重征税的协定范本》

第4章 对财产的征税

第26条 情报交换

（1）缔约国双方主管当局应交换为实施本协定的规定所必需的情报，或缔约国双方关于本协定所涉及的税种的国内法律，按此征税与本协定不相抵触的情报，特别是防止欺诈或偷漏税收的情报。情报交换不受第1条的限制。缔约国一方收到的任何情报，应与按该国国内法律取得的情报同样保密。但是，如果发送国对该情报已做密件，仅应告知本协定规定税收的查定、征收以及有关案件的执行或起诉或裁决上诉的人员或主管当局（包括法院和行政管理部门）。上述人员或主管当局仅应为上述目的使用该项情报，但可在公开法庭程序或法庭判决中透露有关情报。双方主管当局应通过协商确定有关情报交换事宜的适当条件、方法和技术，包括适当地交换有关逃税的情报。

（2）第1款的各项规定，在任何情况下，不应被理解为，缔约国一方有义务：

① 采取与该缔约国或缔约国另一方的法律或行政惯例不相一致的行政措施；

② 提供按照该缔约国或缔约国另一方的法律或正常行政渠道得不到的情报；

③ 提供泄露任何贸易、经营、工业、商业或专业秘密或贸易过程的情报，或泄露后将违反公共政策（公共秩序）的情报。

2.《中华人民共和国海关稽查条例》

第2章 账簿、单证等有关资料的管理

第5条 与进出口活动直接有关的企业、单位所设置、编制的会计账簿、会计凭证、会计报表和其他会计资料，应当真实、准确、完整地记录和反映进出口业务的有关情况。

第6条 与进出口活动直接有关的企业、单位应当依照有关法律、行政法规规定的保管期限，保管会计账簿、会计凭证、会计报表和其他会计资料。

报关单证、进出口单证、合同以及与进出口业务直接有关的其他资料，应当自进出口货物放行之日起保管3年。

第7条 与进出口活动直接有关的企业、单位会计制度健全，能够通过计算机正确、完整地记账、核算的，其计算机储存和输出的会计记录视同会计资料，但是应当打印成书面记录并依照本条例的规定完整保管。

第8条 与进出口活动直接有关的企业、单位应当按照海关要求，报送有关进出口货物的购买、销售、加工、使用、损耗和库存情况的资料。

（四）学理分析

本案涉及对于跨国纳税人采取非法手段逃避国际纳税义务的管制问题。

国际逃税具备以下几个特征：

（1）国际逃税是违法行为；

（2）违法行为是由跨国纳税人实施的；

（3）国际逃税具有欺诈性；

（4）国际逃税要受到相关法律规定的惩罚。

国际逃税产生的原因基本上有：

（1）主权国家所决定的税收管辖范围不同；

（2）语言、文字、会计制度不同；

（3）未签订税收协定，缺少国际税收合作；

（4）其他原因。

国际逃税的形式可谓多种多样，主要表现为：

（1）匿报应税收入和财产；

（2）虚报成本费用和投资额；

（3）伪造账册和收付凭证；

（4）借用相关国家严格的银行保密法律和匿名存款制度。

为了减少税收的大量流失，国际社会给予了很大的关注，并且通过缔结双边或多边的税收协定，约定采用一些措施来防止国际逃税。①

综合分析上述案例：

首先，康晋公司故意不在合同中列明设备安装、调试、技术培训、指导等劳务费收入，而将其包含在设备销售的总价款中的行为，属于匿报应税收入

---

① 详见陈安：《国际经济法学》，北京大学出版社2007年版，第514—522页。

和财产，以及虚报成本费用和投资额的国际逃税方式；其次，我国的税务登记制度、会计审查制度等都对国际逃税的行为做出了管制和规范；再次，相关国际税收协定中规定的国际税务申报制度也可以通过加强国际税务合作来有效地防范国际逃税。

（五）自测案例

法国百氏公司驻北京办事处代表亨利于1984年1月到京任职，同年8月到税务局办理了纳税手续。1988年税务局在纳税检查时发现，该公司总部出具的纳税收入证明中只列明每月收入外汇人民币2485元，1988年以后上涨为每月外汇人民币3000元。根据上述情况，税务机关于1988年6月开始向该代表处及代表本人宣传涉外税法，询问其工资组成内容，但该代表始终表明除申报的外汇人民币3000元外，没有其他工资收入项目。为此，税务机关于1988年1月作出决定，要求百氏公司人事部限期提供该代表个人收入的全部证明材料。但在税务机关两次发出正式通知的情况下，百氏公司仍置之不理。最后，税务机关于1989年2月再次发出通知，明确提出，若仍不提供证明材料，税务机关将在同年3月中法两国举行的“关于执行税收协定首次磋商会谈”中，向法方代表团提出。百氏公司驻京办事处终于在法方财政代表团到京的前一天向税务机关提供了全部工资证明，经审核发现，亨利除每月有外汇人民币3000元的驻京津贴外，每月还有40572法郎的基本工资，该基本工资从1984年1月至1988年一直未申报，共偷逃个人所得税合计人民币88.99万元。①

问：(1) 中国税务机关在该案中向亨利行使的税务管辖权是什么性质的管辖权？

(2) 亨利进行国际逃税的方式是什么？

十、国际避税

国际避税，用通俗的话说就是避税行为跨越国界。在学理上，一般认为，国际避税是指，跨国纳税人利用各国税收法律规定上的差别，采取变更经营地点或者经营方式等种种公开的不违法手段，以谋取最大限度地减少

① 引自王传丽：《国际经济法案例教程》，知识产权出版社2001年版，第288—289页；肖伟：《国际经济法学案例教程》，知识产权出版社2003年版，第414—415页。

国际纳税义务的行为。

（一）案情简介

英国弗洛尔钢铁股份有限公司为了躲避英国税收，采取了以下主要手段：(1) 公司的英国股东不允许参与管理活动，把英国股东的股份与影响和控制公司管理的权利分开，让他们只享有收取股息、参与分红等权利；(2) 选择非英国居民作管理工作，如经理、董事会的成员等；(3) 不在英国召开董事会或股东大会，所有与公司有关的会议材料、报告等均在英国领土之外完成，档案也不放在英国；(4) 不在英国以电报、电讯等有关方式发布指示或命令；(5) 为应付紧急情况或附带发生的交易行为等特殊需要，公司在英国设立了一个单独的服务性公司，并按照核准的利润率缴纳公司税，以免引起英国政府的极端不满。据报道，从 1973 年到 1985 年，该公司成功地躲避了应向英国缴纳的税款 8137 万美元。①

（二）思考方向

本案中，跨国纳税人利用各国税收制度中的差别规定，采取公开的不违法手段，减少国际纳税义务。世界各国都对国际避税行为采取一系列的防范和制裁措施，包括国际法规范和国内法规范，主要是进一步完善税收法律制度、签订国际税收协定、加强国际税收方面的合作等。

（三）法律规定

1.《联合国关于发达国家与发展中国家间避免双重征税的协定范本》

第 26 条 情报交换

2.《中华人民共和国进出口关税条例》

第 18 条 进口货物的完税价格由海关以符合本条第 3 款所列条件的成交价格以及该货物运抵中华人民共和国境内输入地点起卸前的运输及其相

① 引自王传丽：《国际经济法教学案例》，中国政法大学出版社 1999 年版，第 315—316 页。

关费用、保险费为基础审查确定。

进口货物的成交价格，是指卖方向中华人民共和国境内销售该货物时买方为进口该货物向卖方实付、应付的，并按照本条例第19条、第20条规定调整后的价款总额，包括直接支付的价款和间接支付的价款。

进口货物的成交价格应当符合下列条件：

(1) 对买方处置或者使用该货物不予限制，但法律、行政法规规定实施的限制、对货物转售地域的限制和对货物价格无实质性影响的限制除外；

(2) 该货物的成交价格没有因搭售或者其他因素的影响而无法确定；

(3) 卖方不得从买方直接或者间接获得因该货物进口后转售、处置或者使用而产生的任何收益，或者虽有收益但能够按照本条例第19条、第20条的规定进行调整；

(4) 买卖双方没有特殊关系，或者虽有特殊关系但未对成交价格产生影响。

第19条 进口货物的下列费用应当计入完税价格：

(1) 由买方负担的购货佣金以外的佣金和经纪费；

(2) 由买方负担的在审查确定完税价格时与该货物视为一体的容器的费用；

(3) 由买方负担的包装材料费用和包装劳务费用；

(4) 与该货物的生产和向中华人民共和国境内销售有关的，由买方以免费或者以低于成本的方式提供并可以按适当比例分摊的料件、工具、模具、消耗材料及类似货物的价款，以及在境外开发、设计等相关服务的费用；

(5) 作为该货物向中华人民共和国境内销售的条件，买方必须支付的、与该货物有关的特许权使用费；

(6) 卖方直接或者间接从买方获得的该货物进口后转售、处置或者使用的收益。

第20条 进口时在货物的价款中列明的下列税收、费用，不计入该货物的完税价格：

(1) 厂房、机械、设备等货物进口后进行建设、安装、装配、维修和技术服务的费用；

(2) 进口货物运抵境内输入地点起卸后的运输及其相关费用、保险费；

(3) 进口关税及国内税收。

第21条 进口货物的成交价格不符合本条例第18条第3款规定条件的，或者成交价格不能确定的，海关经了解有关情况，并与纳税义务人进行价格磋商后，依次以下列价格估定该货物的完税价格：

(1) 与该货物同时或者大约同时向中华人民共和国境内销售的相同货物的成交价格；

(2) 与该货物同时或者大约同时向中华人民共和国境内销售的类似货物的成交价格；

(3) 与该货物的进口同时或者大约同时，将该进口货物、相同或者类似进口货物在第一级销售环节销售给无特殊关系买方最大销售总量的单位价格，但应当扣除本条例第22条规定的项目；

(4) 按照下列各项总和计算的价格：生产该货物所使用的料件成本和加工费用，向中华人民共和国境内销售同等级或者同种类货物通常的利润和一般费用，该货物运抵境内输入地点起卸前的运输及其相关费用、保险费；

(5) 以合理方法估定的价格。

纳税义务人向海关提供有关资料后，可以提出申请，颠倒前款第(3)项和第(4)项的适用次序。

第22条 按照本条例第21条第1款第(3)项规定估定完税价格，应当扣除的项目是指：

(1) 同等级或者同种类货物在中华人民共和国境内第一级销售环节销售时通常的利润和一般费用以及通常支付的佣金；

(2) 进口货物运抵境内输入地点起卸后的运输及其相关费用、保险费；

(3) 进口关税及国内税收。

第23条 以租赁方式进口的货物，以海关审查确定的该货物的租金作为完税价格。

纳税义务人要求一次性缴纳税款的，纳税义务人可以选择按照本条例第21条的规定估定完税价格，或者按照海关审查确定的租金总额作为完税价格。

第24条 运往境外加工的货物，出境时已向海关报明并在海关规定的期限内复运进境的，应当以境外加工费和料件费以及复运进境的运输及其相关费用和保险费审查确定完税价格。

第25条 运往境外修理的机械器具、运输工具或者其他货物，出境时已向海关报明并在海关规定的期限内复运进境的，应当以境外修理费和料件费审查确定完税价格。

第26条 出口货物的完税价格由海关以该货物的成交价格以及该货物运至中华人民共和国境内输出地点装载前的运输及其相关费用、保险费为基础审查确定。

出口货物的成交价格，是指该货物出口时卖方为出口该货物应当向买方直接收取和间接收取的价款总额。

出口关税不计入完税价格。

第27条 出口货物的成交价格不能确定的，海关经了解有关情况，并与纳税义务人进行价格磋商后，依次以下列价格估定该货物的完税价格：

（1）与该货物同时或者大约同时向同一国家或者地区出口的相同货物的成交价格；

（2）与该货物同时或者大约同时向同一国家或者地区出口的类似货物的成交价格；

（3）按照下列各项总和计算的价格：境内生产相同或者类似货物的料件成本、加工费用，通常的利润和一般费用，境内发生的运输及其相关费用、保险费；

（4）以合理方法估定的价格。

第28条 按照本条例规定计入或者不计入完税价格的成本、费用、税收，应当以客观、可量化的数据为依据。

（四）学理分析

本案涉及跨国纳税人利用各国税收制度中的差别规定，采取公开的不违法手段，减少国际纳税义务的问题。

国际避税具备如下特征：

（1）避税行为是不道德行为；

（2）行为的实施者为跨国纳税人；

（3）采取不违法的、公开的形式。

国际避税的原因有很多，但主要表现为：

（1）各国税法中的纳税义务概念不同；

（2）课税的程度和方式不同；

（3）运用税率上的差别不同；

（4）税基上的差别；

（5）避免国际重复征税方法上的差别；

（6）使用反避税方法上的差别；

（7）其他原因。

国际避税的典型做法有：

（1）利用居所转移避税。即通过纳税人的跨国移动进行国际避税，这类避税方式发生在自然人方面。

(2) 利用收入、财产转移避税。一般来讲，在任何一个国家，纳税人的收入和财产都是纳税客体。纳税人只要将其部分收入和财产转移出居住国，即使不改变其住所，也能达到减轻纳税义务的目的。

(3) 利用转让定价避税。定价是联属企业之间在交易往来中人为设定的价格，通过转让定价使利润在关联公司之间转移以达到避税目的。

(4) 利用避税地避税。一般来讲，国际避税地指那些对所得和资产不征税或按很低的税率征税以及实行大量税收优惠的国家和地区。

(5) 滥用税收条约避税。第三国居民为获取另外两国之间签订的税收协定的优惠待遇，采取在缔约国一方设立具有该国居民身份的子公司等种种巧妙的手段，享受低税率或零税率的待遇。

综合分析上述案例：

首先，英国一贯采用“实际管理与控制中心”的标准来认定本国居民公司的身份。英国弗洛尔钢铁股份有限公司正是利用这一认定标准，不允许公司的英国股东参与管理活动，把英国股东的股份与影响和控制公司管理的权利分开，让他们只享有收取股息、参与分红等权利，避开了英国的税收管辖。

其次，英国弗洛尔钢铁股份有限公司选择非英国居民担任经理、董事会的成员等进行管理工作，不在英国召开董事会或股东大会，所有与公司有关的会议材料报告等均在英国领土之外完成，档案也不放在英国。通过这一途径把控制中心转移到国外，从而避免了向英国政府纳税。

最后，为应付紧急情况或附带发生的交易行为等特殊需要，公司在英国设立了一个单独的服务性公司，并按照核准的利润率缴纳公司税，以免引起英国政府的极端不满，试图以此掩饰其真正的严重避税行为。

（五）自测案例

新西兰罗伊乔公司为逃避本国的所得税，将其年度利润的70%转移到世界著名的自由港巴哈马群岛的某一信托公司。由于巴哈马群岛的税率比新西兰低35%—50%，这样就使该公司每年可以有效地躲避300—470万美元的税款。①

问：(1) 罗伊乔公司采取的国际避税方式是什么？

(2) 应该通过什么样的方式来处理这种现象？

---

① 引自王传丽：《国际经济法教学案例》，中国政法大学出版社1999年版，第316页。

第九章　国际经济组织法

狭义的国际经济组织是指两个或两个以上国家政府为了实现共同的经济目标，通过一定的协议形式建立的具有常设组织机构和经济职能的组织。① 本章选取具有代表性的世界性国际经济组织、区域性国际经济组织、专业性国际经济组织的立法及案例，对国际经济组织法的基本法律问题进行分析。

一、国际经济组织法概述

（一）案情介绍

案例1　国际货币基金组织（the International Monetary Fund, IMF），根据1944年7月在布雷顿森林会议签订的《国际货币基金协定》，于1945年12月27日在华盛顿成立，它的总部设在美国的华盛顿。IMF的最高权力机构是理事会，由各成员国委派理事和副理事各一人组成。执行董事会负责日常工作，董事会之下按地区和职能设置许多业务部门。该组织的主要活动是组织成员国按议定的份额筹集资金，通过贷款调整其成员国国际收支的暂时失调。每个成员国认购一定的配额，通过特别提款权（SDRs, Special Drawing Rights）这一单位表示。成员国的配额数量决定它在组织中可能负有的义务、投票权以及能够从组织获得财政帮助的数量。该组织的资金主要来自会员国缴纳的基金份额和在国际资金市场上的借款。国际货币基金组织实行加权投票制，

① 广义的国际经济组织既包括政府间的，也包括非政府间的国际经济组织。本章所讨论的案例主要针对政府间的国际经济组织。参见陈安：《国际经济法学》，北京大学出版社2007年版，第585页。

成员国的投票权与其所缴份额多寡密切相关。[①] 下表列出一些国家在国际货币基金组织中占有的配额数量及相应的投票权数量[②]:

国家	配额(单位 SDRs 百万)	配额百分比%	投票权	投票权百分比%
中国	6,369.2	2.99	63,942	2.94
美国	37,149.3	17.46	371,743	17.10
法国	10,738.5	5.05	107,635	4.95
墨西哥	2,585.8	1.22	26,108	1.20
马绍尔群岛	3.5	0.002	285	0.01

结合案例思考国际货币基金组织作为国际经济组织所涉及的基本法律问题,包括成员资格、组织机构、表决机制等。

案例2 执行联合国职务时遭受伤害赔偿案

1948年,在巴勒斯坦发生的一系列暴力事件中,一些联合国官员、警察人员和观察员受到不同程度的伤害。9月17日,联合国瑞典籍调解专员伯纳多特伯爵和法籍首席观察员塞雷上校在耶路撒冷的以色列控制区内遭到暗杀事件发生以后,联合国秘书长承担了对那些在联合国领取薪金或津贴的受害人支付适当赔偿的责任,同时将国家对联合国应负责任的问题提交联合国大会讨论。大会鉴于会员国在这一问题上存在意见分歧,遂于同年12月3日通过决议,请求国际法院就下述问题发表咨询意见:"一、如果联合国代表执行职务时,在涉及国家责任的情况下受到伤害,联合国作为一个组织是否有能力对应负责任的法律上的或事实上的政府提出国际请求,以便就a联合国和b受害人或经其授权的人员所受的损害取得应有的赔偿?二、如果对问题b的回答是肯定的,应如何协调联合国的行动与受害人国籍国所可能享有的此类权利之间的关系?"[③]

---

① 改编自王海英主编:《国际经济法案例教程》,北京大学出版社2005年版,第20页。

② 参见国际货币基金组织官方网站 http://www.imf.org/external/np/sec/memdir/members.htm,2008年2月8日访问。

③ 摘自VBI数据信息网,http://www.sldd.cn/web/vbi72/jxfd/1.htm,作者有部分删改,另可参见联合国官方网站,http://www.un.org/chinese/law/icj/ch6.htm#25,2008年2月28日访问。

（二）思考方向

本部分案例主要涉及国际经济组织法的基本问题，包括国际经济组织法的概念及特征；国际经济组织的成员资格；国际经济组织的机构设置；国际经济组织的表决制度；国际经济组织的法律人格及权利能力等。案例1反映了国际货币金融组织的机构设置、成员资格、表决制度等问题，案例2则主要针对的是国际组织的法律人格及权利能力问题。

（三）法律规定

案例1 相关法律规定

《国际货币基金协定》

第2条 会员资格

第一节 创始会员国

凡参加联合国货币和金融会议的国家，其政府在1945年12月31日前接受会员席位的，皆为创始会员国。

第二节 其他会员国

其他国家的政府，依照基金理事会规定的日期和条件，这些条件包括认缴的条件，应依据适用于其他现有会员国的相同原则为基础。

第3条 基金的份额和认缴

第一节 份额和认缴的支付

对每一会员国将分配以特别提款权表示的份额。凡出席联合国货币和金融会议，在1945年12月31日前加入基金的会员国，其缴纳基金份额列于附录A。其他会员国的份额，由基金理事会决定。每一会员国的认缴额应等于其份额，并在适当的存款机构全部缴付给基金。

第9条 法律地位、豁免与特权

第二节 基金的法律地位

基金应有完整的法人权力，特别是有权：(i) 签订契约；(ii) 取得与处置动产与不动产；(iii) 进行法律诉讼。

第三节 司法程序的豁免

基金的财产和资产，不论在何地和为何人所保管，均应享受任何形式司法程序的豁免，除为起诉或因履行契约，得自动声明放弃此项豁免权益。

第12条 组织与管理

第一节 基金的机构

基金应设理事会、执行董事会、总裁及工作人员。如理事会决定，经总投票权85%多数票同意,可设一委员会。适用附录D的规定。

第五节 投票

(a) 每一会员国应有250票,此外,按其份额每10万特别提款权可增加一票。

(b) 当依据第五条第四、五节的规定须投票表决时,各会员国应有上述(a)所述票数,并作如下的调整:

(i) 凡截止投票日,从基金普通资金中净出售的该国货币价值每40万特别提款权应增加一票。

(ii) 按照第五条第三节(b)和(f),凡截止投票日,净购入的该国货币价值每40万特别提款权应减少一票。但不论净购入或净出售,在任何时候均以不超过该国份额为限。

(c) 除另有特别规定外,所有基金的决议,必须有投票的过半数决定。

第26条 会员国的退出

第一节 会员国退出的权利

任何会员国得随时以书面通知基金总部退出基金,在基金接到该项通知之日起即应生效。

案例2 相关法律规定

《联合国宪章》

第一章 宗旨及原则

第2条 为求实现第一条所述各宗旨起见,本组织及其会员国应遵行下列原则:

一、本组织系基于各会员国主权平等之原则。

二、各会员国应一秉善意,履行其依本宪章所担负之义务,以保证全体会员国由加入本组织而发生之权益。

三、各会员国应以和平方法解决其国际争端,避免危及国际和平、安全、及正义。

四、各会员国在其国际关系上不得使用威胁或武力,或以与联合国宗旨不符之任何其他方法,侵害任何会员国或国家之领土完整或政治独立。

五、各会员国对于联合国依本宪章规定而采取之行动,应尽力予以协助,联合国对于任何国家正在采取防止或执行行动时,各会员国对该国不得给予协助。

六、本组织在维持国际和平及安全之必要范围内,应保证非联合国会员国遵行上述原则。

七、本宪章不得认为授权联合国干涉在本质上属于任何国家国内管辖之事件,且并不要求会员国将该项事件依本宪章提请解决;但此项原则不妨碍第七章内执行办法之适用。

第三章 机关

第7条

一、兹设联合国之主要机关如下:大会、安全理事会、经济暨社会理事会、托管理事会、国际法院及秘书处。

二、联合国得依本宪章设立认为必需之辅助机关。

(四)学理分析

上述案例及立法条款主要折射出了国际经济组织的基本法律问题,相关规定是国际经济组织开展活动、享有权利及承担义务的法律基础。下文首先对各基本法律问题加以概述,再与以上两个案例及立法条文结合具体分析。另外对这些基本法律问题的分析在本章各部分案例中都将得以反映。

1. 国际经济组织及国际经济组织法的概念

本章案例所涉及的国际经济组织主要限于国家政府间的国际经济组织,某些特殊情况下也包括非主权的实体,其有一定的组织机构与组织职能,是两个以上成员国通过协议的方式,为了实现共同的经济目标而设立的。国际经济组织不具有凌驾于其成员国之上的权力,其设立以国家主权平等为原则,成员国之间通过签订协议、制定规范等方式共同致力于一定经济目标的实现。[①] 国际经济组织的这些基本特征通常在其立法文件中得以体现。

国际经济组织成员间的协议、调整国际经济组织与各成员之间关系的法律规范及涉及国际组织的普遍法律规范的总和即构成国际经济组织法。这些法律规定既包括程序性的,也包括实体性的规范。

2. 国际经济组织成员资格

国际经济组织成员按是否在组织成立时即加入可分为创始与纳入,具体成员可享有的权利、应行使的义务、加入及退出国际经济组织的具体条件都

① 参见陈安:《国际经济法学》,北京大学出版社 2007 年版,第 585、586 页。

会在国际经济组织的基本法律文件中明确。①

3. 国际经济组织的机构

国际经济组织通常设立权力机构、执行机构和行政机构。权力机构由全体成员组成,是国际经济组织的决策机构;执行机构是权力机构所作决策的具体执行部门,也会提出建议、计划和工作方案,其由国际经济组织的部分成员代表组成;行政机构通常为秘书处,负责日常事务的处理与协调。各国际经济组织对其所设置的机构,在名称以及各机构的职能等细节性问题的规定上存在差别。

4. 国际经济组织的表决制度

表决制度决定国际经济组织中各成员在事务决策中所占的权重,同时也涉及某项决策获得多少成员的支持方可通过。依照前者作用,国际经济组织的表决制度可以分为一国一票制、集团表决制和加权表决制②;依照后者作用,国际经济组织的表决制度可以分为多数票通过、全体协商一致、反向协商一致③等类型。

5. 国际经济组织的法律人格及权利能力

国际经济组织具有法律人格,意味着国际经济组织可以享有法律权利,承担法律义务的主体资格,以及具有进行相关法律活动的能力,例如:提起国际诉讼、缔结条约、建立外交关系等。这种法律人格是由各国际经济组织成员授予的,并通常在其基本法律文件中通过明示或默示的方式加以表明。另外国际组织的法律人格通常也为非会员国所认可。

综合分析上述案例:

案例1 首先,关于IMF的宗旨、主要业务活动及组织机构。IMF是政府间的国际金融组织。它是根据1944年7月在美国新罕布什尔州布雷顿森林召开的联合国国际货币金融会议上通过的《国际货币基金协定》而建立起

---

① 关于成员资格问题分析,详见陈安:《国际经济法学》第十章第一节,北京大学出版社2007年版,第586—588页。

② 集团表决制是将成员划分为不同利益集团,不同利益集团内部再行分配表决权;加权表决制是根据成员的责任、贡献及利害关系等赋予成员不同的表决权。参见同上书,第590页。

③ 反向协商一致是WTO争端解决机制中的决策方式之一,即在WTO专家小组报告被WTO争端解决机构(DSB)通过之后,如果争议当事方不提出上诉或DSB未以意思一致方式拒绝批准该报告,则该报告自被提交DSB60天内将被通过。参见王传丽:《国际贸易法》,法律出版社2005年版,第584页。

来的。IMF 的立法文件中明确指出 IMF 的宗旨是作为一个常设机构在国际金融问题上进行协商与协作,促进国际货币合作;促进国际贸易的扩大和平衡发展;促进和保持成员国的就业,生产资源的发展和实际收入的高水平;促进国际汇兑的稳定,在成员国之间保持有秩序的汇价安排,防止竞争性的货币贬值;协助成员国在经常项目交易中建立多边支付制度,为成员国临时提供普通资金,使其纠正国际收支的失调,缩短成员国国际收支不平衡的时间,减轻不平衡的程度。IMF 的主要业务活动有:向成员提供贷款,在货币问题上促进国际合作,研究国际货币制度改革的有关问题,研究扩大基金组织的作用,提供技术援助和加强同其他国际机构的联系。基金组织的最高权力机构为理事会,由各成员派正、副理事各一名组成,一般由各国的财政部长或中央银行行长担任。

其次,关于 IMF 的表决制度。① 国际组织中的投票制度往往会影响这个组织的具体政策。按照各成员国享有投票权的计算方法,投票制度可以分为均权制与加权制两种。均权制意味着国际组织的各成员国无论贫富大小都享有同样的投票权利,加权制意味着国际组织的成员国在享有一定的基本投票权之外还根据不同的条件享有数量不等的其他投票权。国际货币基金组织实行的就是加权投票制,这意味着各成员国在组织中的影响力和决策权是不同的,这种不同在具体问题中就会反映出来。通过图表可以看出,发达国家既然在配额数量上占有优势,那么它们的决策权在国际货币基金组织中也是举足轻重的。以美国为例,他的投票权数量占全部投票权数量的 17.1%,那么在某些重要问题的决策中,如果根据协议的规定需要 85% 的多数通过的话,美国一国的否决权就足以使一个重要问题无法通过。依据这种制度,发展中国家在国际货币基金组织中寻求帮助时就需要得到财力雄厚的国家的支持。国际货币基金组织提供贷款附有条件,条件往往规定接受贷款的国家负有调整本国经济结构的义务。尽管这种条件并不构成正式的条约义务,接受贷款的国家违反这种义务也不构成法律上的责任,但是这会使得此国家在将来的国际组织贷款中遭遇困境,它们很难不履行这种义务。所以在组织中享有特权的国家实际上可以间接地影响其他国家的经济政策。结构调整政策通常会给发展中国家的人民带来一系列痛苦的社会后果,况且这些调整政策是否真正有效也有争论,所以一些发展中国家认为

---

① 案例分析资料来源自王海英主编:《国际经济法案例教程》,北京大学出版社 2005 年版,第 21 页。

它们的经济政策处于外界监视之下，这侵犯了它们在经济决策方面的国家主权。① 可以说，在国际货币基金组织中主权平等原则并不是最基本的原则。根据《国际货币基金协定》的规定，每一会员国应有250票，此外，按其份额每10万特别提款权可增加一票。另外，除有特别规定，所有基金的决议，必须有投票的过半数决定。② 在IMF中的这种表决制有其不合理之处，进入21世纪以来，中国等新兴经济体国家日益增强的经济实力，与其在重大国际经济金融事务协调中发言权的缺失形成了明显对比。③

再次，关于IMF的法律人格与权利。为使基金组织能履行其受托的职能，《国际货币基金协定》规定基金组织有完整的法人权利，包括签订契约、取得与处置动产与不动产以及进行法律诉讼。并且基金的财产和资产，除基金组织为起诉或因履行契约而自动声明放弃此项豁免权益外，均享受任何形式司法程序的豁免。IMF的法律人格与权利是其成员国通过协议的形式赋予的。

案例2 1949年4月11日，国际法院对本案作出了咨询意见。④

首先，法院认为，要确定联合国是否具有提出国际请求的能力，首先必须确定联合国是否具有国际人格。由于《联合国宪章》对这一问题没有任何明确的规定，因此必须考虑宪章想要赋予联合国哪些特性。法院认为，联合国为了实现其目的和宗旨必须要具备国际人格。从宪章的规定来看，其为联合国建立了机关，设定了具体任务，并规定了其与之会员国之间的权利和义务关系。联合国和有关国家缔结条约及它在广泛领域内负有重要政治使命的事实也证明它和它的会员国具有明显不同的身份。鉴于联合国预期行使和享有且事实上正在行使和享有的职能和权利只能在它具有大部分国际人格和国际行为能力的基础上得到解释，法院得出结论，认为联合国是一个国际人格者。不过，按照法院的解释，这并不是说联合国是一个国家，或者说它与国家具有相同的法律人格和权利义务，也不是说它是一个不论何种意义的"超国家"。这甚至并不意味着它的所有权利和义务都是国际性的，

---

① Peter Malanczuk *Akehurst's Modern Introduction to International Law*, 7th rev. ed., London Routledge, 1997, p. 227.

② 参见《国际货币基金组织协定》第十二条第五节。

③ 参见新华网，http://news.xinhuanet.com/newscenter，2008年2月8日访问，作者有部分删改。

④ 案例分析参见《为联合国服务而受伤害的赔偿案——联合国的国际人格》，人民大学国际法精品课程，http://jpkc.rucil.com.cn/article/default.asp?id=36，2008年2月29日访问，有部分删改。

只是说它是一个国际法主体,能够享有国际权利和负担国际义务,并有能力通过提起国际请求来维护它的权利。

其次,关于联合国的权利中是否包括国际请求权利的问题。法院认为,诸如联合国一类的实体的权利和义务取决于其组织文件所明示或默示规定的以及在实践中加以发展的其自身的宗旨和职能,而联合国的会员国已经赋予了它在履行职能所必要的情况下提出国际请求的能力。对于因违反其对联合国所负担的国际义务而对它造成损害的它的会员国,联合国无疑有提起国际请求的能力。这种损害包括对联合国本身的利益、它的行政机关、财产和受它保护的利益所造成的损害。因此,一旦损害发生,联合国应能要求责任国对其过错予以补救,特别应能就联合国代表因该国过错所可能遭受的损害自该国获得赔偿。法院指出,作为国际社会绝大多数成员的代表,联合国会员国有权依国际法创立一个具有客观的国际人格和国际求偿能力的实体(即联合国),因此,法院的上述见解同样适用于责任国属于非联合国会员国的情况。

最后,关于在联合国对其代表的职能保护权与该代表的国籍国对他的外交保护权之间可能出现的冲突的问题。法院认为,任何法律规则都没有规定哪种权利当属优先,也没有规定在两者发生冲突时联合国或有关国家不得提出国际请求。在法院看来,联合国和有关国家应当从善意和常识出发来求得这一问题的解决,它们可以通过缔结一项一般性的条约或在某一特定案件发生时订立协定的方式来减少或消除彼此之间的冲突。法院最后指出,联合国对其代表的保护行动的依据并不是受害人的国籍,而是他作为联合国代表的身份。因此,即使责任国是受害人的国籍国,也不影响联合国的国际求偿能力。结果,法院分别以 15 票对 0 票和 11 票对 4 票对问题 a 和问题 b 做了肯定答复,并以 10 票对 5 票就问题二发表咨询意见如下:"联合国作为一个组织就其代表所受的损害提出赔偿请求时,它只能以对它自身所负担的义务遭到违反为根据;遵守这一规则通常会防止联合国的行动和代表的国籍国可能享有的权利之间的冲突,并从而协调它们的请求;此外,必须考虑每一特定案件的情况,并由联合国和个别国家缔结一般性的或特殊性的协定来实现这一协调。"法院的上述咨询意见发表之后,大会通过决议授权秘书长采取必要步骤执行联合国的赔偿要求。秘书长要求以色列正式道歉,采取进一步措施逮捕凶手并赔偿 54624 美元。以色列政府于 1950 年 6 月接受了这一要求。由于伯纳多特伯爵的家属没有提出赔偿要求,上述赔偿款项只作为对联合国本身所受损害的赔偿。

（五）自测案例

2003年6月11日我国驻津巴布韦使馆经商处发布消息：

在华盛顿刚刚召开的国际货币基金组织（IMF）会议上，津巴布韦被惩罚性地暂停投票权。这一决定是在南部非洲国家试图清除其对布雷顿森林体系所拖欠债务的努力失败后做出的。分析家认为，津巴布韦失去在IMF的投票权意味着其在IMF的政策决定上失去发言权和参与权，这可能只是其被开除出IMF的开始。4年内津可能得不到来自多边体系的支持，这将严重有损津巴布韦的国际风险形象，导致外汇进一步短缺和直接投资继续减少。

津巴布韦于1980年9月正式加入IMF。由于津出兵刚果（金）和实施"快轨"土地革命等问题，IMF停止对其的一切援助。目前津拖欠IMF的款项达3亿多美元。2002年津巴布韦是世界上经济增长最慢和投资环境最差的国家之一。①

问：(1) 国际货币基金组织暂停某成员投票权的条件是什么？

(2) 被暂停投票权的成员须满足什么条件才能恢复投票权？

二、世界性国际经济组织

依据各国际经济组织功能和活动范围的不同，可将国际经济组织分为世界性国际经济组织，如世界贸易组织、国际货币基金组织、世界银行集团等；区域性国际经济组织，如欧盟、东南亚国家联盟等；以及专业性国际经济组织，如石油输出国组织。这些组织在协调国际经济关系的过程中发挥着巨大的作用。

在世界性国际经济组织当中，国际货币基金组织对国际金融秩序的调整及各国金融立法影响深远②；世界银行为各成员国提供了大量优质贷款；世界贸易组织致力于促进自由贸易，推动国际贸易规则的建立与调整；联合国贸易和发展会议则为发展中国家公平、平等地参与国际经济社会活动提供更多契机。其中世界贸易组织的内部法律体制尤为完善。本部分即通过典型案例介绍这些世界性国际经济组织的相关立法。

---

① 摘自王海英主编：《国际经济法案例教程》，北京大学出版社2005年版，第22页。原文改编自 http://zimbabwe.mofcom.gov.cn/article/200306/20030600099888.1.xml，2004年12月2日访问。

② 关于国际货币基金组织的立法案例可参见本章"一"中"案例1"。

（一）案情介绍

案例1　WTO的一系列立法成果是自GATT以来历届谈判的成果的积累。GATT的多边谈判共有八轮，1973年9月至1979年4月在日内瓦举行的第七轮多边贸易谈判因始于日本东京，故通称东京回合。①GATT以推进各国之间的自由贸易为目的，为达到这一目的，GATT成员之间承诺逐步降低关税以减少贸易障碍。东京回合谈判除了继续进行关税减让谈判外，还将减少非关税措施纳入谈判。东京回合部长会议宣言提出了一个GATT有史以来范围最广泛、目标最庞大的贸易谈判安排。除缔约方外，东京回合还对非缔约方开放。102个国家参加了谈判（含29个非缔约方）。该轮谈判历时五年多，取得的主要成果涉及多个方面：第一，从1980年起八年内关税削减幅度为25%—33%，减税范围除工业品外，还包括部分农产品；第二，禁止工业品补贴，除国防、通讯和部分能源设备外，各国用竞争性的国际投标方式进行采购；第三，制定海关评估进口关税的准则，消除歧视性海关估价。本轮谈判的最终关税减让和约束涉及3000多亿美元贸易额。②

案例2　WTO汽油标准案

美国工厂和汽车排放的有毒污染物导致严重的环境污染问题，美国国会于1990年修正了《空气清洁法案》，这条法案最重要的一项内容就是要保证因为汽油燃烧导致的空气污染不超过1990年的水平，并在主要人口聚居区减少污染程度。为了执行这项法案，美国环境保护事务处颁布了《关于常规汽油及改进汽油燃油标准和燃油附加物标准的规定》（简称《汽油标准》）。这项规定旨在控制因美国生产或进口的汽油的燃烧而导致的有毒物质污染和其他污染。③

---

① 参见 http://www.chinawto.gov.cn/article/articleview/540/1/291，2008年5月12日访问。

② 本案例及其学理分析摘自王海英主编：《国际经济法案例教程》，北京大学出版社2005年版，第2页。

③ 参见 Sungjoon Cho, *Decisions of the Appellate Body of the World Trade Organization Gasoline: United States—Standards for Reformulated and Conventional Gasoline*, http://www.ejil.org/journal/Vol9/No1/sr1a.html，2008年5月12日访问，http://ssrn.com/abstract=1734488，2012年5月2日访问。

《汽油标准》最显著的特征就是根据不同的机构采取了两种不同的标准，一种标准是单独标准（由相关机构自己制定），另一种标准是法定标准（由环境保护事务处根据1990年美国汽油标准制定），至于何种机构适用何种标准，就主要看这个机构的性质。国内的炼油商、混合生产商和进口商在被要求施行法定标准之前可以继续使用他们1990年的汽油标准，但外国炼油商就不能这样做。在标准方面有这样明显的差别待遇使一些国家诸多抱怨，比如委内瑞拉和巴西向美国出口汽油，可是他们使用的标准却要严格得多。世界贸易组织的专家组1996年1月29日的报告也认为美国违反了《关税与贸易总协定》第3条的规定，并且美国不能援引此《协定》第20条的例外措施作为依据。

美国于1996年3月4日向上诉机构提交了上诉请求，认为专家组报告在法律适用中出现了错误，但美国的上诉仅针对《关税与贸易总协定》第20条的解释。被上诉人委内瑞拉和巴西于1996年3月18日向上诉机构提交了应诉书，欧共体和挪威作为诉讼第三人也递交了应诉书。

上诉机构报告认为尽管专家组在解释《协定》时对第20条的解释错误，但美国并不能援引这一条款作为其违反国民待遇的理由。①

案例3 2008年4月25日为期一周的联合国贸易和发展会议（UNCTAD）第12届大会在西非国家首都加纳落下帷幕。大会呼吁国际社会行动起来，共同应对全球化给发展带来的机遇和挑战。大会通过辩论、圆桌会议、论坛等形式进行了深入的交流和探讨，具体问题涉及：可持续发展和减少贫困、粮食、燃油和其他生产资料价格上涨的问题；全球经济可能进入衰退的情况对全球经济，特别是发展中国家带来的机遇和挑战问题；如何增强发展中国家在生产、贸易和投资方面的能力问题以及贸发会议本身未来的发展方向。②

---

① 本案例及其学理分析摘自王海英主编：《国际经济法案例教程》，北京大学出版社2005年版，第30页。本案例侧重于对实体性问题的分析，有关程序问题的分析可参见王海英主编：《国际经济法案例教程》，北京大学出版社2005年版，第14页。原资料来源于世界贸易组织官方网站 http://www.wto.org/english/thewto.e/whatis.e/tif.e/disp3.e.htm，2008年5月12日访问。

② 摘自“联合国网站新闻中心”，2008年4月25日新闻，http://www.un.org/chinese，作者有部分删改，2008年5月18日访问。

案例4 20世纪80年代发展中国家发生的严重债务危机是国际金融领域的一个重大事件。为避免由此引起世界性金融危机，世界银行和国际货币基金组织都开始改变其传统做法，扩大业务范围，使双方的业务出现了重合。在审查或建议成员国调整国际收支平衡或制定经济政策时，国际货币基金组织不再限于考虑相关国家的市场供求，还开始考虑长期发展方案，以促进相关成员国的投资和经济的发展。但这些问题原来一直属于世界银行的管辖范围。①

（二）思考方向

案例1 在国际法领域没有统一的立法者，除非各独立主权国家同意，否则一般情况下它们不承担外界施加的义务。在世界贸易组织内部各成员国对某个问题达成共识当然是必要的，可是若要最终达成共识则必须建立一个渠道，这个达成共识的渠道就是谈判机制。这里谈判机制可以类比国内法的立法程序，在一个存在法律的机构中这种立法性质的程序是不可或缺的。实践中世界贸易组织的每一轮谈判开始前不同的国家就对谈判的结果有所规划，当然他们的期望能否实现还要依靠很多自己无法控制的因素，这个特性与国内法的立法过程也是十分类似的。

案例2 国民待遇原则是世界贸易组织基本原则之一，《关税与贸易总协定》第3条详细规定了国民待遇的范围，包括赋税、数量限制、价格管理等具体方面的规定。美国环境保护事务处颁布的《汽油标准》非常明显地对国内外生产商实行不同的待遇，但是，仅有这个规定我们不能必然得出美国违反国民待遇的结论，因为待遇制度往往附有例外，只有综合检验基本规定和各种例外条款，才能得出问题的最后结论。在检验法律的规定时，人们对抗辩理由是否符合法律的原意会有不同的理解，而对法律不同的解释会导致截然相反的判决结果。

案例3 贸易和发展会议是联合国大会设立的辅助机构，在其之前，联合国系统内已有专门处理经济的机构，如经济与社会理事会，贸易和发展会

---

① 本案例及其学理分析参考郭瑜：《国际经济组织法教程》，北京大学出版社2002年版，第71页，作者有部分删改。

议又为成员国、特别是发展中国家成员国提供了一个新的谈判场所。联合国贸易与发展会议通过哪些活动帮助发展中及不发达地区成员国改善贸易环境、参与国际经济交往是值得关注的。

案例4 世界性国际经济组织之间有着广泛的联系,其中基金组织和世界银行之间的联系和合作尤为密切。然而各国际经济组织的成立都有其特殊的目的与宗旨,因此彼此之间在联系与合作的同时又会注意区分各自的活动领域。

(三) 法律规定

案例1 相关法律规定

《马拉喀什建立世界贸易组织协定》

第9条 决策

1. WTO应继续实行GATT1947所遵循的经协商一致作出决定的做法。除非另有规定,否则如无法经协商一致作出决定,则争论中的事项应通过投票决定。在部长级会议和总理事会会议上,WTO每一成员拥有一票。如欧洲共同体行使投票权,则其拥有的票数应与属WTO成员的欧洲共同体成员国的数目相等。部长级会议和总理事会的决定应以所投票数的简单多数作出,除非本协定或有关多边贸易协定另有规定。

案例2 相关法律规定

《关税与贸易总协定》①

第3条 第四款 成员国一方境内生产的产品被进口到另一成员国境内时所享有的待遇不应低于进口国国内类似产品享受的待遇,这种待遇包括在境内的销售、购买、运输、推销和使用等方面的各种立法、规定和要求所给予的待遇。如果成员国在国内运输中仅由于运输方式的不同而不是因为产品国籍的不同而执行了的不同收费制度,本款的规定不应妨碍这种制度的适用。

第20条 本协议不能被理解为妨碍成员国采纳或执行以下措施,但这些措施不能任意或不公正的使用以至于在同等条件下构成对不同国家的歧视,也不能以隐蔽手段限制国际贸易:

(b) 保护人类、动物或植物生命或健康的必要措施;

(d) 出于遵守与《协定》无冲突的法律和规定的必要,包括根据第2条

---

① 参见WTO官方网站,http://www.wto.org/english/docs.e/legal.e/gatt47.01.e.htm,2008年5月18日访问。

第4款和第17条规定的海关政策和垄断政策制定的法律,保护专利、商标和版权的立法,以及规范欺诈行为的立法。

(g) 保护不可再生自然资源的有关措施,而且这些措施要发挥作用也会限制国内的生产和消费。

案例3 相关法律规定

第十九届联合国大会第1995号决议[A/RES/1995(XIX)]

三、会议之主要职务为:(a) 促进国际贸易,其目的特别在于加速经济发展,尤其注重发展不同各国间的贸易,发展中国家①间之贸易以及经济社会组织体系不同各国间之贸易,同时顾及现有国际组织所履行之职务;(b) 就国际贸易及有关经济发展问题拟定原则与政策;(c) 提议如何实施上述原则与政策并在其权限内采取与此目的有关之其他步骤,同时顾及经济制度与发展阶段之不同;(d) 一般地检讨并促进联合国系统内其他机关在国际贸易及有关经济发展问题方面所从事各项活动之协调,且在此方面与大会及经济及社会理事会合作,助其履行宪章所载之协调责任;(e) 在适当情形下,会同联合国主管机关采取行动,以便在贸易方面进行谈判并通过多边法律文书,同时妥为顾及现有谈判机关之适当便利而不使其工作重叠;(f) 依照宪章第一条之规定,作为一个中心,协调各政府与各区域经济集团组织之贸易与有关发展政策;(g) 处理其权限内之任何其他事项。

案例4 相关法律规定②

世界银行第294号决议;

世界银行第479号决议;

货币基金组织第29—9决议

1979年发展委员会组织与组织职能

第一条:发展委员会(The Development Committee)是世界银行与基金组织在经授权的相关转移真实资源方面之联合的委员会的延续。

(四) 学理分析

案例1 世界贸易组织(WTO, World Trade Organization)于1995年1月

---

① 参见联合国官方网站,www.un.org,2008年5月18日访问。

② 参见世界银行官方网站,http://www.worldbank.org/,货币基金组织官方网站,http://www.imf.org/external/pubs/ft/sd/index.asp? decision=29-9,经作者翻译,2012年5月2日访问。

1 日成立，它的前身是通过在 1947 年签订的《关税与贸易总协定》(GATT, General Agreement on Tariffs and Trade) 而成立的非正式的准国际组织。《关税与贸易总协定》(1947) 在几十年的时间内对国际贸易的发展影响巨大，世界贸易组织正式成立后，《关税与贸易总协定》(1947) 仍然是其最主要的法律文件之一。在 1986—1994 的乌拉圭回合谈判中，各成员国又缔结了对《关税与贸易总协定》(1947) 若干重要条款的七个谅解备忘录①、十三个多边协议、《服务贸易总协定》、《与贸易有关的知识产权协议》，并且就内部机构，尤其是争端处理机制上，作出了特别规定。本案例涉及的问题主要是世界贸易组织的谈判机制。多边贸易谈判的地位和作用可以从两个角度进行分析：

首先，从本国立场来看，参与谈判可以直接影响决策过程，尽可能地促进 GATT 采纳有利于本国的政策，可防止形成不利于本国的法律文件。我国多年争取加入 GATT 就是考虑到这一点，希望能够在游戏规则形成的时候表达自己的意见，而不是在规则形成后被动地接受规则，失去影响规则的机会。而且，加入多边组织的时间越早，能够争取利益的机会就更多。

其次，从 GATT 的角度来看，要维持一个多边组织的权威性，其实施的政策应该能为绝大多数成员接受。在贸易领域，世界各国之间的依赖性很强，贸易强国需要与他国达成一定的妥协，贸易小国可以联合起来表达自己的意见。定期多边贸易谈判这样一个场所，是达到这个目的的一个重要手段，也是这个多边贸易组织发挥功能的体现。

世界贸易组织正式成立后，定期多边贸易谈判制度仍然保留，这说明这个制度在实践中证明是行之有效的。在以往历届的多边谈判中，每次谈判的结果并不一定完全达到当初的设想，但是它确实推动了国际贸易的不断发展。

综合分析上述案例：

首先，从多边贸易体制的发展过程和加强关税与贸易总协定的职能角度看，东京回合是一个重要的转折点，起到了承上启下的作用。一是开始实行按既定公式削减关税，关税越高减让幅度越大；二是产生了一系列只在少数缔约方生效的非关税壁垒协议（通常称为守则），它们是补贴与反补贴措施、技术性贸易壁垒、进口许可程序、政府采购、海关估价、反倾销、牛肉协议、国际奶制品协议、民用航空器贸易协议等；三是发展中国家可有选择地参加相关协议或守则。

---

① 对《关税与贸易总协定》的第 2、12、17、18、24、25、28 和 35 条的解释。

其次,在东京回合取得的进展为GATT(WTO)的法律文件框架打下了一定的基础,比如在此轮多边贸易谈判通过的《补贴和反补贴守则》第三部分为发展中国家作出了专门规定:补贴被认为是发展中国家经济发展规划的组成部分之一,因此,这些国家可以对本国工业(包括出口工业部门)采取扶持政策和措施。对工业品也可实行出口补贴,但这种补贴不应导致严重妨碍另一签字国的贸易或生产;当某一发展中国家运用的补贴违背了它的竞争和发展需要时,只要它保证减少或取消这种出口补贴,其他签字国就不得对它采取行动;发展中国家对本国经济的干预行为(如政府给企业以资金帮助、财政鼓励等),在本质上不应视为补贴。

再次,上述政策对发展中国家是比较有利的,发展中国家在谈判过程中始终主张和争取WTO(GATT)的优惠待遇。发展中国家在经济领域和政治领域的积极参与不仅有利于发展中国家,也是出于发达国家的实际需要。在GATT成立的早期,为了对抗发达工业国的对外贸易政策,发展中国家曾经提议建立一个独立于GATT的属于发展中国家的贸易组织。但是发达国家认识到,与其让发展中国家联合起来对抗发达国家,不如在一个统一的组织内与发展中国家达成一定的妥协,因此当时发达国家积极主张请发展中国家加入GATT,各国可以就贸易规则进行共同协商。当然,贸易规则的确定往往受贸易实力的影响,发展中国家的利益紧紧依靠一个谈判制度是不够的,最终需要自身经济力量的发展。

总而言之,WTO(GATT)的多边贸易谈判制度顺应历史的需要产生,在长期的贸易实践中发挥了重要的作用,将来也是各国进行规则协商的重要渠道。①

案例2 本案涉及的问题主要是国民待遇原则。国民待遇是WTO法中的基本原则之一,本案例提供了WTO争端产生及获得解决的基本思路。国民待遇又称平等待遇,具体指一个国家给予在其国境内的外国公司、企业和商船民事权利方面与其国内公民、企业、商船一样享有同等的待遇,即专指外国自然人、法人、商船等在民事方面、非政治方面的待遇。作为对外国投资的待遇,国民待遇是指主权国家在条约或互惠的基础上,一国给予外国国民或法人在投资财产、投资活动以及有关司法行政救济方面等同于或不低

---

① 学理分析参考王海英主编:《国际经济法案例教程》,北京大学出版社2005年版,第3页。

于本国国民或法人的待遇。[①]

综合分析上述案例：

世界贸易组织的上诉机构在根据这两条解释具体案情时认为美国根据《关税与贸易总协定》(以下简称《协定》)第20条提出的抗辩理由不够充分，而建议争端解决机构要求美国尽快修改立法以履行它根据《协定》承担的义务。那么上诉机构是如何得出这个结论的呢？

上诉机构在解释《协定》第20条(g)时对几个重要条件进行了解释：

(1) 美国的措施是不是“保护不可再生资源的有关措施”？制定汽油标准有助于政府有效控制炼油商、混合生产商和加工商，美国采取的措施(汽油标准规则)可以被适当地认为其“主要目的是”(为了保护不可再生自然资源的有关措施)，所以是“相关措施”。可以肯定《协定》第20条第3款是与本案有关的。

(2) 那么，这些措施是不是“要发挥作用也会限制国内的生产和消费呢”？上诉机构认为既然制定汽油标准会对国内生产的和进口的汽油都构成影响，所以这项措施若发挥作用也会先在国内的生产和消费。

(3) 第20条的第一段中要求的“这些措施不能任意或不公正的使用以至于在同等条件下构成对不同国家的歧视，也不能以隐蔽手段限制国际贸易”这一条件是否满足？

首先，上诉机构认为第1款规定的不是每个具体措施或它的具体内容，而是规定了相关措施的适用方式，所以第1款的目的就是为了“防止滥用”例外措施。在此款的三个术语“任意的歧视”、“不公正的歧视”和“隐蔽限制”中，“隐蔽限制”的内容最广泛，可以解释为包括其他两种情况。更重要的是，上诉机构认为“隐蔽限制”其实就是以第20条规定的例外措施为借口实行限制措施。

其次，上诉机构认为美国在实施《清洁空气法案》时有不止一种选择，包括对国内外汽油无差别地适用法定标准。美国辩称对外国石油也适用单独标准的话会导致诸多管理上的困难，包括实际中很难对外国炼油商的标准进行确认和执行，但是上诉机构不同意美国的这种抗辩。专家组报告认为美国不能仅以管理困难为由而拒绝让外国炼油商使用单独标准，因为在其他情况中，比如反倾销问题中，只有当没有信息来源或信息来源不够确实的

---

① 参见梁蓓：《国民待遇原则与我国外资政策调整》，http://www.xslx.com/htm/jjlc/hgjj/2003-11-24-15495.htm，2008年5月19日访问。

时候才依赖其他方面的信息,上诉机构同意专家组的这种看法。更重要的是,上诉机构认为美国应该通过其他可能的方式与外国炼油商或外国政府达成“合作安排”来解决所谓的管理困难问题。

最后,上诉机构认为,美国在两方面的不足,包括没有通过合作安排解决管理困难的问题,并且没有考虑到适用法定标准给外国炼油商带来的成本,构成了“不公正的歧视”和“对国际贸易的隐蔽限制”。

本案是 WTO 通过争端解决机制确定 WTO 与环境保护关系的第一个具体案例。本案揭示了环境保护和贸易发展之间并不存在着永不调和的矛盾,上诉机构似乎倾向于这样一个原则:环保例外措施必须在不造成不公平和随意的歧视,不构成对国际贸易的变相限制的前提下才可应用。通过上诉机构的分析我们可以看到世界贸易组织中的国民待遇原则是很严格的,成员国除非有无法克服的困难作为抗辩理由,否则任何妨害缔约国国民待遇的措施都会被理解为违反了《关税与贸易总协定》第 3 条规定的义务。

案例 3　联合国贸易和发展会议(United Nations Conference on Trade and Development,UNCTAD)是联合国处理有关贸易和发展问题的常设机构,简称“贸发会议”,是由发展中国家倡议并根据第 19 届联大 1995 号决议于 1964 年成立的,总部设在日内瓦。①

综合分析上述案例:

首先,贸发会议成立以来,在促进发展中国家经济发展、推动南北对话和南南合作方面发挥了积极的作用。在贸发会议的主持下,各国经过谈判签署了一系列重要的公约和协议,如《各国经济权利和义务宪章》、《联合国班轮公会行动守则公约》等。贸发会议在 20 世纪 70 年代和 80 年代初联合国系统内改革旧的国际经济关系和建立新的国际经济秩序的热潮中发挥了核心作用。

其次,贸发会议在帮助发展中国家制定经济发展战略和贸易、投资、金融政策以及参与多边经贸事务等方面,也都有重要的作用。在案例中的第 12 届贸发大会上,以全球化给发展带来的机遇和挑战为核心,讨论了以下议题:(a) 加强全球各级决策对可持续的经济发展和减贫的一致性,包括发挥区域方针的作用;(b) 主要的贸易和发展问题以及新的世界经济格局;(c) 改进各国扶持环境,以促进生产能力、贸易和投资:筹集资源和利用知识

---

① 关于联合国贸发会议的组织机构及宗旨可详见陈安:《国际经济法学》,北京大学出版社 2007 年版,第 605—606 页。

促进发展；以及(d) 加强贸发会议：强化其发展作用、影响力和体制效力。[①]

再次，大会通过辩论、圆桌会议、论坛等形式展开讨论，以便各参与成员国能充分地交换意见。在本次由193个成员国组成的联合国贸发会议上最终通过成果性文件强调：为了使发展中国家分享全球化所带来的成果，有必要解决商品依赖所产生的影响，包括价格的波动性、扶贫政策、收入分配的透明性以及对几种商品严重依赖的国家生产结构的多样化问题。[②] 这些讨论议题对改善发展中国家及不发达国家的国际贸易环境有重大意义。

最后，贸发会议注重对国际贸易与发展情况的调查，每年都会针对一些贸易状况作出报告，其出版物有《贸易与发展报告》(年报)、《最不发达国家报告》(年报)、《世界投资报告》、《国际贸易和发展统计手册》和《海运回顾》等。这些出版物在全世界具有广泛的影响和声誉，不但是国际上被广征博引的权威资料，而且也是各国特别是发展中国家制定经济和社会发展政策以及展开议题讨论与协商的重要参考依据。

案例4 各国际经济组织之间存在着广泛的联系与合作，在其各自的成立目的及宗旨的指引下，具体业务中存在着交叉的范围，经济活动中有关注的共同焦点。[③] 本案例即主要体现了世界银行与国际货币基金组织之间的合作，二者在对外开展的业务中既有联系也有区分。

综合分析本案例：

首先，世界银行与国际货币基金组织都产生于1944年布雷顿森林会议，它们之间互相独立，有不同的职责。世界银行的主要业务是对发展中国家提供长期项目贷款，帮助他们兴建某些建设周期长、利润率偏低的重要项目；国际货币基金组织的主要活动则是稳定国际汇兑，通过提供短期贷款，帮助成员国平衡国际收支。

其次，二者法律上的联系可以体现在以下几点：

(1) 关于成员国，只有国际货币基金组织的成员国，才能申请加入世界银行。

---

① 引自联合国贸易和发展会议第十二届大会，联合国官方网站，http://www.un.org/chinese/events/unctad/xii/agendanotes.html，2008年5月20日访问。

② 摘自"联合国网站新闻中心"，http://www.un.org/chinese/events/unctad/xii/news.html，2008年5月20日访问，作者有部分删改。

③ 关于各组织间的联系和合作的学理分析详见陈安：《国际经济法学》第十章第二节，北京大学出版社2007年版，第607页。

（2）两者机构设置大体相同，都由理事会、执行董事会、行政官员组成；总部都设在华盛顿。

（3）表决制度基本一致，都采取加权投票制。

（4）二者的业务互补性很强。

最后，两个组织自1972年开始即签署了关于加强两个组织间合作的备忘录。在1974年10月，根据两个组织理事会平等的决议，设立了“世界银行和基金组织理事会关于向发展中国家提供资金的联合部长委员会”。1989年，认识到日渐突出的两个组织业务重合的问题，为增强合作，减少冲突和重复的危险，两组织又签订了一个协定，重新强调了各自的业务重点。该协定规定，国际货币基金组织的主要职能和活动范围是：监督汇率、收支平衡、以发展为导向的政策稳定和相关事项。世界银行的主要职能和活动范围是：制订发展计划和优先发展项目，包括整体结构和局部政策。协定还要求两组织紧密合作，尽可能依赖对方的调查和统计结果，但同时应确保组织决策的独立性。

（五）自测案例

案例1　中国加入世界贸易组织的法律文件《中华人民共和国加入议定书》第7条第3款规定：自加入时起，中国应遵守《TRIMs协定》（Agreement on Trade Related Aspects of Investment Measures，TRIMs），但不援用《TRIMs协定》第5条的规定。①中国应取消并停止执行通过法律、法规或其他措施的贸易平衡要求和外汇平衡要求、当地含量要求和出口实绩要求。此外，中国将不执行设置此类要求的合同条款。在不损害本议定书有关规定的情况下，中国应保证国家和地方各级主管机关对进口许可证、配额、关税配额的分配或对进口、进口权或投资权的任何其他批准方式，不以下列内容为条件：此类产品是否存在与之竞争的国内供应者；任何类型的实绩要求，例如当地含量、补偿、技术转让、出口实绩或在中国进行研究与开发等。为了履行自己的承诺，我国已经修改了相关立法。②

问：（1）WTO法中对成员的加入作了哪些规定？

（2）我国依据加入世界贸易组织的法律文件，现行外商投资企业法

① 此处以《TRIMs协定》指代《与贸易有关的投资措施协定》是因为《中华人民共和国加入议定书》的官方中文翻译如此，其他地方一般以TRIMs简称。

② 摘自王海英主编：《国际经济法案例教程》，北京大学出版社2005年版，第9页。

作了哪些调整?

案例 2 2000 年世界银行对经济发展状况的划分(部分)①:

表格一 按人均国民收入(所列国家包括某些非独立主权的地区)

低收入国家	较低中等收入国家	较高中等收入国家	高收入国家	OECD 高收入国家
阿富汗	阿尔巴尼亚	墨西哥	日本	澳大利亚
柬埔寨	伊拉克	波兰	西班牙	希腊
布隆迪	厄瓜多尔	利比亚	塞浦路斯	瑞士
埃塞俄比亚	斐济	马来西亚	卡塔尔	美国
尼泊尔	马绍尔群岛	南非	中国香港	日本
塞内加尔	中国	毛里求斯	格陵兰	卢森堡

表格二 按外债情况(所列国家包括某些非独立主权的地区)

外债严重国家	中等外债国家	外债较轻国家	没有债务问题的国家
布隆迪	柬埔寨	中国	中国香港
埃塞俄比亚	塞内加尔	阿尔巴尼亚	日本
伊拉克	土耳其	尼泊尔	西班牙
厄瓜多尔	毛里求斯	斐济	美国

能否被世界银行划定为发展中国家意味着一个国家是否能够从世界银行获得金融帮助,以及这种金融帮助的条件。世界银行 2003 年 1 月 22 日发布了一份关于中国农村援助战略的报告,这份报告说明在 1997 年后,我国最新阶段的农村援助计划呈现出新的特点。就大环境来说,我国的宏观经济政策开始从放开搞活阶段走向任务更为艰巨的结构调整和机制建设阶段,尽管经济成就不可抹杀,消除贫困的工作也从未间断,但在农村,贫困仍然是很严峻的一个问题。世界银行在中国的农村援助战略以达到下列目标为目的:

(1) 改善经商环境、加快向市场经济转换的步伐,特别是通过传授相关知识达到目的;

(2) 确定贫困人口、环境恶劣和经济落后地区人民的具体需要,通过投资性质的借贷促进农村的发展、基础设施建设和必要的社会机构的建设;

(3) 促进可持续发展,保护自然环境,在自然资源管理、改善水利资源、

① 参见世界银行官方网站,http://www. worldbank. org/data/databytopic/class-groups. htm#Low_income,2008 年 5 月 20 日访问。

污水处理、能源以及全球环境项目等方面提供投资借贷。①

可以说，世界银行开展这一具体项目，以及开展这个项目的具体方式，都是与中国作为发展中国家的身份密不可分的。②

思考：(1) 世界银行划分经济发展情况的主要标准是什么？

(2) 世界银行在提供贷款时会考虑哪些情况？

三、区域性国际经济组织

区域性国际经济组织反映了明显的地理性质，其成员国疆域相邻，在民族、历史、语言、文化或精神上具有密切联系，因此意识相近，有共同关心的经济、政治等问题。③ 但同时区域性国际经济组织内部成员间也会有分歧，特别是在联系更紧密的区域性经济一体化组织中，彼此在高度协作的同时，往往矛盾又会更加突出。这种对立统一的现实也督促了组织内部法律体制的建立与变革。本部分涉及了欧洲联盟、东南亚国家联盟及安第斯条约组织的相关案例。

(一) 案情简介

案例1 欧共体诉葡萄牙私有化法令违反国民待遇案

欧洲经济共同体执行委员会认为其成员国之一——葡萄牙共和国1990年4月5日通过的私有化法(11/90法)，1993年1月15日通过的380/93法令，以及1994年2月28日通过的65/94法令违反了它根据欧共体条约承担的义务，因此将葡萄牙共和国诉至欧盟法院，要求法院宣告葡萄牙违反了欧共体条约第43、46、48、56和294条的规定。

欧共体执委会认为在共同体境内的广泛投资现象使得某些成员国采取了控制措施，这些措施的大多数体现在私有化法令中，但在某些情

① 这个援助项目的资料以及下述“学理分析”部分主要来源于世界银行的一份报告，具体作者不明。见 http://www-wds. worldbank. org/servlet/WDS_IBank_Servlet? pcont = details&eid = 000094946_02112804184941，2008 年 5 月 12 日访问。

② 摘自王海英主编：《国际经济法案例教程》，北京大学出版社 2005 年版，第 24 页。

③ 参见陈安：《国际经济法学》，北京大学出版社 2007 年版，第 608 页。

况下,这些措施违反了共同体的法律。因此执委会在 1997 年 7 月 19 日发布通告,此通告认为在解释共同体法律规定的资本流动自由和设厂自由时,应认为所有限制性的要求,比如要求国家机构的许可或国家机构行使否决权,都是歧视措施,限制了资本流动自由和设厂自由。

葡萄牙共和国否认它违反了根据共同体法承担的义务,它的抗辩包括:(1) 11/90 法和 65/94 法令尽管规定了一些限制措施,但自从 1994 年起政府就采纳一项政策,不再行使这些法律赋予的权利了。而且根据共同体法的直接效力和优先效力,这些法律应被视为仅针对非欧共体国民的。(2) 380/93 法令规定的政府许可要求也是针对所有超过一定数额的投资者,无论他是葡萄牙本国国民、其他欧共体国民或非欧共体国民,因此这并不是一种基于国籍的歧视措施。(3) 在任何情况下,法律的规定都是出于公共利益的需要,380/93 法令就是为了使葡萄牙重新私有化的经济措施顺利开展。出于这样的目的,在企业具有国际因素时,就有可能需要在合伙人的构成问题上选择某种策略,促进资本市场的竞争,提高生产方式的效率和现代化程度。(4) 在一个成员国遵守共同体法的前提之下,不应限制它为了保护自己的财政利益而参与到私有化过程中;并且葡萄牙政府采取的措施符合比例原则,因为它在私有化过程中对股份数量进行衡量只是为了控制股份结构而采取的适当措施。(5) 即使财政部的决定有违反共同体法之处,当事人还可以通过在葡萄牙法院进行诉讼,由法院来宣告财政部的决定无效。

2002 年 6 月 4 日,欧盟法院判决葡萄牙的立法行为违反了它根据共同体法律第 56 条承担的义务,但执委会的其他控诉不成立。诉讼费用由葡萄牙承担。①

案例 2 第八次东盟与中国领导人会议于 2004 年 11 月 29 日在老挝首都万象举行。中国国务院总理温家宝和东盟 10 国领导人出席了会议。会议发表了《落实中国—东盟面向和平与繁荣的战略伙伴关系联合宣言的行动计划》。会后双方签署了《中国—东盟全面经济合作框架协议货物贸易协议》、《中国—东盟争端解决机制协议》。温家宝总理和

① 本案例及学理分析摘自王海英主编:《国际经济法案例教程》,北京大学出版社 2005 年版,第 32 页。

东盟各国领导人出席了签字仪式。2007 年,在中国国务院总理温家宝和东盟10 国领导人的共同见证下,中国与东盟10 国又在菲律宾宿务签署了中国—东盟自由贸易区《服务贸易协议》。试对中国与东盟的关系及立法展开分析。①

案例 3　《安第斯条约组织范本》是按照 1971 年 11 月 11 日拉美国家达成的卡塔吉纳协定的第 40 号决议形成的。目前,拉美已有两个国际税收协定是按照该协定缔结的,即阿根廷和智利的税收协定、阿根廷和玻利维亚之间的税收协定。阿根廷和智利间的税收协定第 4 条明确规定:"除非本协定另有其他规定,否则任何所得、收益或利润都应该仅在这些所得、收益或利润的来源所在缔约国纳税,与个人的国籍、住所和合同的履行地无关。"阿根廷和玻利维亚之间的税收协定也有类似的条款。② 请分析安第斯条约组织在避免双重征税的过程中所制定的这个范本反映出的税收原则是什么?

(二) 思考方向

案例 1　欧共体条约要求的义务体现了欧洲经济一体化进程的要求,一体化过程中一个重要目标就是实现各种生产要素的自由流动,包括设厂自由、人员流动自由、货物流动自由、服务流动自由和资本流动自由。这些自由要得到落实,就要对本国内所有欧共体成员国的国民实行国民待遇。国民待遇体现在成员国立法的具体细节中。对自由的限制有很多种可能,经过对具体法令的审查,才能认定一条法规是否违反国民待遇。而且通过法院的判决,我们也可以了解到欧共体对这些基本政策的解释和态度——是在一定条件下对成员国给予例外,还是严格执行经济一体化的政策,在每个具体的司法和行政措施中都要贯彻始终。

案例 2　东盟是典型的区域性国际经济组织。有评论指出,中国与东盟

---

① 摘自中国企业报,http://news.cec-ceda.org.cn/news/? id = 12570,人民网,http://finance.people.com.cn/GB/71364/5281986.html,作者有部分删改,2008 年 5 月 20 日访问。

② 摘自中国会计网,http://www.canet.com.cn/wenyuan/swlw/gjss/200807/18-26131.html,作者有部分删改,2008 年 5 月 20 日访问。

全面启动自由贸易区建设，其将与欧洲自由贸易区和北美自由贸易区形成世界三大自由贸易区，对世界经济的影响将日渐明显。中国—东盟自由贸易区的建立在各缔约方之间创造了一种伙伴关系，并为东亚加强合作和维护经济稳定提供了一个重要机制。对本案可从中国—东盟自由贸易区存在的动因、意义及相关国际立法上展开思考。

案例 3 税收原则的确立可以反映出一个国家或组织在税收征纳方面的基本态度，国家所持的这种态度与一国在国际投资中的利益紧密联系。国家在税收原则的确立过程中是更注重"人"的联结因素，还是更注重"地"的联结因素，不同的侧重点直接会影响到这个国家的税收征纳总额。分析本案时不仅要注意不同的所得税税收管辖权确立原则的比较，还应将对税收管辖权原则的确立与一个国家或组织的税收利益相联系。

（三）法律规定

案例 1 相关法律规定

1. 欧共体法律规定

《欧共体条约》

第 43 条 根据下述各条款的规定，限制任何成员国的国民在另一成员国领土内设厂自由的行为是不被允许的。也不允许限制成员国的国民在另一成员国领土内设立代表处、分支和下属机构的自由。

设厂自由包括从事自由职业的权利和设立具有管理层的企业的权利，特别是那些第 48 条第 2 款规定的工厂和公司。这种设立行为要遵守设立行为所在国为其本国国民颁布的法律，也要参照本条约关于资本流动的专章规定。

第 46 条

(1) 本章的规定以及根据本章规定而采取的措施不应妨碍成员国出于公共政策、公共安全和公共健康的目的而适用特别为外国国民颁布的法律、规定和行政措施。

(2) 部长理事会应按照第 251 条规定的程序为协调上述规定而颁布指令。

第 48 条 根据成员国法律而成立的工厂或公司，如果其注册地址、管理中心或主要营业所在地设在共同体境内，则根据本章的规定，它们应被视为成员国的国民，与自然人受到同等待遇。

"工厂或公司"是指根据民法或商法成立的工厂或公司，包括合作性社团和接受公法或私法管辖的其他法人，但非营利性的团体除外。

第 56 条 (1) 根据本章的规定,在成员国之间和在成员国与第三国之间限制资本流动自由的行为都是不被允许的。

(2) 根据本章的规定,在成员国之间和在成员国与第三国之间限制支付的行为都是不被允许的。

2. 葡萄牙法律规定

11/90 法律

第 3 条 重新私有化行为需满足以下主要目标:

(1) 使经济实体更现代化和具有竞争力,为有关企业或经济部门的结构调整策略作出贡献;

(2) 强化国家经济实力;

(3) 逐渐减少国家在经济中的作用;

(4) 促进资本市场的发展;

(5) 通过资本的广泛分布使葡萄牙国民广泛参与企业的股份市场,要特别注意企业中工人和小股东的利益;

(6) 保护国家的财产利益并发展其他国民利益;

(7) 减少国家经济中的公债负担。

第 13 条(3)规定企业转换体制的立法可以限制外国企业获得或认购的股份总数,也包括多数股份由外国实体控制的企业。法律还可以规定各方在企业参与资本的最大数额,以及相应的他们对企业的控制方式。如果有人违反这种规定,可以强制其售出超额部分的股份、剥夺这部分股份相应的投票权、或使超出部分的收购或认购归于无效益作为处罚。

65/94 法令

只有一条条款,规定如下:在适用 1990 年 4 月 5 日颁布的 11/90 法律第 13 条(3)时,现已完成私有化的工厂和公司中外国实体所占的最大份资本额应限定在 25%,但从前立法中为某个私有化企业规定了更高限制的除外。

380/93 法令

第 1 条:

(1) 在企业收购中如果由单一的自然人或法人收购的份额超过代表 10% 投票权的资本,或收购股份与其原有份额相加后超过此限制的,则其收购行为必须得到财政部的事先批准。

(2) 由于不同的私有化行为有不同的法律规定,上款的规定仅在某些私有化行为中适用。

案例2 相关法律规定

《中华人民共和国与东南亚国家联盟全面经济合作框架协议》

第一条 目标

本协议的目标是:

(a) 加强和增进各缔约方之间的经济、贸易和投资合作;

(b) 促进货物和服务贸易,逐步实现货物和服务贸易自由化,并创造透明、自由和便利的投资机制;

(c) 为各缔约方之间更紧密的经济合作开辟新领域,制定适当的措施;以及

(d) 为东盟新成员国更有效地参与经济一体化提供便利,缩小各缔约方发展水平的差距。

第二条 全面经济合作措施

各缔约方同意迅速地进行谈判,以在10年内建立中国—东盟自贸区,并通过下列措施加强和增进合作:

(i) 在实质上所有货物贸易中逐步取消关税与非关税壁垒;

(ii) 逐步实现涵盖众多部门的服务贸易自由化;

(iii) 建立开放和竞争的投资机制,便利和促进中国—东盟自贸区内的投资;

(iv) 对东盟新成员国提供特殊和差别待遇及灵活性;

(v) 在中国—东盟自贸区谈判中,给各缔约方提供灵活性,以解决它们各自在货物、服务和投资方面的敏感领域问题,此种灵活性应基于对等和互利的原则,经谈判和相互同意后提供;

(vi) 建立有效的贸易与投资便利化措施,包括但不限于简化海关程序和制定相互认证安排;

(vii) 在各缔约方相互同意的、对深化各缔约方贸易和投资联系有补充作用的领域扩大经济合作,编制行动计划和项目以实施在商定部门/领域的合作;以及

(viii) 建立适当的机制以有效地执行本协议。

案例3 相关法律规定

《安第斯条约组织范本》第40号决议①

第二章 所得税

---

① 参见 Decision 40, Anex I, 安第斯条约组织官方网站, http://www.comunidadandina.org/INGLES/normativa/d040e.htm, 2012年5月3日访问,本条经作者翻译。

第 4 条　税收管辖权

除非本协定另有其他规定，否则任何所得都应该仅在这些所得的生产来源所在缔约国纳税，与个人的国籍、住所无关。

（四）学理分析

案例 1　欧洲联盟（简称欧盟 European Union，EU）是当今世界一体化程度最高的区域政治、经济集团组织。欧盟的前身是欧洲共同体。1991 年 12 月 9 日，欧共体在荷兰马斯特里赫特召开特别首脑会议，签订了《欧洲经济和货币联盟条约》及《欧洲政治联盟条约》，通称为《马约》，1993 年 11 月 1 日，该条约在得到所有成员国的批准后正式生效，欧共体正式更名为欧盟。相对于其他区域性国际组织，欧盟各成员国间的关系更紧密，其立法所调整的事务范围最为广泛，既包括政法也包括经济，立法体系也较为完备。

欧盟总部设在比利时首都布鲁塞尔。欧盟的三大主要机构为：欧洲理事会、欧盟委员会和欧洲议会。欧洲理事会，即首脑会议，由成员国国家元首或政府首脑及欧盟委员会主席组成。首脑会议每半年举行一次正式会议和一次非正式会议，必要时还可召开特别会议。欧洲理事会主席由各成员国轮流担任，任期 6 个月，2009 年 11 月 20 日根据《里斯本条约》选举出首位欧洲理事会常任主席。欧洲理事会是欧盟的最高权力机构，在决策过程中采取协商一致通过的原则。欧盟委员会是欧盟唯一有权起草法令的机构，其主要职责是：实施欧盟有关条约、法规和欧盟理事会作出的决定；向欧盟理事会和欧洲议会提出政策实施报告和立法动议；处理欧盟日常事务，代表欧盟进行对外联系和贸易等方面的谈判。欧洲议会除和欧盟理事会共享立法权外，还有民主监督权及欧盟预算的决定权。①

综合分析上述案例：

首先，欧盟法院认为资本及支付自由原则是欧盟法律规定的基本原则之一，此原则既包括成员国之间的资本及支付自由流动，也包括成员国与第三国之间的资本自由流动。虽然欧共体条约并没有详细描述什么是“资本及支付自由”，但是在案例法中此原则已经得到了详细的解释。直接投资，比如通过资本市场购买股份，就是资本自由的内容之一。这实际上也打破了传统对直接投资与间接投资的划分界线，目标企业的股份的持有量被确

① 国民待遇原则可参见本章“二”案例 2 中的学理分析。

定为直接投资的重要考量指标。当前案情的问题就是要确定以下两种行为是否构成对资本自由的限制:(1) 要求外国投资者收购葡萄牙企业的股份不超过一定数量,(2) 在收购数量超过一定限额时要求国家的事先授权。这样就存在了对国民待遇违背的嫌疑。葡萄牙政府辩称,尽管本国有这样的立法,但执法机关并不执行,而且因为欧共体法在成员国的地位高于其他法律,因此并不会导致本国违反资本自由原则。

其次,欧盟法院并不接受这样的辩解。因为一个与欧共体法相违背的法律在公布之后,即使行政机关不执行这样的法律,可是法律存在本身就会给公众造成一种印象,而且行政机关的决定是裁量性质的,没有一定的公示程度,不足以消灭法律对社会公众的影响。因此在第一个问题上,葡萄牙政府要求外国投资者收购葡萄牙企业的股份不超过一定数量的立法构成了违反《欧共体条约》第 73 条 b 项,本条款体现了国民待遇。[①] 至于实现授权的要求,葡萄牙政府尽管承认这属于一种对投资的限制,但是这项规定在适用的时候并没有对本国股东和其他成员国的股东区别对待,因此并不存在对其他成员国国民的歧视或限制待遇。欧盟法院并不接受葡萄牙政府的这项回答,《欧共体条约》的第 73 条 b 项概括地规定了限制成员国对资本自由的任何限制,并不仅限于基于国籍对资本市场行为者实施的区别待遇。即使葡萄牙的法律不构成歧视待遇,这些法律也会给投资者造成障碍,使其他国籍的投资者在对葡萄牙的企业进行投资时感到犹豫,这些影响都会使资本自由原则成为空谈。因此,要求事先授权的措施构成《欧共体条约》第 73 条 b 项的限制资本自由的措施。

再次,那么这种限制措施有什么正当理由吗?欧盟法院承认自 1997 年以来成员国在处理企业私有化的问题上可以出于某些考虑对这些企业施加一定的影响,但是由于资本流动自由原则是《欧共体条约》的一项最基本原则,成员国的国内法律若要对这项原则进行限制的话就必须满足《欧共体条约》第 73d(1)条所列的几点理由,或者这种限制使用于其本国内的所有参与者和所有企业,而不是针对国籍作出区别对待;并且,所有的限制措施应该限制在必要的范围内以符合比例原则。

欧盟法院受理的关于资本流动自由的案例非常多,它的判例从问题的一个方面对国民待遇作出了详尽的解释,这些判决保障了欧盟的基本经济

---

① 现为《欧共体条约》第 56 条(Article 56 EC)。

政策得以执行。①

案例2　东盟的全称为东南亚国家联盟(Association of South East Asian Nations, ASEAN),其前身是马来亚(现马来西亚)、菲律宾和泰国于1961年7月31日在曼谷成立的东南亚联盟。1967年8月7—8日,印度尼西亚、泰国、新加坡、菲律宾四国外长和马来西亚副总理在曼谷举行会议,发表了《曼谷宣言》,正式宣告东南亚国家联盟成立。8月28—29日,马、泰、菲三国在吉隆坡举行部长级会议,决定由东南亚国家联盟取代东南亚联盟。② 中国于1996年成为东盟的全面对话伙伴国。

近年来,东盟在地区和国际事务中发挥着越来越重要的作用。东盟与东盟外国家有其他区域性组织广泛展开对话,例如1994年7月东盟倡导成立东盟地区论坛,与会各方主要就共同关心的亚太地区政治和安全问题交换意见;东盟还于1994年10月倡议召开亚欧会议(ASEM),来自亚洲的东盟10国、中、日、韩和欧盟15国以及欧盟委员会的领导人聚会一堂,就促进政治对话、加强经济合作等问题进行全面的探讨。中国—东盟自由贸易区的建立与建设即反映了中国与东盟之间合作的不断加强。

综合分析上述案例:

首先,中国—东盟自由贸易区建立的动因包括:

(1) 中国和东盟相互依存的关系。中国与东盟地理位置临近,双方通过贸易投资自由化方式组成的经济集团可以给中国及东盟成员国带来更多的经济实惠。无论从双边外贸进出口,还是中国从东盟吸收的外资进行考察,中国同东盟的经济相互依赖在稳步增长。

(2) 中国市场对东盟有巨大的吸引力。其可反映在东盟对中国的外贸依存度的不断提高上,以及东盟各国对中国经济发展的巨大潜力的一致认识上。

(3) 中国—东盟自由贸易区的组建,不仅有内部成因,也有外部背景,国内理论界均同意关于三大地区经济集团或三大经济圈的观点。北美自由贸易区和欧盟两大经济集团已成事实,东亚贸易集团亟待建设。中国—东盟

---

① 案例分析参考自王海英主编:《国际经济法案例教程》,北京大学出版社2005年版,第36页。原作者注:案例判决见,the Court of Justice of the European Union, http://curia.eu.int/jurisp/cgi-bin/form.pl? lang = en&Submit = Submit&docrequire = judgements&numaff = &datefs = &datefe = &nomusuel = &domaine = LCCA&mots = &resmax = 100,2004年12月2日访问。

② 关于东盟成立的宗旨、活动、成员资格、组织机构等问题可详见陈安主编:《国际经济法学》,北京大学出版社2007年版,第615—618页。

自由贸易区是组建整个东亚自由贸易区的重要工作之一。

其次,在中国—东盟自由贸易区的建设过程中,一系列国际立法文件的出台已体现了双方合作的成果。2002 年 11 月,第六次中国—东盟领导人会议在柬埔寨首都金边举行,朱镕基总理和东盟 10 国领导人签署了《中国与东盟全面经济合作框架协议》,决定到 2010 年建成中国—东盟自由贸易区。这标志着中国—东盟建立自由贸易区的进程正式启动。2004 年 11 月,中国—东盟签署了《中国—东盟全面经济合作框架协议货物贸易协议》,内容包括:中国和东南亚国家联盟东盟 10 个成员之间将于 2005 年至 2010 年 5 年间逐步取消大部分双边贸易关税,只留有大约 500 个贸易项目处于关税保护之下。东盟所有成员国承认中国是一个完全市场经济体。本协议规定自 2005 年 7 月起,除 2004 年已实施降税的早期收获产品和少量敏感产品外,双方将对其他约 7000 个税目的产品实施降税。2005 年 1 月 1 日《中国—东盟全面经济合作框架协议争端解决机制协议》正式生效,这在中国—东盟自由贸易区的建立过程中是一个具有重要意义和作用的法律文件,对于中国和东盟全面的经济贸易合作起到重要的维护和促进作用。另外 2007 年 1 月,中国和东盟签署自贸区《服务贸易协议》。中国—东盟自由贸易区《服务贸易协议》是规范中国与东盟服务贸易市场开放和处理与服务贸易相关问题的法律文件,其规定了双方在中国—东盟自由贸易区框架内开展服务贸易的权利和义务,同时包括中国与东盟 10 国开放服务贸易的第一批具体承诺减让表。

最后,中国与东盟就自由贸易区的建设所制定的一系列法律文件与中国与东盟各国在世贸组织中的承诺是一致的,并在货物贸易与服务贸易谈判中取得了进展。在争端解决机制的建设上也与贸易组织所建立起来的一系列措施与规则相一致,这也反映了当今国际经济法制的有序化。①

案例 3 本案主要涉及区域性国际经济组织——安第斯条约组织。1969 年 5 月,秘鲁、玻利维亚、厄瓜多尔、哥伦比亚和智利政府的代表在哥伦比亚的卡塔赫纳城举行会议,讨论地区经济一体化问题,26 日在波哥大签署了《小地区一体化协定》,后称《卡塔赫纳协定》。同年 10 月 16 日,该协定生效。因成员国均系安第斯山麓国家,故称安第斯集团或安第斯条约组织。1995 年 9 月 5 日,安第斯集团总统理事会第七次会议决定建立安第斯一体化体系。1996 年 3 月 9 日,易为现名。总部设在秘鲁首都利马。该组织成立的宗旨为:充

① 参见《中国企业报》2004 年 12 月 3 日编者按:《建立中国—东盟自由贸易区的缘由与问题》。

分利用本地区的资源，促进成员国之间平衡和协调发展，取消成员国之间的关税壁垒，组成共同市场，加速经济一体化进程。[①] 本案例所涉及的就是安第斯条约组织在解决双重征税问题的过程中出台的一个税收协定范本。[②]

关于双重征税及税收管辖权的法理分析参见陈安主编的《国际经济法学》(北京大学出版社 2007 年版)第八章国际税法部分。

综合分析上述案例：

首先，目前国际上普遍遵循的税收协定范本有两个，即《经济合作与发展组织关于避免双重征税的协定范本》(简称《经济合作与发展组织范本》)和《联合国关于发达国家与发展中国家间避免双重征税的协定范本》(简称《联合国范本》)。拉美许多国家间的税收协定也是依照这两个范本缔结的。如墨西哥，由于是 OECD 成员国，其在很多情况下按照《经济合作与发展组织范本》谈判税收协定。而拉美其他大部分国家间的税收协定，都遵循和参照了《联合国范本》。

其次，除了这两个国际通用的税收协定范本外，拉美国家还遵循一个税收协定范本，即《安第斯条约组织范本》，该范本是按照 1971 年 11 月 11 日拉美国家达成的卡塔吉纳协定的第 40 号决议形成的。目前，拉美已有两个国际税收协定是按照《安第斯条约组织范本》缔结的，即阿根廷和智利的税收协定、阿根廷和玻利维亚之间的税收协定。[③]

再次，三个税收协定范本倡导不同的税收管辖权原则。《安第斯条约组织范本》倡导来源地税收原则；而《经济合作与发展组织范本》明显是为实行属人原则的税收管辖权的国家设计的；《联合国范本》强调收入来源管辖权原则，但同时对属地原则和属人原则进行了协调。由于《联合国范本》注意兼顾发展中国家与发达国家双方的利益，因而发展中国家对外谈判和缔结双边税收协定时，较多地参照了《联合国范本》。

最后，税收原则的确立可以反映出一个国家或组织在税收征纳方面的基本态度，国家所持的这种态度与一国在国际投资中的利益紧密相连。例

---

① 参见安第斯共同体，中华人民共和国国家外交部网，http://www.fmprc.gov.cn/chn/pds/gjhdq/gjhdqzz/lhg_10/，2012 年 5 月 3 日访问。

② 有关安第斯条约组织的成员资格、组织机构以及对外合作关系详见陈安：《国际经济法学》，北京大学出版社 2007 年版，第 619—621 页。

③ 参见中国会计网，http://www.canet.com.cn/wenyuan/swlw/gjss/200807/18-26131.html，2008 年 5 月 22 日访问。

如，一个发展中国家更希望尽量多地吸引外国投资，在所得税征管上一种排他性的属地管辖权的确立则更有利于其在双重征税问题的解决过程中确保国家的税收利益。案例中阿根廷和智利间的税收协定的内容即反映了收入来源地税收管辖原则，其与《安第斯条约组织范本》第4条的规定是一致的。

（五）自测案例

随着1999年1月1日单一货币欧元的引入和欧盟统一大市场的逐步深化，欧盟各国间银行业自由贸易的障碍已被打破。某一欧盟国家的银行可以在整个欧盟区域内自由开设分支机构，招揽业务。同时，欧盟各国中央银行将不再拥有货币政策的决定权，逐步把它移交给权力统一、独立性很强的欧洲中央银行。

欧盟范围内银行业的全面开放，一定程度上加大了区内的金融风险。原因在于，欧盟内资本数额巨大，且资本流动的便捷条件又是前所未有的。面对迅猛的资本流，各国监管机构显得力量不足，缺乏防范手段。同时，银行市场的开放，加剧了欧盟内部银行间的同业竞争。各国银行为了增强自身实力，在日趋激烈的竞争压力下求得生存与发展，纷纷走上兼并、联合的道路，例如德意志银行与德累斯顿银行的合并就是其中一例。

在德国的银行法中订立了专门条款，明确对外资银行的管理规定。根据欧盟金融一体化的有关协议，德国已将欧盟国家在德分行的监管权转交给母国的有关监管机构，不再将其作为独立法人机构予以监管。这样，欧盟国家在德国银行业市场就拥有较好的竞争条件。

德国银行法还为欧盟以外的第三国银行留有一个改善待遇的空间。第三国的分行可以享受提供给欧盟国家的部分或全部待遇，只要相互间存在对等协议，并且满足下列三个条件：

（1）母国的监管符合国际标准；

（2）德资银行分行在该国享有同等的放宽条件；

（3）母国的监管局与德银行监督局合作良好。

近年来，美国和日本经过谈判，已为他们的银行争取到所谓“欧洲护照”，其在德分行也可享有和欧盟其他成员国分行同等的地位，而中资银行目前尚未获得“欧洲护照”。①

① 摘自王海英主编：《国际经济法案例教程》，北京大学出版社2005年版，第35页。

问:(1) 德国对欧盟国家外资银行进行监管的法律依据是什么?

(2) 中资银行若能取得“欧洲护照”将会获得什么样的优势?

四、专业性国际经济组织

根据某项特定商品的特点而建立的国际经济组织也称为专业性国际经济组织,参加者大多是某项特定商品的生产国或出口国及进口国。其特点是以协调各成员方的出口政策(包括出口数量和价格)、对商品的生产和销售作出统一安排为宗旨,维护成员方在有关商品的国际贸易中的共同经济利益。本部分主要介绍专业性国际经济组织的典型案例。

(一) 案情介绍

案例 1 2001 年初,石油输出国组织七种市场监督原油一揽子平均油价和油价期货市场价格一路下跌,并跌到了每桶 25 美元以下这个欧佩克内部参考价。造成国际石油市场价格下跌的主要原因是石油市场的供求关系发生了变化,一方面是由于国际经济增长放慢,尤其是美国经济低迷和亚欧天气转暖,市场对石油的需求量减少;另一方面,伊拉克的石油出口恢复到较正常的水平,即每天 210 万桶。为此美国能源部、美国石油学会公布的数字显示,美国的石油和产品库存大幅上升,已达到 2.9074 亿桶,比前一年同期增加了 800 万桶。由于国际石油需求减少,库存增加,价格上升,欧佩克采取减少石油的供给量,以保持石油价格控制在所定目标每桶 25 美元的水平。由于欧佩克两次减少不包括伊拉克在内的十个成员国的原油日开采配额达 250 万桶,使得国际石油成功地控制在所定目标每桶 25 美元的水平上。与此同时,石油输出国成员还一致同意共同努力将石油产量限制在每天 24.2 百万桶的水平。他们还决定如果石油价格出现“疯涨”的话,他们将增加本国的石油产量,相反,如果国际市场的需求进一步下降,他们也会进一步减少石油的产量,减少供给。① 问题是石油输出国组织是通过怎样的规则来确保各成员国行动的一致性与有效性的呢?

① 案例来源:《经济日报》2001 年 2 月 21 日“国际新闻版”。

案例2 《国际可可协定》(International Cocoa Agreement)是世界主要可可生产国和消费国于1972年所达成的单项商品的国际协定。1993年7月16日达成新的《国际可可协定》,1994年2月22日生效。可可协定成员有35个,其中,出口成员13个,都是发展中国家;进口成员22个,由发达市场经济国家和东欧国家中的捷克和俄罗斯组成。为监督《国际可可协定》的执行,各成员国建立了组织机构,总部设在英国伦敦。国际可可协定设专家工作组处理专业性问题,专家组分别研究可可质量、可可生产与环境以及可可库存等问题。国际可可协定的目标之一是加强在世界可可经济领域中的国际合作,为世界可可市场的稳定作出贡献,以维护各成员的利益。① 思考成员国通过协定是怎样稳定可可市场的。

(二)思考方向

案例1 世界石油的勘探、开采、冶炼和销售曾经几乎全部控制在西方石油垄断财团手中。这种垄断控制的后果是西方发达国家获得超额利润,第三世界主要产油国的经济利益却受到损害。为了反对国际石油垄断资本的掠夺和控制,一些第三世界主要产油国成立了石油输出国组织,其主要目的是维持稳定的石油价格。为实现这一目的,各成员国通过《石油输出国组织章程》的签订确立了相互协调的组织机构及规则,以确保石油政策的统一,共同维护产油国的利益。

案例2 《国际可可协定》确立了一系列经济和行政条款对各成员国权利义务进行规定,并设立了专门的组织机构来确保协定决策的适当性。成员国有义务调节可可的国内供需,以稳定世界范围内可可的价格,并促进可可的生产。

---

① 摘自商务培训网,http://training. mofcom. gov. cn/jsp/sites/site? action = show&id =593,2008年5月25日访问。

（三）法律规定

案例 1 相关法律规定①

《欧佩克章程》（OEPC Statue）

第二章 成员国

第 7 条 C 任何与欧佩克成员国的根本利益一致原油净出口国，经 3/4 多数票（包括 5 个创始成员国）一致同意接受，可以成为欧佩克的成员。

D 如果一个石油净出口国在不符合 C 款条件下的加入成员国资格时，经大会 3/4 多数票（包括 5 个创始成员国）一致同意接受，可以成为欧佩克的准成员国。

第三章 组织机构

Ⅰ 大会

第 10 条 大会是组织的最高权力机关。

Ⅱ 理事会

第 17 条 理事会由各成员国选派 1 名理事组成。

Ⅲ 秘书处

第 25 条 秘书处是理事会领导下的组织的行政机构。

第 4 章 协商会议和专门机关

第 36 条 大会根据特殊情况的需要，为帮助解决特别重大疑难问题，将设立特殊机构。

案例 2 相关法律规定

第八章 供应和需求

第 34 条 市场委员会

（1）为了促进可可经济的最大可能的增长以及生产和消费的均衡发展以便取得供应和需求之间最好的平衡，理事会应设立由所有出口成员和进口成员组成的市场委员会。该委员会的目标应是研究可可生产消费库存和价格的趋势和前景，早期认明市场不平衡情况以及查明在出口国和进口国内扩大可可消费的障碍所在。

（2）在每个可可年度开始以后的第一次会议上，市场委员会应审议对于以后五个可可年度中世界可可生产和消费的年度预测，执行主任应为编制这

---

① 参见 OEPC Statute（《欧佩克章程》），http://www.opec.org，2008 年 5 月 25 日访问，经作者翻译。

些预测提供必要的数据,如有需要应每年对所提供的预测进行审议和修改。

(3) 执行主任也应仅为说明问题之目的,根据指示性的数字提出不同的方案,说明为取得并保持在特定的实际价格水平上供应和需求之间的平衡全球年产量应达到何种水平。需要考虑的因素应包括根据实际价格的变化对于生产和消费的变动作出的估计以及对于库存水平变化的估计。

(4) 根据这些预测并且为了处理中期和长期市场不平衡的问题出口国成员应负责协调其国家生产方针。

第 35 条 市场透明度

(1) 为了增加市场透明度本组织应掌握有关各成员磨制、消费、生产、出口(包括再出口)以及进口可可和可可制品以及库存的最新信息,为此目的各成员应在合理的时限内向执行主任提供有关统计数字,所提供的数字应尽可能详细和准确。

第 36 条 库存

(1) 为了便利评估世界可可库存量,保证市场更具透明度,各成员应向执行主任提供有关本国可可库存量的资料,在这方面凡属可行,它们应最迟在每年 5 月尽量及时准确地将其本国在上一可可年度底的可可库存量通知执行主任。

(四) 学理分析

案例 1 石油输出国组织(Organization of Petroleum Exporting Countries, OPEC),简称"欧佩克",是典型的专业性国际经济组织。1960 年 9 月 10 日,由伊朗、伊拉克、科威特、沙特阿拉伯和委内瑞拉的五国代表在巴格达举行会议,决定联合起来共同对付西方石油公司,维护石油收入,14 日宣告成立石油输出国组织。1962 年 11 月 6 日,欧佩克在联合国秘书处备案,成为正式的国际组织。其设立之初主要是为了反对垄断资本对国际石油的掠夺和控制,维护第三世界主要产油国的经济利益。石油输出国组织的总部设在奥地利首都维也纳。①

综合分析上述案例:

首先,欧佩克适用与会代表一致通过的议事规则通过决议。决议具有与国际条约相同的法律性质,一旦被某成员国接受,就成为该国国内法的一

---

① 石油输出国组织的宗旨、成员资格、组织机构、决策方式参见陈安主编:《国际经济法学》,北京大学出版社 2007 年版,第 622—623 页。

部分。欧佩克只要求成员国诚实信用遵守该组织的法令，但没有规定针对成员国错误或相反行为的法律制裁。上述组织机构的设置与表决制度的确立保证了成员国的一致行为及其行为的有效性。

其次，欧佩克在稳定石油的价格过程中围绕确定石油生产配额和保持目标价格的核心，与西方经济发达国家及西方石油公司进行斗争。欧佩克在协调产油国的产量过程中，实行了“定额生产计划”。由于各成员国以集体的力量提高原油标价，从而使原油价格不断提升并保持相对稳定。

再次，1965年，第八次会议起草了《石油输出国组织章程》，根据该章程确立了大会、理事会、秘书处三级机构。大会是欧佩克的最高权力机构，由各成员国的石油部长率领的代表团组成。理事会是欧佩克的执行机构，由各成员国选派1名理事组成。除根据章程建立的机构外，在实践中还设立了一些新的部门，以适应工作的需要。这些部门主要有特别委员会、五国委员会。另外石油输出国组织还根据情况设立委员会，研究或应对一些具体情况。20世纪90年代以来，欧佩克的活动出现了一些新情况。首先是与西方石油进口国的关系，从斗争为主转向斗争与合作兼顾，如1991年第八十八次理事会讨论的中心问题之一即是与石油进口国对话的可能性和方式。

最后，欧佩克也与其他国际组织积极合作，例如因其意识到环境的变化也直接导致石油价格的下跌，欧佩克与联合国环境和发展大会一起讨论全球变暖问题的解决办法，并成立了处理环境问题的专门机构。另外欧佩克还和非欧佩克成员的独立产油国如中国、埃及等加强了合作，以便更好地控制石油生产和价格。

案例2　首先，国际可可协定是国际商品协定之一。国际商品协定（International Commodity Agreement）是指某种商品的主要生产出口国之间，或者主要生产国与主要进口国之间为了稳定或者操纵该种商品的世界市场价格，保证世界范围内的供求基本平衡而签订的多边国际协议。国际商品协定主要适用于一些初级产品，例如：小麦、砂糖、锡、可可、天然橡胶等。这些初级产品的生产出口国大多是发展中国家，主要进口国大多是发达国家。①

其次，国际商品协定的主要目的有两个：一是垄断某种初级产品出口供给，联合提价，取得垄断利润；二是防止初级产品国际市场价格的大幅度波动，保证重要的初级产品的合理分配。以上不仅是发展中国家所期望的，也是发达国家所期望的目标。出口国与进口国为了实现上述两个目的，即协

① 在《国际天然橡胶协定》中，中国亦是主要的进口国。

商订立了一系列的国际商品协定,在协定中确立了各成员国的权利与义务。为了确保协定的顺利执行,便成立了针对各类产品的商品组织,以监督与督促协定的执行。

最后,各成员国签订的商品协定涉及成员资格、组织机构、表决程序、法律地位等事项,并通过对成员国具体权利、义务的规定达到稳定价格的目的。相关国际商品组织成员资格、组织机构、表决程序、法律地位的分析详见陈安主编的《国际经济法学》第十章。以下结合案例2,分析国际可可协定为稳定可可价格而规定的各成员国所应承担的义务。

综合分析上述案例:

首先,1972年《国际可可协定》即规定了可可的价格结构和价格水平,制定了一套半自动的价格调整机制和稳定价格机制。为了使这个价格机制能顺利进行,协定确立了透明度原则,并设立专门的组织机构——市场委员会进行产品价格及产品供需信息的收集与今后五年价格水平的评估。

其次,具体而言,为保证可可价格能稳定在调节价的自由区内,协定建立了两种基本稳定价格的机制:一是调节储存,即当可可价格低于或高于调节价时,允许用调节储存基金买进或卖出,以调节市场供求关系,调节储存基金由生产国和消费国共同负担;二是市场收回,即当市场价格连续5天等于或低于干预价时,可采取其他稳价措施,或按规定从市场收回可可豆。协定还规定了两种价格调节机制:一是由国际可可组织每年对价格审查和调整一次,但每次的调幅不得超过规定的幅度;二是当前一次调价后连续6个月内买进或卖出的调节储存量超过规定数量时,国际可可组织需召开会议,调整价格,但调幅不得超过限度。①

(五)案例自测

2008年5月28日,中国常驻联合国副代表刘振民大使在纽约联合国总部代表中国政府签署了《国际热带木材协定》(以下简称《协定》),此协定建立在1983年11月18日在日内瓦通过的旧的《国际热带木材协定》之上。新《协定》的谈判是在联合国贸易与发展会议的主持下举行的。② 旧的《国

① 资料来源:商务培训网,http://training.mofcom.gov.cn/jsp/sites/site? action = show&id = 593,2008年5月25日访问。

② 旧的《国际热带木材协定》于1985年4月1日生效,我国于1986年7月2日批准加入该协定。

际热带木材协定》是国际社会为保护热带森林生态系统，实现可持续利用和养护热带森林及其遗传资源而订立的国际法律文件，依照这个法律文件，各成员国建立了相应的组织机构。作为国际商品组织之一，其宗旨是为生产和耗用热带木材的各国之间的合作和协商提供一个有效的纲领，促进国际热带木材贸易的扩展和多样化，以及热带木材市场结构条件的改善，推广和支持研究与发展工作，以求改善森林管理和木材利用，鼓励制定旨在实现持久利用和养护热带森林及其遗传资源，保持有关区域生态平衡的各种国家政策。该协定规定设立一个国际热带木材组织来实施并监督该协定的执行，它通过国际热带木材组织理事会来进行工作；该理事会由联合国及其组织、各国政府及非政府组织作出安排，进行协商和合作。同时还规定设立经济资料和市场情报委员会、更新造林和森林管理委员会、森林工业委员会，用以进行有关的协调和组织工作。①

思考：(1) 国际热带木材协定的法律地位。

(2) 我国加入《国际热带木材协定》的意义是什么？

① 摘自中华人民共和国常驻代表团网，http://www.china-un.org/chn/zgylhg/flyty/tysw/t459866.htm，2008 年 5 月 28 日访问；中国百科网，http://www.china-un.org/chn/zgylhg/flyty/tysw/t459866.htm，2008 年 5 月 28 日访问，经作者编辑。

第十章　国际经济争端处理法

一、国际商事仲裁程序

国际商事仲裁程序是指当事人一方提请仲裁到仲裁机构进行仲裁，至最终作出终裁裁决的过程中，申请人、被申请人、仲裁员、仲裁机构以及其他关系人进行仲裁活动所遵循的步骤、方法以及规则等。

（一）仲裁的申请和受理

1. 案情简介

中国福建某公司与意大利某公司订立一项机械产品进口合同。合同订立了仲裁条款，规定如果发生争议，则双方将争议提交中国福建贸促会进行仲裁，并按照其仲裁规则仲裁，裁决具有一裁终局的效力，仲裁费用由败诉方承担。后双方因产品价格发生争议，意大利公司发现根本不存在中国福建贸促会，故向中国国际经济贸易仲裁委员会提请仲裁。中国福建公司提出管辖权异议，认为根据《中华人民共和国仲裁法》第 18 条的规定："仲裁协议对仲裁事项或者仲裁委员会没有约定或者约定不明确的，当事人可以补充协议，达不成补充协议的，仲裁协议无效。"所以仲裁协议无效。中国国际经济贸易仲裁委员会认为中国公司提出的管辖权异议成立，中国国际经济贸易仲裁委员会对本案不具有管辖权。①

2. 思考方向

当争端被当事人提交仲裁后，一方面，仲裁机构在收到仲裁申请以及其

---

① 摘自王海英主编：《国际经济法案例教程》，北京大学出版社 2005 年版，第 371 页。

他相关材料后，应立即进行初步审查以决定是否立案受理；另一方面，如果被申请人基于一定理由如仲裁协议无效等认为该仲裁机构无权进行仲裁，也有权对仲裁机构的管辖权提出异议。本案中，中国福建公司向中国国际经济贸易仲裁委员会提出了管辖权异议，最终意大利公司的仲裁申请被驳回。

3. 法律规定

（1）《中华人民共和国仲裁法》

第16条　仲裁协议应当具有下列内容：

（一）请求仲裁的意思表示；

（二）仲裁事项；

（三）选定的仲裁委员会。

第18条　仲裁协议对仲裁事项或者仲裁委员会没有约定或者约定不明确的，当事人可以补充协议；达不成补充协议的，仲裁协议无效。

（2）《最高人民法院关于适用〈中华人民共和国仲裁法〉若干问题的解释》

第6条　仲裁协议约定由某地的仲裁机构仲裁且该地仅有一个仲裁机构的，该仲裁机构视为约定的仲裁机构。该地有两个以上仲裁机构的，当事人可以协议选择其中的一个仲裁机构申请仲裁；当事人不能就仲裁机构选择达成一致的，仲裁协议无效。

（3）《中国国际经济贸易仲裁委员会仲裁规则》

第5条　仲裁协议

（一）仲裁委员会根据当事人在争议发生之前或者在争议发生之后达成的将争议提交仲裁委员会仲裁的仲裁协议和一方当事人的书面申请，受理案件。

（二）仲裁协议系指当事人在合同中订明的仲裁条款，或者以其他方式达成的提交仲裁的书面协议。

第6条　对仲裁协议及/或管辖权的异议

（一）仲裁委员会有权对仲裁协议的存在、效力以及仲裁案件的管辖权作出决定。如有必要，仲裁委员会也可以授权仲裁庭作出管辖权决定。

（二）如果仲裁委员会依表面证据认为存在由仲裁委员会进行仲裁的协议，则可根据表面证据作出仲裁委员会有管辖权的决定，仲裁程序继续进行。仲裁委员会依表面证据作出的管辖权决定并不妨碍其根据仲裁庭在审理过程中发现的与表面证据不一致的事实及/或证据重新作出管辖权决定。

（三）当事人对仲裁协议及/或仲裁案件管辖权的异议，应当在仲裁庭首次开庭前书面提出；书面审理的案件，应当在第一次实体答辩前提出。

（四）对仲裁协议及/或仲裁案件管辖权提出异议不影响按仲裁程序进行审理。

（五）上述管辖权异议及/或决定包括仲裁案件主体资格异议及/或决定。

4. 学理分析

本案中，中国福建某公司的异议成立。

一般而言，一项仲裁协议应当具有以下基本内容：(1) 请求仲裁的意思表示。请求仲裁的意思表示是指当事人请求仲裁的意愿的外在表现。(2) 仲裁机构。仲裁分为临时仲裁和机构仲裁。由于我国不承认临时仲裁，故当事人如选择在中国仲裁，必须选择机构仲裁方式。(3) 仲裁事项。任何一项仲裁协议中都必须订明仲裁事项。

综合分析上述案例，中国国际经济贸易仲裁委员会裁定对本案无管辖权的做法是正确的：

首先，双方当事人订立的仲裁协议所选定的仲裁机构中国福建贸促会并不存在，并且双方当事人也并未达成关于仲裁机构的补充协议。根据我国《仲裁法》第 18 条的规定，仲裁协议对仲裁事项或者仲裁委员会没有约定或者约定不明确的，当事人可以补充协议；达不成补充协议的，仲裁协议无效。故中国福建某公司与意大利某公司达成的仲裁协议应属无效。

其次，既然仲裁协议无效，那么中国国际经济贸易仲裁委员会对此案就无管辖权，当事人可到有关的法院提起诉讼解决或者重新达成有效的仲裁协议。

5. 自测案例

1993 年欧洲某公司和中国某公司签订了一份钢筋买卖合同，合同中的仲裁条款如下：“在双方不能通过协商解决争议的情况下，该争议将被提交到瑞士苏黎世的国际贸易仲裁组织”。后双方发生争议，中国公司认为仲裁条款中的仲裁机构未明确指定，故而欧洲公司无权提交仲裁；而欧洲公司认为仲裁条款中的国际贸易仲裁组织就是苏黎世工商会仲裁委，因为苏黎世能够受理国际贸易仲裁案件的唯一组织就是苏黎世工商会仲裁委。[1]

问:苏黎世工商会仲裁委对该案是否有管辖权?

(二)仲裁规则的选择

一些国家的仲裁法或者仲裁机构的仲裁规则中,允许当事人就仲裁案件所适用的仲裁规则进行选择,以适应其各自的特殊要求,表现出了一定的灵活性;即便不能选择其他机构的仲裁规则,也允许其对规则在一定程度上加以修改。这就给了进行仲裁的当事人以相当的自由以适应其各自的要求。但是在进行选择时也必须注意其中隐含的风险,特别是一些无法实施的约定或与仲裁地强制性法律相抵触的约定最终很可能转化成风险。

1. 案情简介

中国某公司与美国某公司于2001年5月23日订立了一项食品出口合同。合同中的仲裁条款规定:如发生争议,经双方协商不能解决争议的,应提交国际商会国际仲裁院并按照中国国际经济贸易仲裁委员会仲裁规则仲裁。后由于质量问题双方不能协商一致,美国某公司于2002年3月14日向国际商会国际仲裁院提交仲裁申请,国际商会国际仲裁院认为,按照国际商会国际仲裁院仲裁规则的规定,如将争议提交国际商会国际仲裁院仲裁,则必须用国际商会国际仲裁院的仲裁规则。而双方达成的仲裁条款规定适用中国国际经济贸易仲裁委员会仲裁规则。因此,中国某公司与美国某公司达成的仲裁协议是有瑕疵的,属于无法实现的仲裁协议。故要求双方予以补正。中国某公司与美国某公司未达成补正协议。因此国际商会国际仲裁院拒绝受理该案。[2]

2. 思考方向

在解决国际商事争议中,仲裁越来越成为人们首选的争议解决方式。

---

① Bulletin of the Swiss Arbitration Association, 1996, No. 2 pp. 303—318; Yearbook Commercial Arbitration, 1997, pp. 211—212.

② 摘自王海英主编:《国际经济法案例教程》,北京大学出版社2005年版,第382页。

仲裁中,当事人又比较注意仲裁规则的适用,以期通过选择规则使自己在仲裁中处于有利的地位。但在实践中,当事人往往由于法律知识的欠缺和行为的疏忽等原因,导致订立的仲裁协议在意思表达或措辞上往往相互矛盾,使得这些仲裁协议存在这样或那样的瑕疵、缺陷,这些仲裁协议并非绝对无效,那应该如何补救呢?在上述案例中,中国公司与美国公司达成的仲裁协议是否有瑕疵,应当依照法律所规定的条件加以确定。

3. 法律规定

(1)《中华人民共和国仲裁法》

第5条 当事人达成仲裁协议,一方向人民法院起诉的,人民法院不予受理,但仲裁协议无效的除外。

第9条 裁决被人民法院依法裁定撤销或者不予执行的,当事人就该纠纷可以根据双方重新达成的仲裁协议申请仲裁,也可以向人民法院起诉。

第17条 有下列情形之一的,仲裁协议无效:

(一)约定的仲裁事项超出法律规定的仲裁范围的;

(二)无民事行为能力人或者限制民事行为能力人订立的仲裁协议;

(三)一方采取胁迫手段,迫使对方订立仲裁协议的。

第18条 仲裁协议对仲裁事项或者仲裁委员会没有约定或者约定不明确的,当事人可以补充协议;达不成补充协议的,仲裁协议无效。

第20条 当事人对仲裁协议的效力有异议的,可以请求仲裁委员会作出决定或者请求人民法院作出裁定。一方请求仲裁委员会作出决定,另一方请求人民法院作出裁定的,由人民法院裁定。

当事人对仲裁协议的效力有异议,应当在仲裁庭首次开庭前提出。

(2)《中国国际经济贸易仲裁委员会仲裁规则》

第4条 规则的适用

(一)本规则统一适用于仲裁委员会及其分会。在分会进行仲裁时,本规则规定由仲裁委员会主任和仲裁委员会秘书局或秘书长分别履行的职责,可以由仲裁委员会主任授权的副主任和仲裁委员会分会秘书处或秘书长分别履行,但关于仲裁员是否回避的决定权除外。

(二)凡当事人同意将争议提交仲裁委员会仲裁的,均视为同意按照本规则进行仲裁。当事人约定适用其他仲裁规则,或约定对本规则有关内容进行变更的,从其约定,但其约定无法实施或与仲裁地强制性法律规定相抵触者除外。

（三）凡当事人约定按照本规则进行仲裁但未约定仲裁机构的，均视为同意将争议提交仲裁委员会仲裁。

（四）当事人约定适用仲裁委员会制定的行业仲裁规则或专业仲裁规则且其争议属于该规则适用范围的，从其约定；否则，适用本规则。

(3)《最高人民法院关于同时选择两个仲裁机构的仲裁条款效力问题的函》(1996 年 12 月 12 日 法函[1996]176 号)

山东省高级人民法院：

你院鲁法经(1996)88 号“关于齐鲁制药厂诉美国安泰国际贸易公司合资合同纠纷一案中仲裁条款效力的审查报告”收悉。经研究，答复如下：本案当事人订立的合同仲裁条款约定“合同争议应提交中国国际贸易促进委员会对外经济贸易仲裁委员会，或瑞典斯德哥尔摩商会仲裁院仲裁”，该仲裁条款对仲裁机构的约定是明确的，亦是可以执行的。当事人只要选择约定的仲裁机构之一即可进行仲裁。根据《中华人民共和国民事诉讼法》第 111 条第 2 项之规定，本案纠纷应由当事人提交仲裁解决，人民法院对本案没有管辖权。

(4)《最高人民法院关于确认仲裁协议效力几个问题的批复》(1998 年 10 月 21 日最高人民法院审判委员会第 1029 次会议通过 法释[1998]27 号)

山东省高级人民法院：

你院鲁高法函[1997]84 号《关于认定重建仲裁机构前达成的仲裁协议的效力的几个问题的请示》收悉。经研究，答复如下：

一、在《中华人民共和国仲裁法》实施后重新组建仲裁机构前，当事人达成的仲裁协议只约定了仲裁地点，未约定仲裁机构，双方当事人在补充协议中选定了在该地点依法重新组建的仲裁机构的，仲裁协议有效；双方当事人达不成补充协议的，仲裁协议无效。

二、在仲裁法实施后依法重新组建仲裁机构前，当事人在仲裁协议中约定了仲裁机构，一方当事人申请仲裁，另一方当事人向人民法院起诉的，经人民法院审查，按照有关规定能够确定新的仲裁机构的，仲裁协议有效。对当事人的起诉，人民法院不予受理。

三、当事人对仲裁协议的效力有异议，一方当事人申请仲裁机构确认仲裁协议效力，另一方当事人请求人民法院确认仲裁协议无效，如果仲裁机构先于人民法院接受申请并已作出决定，人民法院不予受理；如果仲裁机构接受申请后尚未作出决定，人民法院应予受理，同时通知仲裁机构终止仲裁。

四、一方当事人就合同纠纷或者其他财产权益纠纷申请仲裁，另一方当事人对仲裁协议的效力有异议，请求人民法院确认仲裁协议无效并就合同纠纷或者其他财产权益纠纷起诉的，人民法院受理后应当通知仲裁机构中止仲裁。人民法院依法作出仲裁协议有效或者无效的裁定后，应当将裁定书副本送达仲裁机构，由仲裁机构根据人民法院的裁定恢复仲裁或者撤销仲裁案件。

人民法院依法对仲裁协议作出无效的裁定后，另一方当事人拒不应诉的，人民法院可以缺席判决；原受理仲裁申请的仲裁机构在人民法院确认仲裁协议无效后仍不撤销其仲裁案件的，不影响人民法院对案件的审理。

(5)《国际商会(ICC)国际仲裁庭仲裁规则》

ICC示范仲裁条款

ICC建议，所有希望将他们之间的合同争议提交ICC仲裁的当事人在合同中使用如下的示范仲裁条款："由于本合同引起的或与本合同有关的一切争议，均应由按照国际商会仲裁规则指定的1个和1个以上的仲裁员依照本规则作出最终裁决。"

在此还要提醒当事人的是：最好在仲裁条款中就支配合同的法律、仲裁员人数、仲裁地点和仲裁应当适用的语文等作出规定。ICC仲裁规则对当事人自由选择合同的适用法律、仲裁地点和仲裁适用的语文不予限制。

还应提请注意的是：一些国家的法律要求合同当事人明示接受仲裁条款，有时应当采用特定的和明确的方式。

第1条 国际仲裁院

国际商会(ICC)国际仲裁院(以下简称仲裁院)是附属于ICC的仲裁机构。仲裁院的规章规定在附件一中，仲裁院的成员由ICC理事会任命。仲裁院的作用是依照ICC仲裁规则通过仲裁方式解决国际商事争议。如经仲裁协议授权，本仲裁院也可依照本规则通过仲裁方式解决不具有国际性质的商事争议。

仲裁院本身不负责争议的解决，其职能是保障本规则的适用。本院制定有内部规章。

4. 学理分析

本案中，中国某公司与美国某公司达成的仲裁协议是有瑕疵的。

实践中出现的瑕疵仲裁协议一般包括以下几种：(1) 相互矛盾的仲裁协议。(2) 选择两个或两个以上仲裁机构的仲裁协议。(3) 无法实现的仲裁协议。(4) 指定的仲裁机构不存在或指定的仲裁机构名称不准确的仲裁协议。这是实践中较普遍和常见的有瑕疵的仲裁协议。

瑕疵仲裁协议或经当事人补正而有效,或自始无效。

综合分析上述案例,国际商会国际仲裁院的做法是符合法律规定的:

首先,中国某公司与美国某公司达成的仲裁条款规定将争议提交国际商会国际仲裁院并按照中国国际经济贸易仲裁委员会仲裁规则仲裁。但是按照国际商会国际仲裁院仲裁规则的规定,如将争议提交国际商会国际仲裁院仲裁,则必须适用国际商会国际仲裁院的仲裁规则。因此,中国某公司与美国某公司达成的仲裁协议是有瑕疵的,属于无法实现的仲裁协议。

其次,如果中国某公司和美国某公司双方对该仲裁协议进行补正,则仍可成为有效的仲裁协议。如若不补正,那么仲裁协议将无效。在本案中双方当事人并未最终达成补正协议,故国际商会国际仲裁院拒绝受理该案是正确的。

5. 自测案例

中国某公司与意大利某公司于2001年5月订立一项金属进口合同。合同规定:在合同履行过程中如果发生争议,双方应协商解决,协商不成,可提交中国国际经济贸易仲裁委员会上海分会仲裁,如对仲裁不服,可向中国国际经济贸易仲裁委员会北京总会再次仲裁,如对中国国际经济贸易仲裁委员会北京总会的裁决不服,将争议提交法院诉讼解决。①

问:(1) 仲裁协议中的约定是否有瑕疵?

(2) 该仲裁协议能否补正?

(三) 仲裁庭的组成

组成仲裁庭的仲裁员必须具备一定的资格,通常要求的必备条件包括具备完全民事行为能力;具备专业资格、能力;品德高尚、公正无私等,而其中较为重要的就是必须独立于特定的案件,也就是说与案件无利害关系,否则当事人可以对该仲裁员向仲裁庭申请回避。

---

① 摘自王海英主编:《国际经济法案例教程》,北京大学出版社2005年版,第387页。

1. 案情简介

中国河北某公司与俄罗斯某公司订立了一项服装出口合同，后双方发生争议提起仲裁。最后一次仲裁开庭审理后，俄罗斯某公司向仲裁委员会提交了仲裁员A和首席仲裁员回避的申请，俄罗斯公司称：在庭审中，俄罗斯某公司的仲裁代理人发言多次被中国河北某公司选定的仲裁员或首席仲裁员制止，而中国某公司的仲裁代理人发言时，首席仲裁员和仲裁员A并不制止。因此要求首席仲裁员和仲裁员A依法回避。仲裁委员会认为俄罗斯某公司不能提供法律规定的仲裁员必须回避的情形的证据，故首席仲裁员和仲裁员A在本案中不回避。①

2. 思考方向

仲裁员是仲裁案件的审理者，仲裁员应该独立公正地审理案件，不代表任何一方的利益，不偏袒任何一方，不受行政干预或来自其他方面的干扰。因此为保证仲裁的公正，当回避的事由出现时，仲裁员必须回避。在上述案例中，首席仲裁员和仲裁员A是否需要回避，应看其是否符合法律规定的仲裁员回避条件而加以确定。

3. 法律规定

(1)《中华人民共和国仲裁法》

第34条 仲裁员有下列情形之一的，必须回避，当事人也有权提出回避申请：

(一) 是本案当事人或者当事人、代理人的近亲属；

(二) 与本案有利害关系；

(三) 与本案当事人、代理人有其他关系，可能影响公正仲裁的；

(四) 私自会见当事人、代理人；或者接受当事人、代理人的请客送礼的。

---

① 摘自王海英主编：《国际经济法案例教程》，北京大学出版社2005年版，第363页。

第 35 条 当事人提出回避申请，应当说明理由，在首次开庭前提出。回避事由在首次开庭后知道的，可以在最后一次开庭终结前提出。

第 36 条 仲裁员是否回避，由仲裁委员会主任决定；仲裁委员会主任担任仲裁员时，由仲裁委员会集体决定。

第 37 条 仲裁员因回避或者其他原因不能履行职责的，应当依照本法规定重新选定或者指定仲裁员。

因回避而重新选定或者指定仲裁员后，当事人可以请求已进行的仲裁程序重新进行，是否准许，由仲裁庭决定；仲裁庭也可以自行决定已进行的仲裁程序是否重新进行。

第 38 条 仲裁员有本法第 34 条第 4 项规定的情形，情节严重的，或者有本法第 58 条第 6 项规定的情形的，应当依法承担法律责任，仲裁委员会应当将其除名。

(2)《中国国际经济贸易仲裁委员会仲裁规则》

第 25 条 披露

（一）被选定或者被指定的仲裁员应签署声明书，向仲裁委员会书面披露可能引起对其公正性和独立性产生合理怀疑的任何事实或情况。

（二）在仲裁过程中出现应当披露情形的，仲裁员应当立即书面向仲裁委员会披露。

（三）仲裁委员会将仲裁员的声明书及/或披露的信息转交各方当事人。

第 26 条 仲裁员的回避

（一）当事人收到仲裁委员会转交的仲裁员的声明书及/或书面披露后，如果以仲裁员披露的事实或情况为理由要求该仲裁员回避，则应于收到仲裁员的书面披露后 10 天内向仲裁委员会书面提出。逾期没有申请回避的，不得以仲裁员曾经披露的事项为由申请该仲裁员回避。

（二）当事人对被选定或者被指定的仲裁员的公正性和独立性产生具有正当理由的怀疑时，可以书面向仲裁委员会提出要求该仲裁员回避的请求，但应说明提出回避请求所依据的具体事实和理由，并举证。

（三）对仲裁员的回避请求应在收到组庭通知之日起 15 天内以书面形式提出；如果要求回避事由的得知是在此之后，则可以在得知回避事由后 15 天内提出，但不应迟于最后一次开庭终结。

（四）仲裁委员会应当立即将当事人的回避申请转交另一方当事人、被提请回避的仲裁员及仲裁庭其他成员。

（五）如果一方当事人申请回避，另一方当事人同意回避申请，或者被申请回避的仲裁员主动提出不再担任该仲裁案件的仲裁员，则该仲裁员不再担任仲裁员审理本案。上述情形并不表示当事人提出回避的理由成立。

（六）除上述第（五）款规定的情形外，仲裁员是否回避，由仲裁委员会主任作出终局决定并可以不说明理由。

（七）在仲裁委员会主任就仲裁员是否回避作出决定前，被请求回避的仲裁员应当继续履行职责。

第27条 替换仲裁员

（一）仲裁员在法律上或事实上不能履行其职责，或者没有按照本规则的要求或在规则规定的期限内履行应尽职责时，仲裁委员会主任有权自行决定将其更换；该仲裁员也可以主动申请不再担任仲裁员。

（二）仲裁员因死亡、除名、回避或者由于自动退出等其他原因不能履行职责时，应按照原选定或者指定该仲裁员的程序，在仲裁委员会规定的期限内选定或者指定替代的仲裁员。

（三）替代的仲裁员选定或者指定后，由仲裁庭决定以前进行过的全部或部分审理是否需要重新进行。

（四）是否替换仲裁员，由仲裁委员会主任作出终局决定并可以不说明理由。

(3)《联合国国际贸易法委员会仲裁规则》

第10条 一、对任何仲裁员的公正性或独立性有理由可以怀疑时，得提出异议。

二、当事人对自己所任命的仲裁员，只能根据在任命后所知的理由，提出异议。

(4)《国际商会国际仲裁院仲裁规则》

第11条 请求仲裁员回避

(1) 请求某仲裁员回避，无论由于缺乏独立性，或者由于其他原因，应当以书面形式向秘书处提出，对请求回避所依据的事实与理由。

(2) 为了使回避请求得以接受，当事人必须自收到对该仲裁员的指定或者确认的通知之日起30日内提出，如果请求回避的一方当事人在收到指定或者确认该仲裁员的通知后得知请求回避所依据的事实，则应在得知此项事实之日后30日内提出。

(3) 仲裁院应当在秘书处给予有关仲裁员、另一方当事人和仲裁庭其他成员在适当的时间内发表评论后就此项回避请求的可接受性，如必要的话，同时就请求回避的实体问题作出决定，此项评论应当告知当事各方和仲裁员。

4. 学理分析

在本案中，仲裁委员会的决定是正确的。

根据我国《仲裁法》的规定，仲裁员的回避有严格的条件限制。这些条件包括：(1) 是本案当事人或者当事人、代理人的近亲属。(2) 与本案有利害关系。(3) 与本案当事人、代理人有其他关系，可能影响公正仲裁的。(4) 私自会见当事人、代理人，或者接受当事人、代理人的请客送礼的。

综合分析上述案例，俄罗斯某公司的申请存在以下问题：

首先，俄罗斯某公司认为在庭审中，俄罗斯公司的仲裁代理人发言多次被中国河北公司选定的仲裁员或首席仲裁员制止，而中国公司的仲裁代理人发言时，首席仲裁员和仲裁员 A 并不制止。此种情况并不属于《仲裁法》规定的四种情况之一，这种请求仲裁委员会是不会接受的。因为在仲裁中，为确保仲裁的效率，仲裁庭有权在给予当事人充分陈述机会的前提下对庭审的进行加以适当的掌控。

其次，对仲裁员的回避请求应在第一次开庭之前以书面形式提出；如果要求回避事由的发生和得知是在第一次开庭审理之后，则可以在最后一次开庭终结之前提出。而俄罗斯某公司是在最后一次仲裁开庭审理后才提出申请，时间已经超过法律规定的期限，故不能有效成立。

5. 自测案例

中国某公司与英国某公司订立了一项鸡肉出口合同。合同规定："凡因执行本合同或与本合同有关事宜所发生的一切争议，应由双方当事人通过友好协商的方式解决，如不能取得协议时，双方同意将争议提交中国国际经济贸易仲裁委员会仲裁，双方当事人各选定一名仲裁员，首席仲裁员由仲裁委员会指定"。在仲裁结束后案件的执行过程中，英国某公司才发现并有证据证明首席仲裁员与中国某公司有债权债务关系，并且中国某公司多次宴请首席仲裁员及其他两位仲裁员。因此向仲裁委员会提出回避申请并要求确认仲裁裁决无效。①

---

① 摘自王海英主编：《国际经济法案例教程》，北京大学出版社 2005 年版，第 367 页。

问:(1) 英国某公司在案件执行中,提出回避申请是否有效?
(2) 本仲裁裁决的效力如何?是否需要重新仲裁?

(四) 法律适用与仲裁地的选择

所谓仲裁地点是仲裁机构和争议双方当事人进行仲裁程序和作出仲裁裁决的地点。它具有以下重要作用:(1) 仲裁地点对仲裁适用的程序法甚至仲裁案件适用的实体法均具有重要影响;(2) 仲裁地点在承认和执行外国仲裁裁决上居于重要地位;(3) 仲裁程序进行地或者裁决作出地国法院享有撤销仲裁裁决的效力;(4) 仲裁地点决定仲裁费用和其他开支的高低;(5) 仲裁地点决定了仲裁所适用的正式语文。

1. 案例简介

意大利某公司与英国某公司于1998年签订了一项汽车配件买卖合同。合同规定:如双方发生争议,应将争议提交中国国际经济贸易仲裁委员会进行仲裁。但未明确约定适用何种仲裁规则。1999年意大利某公司将争议提交了中国国际经济贸易仲裁委员会仲裁。英国某公司认为应当适用联合国国际贸易法委员会仲裁规则,意大利某公司提出双方并未达成适用何种仲裁规则的约定,故应当按照仲裁地点即中国的中国国际经济贸易仲裁委员会仲裁规则。中国国际经济贸易仲裁委员会按照中国国际经济贸易仲裁委员会仲裁规则进行审理并作出裁决。①

2. 思考方向

在国际商事仲裁中,仲裁地点对双方当事人来说非常重要,仲裁地点对仲裁的审理活动及仲裁裁决的结果都具有举足轻重的作用。在上述案例中,中国国际经济贸易仲裁委员会按照中国国际经济贸易仲裁委员会仲裁规则进行审理并作出裁决是否符合法律规定,应当依有关的法律规定加以确定。

---

① 摘自王海英主编:《国际经济法案例教程》,北京大学出版社2005年版,第359页。

3. 法律规定

(1)《中华人民共和国仲裁法》

第58条　当事人提出证据证明裁决有下列情形之一的，可以向仲裁委员会所在地的中级人民法院申请撤销裁决：

（一）没有仲裁协议的；

（二）裁决的事项不属于仲裁协议的范围或者仲裁委员会无权仲裁的；

（三）仲裁庭的组成或者仲裁的程序违反法定程序的；

（四）裁决所根据的证据是伪造的；

（五）对方当事人隐瞒了足以影响公正裁决的证据的；

（六）仲裁员在仲裁该案时有索贿受贿、徇私舞弊、枉法裁决行为的。

(2)《中国国际经济贸易仲裁委员会仲裁规则》

第4条　规则的适用

（二）凡当事人同意将争议提交仲裁委员会仲裁的，均视为同意按照本规则进行仲裁。当事人约定适用其他仲裁规则，或约定对本规则有关内容进行变更的，从其约定，但其约定无法实施或与仲裁地强制性法律规定相抵触者除外。

（三）凡当事人约定按照本规则进行仲裁但未约定仲裁机构的，均视为同意将争议提交仲裁委员会仲裁。

第17条　财产保全

当事人申请财产保全的，仲裁委员会应当将当事人的申请转交被申请财产保全的当事人住所地或其财产所在地有管辖权的法院作出裁定。

第18条　证据保全

当事人申请证据保全的，仲裁委员会应当将当事人的申请转交证据所在地有管辖权的法院作出裁定。

第31条　仲裁地

（一）双方当事人书面约定仲裁地的，从其约定。

（二）如果当事人对仲裁地未作约定，仲裁委员会或其分会所在地为仲裁地。

（三）仲裁裁决应视为在仲裁地作出。

第49条　裁决的履行

（一）当事人应当依照裁决书写明的期限履行仲裁裁决；裁决书未写明履行期限的，应当立即履行。

（二）一方当事人不履行裁决的，另一方当事人可以根据中国法律的规定，向有管辖权的中国法院申请执行；或者根据1958年联合国《承认及执行外国仲裁裁决公约》或者中国缔结或参加的其他国际条约，向有管辖权的法院申请执行。

第67条 仲裁语言

（一）当事人约定了仲裁语言的，从其约定。当事人没有约定的，仲裁程序以中文为正式语言。

（二）仲裁庭开庭时，如果当事人或其代理人、证人需要语言翻译，可以由仲裁委员会秘书局或其分会秘书处提供译员，也可以由当事人自行提供译员。

（三）当事人提交的各种文书和证明材料，仲裁庭及/或仲裁委员会秘书局或其分会秘书处认为必要时，可以要求当事人提供相应的中文译本或其他语言译本。

（3）《承认及执行外国仲裁裁决公约》第3条 各缔约国应承认仲裁裁决具有拘束力，并依援引裁决地之程序规则及下列各条所载条件执行之。承认或执行使用本公约之仲裁裁决时，不得较承认或执行内国仲裁裁决附加过苛之条件或征收过多之费用。

第5条 ……倘申请承认及执行地所在国之主管机关认定有下列情形之一，亦得拒不承认及执行仲裁裁决：

（甲）依该国法律，争议事项系不能以仲裁解决者；

（乙）承认或执行裁决有违该国公共政策者。

（4）《联合国国际贸易法委员会仲裁规则》

第1条 适用范围

（1）凡契约当事人各方间已书面协议，有关该契约的争议应根据《联合国国际贸易法委员会仲裁规则》提交仲裁，则该争议应按照本规则处理。但以当事人各方用书面协议的方式对规则所作出的修改为准。

（2）本规则应管辖仲裁，但如本规则任何条款同适用于仲裁而为当事人各方所不能背离的法律规定相抵触时，则该规定应优先适用。

（5）《国际商事仲裁示范法》

第28条 适用于争议实体的规则

（1）仲裁庭应按照当事各方选定的适用于争议实体的法律规则对争议作出决定。除非另有表明，否则规定适用某一国的法律或法律制度应认为是直接指该国的实体法而不是指该国的法律冲突规则。

(2) 如当事各方没有任何规定,仲裁庭应适用它认为可以适用的法律冲突规则所确定的法律。

(3) 在一切情形下,仲裁庭均应按照合同的条款作出决定,并应考虑到适用于该项交易的贸易习惯。

(4) 仲裁庭只有在当事各方明确授权的情况下,才应按照公平合理的原则或作为友好调解人作出决定。

(6)《国际商会国际仲裁院仲裁规则》

第15条　支配程序的规则

仲裁庭进行的程序受本规则支配。本规则无规定时,适用当事人约定的规则;如无此约定,适用仲裁庭确定的规则,无论是否提及仲裁应当适用的某一国家的法律中的程序规则。

4. 学理分析

本案中,中国国际经济贸易仲裁委员会按照中国国际经济贸易仲裁委员会仲裁规则进行审理并作出裁决符合法律规定。

在国际商事仲裁中,仲裁地点不只是一个地理上或行政管理上的简单问题,它具有重要的意义。(1) 仲裁地点对仲裁适用的程序法、实体法均具有重要影响。(2) 仲裁地或者仲裁裁决作出国是仲裁裁决的国籍国,因此,在承认和执行外国仲裁裁决上居于重要地位。(3) 仲裁地点决定了仲裁所适用的正式语文。所以在国际商事仲裁中,当事人一般均力求选在自己的母语国家仲裁。

综合分析上述案例,中国国际经济贸易仲裁委员会按照中国国际经济贸易仲裁委员会仲裁规则进行审理并作出裁决是正确的:

英国某公司认为应当适用联合国国际贸易法委员会仲裁规则,但是其没有与意大利某公司达成适用何仲裁规则的协议。而在当事人没有达成适用何仲裁规则的情况下,按照仲裁程序适用仲裁地点程序规则原则。因此,中国国际经济贸易仲裁委员会按照中国国际经济贸易仲裁委员会仲裁规则进行审理是正确的。

5. 自测案例

2002年中国云南某公司与美国某公司订立一项旅游产品出口合同。双方订立的合同仲裁条款约定“合同争议应提交中国国际经济贸易仲裁委员会,或瑞典斯德哥尔摩商会仲裁院仲裁”,后双方发生争议,中国云南某公司将争议提交中国国际经济贸易仲裁委员会仲裁，美国某公司提出异议，认为双方达成的仲裁条款并未指明仲裁地点就是中国国际经济贸易仲裁委员会，该仲裁条款对仲裁机构的约定是不明确的，因此主张仲裁条款无效。后美国某公司据此向法院提起诉讼。①

问：(1) 美国某公司的异议是否成立？

(2) 法院能否受理该案？

（五）仲裁裁决

仲裁裁决的法律效力是指一项有效的仲裁裁决，对仲裁当事人、仲裁机构及法院等机构和个人所具有的法律效力。具体体现在以下几点：(1) 既判力；(2) 预决力；(3) 执行力；(4) 程序终结力。

1. 案情简介

中国西安某公司与俄罗斯某公司订立了一项食品出口合同。双方在合同中订有仲裁条款：如发生争议，将争议提交中国国际经济贸易仲裁委员会仲裁。后由于产品质量问题，双方协商不成，俄罗斯某公司向中国国际经济贸易仲裁委员会提请仲裁，中国国际经济贸易仲裁委员会裁定中国西安某公司赔偿俄罗斯某公司60万美元。裁决生效后，中国西安某公司拒不履行，并向西安中级人民法院提起诉讼，要求法院对该案再次审理。②

2. 思考方向

如果仲裁裁决不具有法律效力，那么当事人将争议提交仲裁的意愿就将落空。而且，仲裁裁决具有什么样的法律效力，直接影响到当事人的切身利益，也涉及仲裁机构和法院对其的积极或消极态度。在上述案例中，中国西安中级人民法院能否对该案再次进行审理，涉及有效仲裁裁决的法律效力问题。

---

① 摘自王海英主编：《国际经济法案例教程》，北京大学出版社2005年版，第363页。

② 同上书，第392页。

3. 法律规定

(1)《中华人民共和国仲裁法》

第9条 仲裁实行一裁终局的制度。裁决作出后,当事人就同一纠纷再申请仲裁或者向人民法院起诉的,仲裁委员会或者人民法院不予受理。

第52条 调解书经双方当事人签收后,即发生法律效力。

第57条 裁决书自作出之日起发生法律效力。

第58条 当事人提出证据证明裁决有下列情形之一的,可以向仲裁委员会所在地的中级人民法院申请撤销裁决:

(一)没有仲裁协议的;

(二)裁决的事项不属于仲裁协议的范围或者仲裁委员会无权仲裁的;

(三)仲裁庭的组成或者仲裁的程序违反法定程序的;

(四)裁决所根据的证据是伪造的;

(五)对方当事人隐瞒了足以影响公正裁决的证据的;

(六)仲裁员在仲裁该案时有索贿受贿、徇私舞弊、枉法裁决行为的。

人民法院经组成合议庭审查核实裁决有前款规定情形之一的,应当裁定撤销。

人民法院认定该裁决违背社会公共利益的,应当裁定撤销。

第59条 当事人申请撤销裁决的,应当自收到裁决书之日起6个月内提出。

第60条 人民法院应当在受理撤销裁决申请之日起2个月内作出撤销裁决或者驳回申请的裁定。

第61条 人民法院受理撤销裁决的申请后,认为可以由仲裁庭重新仲裁的,通知仲裁庭在一定期限内重新仲裁,并裁定中止撤销程序。仲裁庭拒绝重新仲裁的,人民法院应当裁定恢复撤销程序。

第62条 当事人应当履行裁决。一方当事人不履行的,另一方当事人可以依照民事诉讼法的有关规定向人民法院申请执行。受申请的人民法院应当执行。

第63条 被申请人提出证据证明裁决有民事诉讼法第217条第2款规定的情形之一的,经人民法院组成合议庭审查核实,裁定不予执行。

第64条 一方当事人申请执行裁决,另一方当事人申请撤销裁决的,人民法院应当裁定中止执行。

人民法院裁定撤销裁决的,应当裁定终结执行。撤销裁决的申请被裁定驳回的,人民法院应当裁定恢复执行。

第70条 当事人提出证据证明涉外仲裁裁决有民事诉讼法第260条第1款规定的情形之一的,经人民法院组成合议庭审查核实,裁定撤销。

第71条 被申请人提出证据证明涉外仲裁裁决有民事诉讼法第260条第1款规定的情形之一的,经人民法院组成合议庭审查核实,裁定不予执行。

第72条 涉外仲裁委员会作出的发生法律效力的仲裁裁决,当事人请求执行的,如果被执行人或者其财产不在中华人民共和国领域内,应当由当事人直接向有管辖权的外国法院申请承认和执行。

(2)《中国国际经济贸易仲裁委员会仲裁规则》

第43条 裁决的作出 (七) 作出裁决书的日期,即为裁决发生法律效力的日期。

(八) 裁决是终局的,对双方当事人均有约束力。任何一方当事人均不得向法院起诉,也不得向其他任何机构提出变更仲裁裁决的请求。

第49条 裁决的履行

(一) 当事人应当依照裁决书写明的期限履行仲裁裁决;裁决书未写明履行期限的,应当立即履行。

(二) 一方当事人不履行裁决的,另一方当事人可以根据中国法律的规定,向有管辖权的中国法院申请执行;或者根据1958年联合国《承认及执行外国仲裁裁决公约》或者中国缔结或参加的其他国际条约,向有管辖权的法院申请执行。

(3)《中华人民共和国民事诉讼法》

第257条 经中华人民共和国涉外仲裁机构裁决的,当事人不得向人民法院起诉。一方当事人不履行仲裁裁决的,对方当事人可以向被申请人住所地或者财产所在地的中级人民法院申请执行。

第258条 对中华人民共和国涉外仲裁机构作出的裁决,被申请人提出证据证明仲裁裁决有下列情形之一的,经人民法院组成合议庭审查核实,裁定不予执行;

(一) 当事人在合同中没有订有仲裁条款或者事后没有达成书面仲裁协议的;

(二) 被申请人没有得到指定仲裁员或者进行仲裁程序的通知,或者由于其他不属于被申请人负责的原因未能陈述意见的;

(三) 仲裁庭的组成或者仲裁的程序与仲裁规则不符的;

(四) 裁决的事项不属于仲裁协议的范围或者仲裁机构无权仲裁的。

人民法院认定执行该裁决违背社会公共利益的，裁定不予执行。

(4)《国际商会国际仲裁院仲裁规则》

第28条　仲裁裁决的通知、交存和执行……

(6) 裁决对当事各方具有法律上的拘束力，将争议据此规则提交仲裁，当事各方即承担了毫不迟延的执行裁决的义务，并被视为在可以有效放弃的范围内放弃对裁决进行上诉的权利。

(5)《承认及执行外国仲裁裁决公约》第1条　仲裁裁决，因自然人或法人间之争议而产生且在申请承认及执行地所在国以外之国家领土内做成者，其承认及执行适用本公约。本公约对于仲裁裁决经申请承认及执行地所在国认为非内国裁决者，亦适用之。

4. 学理分析

本案中，中国西安某公司拒不执行有效仲裁裁决并向法院提起诉讼是不符合法律规定的。

根据我国《仲裁法》的规定，一项有效的仲裁裁决具有以下法律效力：(1) 既判力。仲裁裁决的既判力是指仲裁裁决生效后对当事人、仲裁机构和法院所形成的必须受制于决断内容的效力。它包括以下几个方面的内容：一是排他性。排他性是指仲裁裁决生效后，法院和其他机构不得受理已由该裁决解决的争议，当事人也不得就该争议重新提请仲裁或诉讼。二是稳定性。稳定性是指仲裁裁决生效后，仲裁机构不得变更、废除该裁决。但是，对已经生效的仲裁裁决的补充、更正和解释，不认为是对仲裁裁决稳定性的否定。(2) 预决力。所谓预决力，是指生效仲裁裁决所确认的事实或法律关系，仲裁机构和法院在处理其他相关纠纷时，不得进行争执或重新审理，不得作出与其相互矛盾的认定和决定。(3) 执行力。所谓执行力应当包括作为履行根据的效力和作为强制执行根据的效力两个方面。(4) 程序终结力。所谓程序终结力是指仲裁裁决生效后，仲裁庭和仲裁员的权力即告终结，仲裁程序也告终结。仲裁裁决的程序终结力有以下内容：第一，当事人双方在纠纷发生前或纠纷发生后以仲裁协议的方式授予仲裁机构和仲裁员仲裁该纠纷的权力结束；第二，仲裁程序的各阶段已经履行完毕，仲裁程序终结。

综合分析上述案例：

中国西安某公司在以下几点不符合法律规定：

首先，中国国际经济贸易仲裁委员会依法作出的仲裁裁决并无可撤销和不予执行的情形,因此此仲裁裁决合法有效,具有一项有效的仲裁裁决所应具有的一切法律效力。中国西安某公司应主动执行该仲裁裁决。

其次,根据既判力原则,中国公司和俄罗斯公司在合同中达成了仲裁条款,俄罗斯公司根据仲裁条款提起仲裁,那么在仲裁机构作出的仲裁裁决生效后,当事人就不得就该争议再提起诉讼或仲裁,法院和其他机构也不得受理已由仲裁裁决解决的争议。也就是说仲裁裁决一旦生效,法院和仲裁机构就不得受理同一事项的争议,也不得变更仲裁裁决的内容,当事人需受仲裁裁决的约束,应当积极履行该仲裁裁决。而不应再试图向法院提起诉讼。

5. 自测案例

中国某公司与美国某公司因钢铁买卖合同争议提请瑞典斯德哥尔摩商会仲裁院仲裁,仲裁庭裁定中国某公司应赔偿美国公司957万美元。中国某公司拒不履行该裁决。美国某公司向中国某公司所在地的中级人民法院提请执行该仲裁裁决,该中级人民法院以该裁决涉案金额巨大,影响当地经济发展为由不予执行该裁决。[①]

问:中国某公司所在地的中级人民法院不予执行该裁决是否正确?

二、国际商事仲裁裁决的承认与执行

仲裁裁决的承认是指法院对仲裁机构作出的有效仲裁裁决予以承认,并赋予其强制执行力。仲裁裁决的执行是指法院在承认仲裁裁决的基础上,通过国家强制力,使已经发生法律效力的仲裁裁决得以实施。当法院在接受一项承认及执行外国仲裁裁决的申请时,可能不予承认和执行。而不予承认和执行国际商事仲裁裁决的理由包括以下几种:(1) 仲裁协议无效;(2) 仲裁违反正当程序;(3) 仲裁超越仲裁权限;(4) 仲裁庭的组成或仲裁程序不当;(5) 裁决不具有约束力或裁决被撤销或停止执行;(6) 争议事项的不可仲裁性;(7) 违背被申请承认和执行国的公共政策。

---

① 摘自王海英主编:《国际经济法案例教程》,北京大学出版社2005年版,第396页。

（一）案情简介

济南永宁公司与外方合资设立海慕法姆制药有限公司，合资协议约定：凡因执行本合同所发生的或与本合同有关的一切争议，双方应通过友好协商解决；如果协商不能解决，应提交巴黎国际商会仲裁院，根据该会的仲裁程序暂行规则进行仲裁。后永宁公司向济南中院起诉该合资公司，要求给付租金并返回部分租赁财产，并为保全财产而查封了合资公司的部分资产，外国合资方因此向巴黎国际商会申请仲裁，认为永宁公司提起之诉讼和申请财产保全，导致合资企业最终不能维持正常运营和合资公司价值的实质性降低。仲裁庭认为被申请人的诉讼和财产保全直接并最终导致合资公司终止运营及关闭。最终裁决永宁公司向申请人支付损害赔偿金、诉讼费用和仲裁费用。济南永宁公司向法院申请不予承认和撤销该仲裁裁决。最终该仲裁裁决被裁定不予承认和执行。①

（二）思考方向

由于国际商事仲裁裁决既涉及双方当事人的利益，也涉及当事人所在国的利益以及仲裁机构的权威性，因此，法律对不予承认和执行国际商事仲裁裁决规定了一定的条件。只有在具备不予承认和执行国际商事仲裁裁决的理由的情况下，法院才能不予承认和执行外国仲裁裁决。在上述案例中，永宁公司的主张是否能够成立，应当看其是否符合不予承认和执行国际商事仲裁裁决的理由。

（三）法律规定

（1）《中华人民共和国仲裁法》

第 41 条 仲裁委员会应当在仲裁规则规定的期限内将开庭日期通知双方当事人。当事人有正当理由的，可以在仲裁规则规定的期限内请求延期开庭。是否延期，由仲裁庭决定。

① http://www.cnarb.com/news/sfdt/200811/7441.html，2009 年 1 月 2 日访问。

第42条 被申请人经书面通知,无正当理由不到庭或者未经仲裁庭许可中途退庭的,可以缺席裁决。

第58条 当事人提出证据证明裁决有下列情形之一的,可以向仲裁委员会所在地的中级人民法院申请撤销裁决:

(一)没有仲裁协议的;

(二)裁决的事项不属于仲裁协议的范围或者仲裁委员会无权仲裁的;

(三)仲裁庭的组成或者仲裁的程序违反法定程序的;

(四)裁决所根据的证据是伪造的;

(五)对方当事人隐瞒了足以影响公正裁决的证据的;

(六)仲裁员在仲裁该案时有索贿受贿、徇私舞弊、枉法裁决行为的。

人民法院经组成合议庭审查核实裁决有前款规定情形之一的,应当裁定撤销。

人民法院认定该裁决违背社会公共利益的,应当裁定撤销。

第63条 被申请人提出证据证明裁决有民事诉讼法第217条第2款规定的情形之一的,经人民法院组成合议庭审查核实,裁定不予执行。

第70条 当事人提出证据证明涉外仲裁裁决有民事诉讼法第260条第1款规定的情形之一的,经人民法院组成合议庭审查核实,裁定不予执行。

(2)《中华人民共和国民事诉讼法》

第213条 被申请人提出证据证明仲裁裁决有下列情形之一的,经人民法院组成合议庭审查核实,裁定不予执行:

(一)当事人在合同中没有订有仲裁条款或者事后没有达成书面仲裁协议的;

(二)裁决的事项不属于仲裁协议的范围或者仲裁机构无权仲裁的;

(三)仲裁庭的组成或者仲裁的程序违反法定程序的;

(四)认定事实的主要证据不足的;

(五)适用法律确有错误的;

(六)仲裁员在仲裁该案时有贪污受贿、徇私舞弊、枉法裁决行为的。

人民法院认定执行该裁定违背社会公共利益的,裁定不予执行。

第258条 对中华人民共和国涉外仲裁机构作出的裁决,被申请人提出证据证明仲裁裁决有下列情形之一的,经人民法院组成合议庭审查核实,裁定不予执行:

(一)当事人在合同中没有订有仲裁条款或者事后没有达成书面仲裁协议的;

（二）被申请人没有得到指定仲裁员或者进行仲裁程序的通知，或者由于其他不属于被申请人负责的原因未能陈述意见的；

（三）仲裁庭的组成或者仲裁的程序与仲裁规则不符的；

（四）裁决的事项不属于仲裁协议的范围或者仲裁机构无权仲裁的。

(3)《承认及执行外国仲裁裁决公约》

第5条

一、裁决唯有于受裁决援用之一方向申请承认及执行地之主管机关提出证据证明有下列情形之一时，始得以该方之请求，不予承认及执行：

（甲）第二条所称协定之当事人依对其适用之法律有某种无行为能力情形者，或该项协定依当事人作为协定准据之法律系属无效，或未指明以何法律为准时，依裁决地所在国法律系属无效者；

（乙）受裁决援用之一方未接获关于指派仲裁员或仲裁程序之适当通知，或因他故，致未能申辩者；

（丙）裁决所处理之争议非为交付仲裁之标的或不在其条款之列，或裁决载有关于交付仲裁范围以外事项之决定者，但交付仲裁事项之决定可与未交付仲裁之事项划分时，裁决中关于交付仲裁事项之决定部分得予承认及执行；

（丁）仲裁机关之组成或仲裁程序与各方间之协议不符，或无协议而与仲裁地所在国法律不符者；

（戊）裁决对各方尚无拘束力，或业经裁决地所在国或裁决所依据法律之国家之主管机关撤销或停止执行者。

二、倘申请承认及执行地所在国之主管机关认定有下列情形之一，亦得拒不承认及执行仲裁裁决：

（甲）依该国法律，争议事项系不能以仲裁解决者；

（乙）承认及执行裁决有违该国公共政策者。

（四）学理分析

根据《纽约公约》的规定，不予承认和执行国际商事仲裁裁决的理由包括以下几种：(1) 仲裁协议无效。(2) 仲裁违反正当程序。表现在以下两个方面：一是未给予适当通知。二是未能提出申辩。(3) 仲裁员超越仲裁权限。(4) 仲裁庭的组成或仲裁程序不当。(5) 裁决不具有约束力或裁决被撤销或停止执行。(6) 争议事项的不可仲裁性。(7) 违背被申请承认和执行国的公共政策。在国际商事仲裁实践中，有三项理由经常以公共政策的方式被提出。一是仲裁员不公正;二是仲裁裁决中未附具理由;三是裁决的实质性问题。

综合分析上述案例,永宁公司提出的主张符合法律规定的不予承认和执行国际商事仲裁裁决的理由。

首先,该仲裁裁决所处理的争议超出了仲裁协议约定的范围。合资合同的签约主体是中外投资者,合同中的仲裁条款仅能约束投资双方,而永宁公司与合资公司的争议,不可能受仲裁条款的约束。而在巴黎国际商会的仲裁中,仲裁庭对永宁公司与合资公司之间的租赁关系进行了审理和认定,甚至对永宁公司与合资公司之间在中国法院进行诉讼的诉讼费用负担问题都进行了裁决。

其次,承认及执行该仲裁裁决违反我国的公共政策。仲裁庭对人民法院受理永宁公司的财产保全申请并采取财产保全措施的合法性进行裁决,并裁决人民法院已经作出的对永宁公司与合资公司之间土地租赁诉讼的判决,侵犯了中国的司法主权和中国法院的管辖权。这不仅否定了中国法院生效判决的既判力,也损害了中国的司法主权。

综上所述,我国法院裁定对仲裁裁决不予执行是符合法律规定的。

(五) 自测案例

中国山西某公司与韩国大邱某公司达成一项机械产品出口合同。合同订有仲裁条款。后由于机械产品质量问题,韩国大邱某公司将争议提交中国国际经济贸易仲裁委员会。仲裁员经审理后裁定,由于机械产品有轻微瑕疵,中国某公司应该将机械产品降低价格,韩国某公司应当按降低后的价格履行合同。韩国某公司不服该裁决,向人民法院提出不予承认和执行该裁决的申请。理由是仲裁员超越了权限,因为他们从未要求仲裁员就是否降低价格作出裁定。①

问:(1) 韩国某公司的理由是否符合法律规定?

(2) 人民法院是否应作出不予承认及执行该仲裁裁决的裁定?

---

① 摘自王海英主编:《国际经济法案例教程》,北京大学出版社2005年版,第404页。

第十一章　国际海事法

国际海事法调整特定的海上运输关系和船舶关系。① 针对航运业的特殊风险，国际海事法形成了一系列独特的法律制度，以调整相关的海事法律关系，如运输、租船、保险、拖航、合同救助等合同关系，船舶所有权、优先权、留置权、抵押权等物权关系，船舶碰撞、船源环境污染等侵权关系，共同海损分摊、海事赔偿责任限制等特定的海上特殊风险法定分担关系，船舶检验、船代、货代、纯救助等服务关系以及航运管理、海运市场开放等行政关系。

一、船舶法律制度

（一）案情简介

一艘中国籍船舶先后发生以下诸项赔偿请求，后在中国被扣押，并被诉至中国某海事法院：(1) 2008 年 1 月，拖欠船员工资；(2) 2008 年 2 月，因遇险被救助，后被拖至某安全港口，产生引航费；(3) 2008 年 3 月，因过失与一巴拿马籍船舶在中国渤海湾发生碰撞，致使对方船舶及其所载货物受损；(4) 2008 年 4 月，在营运中导致人身伤亡；(5) 2008 年 5 月，拖欠船舶吨税；(6) 2008 年 6 月，再次被救助并产生救助报酬给付请求；(7) 2008 年 7 月拖欠船员工资；(8) 2008 年 8 月，因过失碰撞中国某灯塔，后进船坞修理，拖欠修船费用。那么，上述各项海事请求的受偿顺序应如何确定？

---

① 参见我国《海商法》第 1 条规定：为了调整海上运输关系、船舶关系，维护当事人各方的合法权益，促进海上运输和经济贸易的发展，制定本法。但是，有学者指出，该条款对《海商法》调整对象的规范表述存在概念指称不清、外延不确定等问题。参见王立志、李帧：《重新界定〈中华人民共和国海商法〉的调整对象》，载《中国海商法年刊》2011 年第 2 期，第 58—67 页。

（二）思考方向

船舶是国际货物运输工具，也是特定海事法律关系的客体。① 实践中，形成了船舶登记、船舶航行权、船舶物权、船舶扣押等一系列区别于相关民事法律制度的独特的海事法律制度。本案中，与所涉船舶相关的各项海事请求权的性质及其受偿顺序应由受案法院依据法院地国的冲突规范确定准据法后予以确定，因为各国立法对船舶物权的范围、各种海事请求权的受偿顺序等问题的规定不同。

（三）法律规定

《中华人民共和国海商法》第21条 船舶优先权，是指海事请求人依照本法第22条的规定，向船舶所有人、光船承租人、船舶经营人提出海事请求，对产生该海事请求的船具有优先受偿的权利。

第22条第1款 下列各项海事请求具有船舶优先权：

（一）船长、船员和在船上工作的其他在编人员根据劳动法律、行政法规或者劳动合同所产生的工资、其他劳动报酬、船员遣返费用和社会保险费用的给付请求；

（二）在船舶营运中发生的人身伤亡的赔偿请求；

（三）船舶吨税、引航费、港务费和其他港口规费的缴付请求；

（四）海难救助的救助款项的给付请求；

（五）船舶在营运中因侵权行为产生的财产赔偿请求。

第23条 本法第22条第1款所列各项海事请求，依照顺序受偿。但是，第（四）项海事请求，后于第（一）项至第（三）项发生的，应当先于第（一）项至第（三）项受偿。

本法第22条第1款第（一）、（二）、（三）、（五）项中有两个以上海事请求的，不分先后，同时受偿；不足受偿的，按照比例受偿。第（四）项中有两个以上海事请求的，后发生的先受偿。

第25条 船舶优先权先于船舶留置权受偿，船舶抵押权后于船舶留置权受偿。

前款所称船舶留置权，是指造船人、修船人在合同另一方未履行合同

---

① 司玉琢等：《新编海商法学》，大连海事大学出版社1999年版，第58页。

时,可以留置所占有的船舶,以保证造船费用或者修船费用得以偿还的权利。船舶留置权在造船人、修船人不再占有所造或者所修的船舶时消灭。

第272条　船舶优先权,适用受理案件的法院所在地法律。

(四)学理分析

作为海事法律关系客体的船舶往往涉及众多不同性质的海事请求权。因此,如何确定各种请求权的性质及其优先受偿位次成为解决问题的关键。限于篇幅,本章主要讨论受船舶优先权担保的各项债权之间的受偿顺序。各国立法往往规定,具有船舶优先权的各项海事请求的优先受偿位次应依据法律规定而确定,并应遵循债权性质原则、时间倒序原则及比例受偿原则、救助原则等。①

其中,比例受偿原则是指同一项中两个以上相同性质的海事请求之间,原则上不分先后,同时受偿;不足全部受偿时,按各自请求数额的比例受偿,但救助报酬除外。救助原则是指:(1)救助后于第1—3项发生的先于其受偿(因为此类债权为已存在的债权的受偿起到了保全的作用);救助先于第1—3项发生的后于其受偿;如果存在两个以上救助报酬,则按绝对的时间倒序原则,后发生的先受偿。即救助报酬严格遵循时间倒序原则;(2)救助后发生的第22条第1—3项海事优先权优先于救助前发生的同类海事请求权;(3)救助行为的发生对第5项请求的受偿顺序无影响(因为不论救助行为发生在其之前或之后,救助报酬总是排在该项请求之前)。

综合分析上述案例:法院应适用我国相关实体法确定各项海事请求权的受偿问题;除2008年8月船舶碰撞灯塔后产生的修理费属船舶留置权外,其他各项海事请求均具有船舶优先权。因此,在不考虑诉讼时效等其他情况时,上述各项海事请求的优先受偿顺序应依次为:(7)、(6)、(4)、(5)、(2)之引航费、(2)之救助、(1)、(3)/(8)之碰撞责任、(8)之碰撞修理费。

(五)案例自测

某船舶先后发生如下海事请求②:

第一航次:(1)人身伤亡、(2)船舶吨税、(3)海难救助、(4)侵权;

第二航次:(5)人身伤亡、(6)船舶吨税、(7)海难救助、(8)侵权;

---

① 司玉琢:《海商法专论》,中国人民大学出版社2007年版,第51页。

② 摘自笔者在大连海事大学攻读硕士期间胡正良老师之讲义。

问:上述各项海事请求的受偿顺序应如何确定?

二、国际货物运输关系

(一) 案情简介

托运人布里奇斯粮食公司出口一批棉花,由承运人墨西哥政府商业海运公司班轮运输。棉花装船后,承运人向托运人签发海运提单,提单背面订有适用《海牙规则》的条款。

但是,载货船舶在开航前油管发生泄漏,致使棉花受到损害。经调查,油管发生泄漏是由于经船长授权的雇佣人员在对排水管道修理时疏忽所致。托运人对未能交货造成的损失要求承运人赔偿。①

(二) 思考方向

国际货物运输中,承运人和托运人作为双务有偿合同的双方当事人应承担一系列义务与责任。例如,承运人应提供适航船舶、管理货物、合理速遣等,并享有免责、赔偿责任限制等权利,而托运人应承担保证义务、通知义务、付费义务等。此外,国际货物运输合同往往具有涉外性,所以当事人之间的纠纷须依准据法解决。本案中,承运人因疏忽导致货物损失后是否应承担赔偿责任,还是可以免责?这应依合同所选择适用的《海牙规则》予以确定。

(三) 法律规定

《海牙规则》第3条第1款 承运人应在开航前和开航时,谨慎处理:(a)使船舶适航;(b)适当地配备船员、装备船舶和配备供应品;(c)使货舱、冷藏舱、冷气舱和其他载货处所适合于并能安全地收受、运输和保存货物。

第3条第8款 运输合同中的任何条款、约定或协议,凡是解除承运人

① See http://202.207.96.3/jsw y/fxjc/dxal/dxal_10.htm,2008年12月26日访问。

或船舶对由于疏忽、过失或未履行本条规定的责任和义务，因而引起货物或关于货物的灭失或损坏的责任的，或以不同于本公约的规定减轻这种责任的，一律无效。有利于承运人的保险利益（条款）或类似的条款，应视为免除承运人责任的条款。

第4条第1款　不论承运人或船舶，对不适航所引起或造成的灭失或损坏，都不负责，除非造成的原因是承运人未按第3条第1款的规定，恪尽职责使船舶适航，保证适当地配备船员，装备和供应该船，以及使货舱、冷藏舱和该船的其他装货部分适宜并能安全地收受、运输和保存货物。凡由于船舶不适航所造成的灭失和损坏，对于已恪尽职责的举证责任，应由根据本条规定要求免责的承运人或其他人承担。

第4条第2款　不论承运人或船舶，对下列原因所引起或造成的灭失或损坏都不负责：……（q）非由于承运人的实际过失或私谋，或者承运人的代理人或受雇人的过失或疏忽所引起的其他任何原因，但是请求此项免责权利的人应当负责举证，证明灭失或损坏既非由于承运人的实际过失或私谋，亦非承运人的代理人或受雇人的过失或疏忽所造成。

第6条第1—3款　虽有前述各条规定，承运人、船长或承运人的代理人与托运人仍可就承运人对任何特定货物的义务与责任，以及权利与豁免，或其对船舶适航的义务（只要这种规定不违反公共秩序），或者，就承运人的受雇人或代理人在海运货物的装载、搬运、积载、运送、保管、照料和卸载方面应注意或谨慎的事项，自由地以任何条款达成任何协议，但以尚未签发或不拟签发提单为前提，且协议条款应该载入不得流通和已注有此种字样的单证中。

这样达成的任何协议，具有完全的法律效力。

但是，本条规定不适用于依照普通贸易程序成交的一般商业性货物货运，而仅在拟装运的财物的性质和状况，或据以进行运输的环境、条款和条件，有订立特别协议的合理需要时，才能适用。

（四）学理分析

依据《海牙规则》，承运人在国际货物运输中的首要义务是在船舶开航之前和当时提供适航的船舶（第3条第1款），且此项义务是其最低限度义务，不得通过合同约定予以排除（第3条第8款）。但是，承运人对船舶开航之后因船舶不适航而造成的货物灭失或损坏予以免责①,只要其证明已依第3条第1款谨慎处理使船舶适航即可(第4条第1款)。因此,《海牙规则》第3条第1款所规定的承运人的适航义务是其援引第4条第1款有关船舶不适航导致货物灭失或损坏的免责规定的前提条件,即承运人在援引《海牙规则》第4条第1款时,首先必须证明其已履行谨慎处理使船舶适航之义务。如果船舶已发生第3条第1款所规定的不适航状况,承运人则无权援引第4条第1款的免责规定。此外,承运人应为其受雇人、代理人的过失或疏忽所引起或造成的货物灭失或损坏负责(第4条第2款)。

综合分析上述案例,承运人墨西哥政府商业海运公司为履行其与托运人布里奇斯粮食公司签订的运输合同所提供的船舶在货物装船之后、开航之前因承运人受雇人的过失而导致油管泄露,致使所运棉花受损。因此,承运人未能做到在船舶开航之前和开航当时使船舶适航,违反了《海牙规则》所规定的义务,应承担赔偿责任。

(五)案例自测

2002年7月,A公司与B公司签订运输协议,委托B公司由巴西运输一套设备至秦皇岛港,包干运费29500美元。货物运至上海港后,B公司安排C公司所属"涌泉2号"轮(该船于2001年12月12日进行了年检,取得适航证书,核定抗风能力为8级)进行转船运输。2002年9月6日,"涌泉2号"轮在驶往秦皇岛途中因遭遇6级风浪致使船体倾斜并损坏,货舱进水,被救助于石岛港。后经秦皇岛出入境检验检疫局检验,货物残损金额22270美元。此外,经某船舶技术咨询有限公司检验,"涌泉2号"轮船体开裂进水的原因是由于船舶结构缺陷或船舶材质问题所致。验船时拍摄的照片显示:货舱锈蚀特别严重,船底K列板上有一纵向裂口,痕迹较旧并用木塞塞住。

为此,A公司诉至我国某海事法院,要求:C公司作为上海港至秦皇岛港的区段承运人,没有提供适航的船舶,对由此给A公司造成的货物损失/残损检验费、货物在石岛港产生的堆存费/装卸费、外国专家来秦皇岛检查设

① 2008年《联合国全程或部分海上国际货物运输合同公约》第14条"适用于海上航程的特定义务"规定:承运人必须在开航前、开航当时和海上航程中恪尽职守:(1)使船舶处于且保持适航状态;(2)妥善配备船员、装备船舶和补给供应品,且在整个航程中保持此种配备;(3)使货舱、船舶所有其他载货处所和由承运人提供的载货集装箱适于且能安全接收、运输和保管货物,且保持此种状态。

备费用、A 公司重新定购被损坏设备的运输费用及其保险费等损失应承担赔偿责任;B 公司作为对全程运输负责的全程承运人,应对 A 公司的损失与 C 公司承担连带赔偿责任。①

三、船舶租用合同

(一) 案情简介

2000 年 10 月,原告重庆市海运有限责任公司与被告海阳通商株式会社签订定期租船合同,约定:被告租用原告所有的"金满洋"轮,租金按日计算,每 15 天预付一次;租船人还需每月支付船舶通讯费及船上绑扎件补偿费;租期为六加六个月由租船人选择,但须提前一个月通知船东,并征得船东的同意;受载解约日为 2000 年 9 月 28 日至 9 月 30 日 10:00,或 2000 年 10 月 12 日至 10 月 14 日 10:00,由船东宣布。10 月 12 日,原告按照合同约定将"金满洋"轮交与被告使用,被告于 2001 年 5 月 2 日还船。但是,被告拖欠 2001 年 2 月 24 日至 5 月 2 日期间本应支付的五期租金及相关通讯费、绑扎费等。因此,原告请求法院判令被告支付其拖欠的船舶租金及通讯、绑扎费 367853.42 美元及其利息 6283.02 美元。庭审时,原告变更租金及通讯、绑扎费的请求为 357853.42 美元,利息为 9355.09 美元,并要求被告承担诉讼保全申请费。②

(二) 思考方向

船舶租用合同从形式上看,包括航次租船合同、定期租船合同和光船租赁合同。航次租船合同下,出租人的主要义务不是提供船舶,而是将约定的货物从一港运至另一港,其履行地为装货港和目的港,承租人的主要义务则是支付约定的运费,且运费一般按货物的数量计算。因此,航次租船合同在性

① See http://www.guohang.org/bbs/dispbbs.asp? boardid = 50&id = 13567,2009 年 12 月 10 日访问,作者有所删改。

② 摘自中国涉外商事海事审判网,www.ccmt.org.cn,2008 年 11 月 5 日访问。作者有所删改。

质上仍属货物运输合同。但是,定期租船合同和光船租赁合同下,出租人的主要义务是提供约定的船舶,其履行地为船舶交付地,承租人的主要义务则为支付租金,且租金按承租时间计算。因此,二者在性质上区别于航次租船合同。

定期租船合同下的船舶由出租人配备船员,所以船舶由出租人占有,出租人应负责船舶的航行和内部管理以及有关的费用,而承租人负责船舶的营运和调度及有关的费用。光船租赁合同下,船舶由承租人配备船员并占有、使用和经营且承担相关费用。需要特别指出的是,光船租赁合同因属于财产租赁范畴,故其除受海商法调整外,还应受民法中有关财产租赁规定的约束。①

本案中,定期租船合同合法有效,双方对海阳通商株式会社拖欠租金及通讯费、绑扎费等事实均予认可。因此,承租人应按照合同约定支付有关的费用。

(三) 法律规定

1.《中华人民共和国海商法》第127条 本章关于出租人和承租人之间权利、义务的规定,仅在船舶租用合同没有约定或者没有不同约定时适用。

第129条 定期租船合同,是指船舶出租人向承租人提供的约定由出租人配备船舶,由承租人在约定的期间内按照约定的用途使用,并支付租金的合同。

第140条 承租人应当按照合同约定支付租金。承租人未按照合同约定支付租金的,出租人有权解除合同,并有权要求赔偿因此遭受的损失。

2.《中华人民共和国合同法》第60条 当事人应当按照约定全面履行自己的义务。

当事人应当遵循诚实信用原则,根据合同的性质、目的和交易习惯履行通知、协助、保密等义务。

3.《中华人民共和国民事诉讼法》第13条 当事人有权在法律规定的范围内处分自己的民事权利和诉讼权利。

(四) 学理分析

根据我国《合同法》第212条和第216条②的规定,财产租赁合同标的物

① 司玉琢等:《新编海商法学》,大连海事大学出版社1999年版,第292页。

② 我国《合同法》第212条规定:"租赁合同是出租人将租赁物交付承租人使用、收益,承租人支付租金的合同。"第216条规定:"出租人应当按照约定将租赁物交付承租人,并在租赁期间保持租赁物符合约定的用途。"

的占有和使用权应由出租人转移至承租人。但是,定期租船合同下船舶仍由出租人通过其雇佣的船员占有,因此,定期租船合同不同于一般的财产租赁,[1]较多情况下仍具有货物运输合同的某些特征,故其性质仍值得商榷。

本案中,原告依约履行了合同义务,故有权要求被告按照合同约定的租金数额、货币名称、支付方式、时间和地点支付租金及其他约定的费用。如果承租人不按合同约定准时、全额支付每一期租金,不论承租人有无过错,出租人均有权通过撤船而解除合同,且不影响其索赔权。本案中,双方对欠费事实均予承认,其主要的争议焦点为被告所欠金额的认定。原告认为被告应支付的租金及通讯、绑扎费为 357853.42 美元,被告则认为应是 353157.21 美元。原告在庭审中认可了被告的主张,同意减扣欠款金额。依照法律规定,当事人有权处分自己诉请的权利。因此,法院应确认被告拖欠的租金及通讯、绑扎费合计为 353157.21 美元。对该费用,被告应予支付。

(五) 案例自测

中港第二航务工程局(本案原告之一,下称“二航局”)温州港龙湾港区二期工程项目经理部(下称“项目部”)于 2004 年 3 月 23 日和连云港市苏连海船舶运输队(个人独资企业,下称“运输队”)签订船舶租赁合同,约定项目部租用运输队“湘平江机 0137”轮自镇海至温州龙湾运输方桩,租赁期自 2004 年 3 月 24 日起至还船时止,租金 10000 元/天,出租方由运输队盖章和庄学好(运输队队长,“苏连海机 399”船舶所有人,反诉原告)签字。船舶租赁合同签订后,运输队未以“湘平江机 0137”轮运输方桩,而由庄学好将尚未取得任何船舶证书的“苏连海机 399”轮船名喷成“湘平江机 0137”替代运输,首期租金付至运输队账户。2004 年 4 月 12 日,“苏连海机 399”轮第二次从镇海装方桩 37 根,船上共 8 名无证船员,于次日途经温岭海域,偏离航线,触礁沉没,4 名船员死亡,1 人失踪,船载方桩全部灭失,损失 1,203,202 元。

6 月 17 日,二航局向宁波海事法院起诉,要求运输队、范育兵(运输队投资人,“湘平江机 0137”轮的所有人和经营人)、庄学好和连云港成金海运有限公司(“苏连海机 399”经营人,下称“成金公司”)等四被告连带赔偿货物及其利息损失。7 月 12 日,庄学好以二航局违反合同规定为由提起反诉,要求二航局赔偿损失 5,862,046 元。9 月 16 日,范育兵以二航局在诉讼中错误扣船造成损失为由也提起反诉,但未被准许予以合并审理。

---

[1] 司玉琢:《海商法专论》,中国人民大学出版社 2007 年版,第 346 页。

2005年3月1日，货物保险人（中华联合财产保险公司温州中心支公司，原告之一，下称“保险公司”）支付二航局保险赔款1,256,282元，申请代位诉讼。二航局以利息损失未得赔偿要求继续参加诉讼。范育兵和庄学好不服准许保险人参加诉讼的裁定，提起上诉，被二审驳回。9月1日，运输队、范育兵、庄学好申请设立海事赔偿责任限制基金，并要求以财产保全中被通知停止支付的运输队在其他单位的工程款70万元作为基金，但因未预交公告费用，而被按撤回申请处理。

运输队、范育兵和庄学好辩称：合同由庄学好签订并实际履行，运输队和范育兵不承担责任；保险公司与被告之间不存在民事法律关系；本案存在反诉，二航局责任尚未确定，保险公司不应代位参加诉讼。庄学好另辩称：本案系光租合同纠纷，二航局强令开航，致事故发生，应承担全部责任。成金公司辩称：“苏连海机399”轮无任何船舶证书，成金公司未成为船舶经营管理人，不承担赔偿责任；成金公司与本案定期租船合同不存在任何法律关系；庄学好隐瞒非法营运事实，应自行承担后果。

反诉被告二航局辩称：出租方调换船舶，承租方不知情。何时开航以及船舶是否超载由船长决定，承租人不承担责任。

问：本案中船载方桩之灭失应由谁承担责任？四被告应否承担连带责任？①

四、海上拖航合同

（一）案情简介

1998年12月23日，原告广州海上救助打捞局与被告香港钜业远东有限公司签订拖航合同，约定：原告将被告所属某浮吊由上海拖至香港或广州，目的地的准确地点应是可使拖轮和被拖物安全及易于进入、操作和使拖轮安全驶离，并应按照当地或其他规定，能使拖轮获准交付被拖物的地点；拖轮为“德顺”轮、“穗救206”轮和“穗救209”轮；起拖期

① 摘自宁波海事法院网（www.nbhsfy.cn），2008年7月11日访问。作者有所删改。

限为 1999 年 1 月 15—18 日，被拖方应在此期限内做好被拖物自起拖地起航的准备；拖航总承包价为 228000 美元，被拖方应在合同签订时、拖轮起拖时、拖轮拖抵目的地时分三期支付；合同根据英国法律解释并受其管辖。

合同签订后，三拖轮于 1999 年 1 月 14—15 日抵达起拖地并准备就绪。19 日，实际起拖驶离起拖地。20 日，被告要求原告将浮吊拖至广州沙角锚地。同日，广州港务局已同意被告所属浮吊在沙角锚地抛锚。21 日，原告向被告建议在广州桂山锚地解拖交船。27 日，原告将浮吊拖至桂山锚地解拖，要求被告支付拖航费余额。同日，被告要求原告将浮吊拖往沙角锚地。针对被告的要求，原告通知被告，原告已履行拖航合同完毕，如将“OHI5000”浮吊从桂山锚地拖往沙角锚地需重新委托。被告坚持桂山锚地不是合同约定的目的地，要求原告应将浮吊拖往沙角锚地。2 月 24 日，原告传真被告，认为原告是应被告要求将浮吊拖往广州，现桂山锚地属广州港的引航、检疫、联检锚地，故原告已履行运输合同完毕。2 月 25 日，被告在保留向原告索赔有关损失的前提下，建议原告将浮吊从桂山锚地适当向东南移约 2 海里，以便被告安排的香港海上救助联合公司所属的拖轮接拖，并同意支付原告 182,400 美元。2 月 26 日，原告拒绝被告的建议，并坚持认为原告已完全履行拖航合同，有权不以任何条件为前提收取所有费用。6 月 7 日，为减少双方的损失，原告要求被告尽快确认新的、合理的交船点。6 月 10 日，双方协议将浮吊向东南移约 4 海里移交。6 月 11 日，“德顺”轮将浮吊交付给被告。被告未向原告支付最后一期拖航费。

原告向广州海事法院起诉，请求判令被告支付拖航费余额、守护费、加油费、加水费及上述费用的利息。庭审中，原告选择适用中国法，被告坚持适用合同约定的英国法，但被告未在法院指定时间内提供相关的英国法律。①

① http://www.lawtime.cn/info/anli/haishi/2006102642663_7.html，2007 年 11 月 5 日访问。

(二) 思考方向

海上拖航合同的标的物为被拖物,承拖方一般只负责提供拖力,对被拖物及其所载财产的收受、运送、照料、保管等不负责任,拖航费用与被拖物是否安全拖至目的地无必然联系,但法律另有规定的情形除外①。此外,海上拖航合同的目的是拖航,而非救助,其拖航对象是不处于危险之中的船舶或其他物体。因此,海上拖航合同区别于海上运输合同、雇佣救助合同以及以海上拖航为救助行为为表现形式的海上救助合同。本案中,双方争议的问题主要集中在以下两个问题上:(1) 合同所应适用的准据法是中国法还是英国法?(2) 如何解释本拖航合同中的目的地条款?对此,法院应在确定准据法的基础上,合理处理相关的实体法问题。

(三) 法律规定

1.《中华人民共和国民法通则》第 57 条 民事法律行为从成立时起具有法律约束力。行为人非依法律规定或者取得对方同意,不得擅自变更或者解除。

第 145 条 涉外合同的当事人可以选择处理合同争议所适用的法律,法律另有规定的除外。

涉外合同的当事人没有选择的,适用与合同有最密切联系的国家的法律。

2.《最高人民法院关于贯彻执行〈中华人民共和国民法通则〉若干问题的意见(试行)》第 193 条 对于应当适用的外国法律,可通过下列途径查明:(1) 由当事人提供;(2) 由与我国订立司法协助协定的缔约对方的中央机关提供;(3) 由我国驻该国使领馆提供;(4) 由该国驻我国使馆提供;(5) 由中外法律专家提供。通过以上途径仍不能查明的,适用中华人民共和国法律。

3.《中华人民共和国合同法》第 61 条 合同生效后,当事人就质量、价款或者报酬、履行地点等内容没有约定或者约定不明确的,可以协议补充;不能达成补充协议的,按照合同有关条款或者交易习惯确定。

第 126 条第 1 款 涉外合同的当事人可以选择处理合同争议所适用的法律,但法律另有规定的除外。涉外合同的当事人没有选择的,适用与合同有最密切联系的国家的法律。

---

① 我国《海商法》第 164 条规定:拖轮所有人拖带其所有的或者经营的驳船载运货物,经海路由一港运至另一港的,视为海上货物运输。

4.《最高人民法院关于适用〈中华人民共和国合同法〉若干问题的解释(一)》第1条 合同法实施以后成立的合同发生纠纷起诉到人民法院的,适用合同法的规定;合同法实施以前成立的合同发生纠纷起诉到人民法院的,除本解释另有规定的以外,适用当时的法律规定,当时没有法律规定的,可以适用合同法的有关规定。

5.《中华人民共和国海商法》第155条第1款 海上拖航合同,是指承拖方用拖轮将被拖物经海路从一地拖至另一地,而由被拖方支付拖航费的合同。

第160条 因不可抗力或者其他不能归责于双方的原因致使被拖物不能拖至目的地的,除合同另有约定外,承拖方可以在目的地的邻近地点或者拖轮船长选定的安全的港口或者锚泊地,将被拖物移交给被拖方或者其代理人,视为已经履行合同。

6.《最高人民法院关于适用〈中华人民共和国涉外经济合同法〉若干问题的解答》①第一部分"关于涉外经济合同法的适用范围问题"之(二):涉外经济合同法也可以适用于港澳地区的企业、其他经济组织或者个人同内地的企业或者其他经济组织之间订立的上述经济合同,以及外国企业、其他经济组织或者个人之间,港澳地区的企业、其他经济组织或者个人之间,外国企业、其他经济组织或者个人与港澳地区的企业、其他经济组织或者个人之间在中国境内订立或者履行的上述经济合同。

第二部分"关于处理涉外经济合同争议的法律适用问题"之(十一) 在应适用的法律为外国法律时,人民法院如果不能确定其内容时,可以通过下列途径查明:由当事人提供;由我驻该国的使、领馆提供;由该国驻华使、领馆提供;由中外法律专家提供。通过上列途径仍不能查明的,可参照我国相应的法律处理。

(四)学理分析

海上拖航合同是一种独立的合同,因此,海上拖航合同除受海商法调整外,还应受民法相关规定的约束。海上拖航合同下,承拖方的主要义务包

---

① 《最高人民法院关于适用〈中华人民共和国涉外经济合同法〉若干问题的解答》已被《最高人民法院予以废止的1999年底以前发布的有关司法解释目录(第三批)》(2000年7月13日发布,2000年7月25日起实施)废止。2007年8月8日起施行的《最高人民法院关于审理涉外民事或商事合同纠纷案件法律适用若干问题的规定》对相关问题做了明确规定。

括:在约定的时间和地点提供适航适拖的拖船、负责拖船作业的指挥、合理速遣等,而被拖方的主要义务则为:提供被拖物并使之适拖、服从拖船船长的指挥、保证港口安全、接受被拖物、支付拖航费及其他费用等。①

综合分析上述案例,双方当事人约定合同应适用英国法,因被告未在法院指定时间内提供相关的英国法律,因此法院选择通过聘请中外法律专家的途径予以查明,但被告未在法院指定的时间内预交中外法律专家提供法律服务的相关费用,故法院依法决定适用中国法律处理本案实体争议。

对于拖航合同的目的地及其选择权的归属,合同未做明确约定。原告主张:鉴于广州沙角锚地是广州港海关、边防、港监、检疫部门联检的锚地,故原告不能无理拒绝被告关于应将“OHI5000”浮吊拖抵广州沙角锚地的要求,广州沙角锚地才是本次拖航的目的地;1999 年 6 月 10 日,双方协商将浮吊向东南移约 4 海里移交,已构成对本次拖航目的地的变更。被告则主张:其作为被拖方,在保证目的地的准确地点可使拖轮和被拖物安全及易于进入、操作和使拖轮安全驶离并使拖轮获准交付被拖物的前提下,对目的地的准确位置有选择权。本案中,在原告拖轮拖带浮吊从起运地起航之次日,被告已通知原告目的地为广州沙角锚地,原告不能无故拒绝。原告将浮吊拖抵桂山锚地后解拖,应视为原告未能完全履行拖航合同,已构成违约。

我国现行法规未规定此种情况下对被拖物目的地的选择权归谁享有。因此,只能依据有关合同解释的基本原则解决该争议。依据《合同法》第 61 条,只能采用“习惯解释规则”来确定本案拖航的目的地,即用航运习惯来解释合同所约定的目的地条款,确定原告与被告究竟谁有权选择目的港和解拖浮吊的具体位置。航运实践中,如果合同没有明确的相反约定,被拖方有权选择目的港和解拖被拖物的具体位置,但被拖方行使选择权时,必须考虑拖轮的安全且应在合理时间内行使选择权。因此,广州沙角锚地才是本次拖航的最终目的地。

本案中,被告在合同履行过程中已通知原告解拖浮吊的准确位置为广州沙角锚地,但原告擅自将浮吊在广州桂山锚地解拖,因此,原告没有完全履行拖带义务,无权向被告请求拖航费余额。此外,因拖航合同约定被告向原告支付的拖航费用是总承包价,因此,在原告将被拖浮吊拖抵目的地广州沙角锚地之前,原告有义务保证该浮吊的安全,无权要求被告承担在该浮吊被拖抵目的地广州沙角锚地之前原告为确保该浮吊的安全而支出的费用。

---

① 司玉琢:《海商法专论》,中国人民大学出版社 2007 年版,第 389—390 页。

因此，被告香港钜业远东有限公司应向原告广州海上救助打捞局支付拖欠的拖航费 91200 美元及其利息，而原告其他诉讼请求不符合相关法律的规定。

（五）案例自测

2002 年 8 月 5 日，原告上海留得经贸有限公司作为托运人与承运人"苏拖 371 船队"的代表佟庭忠、花圣林签订了一份水路货物运输合同，合同约定由承运方"苏拖 371 船队"运送原告 3300 吨煤炭从山东杨堂港码头至上海九亭留得码头，同日煤炭装载于由"苏拖 371"轮拖带的数艘驳船上离港。煤炭出运较长一段时间后，原告获知"苏拖 371 船队"所承运的煤炭已灭失。

11 月 17 日，原告与佟庭忠就已灭失的 3300 吨煤炭达成赔偿协议，双方约定由佟庭忠以返还煤炭的形式补足原告的 3300 吨煤炭。佟庭忠承诺，从签订协议起，在一个月内先发 1500 吨，以后陆续补发，至 2003 年春节前补足。如发不出煤，由佟庭忠在以上时间内给原告购煤票，原运杂费另行计算。协议签订当日被告佟庭忠即向原告支付了 5 万元人民币。原告当庭确认收到过该笔煤炭赔偿款。此后佟庭忠却未履行补货协议。因此，原告于 2003 年 8 月 18 日向上海市松江区人民法院起诉，请求判令"苏拖 371 船队"所有人泰州轮船公司赔偿损失人民币 1155000 元，被告佟庭忠承担连带责任，本案诉讼费由两被告承担。2004 年 2 月 5 日，此案移送至上海海事法院。

另查明，涉案船舶"苏拖 371"轮系本案承运船队的动力船，事发当时该船所有权已由徐州矿务局航运公司转至被告江苏省泰州市轮船运输总公司名下，船舶登记证书上载明所有权人为泰州轮船公司。2002 年 12 月 3 日，江苏省铜山县人民法院因另案纠纷扣押了徐州矿务局航运公司所有的登记在泰州轮船公司名下的"苏拖 371"轮。对此本案被告佟庭忠向江苏省铜山县人民法院提出异议，江苏省铜山县人民法院裁定认定，佟庭忠等与徐州矿务局航运公司签订的拖轮转让协议无效，拖轮过户亦无效。"苏拖 371"轮（即"徐矿 02"号）所有权仍归徐州矿务局航运公司。①

---

①　摘自中国涉外商事海事审判网（www.ccmt.org.cn），2006 年 5 月 3 日访问。作者有所删改。

五、船舶碰撞法律制度

（一）案情简介

2002年6月18日，原告荣成华进水产有限公司所有“鲁荣水168”轮从作业海区收购鲜鱼后返航石岛。22:00时航速减至9.45节，有雾，开启一部雷达为6海里距离档。19日00:10时雷达改成1.5海里距离档，航速减到7—8节。约00:25时，该轮右舷船尾部突然被一艘大船碰撞，船首迅速向右偏转，而后船首与大船右舷船壳再次相碰，随后“鲁荣水168”轮向大船船尾后方滑过，碰撞位置为37°37.953′N，122°52.771′E。因船舶尾部进水，船体明显下沉，船长于是下令放下救生筏，全体船员登上救生筏。约00:30时取下GPS并弃船，GPS显示船位为37°37.995′N，122°52.825′E。船长用16频道呼叫大船，但无应答。在碰撞过程中，船员看到大船右舷有N、I、PP、N等几个字母。约01:00时左右“鲁荣水168”轮沉没，全体船员被他船救起。

事故发生后，烟台海事局成山头分局通过VTS系统记录排查，发现事故发生时只有“CSCL NINGBO”轮经过事故位置，且有减速行为，并且碰撞时碰撞位置半径6海里内无其他货船通过。VTS系统记录2002年6月19日00:25时“CSCL NINGBO”轮的位置为37°38.000′N，122°52.540′E。据此，成山头分局认定“CSCL NINGBO”轮为肇事嫌疑船。

“CSCL NINGBO”轮系钢质集装箱船，建成于2002年6月，船舶所有人为本案第一被告CSCL宁波航运有限公司，船舶经营人为本案第二被告希斯潘船舶管理有限公司。“CSCL NINGBO”轮的船籍港为利马索，船旗国为塞浦路斯。2002年6月18日，该轮从天津首航青岛港。经审理查明：18日24:00时，“CSCL NINGBO”轮船位为37°42.5′N，122°42.5′E，有浓雾，能见度0.1海里左右，开启两部雷达，分别为6海里、12海里距离档，航速为20—21节。二副在00:30时避让其右舷一艘船，让清后相距0.5海里。6月19日08:30时在青岛港锚泊。

事故发生后，青岛海事局在青岛港对“CSCL NINGBO”轮进行了海事调查。[①] 根据法院从青岛海事局调取的材料,2002 年 6 月 21 日,应"CSCL NINGBO"轮的代理青岛船代的申请,中国船级社青岛分社对"CSCL NINGBO"轮进行了检验。检验时,船舶艏吃水 7.2 米,尾吃水为 9.2 米,所有损坏均在右舷船壳板。

验船师认为"CSCL NINGBO"轮右舷船壳板损坏可以合理地归结为当船舶航行时与硬金属物体从船首至尾刮擦造成的,而"CSCL NINGBO"轮由天津开往青岛是处女航,且在航行中又没有与其他船舶碰撞或接触。另据报告后所附照片,显示"CSCL NINGBO"轮船舷标有"CHINA SHIPPING LINE"的字母。因此,鉴定专家认为,"CSCL NINGBO"轮的划痕显然系与"鲁荣水 168"轮相碰所致,这与"鲁荣水 168"轮的首甲板和船尾凸出部有直接联系,与"鲁荣水 168"轮被碰撞后自大船右船首划向其船尾这一过程是相符的。球鼻艏前部擦痕与"鲁荣水 168"轮船尾部附近水线附近相撞相吻合。另外"CSCL NINGBO"轮右舷划痕高度约在 2—3 米,与"鲁荣水 168"轮首甲板突出船壳高度也基本相符。

因"CSCL NINGBO"轮保赔协会向原告提供 40 万美元的信誉担保,故原告未申请扣船。为维护自己的合法权益,原告向青岛海事法院起诉,主张:"CSCL NINGBO"轮肇事后逃逸,碰撞完全由"CSCL NINGBO"轮的过失造成,"CSCL NINGBO"轮应承担全部责任,请求判令被告赔偿原告损失 2955265 元及利息,并责令被告承担本案的律师费、鉴定费及诉讼费。[②]

(二) 思考方向

船舶碰撞作为一种特殊的侵权行为,其原因复杂,且碰撞过失的确定以及损害赔偿的计算等也往往较为困难,需要遵循一些区别于一般民事侵权

---

① 2008 年《最高人民法院关于审理船舶碰撞纠纷案件若干问题的规定》第 11 条对此做了明确规定:船舶碰撞事故发生后,主管机关依法进行调查取得并经过事故当事人和有关人员确认的碰撞事实调查材料,可以作为人民法院认定案件事实的证据,但有相反证据足以推翻的除外。

② 摘自青岛海事法院网(http://qdhs.chinacourt.org/),2007 年 10 月 10 日访问。作者有所删改。

制度的较为特殊的原则或制度，如过失比例原则、最后机会原则、宾夕法尼亚规则、双方疏忽等效原则等确定碰撞过失与责任的原则以及恢复原状原则、直接损失赔偿原则、受损方尽力减少损失原则等损害赔偿的原则。此外，船舶碰撞往往还涉及共同海损、海难救助及海事赔偿责任，使得法律关系更为复杂。因本案是一起涉外船舶碰撞损害赔偿纠纷，法院需对案件的管辖权、法律适用以及相关实体法问题等作出确定，以合理维护各方当事人的利益。

（三）法律规定

1.《中华人民共和国民法通则》第106条第2款 公民、法人由于过错侵害国家的、集体的财产，侵害他人财产、人身的应当承担民事责任。

第131条 受害人对于损害的发生也有过错的，可以减轻侵害人的民事责任。

第146条第1款 侵权行为的损害赔偿，适用侵权行为地法律。当事人双方国籍相同或者在同一国家有住所的，也可以适用当事人本国法律或者住所地法律。

2.《中华人民共和国海商法》第165条 船舶碰撞，是指船舶在海上或者与海相通的可航水域发生接触造成损害的事故。

前款所称船舶，包括与本法第3条所指船舶碰撞的任何其他非用于军事的或者政府公务的船艇。

第166条 船舶发生碰撞，当事船舶的船长在不严重危及本船和船上人员安全的情况下，对于相碰的船舶和船上人员必须尽力施救。

第169条第1、2款 船舶发生碰撞，碰撞的船舶互有过失的，各船按照过失程度的比例负赔偿责任；过失程度相当或者过失程度的比例无法判定的，平均负偿责任。

互有过失的船舶，对碰撞造成的船舶以及船上货物和其他财产的损失，依照前款规定的比例负赔偿责任。碰撞造成第三人财产损失的，各船的赔偿责任均不超过其应当承担的比例。

第273条第1款 船舶碰撞的损害赔偿，适用侵权行为地法律。

3. 1972年《国际海上避碰规则》第2条 (a) Nothing in these Rules shall exonerate any vessel, or the owner, master or crew thereof, from the consequences of any neglect to comply with these Rules or of the neglect of any precaution which may be required by the ordinary practice of seamen, or by the special circumstances of the case.

(b) In construing and complying with these Rules due regard shall be had to all dangers of navigation and collision and to any special circumstances, including the limitations of the vessels involved, which may make a departure from these Rules necessary to avoid immediate danger.

第5条 Every vessel shall at all times maintain a proper look-out by sight and hearing as well as by all available means appropriate in the prevailing circumstances and conditions so as to make a full appraisal of the situation and of the risk of collision.

第6条 Every vessel shall at all times proceed at a safe speed so that she can take proper and effective action to avoid collision and be stopped within a distance appropriate to the prevailing circumstances and conditions.

In determining a safe speed the following factors shall be among those taken into account:

(a) By all vessels:

(i) the state of visibility;

(ii) the traffic density including concentrations of fishing vessels or any other vessels;

(iii) the manoeuvrability of the vessel with special reference to stopping distance and turning ability in the prevailing conditions;

(iv) at night the presence of background light such as from shore lights or from back scatter of her own lights;

(v) the state of wind, sea and current, and the proximity of navigational hazards;

(vi) the draught in relation to the available depth of water.

(b) Additionally, by vessels with operational radar:

(i) the characteristics, efficiency and limitations of the radar equipment;

(ii) any constraints imposed by the radar range scale in use;

(iii) the effect on radar detection of the sea state, weather and other sources of interference;

(iv) the possibility that small vessels, ice and other floating objects may not be detected by radar at an adequate range;

(v) the number, location and movement of vessels detected by radar;

(vi) the more exact assessment of the visibility that may be possible when radar is used to determine the range of vessels or other objects in the vicinity.

第7条第2款 Proper use shall be made of radar equipment if fitted and operational, including long-range scanning to obtain early warning of risk of collision and radar plotting or equivalent systematic observation of detected objects.

第19条 (a) This Rule applies to vessels not in sight of one another when navigating in or near an area of restricted visibility.

(b) Every vessel shall proceed at a safe speed adapted to the prevailing circumstances and conditions of restricted visibility. A power-driven vessel shall have her engines ready for immediate manoeuvre.

(c) Every vessel shall have due regard to the prevailing circumstances and conditions of restricted visibility when complying with the Rules of Section I of this Part.

(d) A vessel which detects by radar alone the presence of another vessel shall determine if a close-quarters situation is developing and/or risk of collision exists. If so, she shall take avoiding action in ample time, provided that when such action consists of an alteration of course, so far as possible the following shall be avoided:

(i) an alteration of course to port for a vessel forward of the beam, other than for a vessel being overtaken;

(ii) an alteration of course towards a vessel abeam or abaft the beam.

(e) Except where it has been determined that a risk of collision does not exist, every vessel which hears apparently forward of her beam the fog signal of another vessel, or which cannot avoid a close-quarters situation with another vessel forward of her beam, shall reduce her speed to the minimum at which she can be kept on her course. She shall if necessary take all her way off and in any event navigate with extreme caution until danger of collision is over.

4. 1991年《中华人民共和国民事诉讼法》第72条第1款① 人民法院对专门性问题认为需要鉴定的,应当交由法定鉴定部门鉴定;没有法定鉴定部门的,由人民法院指定的鉴定部门鉴定。

---

① 我国2008年《民事诉讼法》第241条对此做了相同的规定。

第237条 在中华人民共和国领域内进行涉外民事诉讼,适用本编规定。本编没有规定的,适用本法其他有关规定。

第243条 因合同纠纷或者其他财产权益纠纷,对在中华人民共和国领域内没有住所的被告提起的诉讼,如果合同在中华人民共和国领域内签订或者履行,或者诉讼标的物在中华人民共和国领域内,或者被告在中华人民共和国领域内有可供扣押的财产,或者被告在中华人民共和国领域内设有代表机构,可以由合同签订地、合同履行地、诉讼标的物所在地、可供扣押财产所在地、侵权行为地或者代表机构住所地人民法院管辖。

5.《中华人民共和国海事诉讼特别程序法》(以下简称《海诉法》)第4条 海事法院受理当事人因海事侵权纠纷、海商合同纠纷以及法律规定的其他海事纠纷提起的诉讼。

第6条第1、2款 海事诉讼的地域管辖,依照《中华人民共和国民事诉讼法》的有关规定。

下列海事诉讼的地域管辖,依照以下规定:

(一)因海事侵权行为提起的诉讼,除依照《中华人民共和国民事诉讼法》第29条至第31条的规定以外,还可以由船籍港所在地海事法院管辖;……

6. 1989年《最高人民法院关于海事法院收案范围的规定》(已废止)第1条 海事法院的收案范围:船舶碰撞损害赔偿案件,包括浪损等间接碰撞的损害赔偿纠纷案件。

7.《最高人民法院关于适用〈中华人民共和国海事诉讼特别程序法〉若干问题的解释》(以下简称《海诉法解释》)第1条 在海上或者通海水域发生的与船舶或者运输、生产、作业相关的海事侵权纠纷、海商合同纠纷,以及法律或者相关司法解释规定的其他海事纠纷案件由海事法院及其上级人民法院专门管辖。

第2条 涉外海事侵权纠纷案件和海上运输合同纠纷案件的管辖,适用民事诉讼法第25章的规定;民事诉讼法第25章没有规定的,适用海事诉讼特别程序法第6条第2款(一)、(二)项的规定和民事诉讼法的其他有关规定。

(四)学理分析

"CSCL NINGBO"轮碰撞"鲁荣水168"轮并致其沉没属海事侵权行为,碰撞发生地在中华人民共和国海域,因此,侵权行为地海事法院具有司法管辖权(我国《民事诉讼法》第243条和《海诉法》第4条及第6条第1款)。此外,依据我国《民法通则》第 146 条第 1 款和《海商法》第 273 条第 1 款,船舶碰撞等侵权行为的损害赔偿适用侵权行为地法律,因此,本案实体法问题的审理应适用我国法律或有关的国际条约。

综合分析本案例,案件双方当事人争议的焦点主要集中于以下几个方面:

(1)“CSCL NINGBO”轮与“鲁荣水 168”轮是否发生碰撞。对此问题,法院委托山东大洋海事司法鉴定所作出鉴定报告。该鉴定报告程序合法,依据充分,与法院所查明的事实相互吻合,形成了一个完整的证据链;且鉴定专家出庭接受了各方当事人的质询,原被告也皆未提供足以反驳该鉴定报告的相反证据和理由。因此,可以确认“CSCL NINGBO”轮碰撞了“鲁荣水 168”轮并致其沉没。

(2)就双方的碰撞过失而言:本次事故中,“CSCL NINGBO”轮和“鲁荣水 168”轮在夜航和雾天的不良行驶条件下,皆未能利用一切有效手段保持正规瞭望;两船皆未充分利用雷达进行有效观测,不能及时发现对方及获得碰撞危险的早期预警,也没有及时对探测到的物标进行雷达标绘,以便正确判断是否存在碰撞危险;在能见度不良的情况下,未能以适合当时情况的安全航速行驶,以致未能采取有效的避碰行动,并在适合当时环境和情况的距离内把船停住。因此,“CSCL NINGBO”轮和“鲁荣水 168”轮皆违反了 1972 年《国际海上避碰规则》(以下简称《避碰规则》)第 5 条、第 6 条、第 7 条第 2 款、第 19 条第 2 款的有关规定。此外,“CSCL NINGBO”轮还存在以下过失:在浓雾中又是在通航密度大的水域中行驶,仍然以 20—21 节的高速行驶;“CSCL NINGBO”轮驾驶台距船首约 200 米,在浓雾中又没有派瞭头,船长也不在驾驶台操纵,没有做到谨慎驾驶,违背《避碰规则》第 2 条第 1 款。因此,对本次碰撞事故,“CSCL NINGBO”轮应承担主要责任(70%),“鲁荣水 168”轮应承担次要责任(30%)。

(3)被告是否属于肇事逃逸并应该承担 100% 的责任?因两船质量相差甚大,“CSCL NINGBO”轮约为“鲁荣水 168”轮的 400 倍,且“CSCL NINGBO”轮球鼻艏碰撞“鲁荣水 168”轮尾部,“CSCL NINGBO”轮没感觉到震动是可能的。其次,在浓雾和夜航的情况下,“CSCL NINGBO”轮驾驶台距船首约 200 米,无瞭头,船舷与驾驶台较高,当时航速 20—21 节。这些因素均增加不宜发现与“鲁荣水 168”轮碰撞的可能性。最后,“鲁荣水 168”轮被撞后没有发出声光信号,虽然“鲁荣水 168”轮用其高频 16 频道呼叫救助,但“CSCL NINGBO”轮值班船员均是菲律宾人,可能听不懂救助信息。因此,没有充分理由认定“CSCL NINGBO”轮在当时知道这一碰撞事实。

综合分析上述案例，第一被告CSCL宁波航运有限公司（CSCL Ningbo Shipping Company Ltd.）赔偿原告荣成华进水产有限公司因碰撞而遭受的船体损失、机舱备件、船上生活用品、渔货价值、鱼箱、船员个人物品、律师费、误产损失等经济损失及利息①，第二被告希斯潘船舶管理有限公司（Seaspan Ship Management Ltd.）对此承担连带赔偿责任。

（五）案例自测

2000年10月12日晚22时，原告赵国荣所有的"苏海门渔03016"船正在江苏吕四渔场150渔区2小区作业。此时，前方不远处有一艘走锚船正向"苏海门渔03016"船靠近，很快该走锚船的锚绳挂住了"苏海门渔03016"船船头桅杆，致"苏海门渔03016"船右船艏部与走锚船左船艏部紧挤一起，在大风中不断地上下轧碰。由于两船无法开档，"苏海门渔03016"船的船员用刀将走锚船锚绳砍断，两船分开，走锚船随即离去。事发后，"苏海门渔03016"船船员发现本船的船艏部被撞损，舱内开始进水，船员在进行自救的同时呼叫"03004"船前来施救。因当时海上风大浪大，"03004"船无法航行，至次日凌晨5时才赶到出事渔区，将"苏海门渔03016"船9名船员救起，"苏海门渔03016"船在当天7时沉没。2001年2月18日，东海渔监向江苏渔监出具了"调查意见"，认定被告林成方、许连刚、卢赵云、丁德才、杨谷定共有的"浙象渔运055"船为肇事船。为此，原告赵国荣诉请判令被告林成方等赔偿船舶、捕捞、船载鱼货和船上生活用品等损失。②

六、海难救助

（一）案情简介

2005年1月26日，武汉鄂东海远有限责任公司（以下简称鄂东公

① 2008年《最高人民法院关于审理船舶碰撞纠纷案件若干问题的规定》第4条规定：对船舶碰撞产生的赔偿责任由船舶所有人承担，碰撞船舶在光船租赁期间并经依法登记的，由光船承租人承担。

② 摘自中国涉外商事海事审判网，www.ccmt.org.cn，2004年6月3日访问。作者有所删改。

司)所属“明辉8”轮在运输中国石油化工股份有限公司广东粤东石油分公司(以下简称粤东公司)一批柴油(从福建东山至广东汕头)的途中与另一轮在南澳岛附近相撞,其承运柴油部分溢出,部分随船舶沉没。次日,汕头海事局向鄂东公司发出《海事行政强制措施决定书》,要求其实施清污、抽取柴油等措施。鄂东公司不予履行。汕头海事局遂委托上海打捞局进行救助,并约定救助费用由其统一向被救助方索赔。1月31日,粤东公司向汕头海事局致函:“明辉8”轮本航次所载980吨货油为其所有,价值382.2万元,请汕头海事局组织打捞时最大限度地减少其损失,若货物得以获救,其将根据《海商法》以及有关法律法规处理有关费用问题。上海打捞局通过对“明辉8”轮的抽油作业共抽取货油439立方米。

汕头海事局因要求粤东公司支付救助费用被拒,于3月28日向广州海事法院申请拍卖所抽取的货油。4月19日,货油以134.19万元被拍卖。5月19日,汕头海事局向广州海事法院起诉,请求法院判令被告赔偿救助费用134.19万元及利息。①

(二)思考方向

因海上救助面临其特殊的风险,故海难救助成为海商法所特有的、区别于陆上救助的一种制度。海难救助一般实行“无效果,无报酬”、救助报酬金额不得超过获救财产的价值、救助方有过失救助报酬将予以扣减等原则。本案中,汕头海事局的请求是否合理应结合案件事实及我国《海商法》等法律规定予以确定。

(三)法律规定

《中华人民共和国海商法》第171条 本章规定适用于在海上或者与海相通的可航水域,对遇险的船舶和其他财产进行的救助。

第175条第1款 救助方与被救助方就海难救助达成协议,救助合同

---

① 摘自《中国海事审判年刊(2005)》,人民交通出版社2006年版,第597—598页。作者有所删改。

成立。

第179条　救助方对遇险的船舶和其他财产的救助，取得效果的，有权获得救助报酬；救助未取得效果的，除本法第182条或者其他法律另有规定或者合同另有约定外，无权获得救助款项。

第180条　确定救助报酬，应当体现对救助作业的鼓励，并综合考虑下列各项因素：

（一）船舶和其他财产的获救的价值；

（二）救助方在防止或者减少环境污染损害方面的技能和努力；

（三）救助方的救助成效；

（四）危险的性质和程度；

（五）救助方在救助船舶、其他财产和人命方面的技能和努力；

（六）救助方所用的时间、支出的费用和遭受的损失；

（七）救助方或者救助设备所冒的责任风险和其他风险；

（八）救助方提供救助服务的及时性；

（九）用于救助作业的船舶和其他设备的可用性和使用情况；

（十）救助设备的备用状况、效能和设备的价值。

救助报酬不得超过船舶和其他财产的获救价值。

第181条第1款　船舶和其他财产的获救价值，是指船舶和其他财产获救后的估计价值或者实际出卖的收入，扣除有关税款和海关、检疫、检验费用以及进行卸载、保管、估价、出卖而产生的费用后的价值。

第183条　救助报酬的金额，应当由获救的船舶和其他财产的各所有人，按照船舶和其他各项财产各自的获救价值占全部获救价值的比例承担。

第190条　对于获救满90日的船舶和其他财产，如果被救助方不支付救助款项也不提供满意的担保，救助方可以申请法院裁定强制拍卖；对于无法管、不易保管或者保管费用可能超过其价值的获救的船舶和其他财产，可以申请提前拍卖。

拍卖所得价款，在扣除保管和拍卖过程中的一切费用后，依照本法规定支付救助款项；剩余的金额，退还被救助方；无法退还、自拍卖之日起满1年又无人认领的，上缴国库；不足的金额，救助方有权向被救助方追偿。

第192条　国家有关主管机关从事或者控制的救助作业，救助方有权享受本章规定的关于救助作业的权利和补偿。

（四）学理分析

海难救助有广义和狭义之分。广义的海难救助是指对海上遇难的人命和财产的救助，狭义的海难救助仅指对海上遇难财产的救助。目前，大多数国家的国内立法以及 1910 年《关于统一海上救助某些法律规定的公约》、1989 年《国际救助公约》主要是针对狭义的海难救助而作的立法规定①，因为有关的国际法及各国立法强制规定任何船舶在不严重危及船舶和船上人员安全的情况下都有救助人命的义务②，且救助人命不产生救助报酬请求权，只有在救助船舶和其他财产的同时救助了人命才有权分享救助报酬中的合理份额。

海难救助法律关系的成立应具备以下三个条件：被救物必须是法律所承认的标的；被救物处于危险之中；救助行为是自愿的行为。在一般的财产救助中，仍适用“无效果，无报酬”原则。因此，就救助报酬的请求权而言，除需具备上述三个条件之外，还往往要求救助要有效果，除非救助方因救助可能或已经造成海洋环境损害的船舶而请求特别补偿。③

综合分析上述案例，粤东公司致函汕头海事局，请求对其所有货油进行救助。汕头海事局委托上海打捞局共抽取货油 439 立方米。因此，汕头海事局与粤东公司之间的救助关系成立，且救助货油之行为取得效果。依据有关规定，粤东公司拒付救助报酬时，救助方可申请法院裁定强制拍卖，拍卖所得价款扣除保管和拍卖等费用后支付救助款项。

（五）案例自测

2003 年 2 月 24 日，“紫藤”轮与“明日光 1”号轮因互有过失在湛江水域碰撞，前者货舱破损逐渐倾斜，该轮船长于是决定弃船并带领船员登上“明日光 1”号轮。“明日光 1”号轮船员经观察后认为“紫藤”轮没有很快沉没的危险，自行登上该轮勘查险情并将该轮的水密门关闭。湛江海事局接到事

---

① See http://www.ccmt.org.cn/hs/explore/exploreDetial.php? sId = 115，2009 年 3 月 20 日访问。

② 我国《海商法》第 174 条对此也作了规定：船长在不严重危及本船和船上人员安全的情况下，有义务尽力救助海上人命。

③ 我国《海商法》第 182 条对此作了明确规定；1989 年《救助公约》同时确立了“无效果，无报酬”原则（第 12 条第 1 款）和建立在“无因管理”基础之上的“协助”原则（第 14 条）。

故报告后组织抢险救助，指令“明日光1”号轮将“紫藤”轮拖往浅水区抢卸。因“明日光1”号轮拖力不足，湛江海事局指派其他船舶将“紫藤”轮拖至安全泊位。

“明日光1”号轮所有人向广州海事法院起诉，认为“明日光1”号轮先救助了“紫藤”轮全体船员，后又对“紫藤”轮采取了救助措施，为其最终获救作出了重要贡献，要求“紫藤”轮承租人支付80万元救助报酬。“紫藤”轮承租人则认为，“明日光1”号轮在碰撞后负有对“紫藤”轮救助的法定义务，故其所有人无权请求救助报酬。①

七、共同海损法律制度

（一）案情简介

我国A公司与某国B公司于2001年10月20日签订购买52500吨化肥的CFR合同。A公司开出信用证规定，装船期限为2002年1月1日至1月10日，由于B公司租来运货的“顺风号”轮在开往装货港途中遇到飓风，结果迟延到达，导致2002年1月20日才完成货物装船。承运人在取得B公司出具的保函的情况下签发了与信用证条款一致的提单。“顺风号”轮于1月21日驶离装运港。A公司为这批货物投保水渍险。2002年1月30日“顺风号”轮途经巴拿马运河时起火，造成部分化肥烧毁。船长命令救火，又造成部分化肥湿损。事后，船舶进入附近某避难港（非原定挂靠港）修理，产生港口费、船舶修理费、船员工资及给养费等费用。同时，因船舶在装货港延迟，该船到达目的地时正遇上化肥价格下跌。A公司在出售剩余化肥时价格不得不大幅度下降，遭受较大损失。那么，上述各项损失是否属共同海损？应分别由谁承担？②

① 摘自《中国海事审判年刊（2005）》，人民交通出版社2006年版，第599页。作者有所删减。

② See http://www.edu24ol.com/web_news/html/2008-1/2008129103449653.html，2009年10月15日访问，作者有所删改。

（二）思考方向

共同海损制度在海上保险出现之前对公平分担海上风险、鼓励和促进国际海运业发挥了积极的作用。但是，因其现在复杂、昂贵、经常不公平和费时的程序以及跟不上运输法理论与实践的步伐，共同海损制度的适用范围逐渐缩小，其发挥的有益作用已相当有限。① 国际社会正致力于通过适度发挥保险人的作用以简化该制度。②

共同海损制度包括共同海损行为、共同海损牺牲和费用以及共同海损分摊等三方面内容。具体而言，这将涉及共同海损的概念和构成要件、表现形式、共同海损与过失的关系、共同海损担保、共同海损理算以及共同海损追偿等问题。本案例主要涉及共同海损构成要件和表现形式。

（三）法律规定

《中华人民共和国海商法》第 193 条 共同海损，是指在同一海上航程中，船舶、货物和其他财产遭遇共同危险，为了共同安全，有意地合理地采取措施所直接造成的特殊牺牲、支付的特殊费用。

无论在航程中或者在航程结束后发生的船舶或者货物因迟延所造成的损失，包括船期损失和行市损失以及其他间接损失，均不得列入共同海损。

第 194 条 船舶因发生意外、牺牲或者其他特殊情况而损坏时，为了安全完成本航程，驶入避难港口、避难地点或者驶回装货港口、装货地点进行必要的修理，在该港口或者地点额外停留期间所支付的港口费，船员工资、给养，船舶所消耗的燃料、物料，为修理而卸载、贮存、重装或者搬移船上货物、燃料、物料以及其他财产所造成的损失、支付的费用，应当列入共同海损。

第 197 条 引起共同海损特殊牺牲、特殊费用的事故，可能是由航程中一方的过失造成的，不影响该方要求分摊共同海损的权利；但是，非过失方或过失方可以就此项过失提出赔偿请求或者进行抗辩。

第 198 条第 1—2 项 船舶、货物和运费的共同海损牺牲的金额，依照下列规定确定：

（一）船舶共同海损牺牲的金额，按照实际支付的修理费，减除合理的

---

① 〔加拿大〕威廉·台特雷：《国际海商法》，张永坚等译，法律出版社 2005 年版，第 327 页。

② 司玉琢：《海商法专论》，中国人民大学出版社 2007 年版，第 501 页。

以新换旧的扣减额计算。船舶尚未修理的，按照牺牲造成的合理贬值计算，但是不得超过估计的修理费。

船舶发生实际全损或者修理费用超过修复后的船舶价值的，共同海损牺牲金额按照该船舶在完好状态下的估计价值，减除不属于共同海损损坏的估计的修理费和该船舶受损后的价值的余额计算。

（二）货物共同海损牺牲的金额，货物灭失的，按照货物在装船时的价值加保险费加运费，减除由于牺牲无须支付的运费计算。货物损坏，在就损坏程度达成协议前售出的，按照货物在装船时的价值加保险费加运费，与出售货物净得的差额计算。

第199条　共同海损应当由受益方按照各自的分摊价值的比例分摊。

船舶、货物和运费的共同海损分摊价值，分别依照下列规定确定：

（一）船舶共同海损分摊价值，按照船舶在航程终止时的完好价值，减除不属于共同海损的损失金额计算，或者按照船舶在航程终止时的实际价值，加上共同海损牺牲的金额计算。

（二）货物共同海损分摊价值，按照货物在装船时的价值加保险费加运费，减除不属于共同海损的损失金额和承运人承担风险的运费计算。货物在抵达目的港以前售出的，按照出售净得金额，加上共同海损牺牲的金额计算。

旅客的行李和私人物品，不分摊共同海损。

（三）运费分摊价值，按照承运人承担风险并于航程终止时有权收取的运费，减除为取得该项运费而在共同海损事故发生后，为完成本航程所支付的营运费用，加上共同海损牺牲的金额计算。

第201条　对共同海损特殊牺牲和垫付的共同海损特殊费用，应当计算利息。对垫付的共同海损特殊费用，除船员工资、给养和船舶消耗的燃料、物外，应当计算手续费。

第203条　共同海损理算，适用合同约定的理算规则；合同未约定的，适用本章的规定。

第274条　共同海损理算，适用理算地法律。

（四）学理分析

共同海损（general average）是指在同一海上航程中，当船舶、货物和其他财产遭遇共同危险时，为了共同安全，有意地、合理地采取措施所直接造成的特殊牺牲和支付的特殊费用，由各受益方按比例分摊的法律制度。

按照我国《海商法》第193条第1款和第199条第1款之规定，共同海损应具备以下几个构成要件:(1) 船舶、货物或其他财产在同一海上航程中遭遇真实存在的共同危险;(2) 为使同一航程遭遇共同危险的各方均受益而为的措施是有意而合理的;(3) 牺牲和费用必须是特殊的(即通常运营情况下不会发生);(4) 措施必须要有效果。实际上,我国《海商法》第 193 条是吸收 1974 年《约克—安特卫普规则》规则 A"共同海损行为"①而规定的,第 199 条第 1 款则借鉴了规则 B②,因此,共同海损行为应同时具备上述前三个要件,而共同海损分摊则应同时满足四个要件。

综合分析上述案例:(1) 因火灾而烧毁的属单独海损,应由保险公司承担损失,因为该损失不具备上述第一项要件。此外,依 CFR 术语,运输货物的风险在装货港越过船舷之后由 A 公司(即买方)承担,而 A 公司已为该批货物投保水渍险,其赔偿范围包含单独海损,因此该项损失应由保险公司承担。(2) 因灭火而导致化肥产生的湿毁属共同海损牺牲,应由受益方 A 公司和船公司按照各自的分摊价值的比例分摊,因为船舶和货物因火灾而遭遇共同危险,船长为了船、货的共同安全而命令救火,有意又合理地造成了化肥的湿毁。(3) 船舶进入避难港,产生港口费、船舶修理费、船员工资及给养费等费用应列入共同海损,因为这些费用在船舶通常运营情况下是不会发生的,属于特殊费用(我国《海商法》第 194 条)。(4) 船舶到达目的地后,A 公司因迟延交货而不得不降价销售所遭受的损失,系因船舶迟延到达装货港导致货物迟延装船而引起的,而不是货物在海上运输过程中所发生的,因此,该损失既非共同海损,也不属单独海损。但是,因承运人迟延装船、倒签提单,所以 A 公司可以要求承运人赔偿其此项损失。此外,该项损失非"水渍险"承保的责任范围,因此,A 公司不得就该损失要求保险公司予以赔偿。

(五) 案例自测

案例 1 某轮在航行途中因设备故障起火,导致其第四舱发生火灾,经灌水灭火后统计损失,被火烧毁货物价值 5000 美元,因灌水救火被水浸坏货

---

① 1974 年《约克 · 安特卫普规则》规则 A:共同海损行为,是在,而且仅仅是在,共同航海事业中,为了共同安全,使有关财物得免于难,而有意并合理作出任何特殊牺牲或支付任何特殊费用时,才能存在。

② 2004 年《约克 · 安特卫普规则》规则 A 将 1974 年《约克 · 安特卫普规则》规则 A 和规则 B 合并规定为规则 A:(1) 只有在为了共同安全,使同一航程中的财产脱离危险,有意且合理地作出特殊牺牲或支付特殊费用时,才能构成共同海损行为。(2) 共同海损牺牲和费用,应按下列规定,由各分摊方分摊。

物损失 6000 美元，船方宣布为共同海损。

试分析回答下列问题：1. 该轮船长宣布共同海损是否合理？2. 被火烧毁的货物损失和货物的湿损属什么性质的损失？应由谁负责？①

案例 2 船舶舱盖水密不够，在暴雨天气中 A 舱部分货物湿损。此后船舶在航行过程中意外搁浅，为了脱浅船长命令将湿损的货物抛弃，然后使用船舶机器尽力脱浅成功。船舶即将驶抵目的港时又意外触礁，船体出现破洞，造成 A 舱余下的货物损失了 2/3。为防止船舶沉没，船长雇请拖轮将船舶紧急拖带至浅滩搁浅。

在本案例中，各项费用和损害在性质上是否属共同海损？应由谁承担？②

八、海事赔偿责任限制

（一）案情简介

2006 年 6 月 27 日，中盛公司将其所有并实际经营的"中盛号"轮（皖江公司登记为该船的光船承租人和经营人）以自己的名义期租给中谷新良公司。

9 月 20 日，"中盛号"轮装载部分集装箱后从上海港驶出。9 月 22 日抵达厦门港东渡码头，装卸完毕后于 9 月 23 日 06:15 时离泊驶往广州。开航时，船舶航行正常、无倾斜。08:00 时，船舶受风浪影响，横摇 6—7 度。10:19 时，航向从 200 度转向 215 度，航速 7.7 节。10:25 时，船舶右倾 8 度左右，三副下令右舵 30 度，当舵转至 15 度时，船舶受横浪影响右倾至 15 度，三副下令正舵，这时右舷 18 只集装箱掉落海中。三副将车减至前进一，此时船舶左倾 20 度，甲板上浪，货舱进水，导致舱内部分集装箱货物湿损。10:26 时，船长上驾驶台，采取调头顶浪航行，航向 45 度，航速约 1 节。10:30 时，船舶继续向左倾斜，船长下令抛货以保持船体平衡，左舷 24 只集装箱落海。船舶恢复至左倾 10 度。通过排左

---

① See http://zhidao.baidu.com/question/76134187.html，2008 年 12 月 1 日访问。

② 摘自北大法律信息网（www.chinalawinfo.com），2009 年 8 月 5 日访问。

舷压载水，船舶恢复至左倾8度。后在他船的护航下，"中盛号"轮驶回厦门港。本次事故除造成部分集装箱落海灭失及货物湿损外，还导致船舶甲板部分栏杆、立柱断裂。

2007年2月16日，中盛公司、皖江公司、中谷新良（三被告）就"中盛号"轮此次海事事故共同向上海海事法院申请设立海事赔偿责任限制基金。4月24日，法院作出裁定，准许三被告共同设立海事赔偿责任限制基金。部分异议人就此向上海市高级人民法院提起上诉。2007年6月7日，上海市高级人民法院裁定：驳回上诉，维持原裁定。

龙口外代国际货运有限公司（原告）在办理针对上述三被告所设基金的债权登记之后，向上海海事法院提起确权诉讼。但在审理过程中，原告对三被告可否享受海事赔偿责任限制提出异议。三被告共同对此提出抗辩。①

（二）思考方向

作为一项法律制度，海事赔偿责任限制旨在将船舶所有人、经营人、承租人、救助人及责任保险人等的风险控制在可预见的范围内，以保障航运业平稳发展。海事赔偿责任限制区别于提单运输中承运人的单位责任限制，涉及海事赔偿责任主体、限制性债权与非限制性债权、赔偿责任限制权利的丧失、责任限额、责任限制基金、海事赔偿责任限制的计算等实体法和程序法问题。本案中，双方争议主要是责任人（承运人）是否因其所雇船员的行为而丧失赔偿责任限制的权利。

（三）法律规定

1.《中华人民共和国海商法》第204条 船舶所有人、救助人，对本法第207条所列海事赔偿请求，可以依照本章规定限制赔偿责任。

前款所称的船舶所有人，包括船舶承租人和船舶经营人。

第207条 下列海事赔偿请求，除本法第208条和第209条另有规定

① 摘自 http://ibdaily.mofcom.gov.cn/show.asp?id=179343，2009年5月3日访问。作者有所删改。

外，无论赔偿责任的基础有何不同，责任人均可以依照本章规定限制赔偿责任：(一) 在船上发生的或者与船舶营运、救助作业直接相关的人身伤亡或者财产的灭失、损坏，包括对港口工程、港池、航道和助航设施造成的损坏，以及由此引起的相应损失的赔偿请求；(二) 海上货物运输因迟延交付或者旅客及其行李运输因迟延到达造成损失的赔偿请求；(三) 与船舶营运或者救助作业直接相关的，侵犯非合同权利的行为造成其他损失的赔偿请求；(四) 责任人以外的其他人，为避免或者减少责任人依照本章规定可以限制赔偿责任的损失而采取措施的赔偿请求，以及因此项措施造成进一步损失的赔偿请求。

前款所列赔偿请求，无论提出的方式有何不同，均可以限制赔偿责任。但是，第(四)项涉及责任人以合同约定支付的报酬，责任人的支付责任不得援用本条赔偿责任限制的规定。

第208条 本章规定不适用于下列各项：

(一) 对救助款项或者共同海损分摊的请求；

(二) 中华人民共和国参加的国际油污损害民事责任公约规定的油污损害的赔偿请求；

(三) 中华人民共和国参加的国际核能损害责任限制公约规定的核能损害的赔偿请求；

(四) 核动力船舶造成的核能损害的赔偿请求；

(五) 船舶所有人或者救助人的受雇人提出的赔偿请求，根据调整劳务合同的法律，船舶所有人或者救助人对该类赔偿请求无权限制赔偿责任，或者该项法律作了高于本章规定的赔偿限额的规定。

第208条第1项 本章规定不适用于下列各项：(一) 对救助款项或者共同海损分摊的请求。

第209条 经证明，引起赔偿请求的损失是由于责任人的故意或者明知可能造成损失而轻率地作为或者不作为造成的，责任人无权依照本章规定限制赔偿责任。

第213条 责任人要求依照本法规定限制赔偿责任的，可以在有管辖权的法院设立责任限制基金。基金数额分别为本法第210条、第211条规定的限额，加上自责任产生之日起至基金设立之日止的相应利息。

第214条 责任人设立责任限制基金后，向责任人提出请求的任何人，不得对责任人的任何财产行使任何权利；已设立责任限制基金的责任人的船或者其他财产已经被扣押，或者基金设立人已经提交抵押物的，法院应当及时下令释放或者责令退还。

2.《海诉法》第101条第1、3款 船舶所有人、承租人、经营人、救助人、保险人在发生海事事故后,依法申请责任限制的,可以向海事法院申请设立海事赔偿责任限制基金。

设立责任限制基金的申请可以在起诉前或者诉讼中提出,但最迟应当在一审判决作出前提出。

第102条 当事人在起诉前申请设立海事赔偿责任限制基金的,应当向事故发生地、合同履行地或者船舶扣押地海事法院提出。

第106条 利害关系人对申请人申请设立海事赔偿责任限制基金有异议的,应当在收到通知之日起7日内或者未收到通知的在公告之日起30日内,以书面形式向海事法院提出。

海事法院收到利害关系人提出的书面异议后,应当进行审查,在15日内作出裁定。异议成立的,裁定驳回申请人的申请;异议不成立的,裁定准予申请人设立海事赔偿责任限制基金。

当事人对裁定不服的,可以在收到裁定书之日起7日内提起上诉。第二审人民法院应当在收到上诉状之日起15日内作出裁定。

第109条 设立海事赔偿责任限制基金以后,当事人就有关海事纠纷应当向设立海事赔偿责任限制基金的海事法院提起诉讼,但当事人之间订有诉讼管辖协议或者仲裁协议的除外。

第112条 海事法院受理设立海事赔偿责任限制基金的公告发布后,债权人应当在公告期间就与特定场合发生的海事事故有关的债权申请登记。公告期间届满不登记的,视为放弃债权。

第116条 债权人提供其他海事请求证据的,应当在办理债权登记以后,在受理债权登记的海事法院提起确权诉讼。当事人之间有仲裁协议的,应当及时申请仲裁。

海事法院对确权诉讼作出的判决、裁定具有法律效力,当事人不得提起上诉。

3.《中华人民共和国民事诉讼法》第139条 人民法院审理案件,其中一部分事实已经清楚的,可以就该部分先行判决。

4.《海诉法解释》第83条 利害关系人依据海事诉讼特别程序法第106条的规定对申请人设立海事赔偿责任限制基金提出异议的,海事法院应当对设立基金申请人的主体资格、事故所涉及的债权性质和申请设立基金的数额进行审查。

5.《最高人民法院(2004)民四他字第27号函》:就同一海事事故而提起的海事确权诉讼案件,如果海事债权人对责任人是否应当享有责任限制明确提出书面异议的,应当终止确权诉讼案件的审理,案件转入普通诉讼程序审理。如果部分海事债权人没有对责任人是否应当享有责任限制明确提出书面异议,应当中止确权诉讼案件的审理,待转入普通程序案件终审裁决后,恢复案件的审理。转入普通程序的案件最终裁决结果对恢复的中止案件具有既判力效力。

(四) 学理分析

本案原被告之间纠纷的解决,既涉及实体法问题,又涉及程序法问题,分别论述如下:

1. 法律程序

本案中,被告中盛公司系“中盛号”轮船舶所有人和实际经营人,被告皖江公司系登记经营人和光船承租人,被告中谷新良则系“中盛号”轮的定期租船人。因此,三被告均可享受海事赔偿责任限制(我国《海商法》第204条)。

事故发生后,三被告共同向上海海事法院申请设立海事赔偿责任限制基金。原告办理债权登记后向上海海事法院提起本案确权诉讼。法院对确权诉讼作出的判决、裁定为一审终审,当事人不得提起上诉(我国《海诉法》第126条第2款)。但是,原告在审理过程中对三被告可否享受海事赔偿责任限制的实体权利提出异议。对此异议是否同样适用一审终审,《海诉法》无明确规定。依2004年《最高人民法院民四他字第27号函》,就同一海事事故而提起的海事确权诉讼案件,如果海事债权人对责任人是否应当享有责任限制明确提出书面异议的,应当终止确权诉讼案件的审理,案件转入普通诉讼程序审理。因此,在确权诉讼中出现的责任人能否享受海事赔偿责任限制之争议应适用二审终审制,当事人享有上诉权利。

本案中,与此次事故相关的赔偿请求可分为以下三种:船舶右倾时落海的18个集装箱货物、船长为恢复船舶平衡而指令抛入海中的24个集装箱货物以及因海水进入货舱而遭受湿损的货物。原被告双方的争议主要是抛货损失的性质。因此,法院针对本案所涉不同法律问题分别适用两种不同的法律程序:对于责任人能否享受海事赔偿责任限制问题,根据民事诉讼法和最高人民法院的批复精神,先行判决,并给予当事人上诉权,适用二审终审;对于本案原告债权的确认,待先行判决效力确定后,仍旧适用确权程序审理(我国《民事诉讼法》第139条)。

2. 三被告不因其雇佣船员的过失行为丧失海事赔偿责任限制

经查明,导致涉案海事事故发生的主要原因是由于“中盛号”轮船员在管船和管货过程中存在过失行为。三被告应就此承担赔偿责任。此外,“中盛号”轮在事故航次的适航证书有效,船员配备符合最低安全配员证书要求,船员均持有适任证书,无证据证明涉案事故是由于“中盛号”轮的船舶所有人、光船承租人或定期租船人直接行为造成,或导致事故发生的船员过失行为是在船舶所有人、光船承租人或定期租船人授意或许可的情况下作出的。因此,原告以船员的过失行为主张三被告不得享受海事赔偿责任限制依据不足(我国《海商法》第 209 条),三被告有权就原告之海事赔偿请求享受责任限制。

3. 抛货行为性质的认定

本案中的抛货行为虽属船员的有意行为,但该行为与我国《海商法》第 209 条中的故意行为或明知可能造成损失而轻率地作为或不作为存在本质的区别。后者在主观上存在恶意或有明显过错,而前者是为了船货和人命安全而采取的合理措施,行为人是善意的,在主观上并无过错。

本案中的抛货行为虽具有共同海损的特征,但主张抛货引起的货物价值损失请求与我国《海商法》第 208 条第 1 项所规定的共同海损分摊请求在性质有所不同:后者产生于共同海损制度,属于非限制性债权,而前者因船东未宣布共同海损在性质上仍属单独海损,应归于限制性债权范畴。

综合分析上述案例,三被告符合法律所规定的可以限制赔偿责任的主体资格,就此次事故所造成的三种货物损失享受海事赔偿责任限制。

(五)案例自测

2003 年 5 月 21 日,原告上海波蜜食品有限公司委托厦门弘信公司与被告上海海华轮船有限公司以运单形式订立海上货物运输合同,约定由被告将其 6 个集装箱的饮料由上海运至广东黄浦和蛇口,被告安排“华顶山”轮实际运输。25 日,“华顶山”轮装载包括原告货物在内的共计 36 家货主的 142 个集装箱由上海港起航。因严重违反危险品运输规定,船舶于 28 日行至台湾海峡南碇岛附近时发生火灾,后在救助中沉没于厦门东渡码头,造成船上货物和港口经营等损失数千万元。

“华顶山”轮所有人丁根友、经营人台州市椒江滨海航运有限公司、期租人被告向厦门海事法院申请设立了总额为 268452.5 计算单位、折合人民币 3,145,725.65 元的海事赔偿责任限制基金。在办理债权登记进入确权诉讼后，部分债权人对以上三名被告能否享受海事赔偿责任限制提出异议，认为被告对损失的发生有重大过失，应全额承担赔偿责任。①

九、船源海洋环境污染

（一）案情简介

2002 年 11 月 23 日凌晨，满载原油的 81398 吨马耳他籍“塔斯曼海（TASMANSEA）”油轮与 7000 余吨中国沿海船舶“顺凯 1 号”在天津大沽口东部海域发生碰撞。“顺凯 1 号”轮艏尖舱进水，舷侧严重受损，而“塔斯曼海”在事故海域抛锚，其右舷第 3 舱破损，所载文莱轻质原油泄漏入海，随后形成溢油漂流带，使渤海湾海洋生态环境遭受严重破坏。

2002 年 11 月 28 日，天津市海洋局率先向天津海事法院提出申请，要求扣押“塔斯曼海”轮并责令其提供 1500 万美元的担保。此后，天津市渔政渔港监督管理处、渔民协会和汉沽区营城镇赵卫宗等 15 名养殖户，也分别提出扣船申请，并分别要求提供 1000 万美元、1000 万美元及 1000 万元人民币的担保。天津海事法院依法于 11 月 28 日晚将“塔斯曼海”轮扣押。12 月 3 日，“塔斯曼海”轮船舶所有人向法院提出复议申请，要求法院解除对该轮的扣押。为此，法院于 12 月 7 日召开听证会，后作出复议决定：申请人申请扣船符合我国现行立法及相关公约的规定。12 月 20 日晚，中国再保险公司代表伦敦汽船互保协会为被申请人出具 300 万美元的信用担保。天津海事法院立即发布解除扣押令。12 月 21 日凌晨 2 点，“塔斯曼海”轮驶离天津港。

2002 年 12 月 26 日，天津市海洋局向天津海事法院提交诉状，就海洋生态环境污染损害提出索赔，请求法院依法判令：(1) 两被告（“塔斯曼海”轮船舶所有人及其所在的伦敦汽船互保协会）赔偿原告海洋环境容量损失 3600 万元、海洋生态服务功能损失 738.17 万元、海洋沉积物恢复费用 2614 万元、潮滩生态环境恢复费用 1306 万元、浮游植物恢复

---

① 参见 http://www.chinalawedu.com/news/1900/27/2007/9/li123361654131970025664-0.htm，2009 年 10 月 12 日访问，作者有所删改。

费用60.84万元、游泳动物恢复费用938.09万元、生物治理研究费用和监测评估费等5798307元,共计98369307元;(2) 两被告承担连带赔偿责任。

此后,围绕该案件的诉讼主体不断增加。12月31日,天津市渔政渔港监督管理处提交诉状,就渔业资源遭受的损失进行索赔。2003年1月10日,受油污侵害的1224户渔民及131家养殖户分别委托三家渔民协会(河北省滦南县渔民协会、天津市塘沽区北塘渔民协会、塘沽区大沽渔民协会)提起诉讼。1月17日,汉沽地区250余户渔民和养殖户又提交5份起诉书,就海洋捕捞停产损失、网具损失和滩涂贝类养殖损失等提出巨额索赔。

最终,该案原告方共有10个诉讼主体,涉及自然人1500余人。2004年6月2日,该案开庭审理,各受害方根据最新调查结果,分别调整了索赔数额,总标的额最终确定为1.7亿元。其中,天津市海洋局索赔海洋生态环境损失9830余万元;天津市渔政渔港监督管理处索赔渔业资源损失的数额为1830余万元。此外,滦南县渔民协会、北塘渔民协会、大沽渔民协会、汉沽地区渔民和养殖户提出的索赔经济损失金额分别为4100余万元、357万元、471万余元和1300余万元。

就众原告提出的各项诉讼请求,两被告认为:(1) 众原告不具有诉权,无权索赔损失;(2) 本案应适用1992年《CLC公约》、《国际油污赔偿基金索赔手册》、《CMI油污损害指南》以及与上述公约、国际惯例或国际通行做法不相冲突的国内法,而根据上述公约,众原告的索赔请求应被驳回;(3) 众原告的索赔请求相互重复。①

(二)思考方向

本案中,天津市海洋局就海洋生态环境污染索赔是我国海洋行政管理部门自2000年4月我国《海洋环境保护法》(下称《海环法》)实施以来第一次作为海洋管理机关对油污进行民事索赔。同时,该案不仅是中国加入1992年《国际油污损害民事责任公约》(简称《CLC公约》)后的第一起根据

① 本案例系作者根据有关媒体关于“塔斯曼海”轮此次事故的报道资料综合而成。

该公约向外国船公司及其保险人索赔的涉外油污诉讼案，也是我国法院首次适用《CLC公约》审理案件。此外，本案所涉主体众多，是新中国成立以来最大的涉外民事索赔案和生态破坏索赔案，涉及较强的专业性和技术性问题，原被告对案件事实和证据争议颇大。

法院要合理解决各个案之争议，需要明确法律适用、船舶碰撞油污损害责任主体的确定、油污损害索赔主体资格的认定、油污损害赔偿范围的界定（如中长期损失是否赔偿）、预防措施费用等的具体量化、强制保险与直诉保险人等问题。

（三）法律规定

1. 1992年《国际油污损害民事责任公约》第1条第6项 “污染损害”是指：(a) 由于船舶泄漏或排放油类，而在船舶之外因污染而造成的损失和损害，不论这种泄漏或排放发生于何处，但是，对环境损害的赔偿，除这种损害所造成的盈利损失外，应限于已实际采取或行将采取的合理复原措施的费用；(b) 预防措施的费用和因预防措施而造成的进一步损失或损害。

第3条第1款 除本条第2款和第3款另有规定外，在事件发生时，或如该事件包括一系列事故，则在其第一次事故发生时，船舶所有人应对该船因此事件所造成的任何污染损害负责赔偿。

第4款 除按本公约规定外，不得对船舶所有人提出污染损害赔偿要求。除根据本条第5款外，不论根据本公约与否，不得对下列人等提出污染损害赔偿要求：

(a) 船舶所有人的雇佣人员或代理人，或船员；

(b) 引航员或为船舶提供服务的非属船员的任何其他人；

(c) 任何承租人（任何类型的承租人，包括光船承租人），船舶管理人或经营人；

(d) 经船舶所有人同意或根据有关主管当局的指令进行救助作业的任何人；

(e) 采取预防措施的任何人；

(f) 第(c)、(d)、(e)项中提及的所雇佣人员或代理人；

除非损害是由于他们本人有意造成这种损害，或是明知可能造成这种损害而毫不在意的行为或不为所引起。

第5条第1、3款 船舶所有人有权将他依本公约对任何一个事件的责任限定为按船舶吨位计算赔偿总额每一吨 2000 法郎,但这种赔偿总额绝对不得超过2.1 亿法郎。

为取得本条第1款规定的责任限度的权利,船舶所有人应在按第9条规定提出诉讼的任一缔约国里的法院或其他主管当局设立相当其责任限度总数的基金。建立该项基金可采取照数存入银行的方法或是采取按设立基金的缔约国法律可以接受的、经法院或其他主管机关认可的银行担保或其他担保的方法。

第6条 当船舶所有人在事件发生之后已按第5条规定设立一项基金并有权限制其责任范围时,则:(1) 对上述事件造成的油污损害提出索赔的任何人不得就其索赔对船舶所有人的任何其他财产行使任何权利。(2) 各缔约国的法院或其他主管当局应下令退还由于对该事件造成的油污损害提出索赔而扣留的属于船舶所有人的任何船舶或其他财产,对为避免扣留而提出的保证金或其他保证金或其他保证也同样应予退还。

但上述规定只在索赔人能向管理基金的法院提出索赔,并且该基金对他的索赔确能支付的情况下才适用。

第7条第1、2、8款 在缔约国登记的载运2千吨以上散装货油的船舶的船舶所有人必须进行保险或取得其财务保证,如银行保证或国际赔偿基金出具的证书等,保证数额按第5条第1款中规定的责任限度决定,以便按本公约规定承担其对油污损害所应负的责任。

应对每一船舶颁发一项证书,证明该船按本公约规定进行的保险或取得的其他财务保证具有实效……

对油污损害的任何索赔可向承担船舶所有人油污损害责任的保险人或提供财务保证的其他人直接提出。在上述情况下,被告人可不问船舶所有人的实际过失或暗中参与而援用第5条第1款所规定的责任限度。被告人可以进一步提出船舶所有人本人有权援引的答辩(船舶所有人已告破产或关闭者不在此例)。除此以外,被告人可以提出答辩,说明油污损害是由于船舶所有人的有意的不当行为所造成,但不得提出他有权在船舶所有人向他提出的诉讼中所援引的答辩。在任何情况下,被告人有权要求船舶所有人参加诉讼。

2.《中华人民共和国海洋环境保护法》第5条第1款 国务院环境保护行政主管部门作为对全国环境保护工作统一监督管理的部门,对全国海洋环境保护工作实施指导、协调和监督,并负责全国防治陆源污染物和海岸工程建设项目对海洋污染损害的环境保护工作。

第2款 国家海洋行政主管部门负责海洋环境的监督管理，组织海洋环境的调查、监测、监视、评价和科学研究，负责全国防治海洋工程建设项目和海洋倾倒废弃物对海洋污染损害的环境保护工作。

第4款 国家渔业行政主管部门负责渔港水域内非军事船舶和渔港水域外渔业船舶污染海洋环境的监督管理，负责保护渔业水域生态环境工作，并调查处理前款规定的污染事故以外的渔业污染事故。

第66条第1款 国家完善并实施船舶油污损害民事赔偿责任制度；按照船舶油污损害赔偿责任由船东和货主共同承担风险的原则，建立船舶油污保险、油污损害赔偿基金制度。

第90条第2款 对破坏海洋生态、海洋水产资源、海洋保护区，给国家造成重大损失的，由依照本法规定行使海洋环境监督管理权的部门代表国家对责任者提出损害赔偿要求。

3.《中华人民共和国渔业法》第6条 国务院渔业行政主管部门主管全国的渔业工作。县级以上地方人民政府渔业行政主管部门主管本行政区域内的渔业工作。县级以上人民政府渔业行政主管部门可以在重要渔业水域、渔港设渔政监督管理机构。

县级以上人民政府渔业行政主管部门及其所属的渔政监督管理机构可以设渔政检查人员。渔政检查人员执行渔业行政主管部门及其所属的渔政监督管理机构交付的任务。

第7条第1—2款 国家对渔业的监督管理，实行统一领导、分级管理。

海洋渔业，除国务院划定由国务院渔业行政主管部门及其所属的渔政监督管理机构监督管理的海域和特定渔业资源渔场外，由毗邻海域的省、自治区、直辖市人民政府渔业行政主管部门监督管理。

4.《海诉法》第17条 海事法院接受申请后，应当在48小时内作出裁定。裁定采取海事请求保全措施的，应当立即执行；对不符合海事请求保全条件的，裁定驳回其申请。

当事人对裁定不服的，可以在收到裁定书之日起5日内申请复议一次。海事法院应当在收到复议申请之日起5日内作出复议决定。复议期间不停止裁定的执行。

利害关系人对海事请求保全提出异议，海事法院经审查，认为理由成立的，应当解除对其财产的保全。

第18条 被请求人提供担保，或者当事人有正当理由申请解除海事请求保全的，海事法院应当及时解除保全。

海事请求人在本法规定的期间内，未提起诉讼或者未按照仲裁协议申请仲裁的，海事法院应当及时解除保全或者返还担保。

第21条第4项 下列海事请求，可以申请扣押船舶：船舶对环境、海岸或者有关利益方造成的损害或者损害威胁；为预防、减少或者消除此种损害而采取的措施；为此种损害而支付的赔偿；为恢复环境而实际采取或者准备采取的合理措施的费用；第三方因此种损害而蒙受或者可能蒙受的损失；以及与本项所指的性质类似的损害、费用或者损失。

第28条 海事请求保全扣押船舶的期限为30日。

海事请求人在30日内提起诉讼或者申请仲裁以及在诉讼或者仲裁过程中申请扣押船舶的，扣押船舶不受前款规定期限的限制。

第76条第1款 海事请求人要求被请求人就海事请求保全提供担保的数额，应当与其债权数额相当，但不得超过被保全的财产价值。

第97条 对船舶造成油污损害的赔偿请求，受损害人可以向造成油污损害的船舶所有人提出，也可以直接向承担船舶所有人油污损害责任的保险人或者提供财务保证的其他人提出。

（四）学理分析

本案所涉法律问题众多。限于篇幅，本书仅讨论船舶扣押、诉讼主体地位的确定等问题。

1. 扣船与担保事项

“塔斯曼海”轮被扣押后，其船东英费尼特航运有限公司所在的伦敦汽船互保协会认为：既然涉案当事人及协会的所在国（中国、英国和马耳他）均是1992年《CLC公约》缔约国，中国法院的判决能在各缔约国执行，所以中国法院不应扣船并要求提供担保。同时，互保协会试图以西班牙“威望”号油污协会未提供担保为例，表明协会不为“塔斯曼海”轮担保。12月3日，“塔斯曼海”轮船东就其船舶被扣押一事向法院提出复议申请。船东认为，被申请人已按公约规定提供油污责任保险及经马耳他政府主管机关签发的证明该责任保险有效的证书，被申请人具备的油污责任保险是有效的担保，申请人无权为取得担保而扣押船舶；另外，申请人要求其提供1500万美元的担保大大超过了“塔斯曼海”轮的现有价值265万美元。

天津海事法院认为，扣押船舶或其他财产的退还以船舶所有人在受案缔约国法院或其他主管当局设立责任限额基金为前提条件（《CLC公约》第6条）。被申请人具备的责任保险证书是《CLC公约》规定的载运2000吨以上散装货油船舶的所有人在各缔约国从事营运的强制性条件(《CLC 公约》第 7 条),所以该证书及被申请人提供的由马耳他政府主管机关出具的证明责任保险有效的证书不是可以使船舶获释的担保。此外,被申请人并未在中国设立责任限制基金,因此,申请人要求扣押该轮并提供担保的请求符合《CLC 公约》及《海诉法》的规定。

根据我国现行立法规定,海事请求人要求提供担保的数额不能超过被保全财产的价值(《海诉法》第 76 条第 1 款)。经被申请人评估且与众申请人协商,考虑船龄及市场等多种因素和各自利益,将担保数额确定为 300 万美元。因此,法院只要求船东提供 300 万美元的信用担保。

2. 原告诉讼主体资格的确定

被告主张,天津市海洋局不具备就油污损害提出索赔的主体资格,因为天津市海洋局的权限只是天津市海洋使用监督管理权,而非我国《海洋环境保护法》第 90 条规定的海洋环境监督管理部门。原告在答辩中认为,国家海洋局在历史上曾授权天津科委领导下的天津海洋办公室在天津海岸线、海港以及其他毗邻海域按有关海洋法规行使海洋监察管理权。天津市海洋办公室后改为天津市海洋局,脱离了科委的领导,但天津市海洋局已获得相关授权。因此,依据我国《海洋环境保护法》第 5 条和第 90 条的规定以及农业部授权,原告是适格的索赔主体,具有合法的索赔权。

关于重复索赔问题,天津海事法院经调查取证后明确表示,天津市海洋局请求的是海洋环境生态污染破坏和生态恢复的索赔;天津市渔政渔港监督管理处请求的是渔业资源损失;河北省滦南县和天津市汉沽、北塘、大沽渔民请求的是因污染造成的海洋捕捞停产损失、网具损失和滩涂贝类养殖损失。法院同时查明:渔民索赔的捕捞停产损失属于因污染给渔民造成的直接损失,这部分损失与天津市渔政渔港管理处和天津市海洋局的索赔是性质完全不同的。因此,各方当事人索赔的范围和内容界定明确,彼此独立,不存在重复索赔的问题。此外,2004 年 6 月 2 日上午,天津海事法院开庭对滦南、北塘、大沽、汉沽 1500 余名原告的主体资格分别进行核对,逐一查看了每位原告的身份证、捕捞许可证、船舶所有权证等证明文件。

此外,《CLC 公约》规定,对污染损害的任何索赔可向承担船舶所有人污染责任的保险人或提供财务保证的其他人直接提出(《CLC 公约》第 7 条第 8 款)。责任保险人或其他财务保证人是船舶所有人承担赔偿责任的连带保证人。

2004 年 6 月 14 日和 23 日,天津海事法院组织以"塔斯曼海"轮溢油事故为由请求赔偿的10个案件当事人共同召开了审前会议，各方当事人最终确定，“溢油量、溢油回收量、溢油品质特性及挥发量、污染面积、消油剂使用量及后果、污染前后海洋环境的质量状况及法律适用”等问题为各案共同涉及的争议焦点，并一致同意合并审理。

3. 损害赔偿的确定

因本案涉及较强的专业性、技术性问题，且原被告对有关案件事实和证据争议颇大，法院为查清事实，在征得原被告一致同意后委托山东海事司法鉴定中心对相关技术问题进行鉴定。鉴定人有关本次事故导致205.924吨文莱轻质原油入海的结论是客观公正的，其对事故海域污染前后的环境状况的结论符合实际，程序合法。各方当事人对此鉴定结果也无异议。法院予以采信。

（1）渔民、养殖户等就渔业捕捞损失、滩涂养殖损失和网具损失索赔案

2004年12月24日，天津海事法院对滦南县渔民协会、北塘渔民协会、大沽渔民协会、汉沽地区渔民和养殖户等诉两被告海洋捕捞停产损失、网具损失和滩涂贝类养殖损失索赔案的8个个案分别作出判决。

法院依法查明，渤海湾的曹妃甸附近海域临近河口，海域环境质量良好，是多种经济鱼类、虾蟹类和贝类的产卵场和索饵场。离岸较近的渔区是滦南县渔民和天津市沿海渔民世代从事海洋捕捞的赖以生存的传统渔场，涉案众渔民对其具有较强的依赖性。每年11月底至12月中旬为该海域的秋汛，正值渔民海洋捕捞的旺季，且鱼货销售价格较高，此时的海洋捕捞收入占渔民全年收入的比重相对较高。

因“塔斯曼海”轮溢油污染海域中油类浓度已超过海洋生物的安全浓度值，严重危害了海洋生物，严重污染了相关海域和滩涂，给部分养殖户的滩涂养殖带来重大经济损失，并导致以渔业捕捞为生的渔民不得不停产，给渔民的捕捞生产造成严重损失。原告的停产损失与溢油污染事故之间因果关系明确。因此，法院依法判决：被告英费尼特航运有限公司赔偿河北省滦南地区、天津市汉沽地区、塘沽区北塘地区、塘沽区大沽地区共计1490名渔民、养殖户渔业捕捞损失、滩涂养殖损失和网具损失等共计1700余万元及其相应利息；被告伦敦汽船船东互保协会承担连带责任。

（2）天津海洋局就船舶碰撞油污海洋生态环境受损索赔案

2004年12月30日，天津海洋局诉两被告船舶碰撞油污海洋生态环境受损索赔案历经2004年6月24至12月17日期间的6次庭审后公开宣判。

法院审理查明，“塔斯曼海”轮溢油事故发生后，天津海洋局采取应急措

施,组织相关部门的船舶和人员对海上溢油清污,实际回收溢油 17.85 吨。溢油事故发生前,事故海域环境质量基本处于良好状态,整体海水质量符合二类海水质量标准。海域沉积物质量整体处于良好状态,符合海洋沉积物质量一类标准。“塔斯曼海”轮所载轻质原油入海,溢油事故海域被严重污染,客观上造成了渤海湾的环境容量损失。

法院认为,渤海是半封闭的内海,海水交换持续时间长,自净能力较弱,此次溢油事故海域为我国必须进行污染物排放总量控制的重点海域。法院同时认为,事故海域海洋沉积物中油类污染物,虽经过一年降低到沉积物质量一类标准,但平均油类含量仍比事故前高出 0.68 倍,因此,该被污染海域的海洋沉积物应予修复,通过对庞大的有关海洋生态环境污损监测数据的分析查证,在最终核实原告相应损失的基础上,法院依据我国法律及 1992 年《CLC 公约》判决:被告英费尼特航运有限公司赔偿原告天津市海洋局海洋环境容量损失 750.58 万元,赔偿原告调查、监测评估费用及生物修复研究经费等 2452284 元,并承担上述款项的利息损失;被告伦敦汽船船东互保协会承担连带责任。

(3) 天津市渔政渔港监督管理处就渔业资源损失索赔案

天津市渔政渔港监督管理处诉两被告船舶碰撞油污渔业资源损害赔偿纠纷案,从 2004 年 6 月 24 日至 12 月 1 日历经 5 次公开开庭审理后公开宣判。

法院查明,本次溢油污染海域属近岸海域。该海域临近河口,海水中营养盐丰富,浮游植物的种类和数量丰富,初级生产力较高,因此浮游动物和其他饵料生物较多,是多种鱼虾蟹贝类的产卵场和索饵场。此次溢油不仅导致当时的渔业资源突然下降,且污染物对以后的渔业资源的损害也是不可逆转的,其造成损失包括直接经济损失和天然渔业资源损失。《CLC 公约》对天然渔业资源损失如何计算和是否赔偿未做明确规定。依照黄渤海监测中心的监测结果,按照我国《水域污染事故渔业损失计算方法规定》所得出的天然渔业资源经济损失属于客观存在的事实。在确认损失的基础上,天津海事法院依法判决:被告英费尼特航运有限公司赔偿原告天津市渔政渔港监督管理处渔业资源损失 1465.42 万元,调查评估费 48 万元,并承担上述款项的利息;被告伦敦汽船船东互保协会承担连带赔偿责任。

最终,众原告就此次船舶溢油事故索赔 10 个个案的最终赔偿数额合计

4200 余万元。①

（五）案例自测

2001 年 6 月 16 日，“通天顺”轮（秦宁船务代理有限公司定期租用，天顺船务有限公司所有）从岚山港运载 7390 吨石膏石开往三亚港。2001 年 6 月 20 日，“天神”轮（天神国际海运有限公司所有、扬州育洋海运有限公司光船租赁，但该光船租赁未登记）由香港装载 165 个集装箱共 1230.2 吨货物开往上海。6 月 21 日 05:00 时，两船航行至广东东部沿海石碑山附近海域。当时海上有雾，能见度不良，视距约 1—2 海里。约 06:35 时，两船发生碰撞。碰撞后，“通天顺”轮严重进水，有倾覆危险，船长在当时比较危急、没有安全保障的情况下，为了船、货及船上人员的安全，采取抢滩搁浅措施，但在抢滩过程中触礁，后沉没。法院查明：根据两船的过失程度，“通天顺”轮与“天神”轮应分别对碰撞事故承担 60% 与 40% 的过失责任。

2001 年 7 月 2 日，原告广东省海洋与渔业局向广州海事法院起诉，并诉称：6 月 21 日被告天顺公司所属“通天顺”轮与被告天神公司所属“天神”轮在粤东海区靖海附近海域发生碰撞，“通天顺”轮所载油类大量泄漏入海，严重污染了靖海至神泉和甲子近岸海域，造成天然水产品直接经济损失 330.73 万元、天然渔业资源经济损失 992.19 万元，原告为此支出损失调查费用 42.76 万元，三项损失合计 1365.68 万元。被告育洋公司是“天神”轮的经营人，被告中国船东互保协会是“天神”轮油污损害赔偿责任的保险人。故请求法院判令四被告连带赔偿原告损失 1365.68 万元及其利息，并承担本案诉讼费。

天顺公司辩称：原告主体不适格，其作为国家行政管理机关，无权主张油污损害民事赔偿。两轮发生碰撞后，“通天顺”轮抢滩沉没，天顺公司立即采取了水下封堵、抽油、安放防污染围栏等有效的防污染措施，实际上并没有发生油污事故。原告请求的渔业资源中、长期损失不是已发生的实际损失。原告没有遭受任何损失，其请求没有事实依据。原告请求天顺公司对油污损害承担连带责任也没有法律依据。请求法院驳回原告对被告天顺公司的诉讼请求。

育洋公司辩称：原告无权索赔国家渔业资源损失。“通天顺”轮在碰撞

---

① 对本案例所涉部分问题，2005 年最高人民法院《第二次全国涉外商事海事审判工作会议纪要》第 141 条、第 146 条、第 149 条和第 150 条作了明确阐述。

后错误地选择了抢滩地点，导致船舶在抢滩中触礁沉没，该轮船员在弃船前没有封堵油舱管道，碰撞事故并未直接造成"通天顺"轮漏油。如果"通天顺"轮漏油，该轮抢滩不当是造成油污的直接原因，而船舶碰撞并非直接原因。海洋环境污染损害赔偿适用无过错责任原则，且承担责任的主体是造成污染损害的直接责任者。非漏油船舶"天神"轮的船东不是本案环境污染法律关系的主体，不应承担油污责任。原告请求育洋公司对油污损害承担连带责任，既没有有效地证明其污染损失，也无法律依据。请求法院驳回原告对被告育洋公司的诉讼请求。

天神公司辩称：天神公司是"天神"轮的登记船东。在"天神"轮与"通天顺"轮发生碰撞时，天神公司已将"天神"轮光租给育洋公司经营，船舶在光租期间由光船承租人占有和使用，船长与船员由光船承租人配备，船舶的营运与安全管理由光船承租人负责，天神公司不负任何责任。请求法院驳回原告对被告天神公司的诉讼请求。

中国船东互保协会辩称：中国船东互保协会是"天神"轮的油污责任保险人，而非"通天顺"轮的油污责任保险人，为避免"天神"轮被扣押，已向原告提供了400万元的担保。非漏油船"天神"轮的船东不是油污损害的责任人，且油污责任没有确定前，中国船东互保协会履行担保责任的条件尚未成就。原告请求中国船东互保协会承担责任，没有事实与法律依据。请求法院驳回原告对被告中国船东互保协会的诉讼请求。

诉讼中，原被告之间关于"通天顺"轮在碰撞事故后是否发生漏油以及油污损害程度等存在争议，并分别提供了相应的证据。①

十、国际货物运输保险关系

（一）案情简介

2006年1月，我国甲公司的A、B两艘船舶因A船过失在我国某海域发生碰撞，导致B船及其所载托运人乙公司的被保险货物发生损失。其中，A、B两艘船舶均向我国保险公司丙投保，乙公司就其所有货物向

① 摘自中国民商法律网（www.civillaw.com.cn），2004年6月2日访问。

我国保险公司丁投保，各保险合同均约定适用我国法。问：丙、丁两保险公司就有关损失向被保险人作出赔偿后可否行使代位求偿权？

（二）思考方向

海上保险制度之起源是否早于其他各种保险实难查证。但是，凡可能发生的任何重大海上损失或责任均可投保。事实上，海事诉讼案件中的绝大部分也都与保险有关。[①] 因此，海上保险涉及航运实务的各个方面。海上保险在保险标的、承保风险等方面区别于一般保险，因此形成了一系列独特的原则、规则与制度。本案例主要涉及海上保险中的保险人代位求偿权问题和近因原则。

（三）法律规定

1.《中华人民共和国海商法》第216条 海上保险合同，是指保险人按照约定，对被保险人遭受保险事故造成保险标的的损失和产生的责任负责赔偿，而由被保险人支付保险费的合同。

前款所称保险事故，是指保险人与被保险人约定的任何海上事故，包括与海上航行有关的发生于内河或者陆上的事故。

第252条 保险标的发生保险责任范围内的损失是由第三人造成的，被保险人向第三人要求赔偿的权利，自保险人支付赔偿之日起，相应转移给保险人。

被保险人应当向保险人提供必要的文件和其所需要知道的情况，并尽力协助保险人向第三人追偿。

第253条 被保险人未经保险人同意放弃向第三人要求赔偿的权利，或者由于过失致使保险人不能行使追偿权利的，保险人可以相应扣减保险赔偿。

第254条 保险人支付保险赔偿时，可以从应支付的赔偿额中相应扣减被保险人已经从第三人取得的赔偿。

---

① 〔美〕G. 吉尔摩、C. L. 布莱克：《海商法》，杨召南等译，中国大百科全书出版社2000年版，第11、68页。

保险人从第三人取得的赔偿，超过其支付的保险赔偿的，超过部分应当退还给被保险人。

第256条 除本法第255条的规定外，保险标的发生全损，保险人支付全部保险金额的，取得对保险标的的全部权利；但是，在不足额保险情况下，保险人按照保险金额与保险价值的比例取得对保险标的的部分权利。

2.《中华人民共和国保险法》(2002年)第44条 保险事故发生后，保险人已支付了全部保险金额，并且保险金额相等于保险价值的，受损保险标的的全部权利归于保险人；保险金额低于保险价值的，保险人按照保险金额与保险价值的比例取得受损保险标的的部分权利。

第45条 因第三者对保险标的的损害而造成保险事故的，保险人自向被保险人赔偿保险金之日起，在赔偿金额范围内代位行使被保险人对第三者请求赔偿的权利。

前款规定的保险事故发生后，被保险人已经从第三者取得损害赔偿的，保险人赔偿保险金时，可以相应扣减被保险人从第三者已取得的赔偿金额。

保险人依照第1款行使代位请求赔偿的权利，不影响被保险人就未取得赔偿的部分向第三者请求赔偿的权利。

第46条 保险事故发生后，保险人未赔偿保险金之前，被保险人放弃对第三者的请求赔偿的权利的，保险人不承担赔偿保险金的责任。

保险人向被保险人赔偿保险金后，被保险人未经保险人同意放弃对第三者请求赔偿的权利的，该行为无效。

由于被保险人的过错致使保险人不能行使代位请求赔偿的权利的，保险人可以相应扣减保险赔偿金。①

第153条 海上保险适用海商法的有关规定；海商法未作规定的，适用本法的有关规定。

3.《海诉法》第93条 因第三人造成保险事故，保险人向被保险人支付保险赔偿后，在保险赔偿范围内可以代位行使被保险人对第三人请求赔偿的权利。

第94条 保险人行使代位请求赔偿权利时，被保险人未向造成保险事

① 我国2009年《保险法》第61条第3款对2002年《保险法》第46条第3款做了修订，该条款规定：被保险人故意或者因重大过失致使保险人不能行使代位请求赔偿的权利的，保险人可以扣减或者要求返还相应的保险金。

故的第三人提起诉讼的,保险人应当以自己的名义向该第三人提起诉讼。

第95条 保险人行使代位请求赔偿权利时,被保险人已经向造成保险事故的第三人提起诉讼的,保险人可以向受理该案的法院提出变更当事人的请求,代位行使被保险人对第三人请求赔偿的权利。

被保险人取得的保险赔偿不能弥补第三人造成的全部损失的,保险人和被保险人可以作为共同原告向第三人请求赔偿。

4.《海诉法解释》第65条 保险人依据海事诉讼特别程序法第95条规定行使代位请求赔偿权利,应当以自己的名义进行;以他人名义提起诉讼的,海事法院应不予受理或者驳回起诉。

第66条 保险人依据海事诉讼特别程序法第95条的规定请求变更当事人或者请求作为共同原告参加诉讼的,海事法院应当予以审查并作出是否准予的裁定。当事人对裁定不服的,可以提起上诉。

第67条 保险人依据海事诉讼特别程序法第95条的规定参加诉讼的,被保险人依此前进行的诉讼行为所取得的财产保全或者通过扣押取得的担保权益等,在保险人的代位请求赔偿权利范围内对保险人有效。被保险人因自身过错产生的责任,保险人不予承担。

第68条 海事诉讼特别程序法第96条规定的支付保险赔偿的凭证指赔偿金收据、银行支付单据或者其他支付凭证。仅有被保险人出具的权利转让书但不能出具实际支付证明的,不能作为保险人取得代位请求赔偿权利的事实依据。

5.《中华人民共和国民事诉讼法》第108条第1项 起诉必须符合下列条件:(一) 原告是与本案有直接利害关系的公民、法人和其他组织。

6. 最高人民法院《关于审理海上保险纠纷案件若干问题的规定》(下称2006年《规定》)第1条 审理海上保险合同纠纷案件,适用海商法的规定;海商法没有规定的,适用保险法的有关规定;海商法、保险法均没有规定的,适用合同法等其他相关法律的规定。

第13条 保险人在行使代位请求赔偿权利时,未依照海事诉讼特别程序法的规定,向人民法院提交其已经向被保险人实际支付保险赔偿凭证的,人民法院不予受理;已经受理的,裁定驳回起诉。

第14条 受理保险人行使代位请求赔偿权利纠纷案件的人民法院应当仅就造成保险事故的第三人与被保险人之间的法律关系进行审理。

第15条 保险人取得代位请求赔偿权利后,以被保险人向第三人提起诉讼、提交仲裁、申请扣押船舶或者第三人同意履行义务为由主张诉讼时效中断的，人民法院应予支持。

第16条　保险人取得代位请求赔偿权利后，主张享有被保险人因申请扣押船舶取得的担保权利的，人民法院应予支持。

7. 最高人民法院《第二次全国涉外商事海事审判工作会议纪要》（下称2005年《纪要》）第115条　审理海上保险合同纠纷案件，适用《中华人民共和国海商法》的有关规定；《中华人民共和国海商法》没有规定的，适用《中华人民共和国保险法》等其他法律规定。

第125条　受理保险人行使代位请求赔偿权纠纷的法院应当仅就第三者与被保险人之间的法律关系进行审理，第三者对保险人行使代位请求赔偿权利依据的保险合同效力提出异议的，海事法院不予审查。

第126条　保险人向被保险人支付保险赔偿前，被保险人向第三者提起诉讼、提交仲裁或者第三者同意履行义务导致诉讼时效中断的，效力及于保险人。

第127条　保险人向被保险人实际赔付保险赔偿取得代位请求赔偿权利后，被保险人与第三者之间就解决纠纷达成的管辖协议以及仲裁协议对保险人不具有约束力。

8.《最高人民法院涉外商事海事审判实务问题解答（一）》［下称2004年《解答（一）》］第160问　保险人超出保险责任范围给付保险赔偿的，在第三人提出明确而有效抗辩时，对超出保险责任范围的赔付，保险人不能行使代位请求赔偿的权利。

（四）学理分析

在海运货物保险中，无论保险标的是全损还是部分损失，只要保险人作了赔偿后，即取代被保险人接受保险标的因遭受损失而产生的权利和补偿，即享有代位求偿权，向负有过失的第三者索回所支付的赔款。各国和地区立法对此问题一般均有明确规定。① 海上保险人行使代位求偿权将涉及行使代位求偿权的条件、范围、名义、诉讼主体的变更和共同诉讼、应提交的文件、诉讼时效等诸多问题。

各国立法对保险人代位求偿权的取得主要采取当然代位主义和请求代位主义。我国现行立法采当然代位主义，因此，代位求偿权是一项法定权

---

① 参见1906年《英国海上保险法》第79条、《德国商法典》第804条、《日本商法典》第662条、原苏联《海商法》第229条以及我国台湾地区“保险法”第53条等。

利,其取得无须被保险人的同意。但是,保险人行使代位求偿权须同时具备以下三个要件:(1) 保险标的发生保险责任范围内的损失是由第三人造成的;(2) 被保险人遭受损失后尚未向责任方索赔或索赔未果并且尚未放弃索赔权;(3) 保险人已就保险标的发生保险责任范围内的损失向被保险人作了实际赔付。

实务中保险人与被保险人通常就代位求偿权的行使签署权益转让证书,以避免日后发生权益纠纷或带来不必要的麻烦。保险人行使代位求偿权应以自己的名义进行,其方式可采用以自己的名义起诉、申请变更当事人或以共同原告起诉(《海诉法》第94—95条、《海诉法解释》第65条)。

但是,我国现行立法对保险人行使代位求偿权的具体规定存在不相一致的问题,本章主要解释下列两个问题:

(1) 保险人行使代位求偿权是否以保险赔偿范围为限。

我国《海商法》第254条第2款规定:保险人从第三人取得的赔偿,超过其支付的保险赔偿的,超过部分应当退还给被保险人。因此,保险人可以超出其保险赔偿范围向第三人提起代位求偿之诉。但是,《海诉法》第93条和2002年《保险法》第45条第1款规定相一致:保险人只能在保险赔偿范围内行使代位求偿权,即限于保险人实际赔付的数额。因为保险人对超出保险合同约定的责任范围的赔偿(或者说"自愿赔偿"的部分)实质上是一种无义务的给付,不能约束第三人。按照上述法规所规定的法律适用原则,《海商法》要优先适用。但是,《海诉法》第93条与《海商法》第254条第2款应如何适用?现行法规对此问题未作明确规定。2004年《解答(一)》规定:保险人超出保险责任范围给付保险赔偿的,在第三人提出明确而有效抗辩时,对超出保险责任范围的赔付,保险人不能行使代位请求赔偿的权利。此外,2006年《规定》起草过程中曾对保险人行使代位求偿权超出保险赔偿范围问题予以明确,后经讨论认为《海诉法》第93条对此问题的规定已经明确,2006年《规定》没有必要做进一步的规定。① 因此,从《海商法》颁布实施之后的各项法规来看,保险人行使代位求偿权应以保险赔偿范围为限,故《海商法》第254条第2款应予修改,以维护法律的一致性。

(2) 被保险人行为对保险人行使代位求偿权的影响。

按照我国《海商法》第253条和《保险法》第46条规定,由于被保险人的过错致使保险人不能行使代位请求赔偿的权利的,保险人可以相应扣减保

---

① http://www.gxjt122.com/Html/wlfl/155435445_6.html,2009年8月7日访问。

险赔偿金。但是，上述两条款对被保险人放弃对第三者请求赔偿的权利的规定不一致：《保险法》第 46 条区分保险人是否已赔偿保险金而区别对待，即保险人不承担赔偿保险金的责任及被保险人放弃对第三者索赔权利的行为无效，而《海商法》第 253 条统一规定为保险人扣减保险赔偿金。因此，《保险法》第 46 条更为合理，更有利于保障保险人实现其代位求偿权，而《海商法》的规定过于笼统，尤其是在被保险人恶意情况下对被保险人起不到惩罚作用。因此，《海商法》第 253 条应予修改，建议采用 2009 年《保险法》第 61 条之规定。

综合分析上述案例，保险公司丙就货物损失向货主赔偿之后，可以行使代位求偿权，要求甲公司补偿其向被保险人乙公司（即货主）支付的保险赔偿金。但是，保险公司丁就 B 船损失向甲公司作出保险赔偿后，并不能取得代位求偿权，因为 A 船、B 船的船东均是甲公司，因此，就 B 船而言，其损失不是第三人过失造成的。

（五）案例自测

2003 年 1 月 7 日，被告船务公司所属船舶承运粮油仓库托运的一批玉米 1466.7 吨，装货港为营口，卸货港为厦门。装货完毕当时气温约 -18°C，港内水域大量结冰，无法开航。8 日，该船跟随外轮出港，航经冰区，冰区范围约 45 海里，进入冰区后，没有尽到良好船艺和谨慎驾驶的义务，导致船舶破孔，货物受损。13 日该船抵厦门港卸货，14 日发现舱内玉米严重结冰水湿，经勘查发现船壳水线下右舷锚链孔后约 5 米处出现破孔，海水从破孔进入舱内。经检验确认受损玉米 458.8 吨。涉案货物由原告保险公司承保。根据原告签发的国内水路、陆路货物运输保险单，被保险人为粮油仓库，保险金额为 150 万元，承保险别为基本险。保险条款约定基本险的保险责任之一为“由于运输工具发生碰撞、搁浅、触礁、倾覆、沉没、出轨或隧道、码头坍塌所造成的损失”。2003 年 5 月 28 日，保险公司向粮油仓库赔付 440605.62 元。为此，保险公司请求法院判令被告船务公司赔付货物损失 440605.62 元及相应利息。

被告辩称，船舶遭遇冰区发生船体破孔所致的货损不是国内水路、陆路货物运输保险条款基本险的保险范围，该条款所列的碰撞仅指船舶之间的碰撞，而不包括船体触碰冰凌，原告据以起诉的是超出保险责任范围的赔付，不享有代位求偿权。①

---

① 摘自中国民商法律网（www.civillaw.com.cn），2006 年 12 月 5 日访问。

后　　记

本书由王海英担任主编，马立伟、刘爽担任副主编。具体分工如下（按章次为序）：

第一章：王海英

第二章：王海英 王萌

第三章：张海燕

第四章：张海燕

第五章：尹雪萍

第六章：衣淑玲

第七章：刘爽

第八章：马立伟

第九章：王赛赛

第十章：李晓明

第十一章：刘伟军

全书最后由主编、副主编统稿。北京大学出版社的周菲编辑、白丽丽编辑为本书的修订与出版给予了大力的支持与帮助，编者在此特致谢忱。由于作者水平所限，书中疏漏及不当之处在所难免，敬请读者及业界同仁不吝批评指正。

本书全体作者

2012 年 5 月

自测案例答案申请表

尊敬的老师：

您好！感谢您一直以来对北大出版社图书的关爱。北京大学出版社以“教材优先、学术为本”为宗旨，主要为广大高等院校师生服务。为了更有针对性地为广大教师服务，满足教师的教学需要、提升教学质量，在您确认将本书作为教学用书后，请您填好以下表格，通过电子邮件发回，我们确认后，将向您提供自测案例答案。在您教学过程中，若有任何建议也都可以和我们联系。

书号/书名			
您的姓名			
系			
院校			
您所主授课程的名称			
每学期学生人数		学时	
您目前采用的教材	书名＿＿＿＿＿＿＿ 作者＿＿＿ 出版社＿＿＿＿＿＿		
您的联系地址			
联系电话			
E-mail			
您对北大出版社及本书的建议：			

我们的联系方式：

北京大学出版社法律事业部

地　　址：北京市海淀区成府路205号　　　　联系人：李铎

电　　话：010-62752027　　　　传　真：010-62556201

电子邮件：bjdxcbs1979@163.com

网　　址：http://www.pup.cn

北大出版社市场营销中心网站：www.pupbook.com